Georg Grupp

Kultur der alten Kelten und Germanen

DOGMA

Georg Grupp

Kultur der alten Kelten und Germanen

ISBN/EAN: 9783955076757

Auflage: 1

Erscheinungsjahr: 2009

Erscheinungsort: Bremen, Deutschland

Kultur der alten Kelten und Germanen

Mit einem Rückblick auf die Urgeschichte

Von

Georg Grupp

München 1905
Allgemeine Verlags-Gesellschaft m. b. H.

Vorwort.

Ein gründlicher Mann beginnt mit Adam und Eva; soweit gelangte ich beinahe zurück. Doch ist es nicht so gefährlich, wie es aussieht; denn schon in der Steinzeit, viel mehr aber in der Broncezeit befinden wir uns mitten im Thema. In dem Abschnitt über die Indogermanen ist alles zusammengestellt, was Kelten und Germanen unter sich und mit andern Gliedern dieses großen Völkerkreises gemeinsam besitzen. Wer den Gegenstand einigermaßen kennt, weiß, wie schwer es geht, hier genau abzugrenzen und zu bestimmen, was Urbesitz, was Entlehnung, was Übertragung und was Parallelentwicklung ist. Ich bin überzeugt, daß auch im Abschnitt über die Kelten auf Grund der Angaben der Alten manches aufgenommen ist, was richtiger den Germanen angehört. Sogar den Germanen schrieben alte Schriftsteller bei ihrer mangelhaften Unterscheidung manches zu, was eigentlich keltisch ist. Und doch bieten die Aussagen der Alten noch die sicherste Grundlage!

Viel unsicherer sind die Ergebnisse der prähistorischen Forschung für die Völkerkunde. Wenn es auch gelingt, die Fundstücke nach ihrer zeitlichen Aufeinanderfolge zu ordnen, ergibt sich daraus noch wenig über ihre Zugehörigkeit zu einem gewissen Volke. Die besonders reiche Ausbeute der Hallstattperiode wirft ein Licht auf die indogermanische Urzeit; darf sie aber auch, wie die Franzosen unbedenklich tun, wie es der Verfasser schüchtern wagte, zur Veranschaulichung der keltischen Kultur verwendet, oder darf sie über die Räter als Hauptträger der Hallstattkultur nicht hinaus erstreckt werden? Das sind Fragen, die noch der Lösung harren. Das gewiß hochbedeutsame Volk der Räter und Illyrier steht doch zu wenig klar vor unseren Augen und hebt sich viel weniger als das der Germanen von den Kelten scharf ab. Ihre Kunst weist genau wie die der nordischen Funde (man denke an den Silberkessel von Gundestrup) auf den Orient hin: ex oriente lux heißt es auch hier. Nicht bloß in der Formentypik, sondern namentlich in der noch wenig erforschten Symbolik zieht sich durch die prähistorischen Funde eine solche Übereinstimmung hindurch, daß man fast notwendig an eine Entlehnung denken muß (S. 33, 57, 156 N. 3, 173, 255, 260, die Bilder 108, 153 ff., 170, 221, 262, 289, 296, endlich S. 302 den Nachtrag zu S. 58). Die gallischen Helme S. 90, 149 berühren sich durch den Orient mit der Hallstattkultur.

Die Frage, was ursprünglicher Besitz, was spätere Entlehnung und Zutat sei, wiederholt sich immer wieder, auch bei dem Sagen= und Rechtsbestand, den wir erst aus viel späteren Quellen kennen lernen. Unter dem Einfluß der Entwicklungslehre gelangt man leicht dazu, den Kulturbesitz der Urzeit zu unterschätzen. Je mehr man sich vertieft, desto mehr tritt die Fülle und der Reichtum der uralten Kultur zu Tage. Unendlich viele Erscheinungen des Mittelalters haben ihre Voraussetzung in uralten Einrichtungen. Dies gilt namentlich für die niedere Kultur, für den Feldbau und das Gewerbe. Jahrtausende lang haben die Menschen in gleicher Weise das Feld bestellt, Tiere gezüchtet, Kleider gewoben, Häuser gezimmert und darüber hinaus Gemeinschaftsformen gepflegt und sich mit Ideen beschäftigt, die sich mit der Zeit nur zu entfalten brauchten. Schon von Anfang an bestand zwischen dem Einzelnen und der Gesellschaft, zwischen den individuellen und sozialen Bedürfnissen eine gewisse Spannung. Das Ganze war gewissermaßen, wie Aristoteles sagt, vor seinen Teilen. Daher haben weder jene Recht, die vom Individuum und Privateigentum ausgehen, noch jene, die in der Urzeit nur eine kommunistische Horde finden. Die sozialistische Ausbeutung und Übertreibung eines ursprünglichen Kommunismus darf uns aber nicht verführen, nun auf der anderen Seite den Individualismus zu überspannen.

Ich habe mich immer viel zu sehr von der sonderbaren Neigung, wenn man will, von der Marotte beherrschen lassen, verlorene Posten zu verteidigen, mich Minderheiten anzuschließen, und dieser Vorliebe habe ich auch in der berührten Frage und in anderen Punkten · mehr nachgegeben, als es die Rücksicht auf die vorherrschende Stimmung unter den Gelehrten empfahl. Ich verweise beispielsweise auf S. 2, 31, 51, 207. Diese Neigung erstreckt sich sogar auf Kleinigkeiten; ich kann mich nicht dazu entschließen, den Norddeutschen zu lieb die Butter, den Hafer, den Meier zu schreiben (vgl. S. 199 Note 4).

Bei den häufigen Rückweisen auf frühere oder spätere Ausführungen bitte ich die Leser die Geduld nicht zu verlieren, wenn sie die gewünschte

Stelle nicht auf den ersten Blick finden. Bei dem Literaturverzeichnis S. 304 werden aufmerksame Leser und Kenner wohl Lücken entdecken. Manche Werke habe ich im Bücherverzeichnis des zweiten Bandes meiner Kulturgeschichte der römischen Kaiserzeit, andere in den Textnoten aufgeführt, einige aber sind mir trotz aller Sorgfalt entgangen. Wie ich aus zahllosen Äußerungen weiß, stellen sich viele die Situation eines f. Bibliothekars allzu günstig vor und erwägen nicht die Schwierigkeiten der Quellenbeschaffung.

Maihingen, Juli 1905.

Der Verfasser.

Inhaltsverzeichnis.

Dritter Abschnitt.
Die Germanen.

Verzeichnis der Abbildungen.

Die Bilder 1, 2, 9 stammen aus der Zeitschrift für Ethnologie 1902. Nr. 15 aus dem Jahrgang 1896, 43, 44 von 1891; 79, 82, 85, 99 von 1890; 81 von 1873; 158 von 1897. Das Bild 17 aus dem Archiv für Anthropologie 1902; 3, 10 aus Stephani Wohnbau. Die Bilder 6, 8, 24, 25, 26, 52, 59, 63, 64, 66, 119, 125, 127 128, 136, 144, 147 aus Lindenschmit Altertümer; 5, 14, 88, 89, 92, 93 aus Mortille, Musée; 35 bis 38, 54, 55, 70 aus Naue vorrömische Schwerter. Die Bilder 42, 60, 62, 87, 96, 102, 108, 116, 134, 141 aus der Revue archéol. Die Nummern 39,

45, 53, 58, 98 aus Hörnes Urgeschichte der Kultur; 4, 51 aus Hörnes kleinerer Urgeschichte (1900); 22, 40, 41, 90, 91 aus Hörnes Urgeschichte der Ku : 11, 12, 78,
94, 95 aus Meißen Siedelung. Die Bilder 24 bis 34, 56, 57, 67 bis 69, 74, 148
aus Werken von Ranke und Montelius; 83, 84 aus Much Kupferzeit, 105, 111, 112,
115, 135, 159, 160, 161 aus Bertrand La religion des Gaulois, 86, 100, 114 aus
der Revue celtique 1897; 101 ebendaher 1896; 110 ebendaher 1900; 129, 139 a
dem Globus 1900; 131 ebendaher 1901. 112, 124, 126, 130, 132, 143, 144, 14
aus Voß-Stimming; 133, 142, 165 aus Sophus Müller; 103, 106, 107, 109, 164
aus Haug-Sixt; 137, 157, 162 aus Lindenschmits Handbuch; 76, 77 aus Behlen,
72, 73 aus Cohausen. Die genauen Titel vgl. S. 304 ff.

Einleitung.

Jäger- und Hirtenvölker der Steinzeit.

I.

Urbewohner Europas.

Nur nebelhaft und unbestimmt kann unsere Vorstellung der Ur=
zeit, der Anfänge des menschlichen Geschlechtes sein, sie verliert
sich ins Dunkel, und unsichere Sagen müssen sie ergänzen.
Die heilige Schrift stellt an den Anfang das Paradies und
damit übereinstimmend die Sage der Alten das goldene Zeit=
alter, aber nur als verblassendes Ideal, als ein vorübergehendes Licht=
bild, dem tiefer Schatten folgte. So beginnen die deutlichen Erinnerungen
des menschlichen Geschlechtes mit einer Steinzeit, mit einer Zeit der
Höhlenbewohner, Troglobyten, Kyklopen und Pygmäen, die kulturlos ein
rohes, hartes und einförmiges Leben führten. Sie kannten, wie uns
berichtet wird, weder Häuser noch Kleider, weder Wagen noch Schiffe,
hatten noch keine oder wenig Tiere gebändigt und verstanden keine Metalle
zu bearbeiten; wie kleine Ameisen verkrochen sie sich in der Erde, sagt
Aeschylos; sie lebten, wie andere berichten, von Früchten, Kräutern und
Wurzeln; erst Pelasgos lehrte sie bessere Nahrung. Aber ihre Hände und
Füße waren von ungemeiner Kraft, sagt Lukretius; sie verfolgten die wilden
Tiere mit Steinwaffen und Holzkeulen [1].

Weder eine überraschende Größe noch Kleinheit verraten die Höhlen=
und Gräberfunde, die Spuren der Steinzeit, die einige Jahrtausende
dauerte, in deren Frühzeit die Menschen mit ausgestorbenen Tierarten
zusammenlebten. Noch wimmelte es von Tieren aller Art, deren Fleisch
Nahrung gab, gegen die sich aber die Menschen in Höhlen, auf Pfahl=

---

[1] Aeschyl. Prom. 450; Odyss. 9,105; Hesiod. theog. 160; Thukyd. 6,2;
Pausan. 8,1; Diod. 5,39, 65; Lucr. 5,930.

bauten und, in Verhauen schützen mußten. Da ihnen noch genügende Waffen fehlten, konnten sie die Tiere nur durch Steinwürfe, Schleuderstein oder roh zugespitzte Steinkeile erlegen. In der jüngeren Steinzeit, nach dem Ablauf der Eiszeit, sind die wildesten, seltsamsten Tiere verschwunden und es dehnte sich schon der Ackerbau aus, gepflegt vielleicht schon von Indoeuropäern[1], während das ältere Steinvolk einer niederen Rasse angehört haben mag. Freilich die ältesten Skelettfunde geben nur ungenügend Aufschluß und die angebliche Affenähnlichkeit des Neandertalmenschen ist eine bloße Vermutung[2]; weist doch der Neandertalschädel alle Zeichen der Langköpfigkeit auf. Die ältesten Gräber nördlich der Alpen ergaben langköpfige Schädel, während im Süden der brachykephale, breitgesichtige, brünette Typus und kleinere Gestalten überwiegen. Wenn der Süden, was nicht unwahrscheinlich ist, früher als der Norden besiedelt war, kann man immerhin diesen Typus, d. h. das Mittelmeervolk[3] und für den Norden die Turanier, ein finnisch-mongolisches Volk an die Spitze stellen[4]. Andere denken gar an die Rothäute, die sie aus der Atlantis einwandern lassen[5], und im Gegensatz dazu wieder andere an die Indogermanen. Da es überhaupt nicht feststeht, wie die ältesten Bewohner ihre Toten bestatteten, und es wohl möglich ist, daß sie sie einfach aussetzten oder leicht verscharrten oder an leicht zugänglichen, der Zerstörung ausgesetzten Orten aufhoben, so bleibt der Vermutung der weiteste Raum. Daher kann man wohl mit den Alten an die Skythen[6], also Turanier, finnisch-mongolische Völker als älteste Bewohner denken und sie zu den Rheten und Pelasgern des Südens in Beziehung setzen[7].

[1] Birchow bei Ranke der Mensch II, 576.
[2] Darauf soll hinweisen die fliehende Stirn und die Augenwülste (Globus 81, 165). Andere Anthropologen behaupten aber, Pygmäen, Zwerge seien Entartungen.
[3] In der jüngeren Steinzeit erfolgte eine Einwanderung aus Italien, Archiv f. Anthropologie, 1902, 603.
[4] Ranke der Mensch 1894 II, 638, 552; Sophus Müller, Nordische Altertumskunde I, 209; Archiv f. Anthropologie 1902 (270 372); Ztsch. f. Ethnologie 1894 S. 250; Globus 1902 (81) 273, 325.
[5] Nach der griechischen Ursage wären aus der Atlantis d. h. Amerika die Iberer als eine Art Rothäute ausgewandert und hätten das westliche Europa besetzt, während die Pelasger von Asien herüberkamen, (D'Arbois de Iubainville, Les prem. habitants de l'Europe I, 16, 27). Die Sprache der Basken soll sich mit amerikanischen Dialekten berühren, Whitney La vie du langage 213; dazu Erhardt hist. Zeitsch. 1890, B. 64 S 259; nach Sander Allg. Ztg. 1893 Beil. 158 sind die Aussagen über die Atlantis Fabeln und die Theorie Donnelys und Knötels falsch.
[6] Allerdings nannten die Alten auch Germanen und Kelten Skythen.
[7] Zwischen Hethäern, Rheten und Pelasgern sucht auf Grund der Sprache De Cara, Hethei-Pelasgi einen Zusammenhang herzustellen und damit bringt Sergi in Zusammenhang den Mittelmeerstamm (s. unten S. 31).

In Asien erreichten sie eine hohe Kulturstufe und beherrschten, wie ein Alter sagt, 1500 Jahr lang den Osten, überfluteten unter Attila im fünften, dann unter Dschingskans Nachfolger im dreizehnten Jahrhundert wiederholt den Westen[1] und hinterließen in Basken[2], Skipetaren, Finnen und Ungarn eine Art Nachkommen und in der Sagengestalt der Ugrer, Ogern[3], Riesen und Zwerge eine dunkle Erinnerung im Volk.

Wenn Hunnen, Ungarn, Mongolen, Türken in der geschichtlichen Zeit Römer, Germanen und Slaven unterwarfen, so kam auch das umgekehrte vor, daß die letzteren die ersteren besiegten[4]. Haben doch auch die Gallier den Germanen Niederlagen beigebracht. An sich ist kein Volk sicher, nicht unterworfen zu werden. So müssen heute die Mongolen in den Indo-germanen ihre Herren anerkennen; nur die Japanesen haben sich soweit aufgerafft, um klug einer Knechtung aus dem Wege zu gehen. So geschah es auch in der Urzeit, daß die dunklere kleinere Urbevölkerung dem An-sturm der Indogermanen erlag, die über eine entwickeltere Kultur verfügten.

Nur in verborgenen Winkeln, auf Alpenhöhen, in Alpentälern, an unwirtlichen Meerufern erhielten sich Reste der Urbevölkerung, wie die Ligurer[5], Iberer, Aquitanier, Räter, Thraker, Tursen, Tyrrhener, ferner Pikten und Silurer[6]. Daraus erklärt sich die Tatsache, daß südlich der

---

[1] Ihre Vorläufer, die Pannonier und Daker gehören wohl demselben Volke an. Über die Ausbreitung des mächtigen Volkes der Karpobaker und Thraker, s. Kossinna Zeitschrift für Ethnologie 1902, 209. Die in Ungarn, in der Walachei, Dobrudscha zu Tage geförderten vorgeschichtlichen Fundstücke zeigen einen auffallenden Zusammen-hang mit chinesischen und japanesischen Geräten und Gefäßen. Vgl. die Metallspiegel, Metallkessel in der Zeitschr. f. Ethnologie 1897 S. 142, 146, 147 und 150; ebenda 1896 S. 15. Über die Verwandtschaft der Ungarn mit den Finnen ebenda 1901, 157.

[2] Über Basken als Hamiten, verwandt mit den Ägyptern s. Gabelentz, Berliner Akademieb. 1893, 593; Globus 1898 (74) 333. Über Basken u. Skipetaren Ranke 2, 579; Virchow, Urbevölkerung (Gemeinverständliche Vorträge IX, 1) S. 28. Oger-Wehrwolf, Vielfraß.

[3] Oger = Werwolf, Vielfraß.

[4] Tac. Germ. 28; Caes. 6, 24.

[5] Die Ligurer lebten nach Posidonius fast nur von Jagd und Viehzucht, wohnten in ärmlichen Hütten und meist in Höhlen (Strabo 5,2; Diod. 5,39; 4,20). Genua und Genf bezeichnen ihre Ausdehnung in geschichtlicher Zeit (Archiv f. Anthrop. 1900, 1046).

[6] Ihre Zugehörigkeit ist nicht ganz klar. Früher rechnete man viel mehr Völker zu den Indogermanen als heute. So werden heute die Italiker und Griechen von ihnen ausgeschlossen, ja nach manchen sogar die Kelten,' vor allem die Savoyarden, Auvergnaten, Sevennen-, Vogesenbewohner, d. h. der homo Alpinus. Neben den eben genannten homo Alpinus stellt die moderne Anthropologie den homo Europaeus, die Indogermanen, und den homo mediterraneus.

Alpen die Gräber mehr Kurzschädel zu Tage fördern als die nordischen Gräber. Aber alle jene Völker unterlagen indogermanischen, namentlich keltischen Einflüssen und Zuflüssen. Die Veneter, Illyrier, nach Strabo

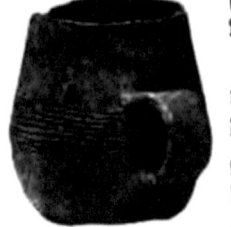

sogar die Ligurer standen mit den Griechen in naher Verwandtschaft[1].

Schließlich kommt man über unbestimmte Ver= mutungen nicht hinaus und, wem es besser dünkt, der kann wohl daran festhalten, daß die Indo= germanen von jeher in Europa ansäßig waren und daß Indogermanen des Nordens die Träger jener alten Steinkultur waren, die sich durch tiefe und Schnurornamente an Gefäßen und Megalithgräbern

Amphora des Bernburger Typus.

kennzeichnen. Erst die Einwanderung südlicher Völker, vielleicht der Ligurer oder Räter hätte dann das Bandornament und einfachere Gräber zur Herrschaft gebracht[2].

---

[1] Die anthropologische Einteilung könnte sicherer sein als die linguistische, da Sprachen leicht wechseln, aber auch der Rassentypus hat sich nicht rein erhalten. Jedenfalls fällt Sprache und Rasse nicht immer zusammen. Auf Grund der Sprache werden als Indogermanen nicht nur die Etrusker und Räter (Deecke, Bugge, Czörnig), sondern auch die Ligurer hingestellt, so von Pauli, Helmolts Weltgeschichte 4, 307; Allg. Ztg. 1900 Beil. 157). Suchte doch sogar Müllenhoff die Skythen als Iranier nachzuweisen (Berliner Akademieb. 1866, 544) und Meyer die Pelasger als griechischen Urstamm (Forschungen 1, 112).

[2] Kossinna a. a. O. 1902, 212; vgl. Rev. celt. 1903, 162.

II.
Anfänge der Kultur.

1. Älteste Wohnung und Nahrung.

Für die Ansiedelung des Urvolkes, das sich hauptsächlich von der Jagd nährte, entschied in erster Linie die Sicherheit des Ortes und die Nähe des Wassers, in zweiter Linie ruhige, wohnliche, gesunde Lage. In Höhlen und Gräben[1], auf Höhen und in Winkeln versuchten sie es mit Wohnungen und umstellten ihre runden Gruben mit Stämmen oder bauten über Pfähle Zelte oder schlugen auf ebener Erde Zelte gewöhnlich in rundlicher Form auf und umgaben ihre An=siedelung mit Zäunen und Wällen. Einen einfachen Zaun ergab die Verflechtung von Zweigen abgekappter Bäume. Bereits in der jüngeren Steinzeit begannen die Menschen Gräben auszuheben und Wälle aufzuwerfen; sie wohnten dann in Mulden und Trichtern und sicherten ihre Ansiedelungen mit mehreren Wällen hinter einander. Dies geschah in um so stärkerem Maße, als sie sich dem Ackerbau zuwandten. Da die ältesten Werkzeuge und Waffen aus Holz oder noch besser aus Stein

Krug mit Schnurornament.
(Brandenburg)

bestanden, bevorzugten die ältesten Völker Gegenden, wo sie Steine, zumal den Feuerstein fanden. Kälte, Feuchtigkeit, Fieberluft vertrieben die Ur=bewohner bald aus Wäldern und sumpfigen Niederungen und trieb sie dazu, ihre Hütten über Seen und Gewässern auf Pfahlrosten zu stellen[2], wo zugleich für Schmutz und Unrat ein leichter Abfluß sich öffnete. In holzarmen Gegenden, z. B. auf dem Boden des alten Troja türmten sie Lehmhütten, wie sie Lehm und Ton zu Gefäßen formten.

---

[1] Noch heute werden Höhlen bewohnt in Italien, Palästina, Tunis; vgl. Pant=juchow, Höhlenwohnungen im Kaukasus, Tiflis 1896.

[2] Über Motive des Pfahlbaues s. Globus 1897, 207, 277. Wie wir ältere und jüngere Pfahlbauten unterscheiden müssen — die älteren Schichten gehen in die Steinzeit zurück — s. Globus 1899 (76) 96.

Im Allgemeinen begnügten sich die Jäger und Hirten mit beweglichen Zelten und Hütten „Koten", bestehend in senkrechten Pfählen mit Fachwerk, Lehm, Binsen verbunden oder mit Fellen, Filzen, Geweben umhüllt[1]. An diese Erstlingsbauten erinnern die uralten Haus- und Graburnen, vor allem die Zelt-. und die rautenförmig aussehenden Grabhüttenurnen[2]. Die Türe hält eine hohe Schwelle empor, um das Innere vor der Nässe und dem Ungeziefer zu schützen.

Allmählich schied man Wand und Dach und es entstanden Jurten

mit Backofen- und Kuppelbauformen. Die Zelte wechselte man leicht, ließ sie stehen[3] oder übertrug sie an einen anderen Ort; für kalte Jahreszeiten und Gegenden bedurfte man festerer Hütten, der Gräberhütten, als für wärmere Zeiten und Orte, und daher unterschied mancher Nomade ein Sommerhaus und eine feste Winterjurte in Viereckform, die mehrere Abteilungen zeigt. Daran erinnert noch heute das finnische Haus[4].

Im Innern fehlt jede Ausstattung wie denn noch heute die Japaner keine Möbel kennen und nach Belieben ihr Haus durch verschiebbare Wände in mehrere Teile zerlegen[5]. In der Mitte, sei es vertieft, ebenerdig oder auf einem Untersatz, brannte das Herdfeuer.

Grabhüttenurne.

[1] Das Wort Kote verwandt mit der finnischen Bezeichnung für Filz ist erhalten im norddeutschen Kote und Köter. Den Finnen, Esthen, Slaven und Nordgermanen, die früher in enger Berührung standen, sind folgende Worte gemeinsam: Pirte, Topa, Stube, Klät, Ri (Trockenstange), Riege; Henning, Westb. Ztsch. 8, 17; Herod. 4, 23.

[2] Oft als Grabzelt für Verstorbene verwendet.

[3] Aussehend wie zwei aneinandergefügte Kegel (Stephani, Wohnbau 1, 14).

[4] Dieses Haus ist rund, jetzt meistens viereckig, im Innern befindet sich ein einfacher Steinherd, manchmal kaum vom Boden unterschieden und nur von Steinen eingefaßt. Neben oder an Stelle desselben erhebt sich eine Art Backofen, d. h. ein gewölbter Herd, der oben zu einer Plattform umgebildet ist, auf dem man liegen konnte. Einen Rauchfang gibt es nicht. Der Fußboden besteht aus festgestampfter Erde. Diese Rauchstuben sind oft so nieder, daß man kaum darin stehen kann. Ein kleiner Raum, der besonders heilig gehalten wird, ist abgesondert zur Aufbewahrung von Brot, Salz und Getränken. Bei ausgebildeteren Häusern sind Tennen und Stallungen, sowie eine eigene Sommerstube abgesondert; denn der Aufenthalt in der Herdstube war des Sommers sehr unbequem. Eigentümlich sind die Riegen, eine Art Tennenflur, oder eine bloße Flachsdörre: das Feuer brennt in einer Vertiefung und die Halme werden wagrecht um kegelförmig gestellte Stangen gelegt. Sonst ist es ein Vorbau, eine Vorhalle, wie sie bei den Nordgermanen und alten Griechen gebräuchlich war; Tetzner Globus 1897 S. 249; Henning Westb. Zeitsch. 8, 17.

Stephani geht hier in die Irre S. 25.

So alt wie die menschliche Wohnung scheint das Feuer zu sein, dem die alten Völker eine heilige Scheu widmeten, seien sie auf was immer für einem Weg zu ihm gekommen. In ältester Zeit rieben sie es mit Quirlen, die sich nahe mit Spindeln und Mühlen berührten. So brauchten die Menschen nicht wie die Tiere von rohem Fleisch und rohen Früchten zu leben, vielmehr brieten oder rösteten sie das Fleisch der gejagten oder gezähmten Tiere, obwohl noch in späterer Zeit sich manche rohe Völker damit begnügten, das Fleisch mürbe zu schlagen oder zu treten[1]; glaubten sie doch, rohes Fleisch erzeuge wilde Kraft. Von den Kindern wird er= zählt, daß sie ihre wilde Rohheit verloren, als sie sich an Brot und

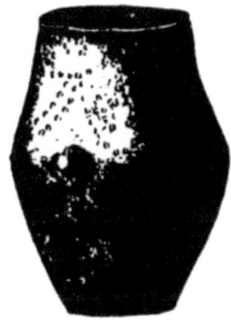

gesottenes Fleisch gewöhnten. Gekocht wurde das Fleisch erst spät; die homerischen Helden kannten kein gekochtes Fleisch und die Indogermanen der Urzeit kannten kein Salz. Noch in später Zeit wußten nichts davon die Numidier nach dem Zeug= nisse eines römischen Schriftstellers, und auch heute ist das Salz noch nicht überall hingedrungen[2]. In den nordischen Küchenabfällen oder Muschel= haufen, den Kjökkenmöddingern fehlt fast jede Spur von Pflanzennahrung[3], was freilich nicht beweist, daß wildwachsende Früchte nicht genossen wurden. Von Eicheln und Buchenkernen zog man frühe Nutzen, wie gewisse Vorzeitreste beweisen, schätzte

Urne mit Vertiefungen aus der jüngeren Steinzeit.

den Bast und die linden Zweige mancher Bäume als brauchbar zum Binden und Flechten und lernte bald auch einzelne Getreidepflanzen kennen, Gerste und Hirse, ja sogar Weizen und Spelt[4]. Hat man doch in der jüngeren Steinzeit schon Getreidekörner zwischen zwei Steinen gemahlen. Die germanische Bezeichnung für Mühle, Quirn, verwandt mit Quirl, dem Werkzeug der Feuer= und Buttererzeugung, reicht wie die Spule und Spindel, der Spinnwirtel und das Rad, ins grauefte Altertum hinauf. Das Ge= treidekorn geröstet oder gemahlen ergab Brei, wovon italienische Pfahl= bauten, und Brot, wovon die nördlichen Pfahlbauten Spuren liefern, die allerdings schon einer späteren Periode angehören mögen[5].

[1] Mela 3,3 (28).
[2] Sall. Iug. 89, 7; Hehn, das Salz 15.
[3] Lubbock, Vorgeschichtliche Zeit I, 224, 228.
[4] Luschan, Vorgesch. Botanik 104; Braungart, Allg. Ztg. 1902, Beil. 104.
[5] Daß alle Pfahlbauten indogermanisch seien, läßt sich wohl bezweifeln angesichts der Tatsache, daß die Pfahlbaumenschen hauptsächlich Fische aßen; soll doch die Rücksicht auf die Fischerei mitbestimmend gewesen sein bei der Anlage von Pfahlbauten und

Das Einsammeln von Früchten und Pflanzen ließen sich die Frauen angelegen sein, und verwendeten sie zum Kochen, oder wie bei Flachs[1], Hanf, Schilf u. s. f. zum Binden, Knüpfen, Flechten. Vom Sammeln schritten sie zum Pflegen und Züchten weiter. Je nach den äußeren Umständen entwickelte sich daraus ein primitiver Ackerbau, der überall auf einfacher Kulturstufe dem Menschen zukam, und eine primitive Viehzucht, jene in fruchtbaren Niederungen, diese in Steppen und Waldgebiet.

Damit stimmt im allgemeinen die Sprachforschung überein. Der ursprüngliche Wortschatz ist nicht groß und verrät ein rohes Leben. In ihrer Urzeit, wo Mongolen, Finnen, Magyaren und Hunnen beisammen saßen, kannten sie das Schaf und den Hund, die Gerste und Rübe. Der Hund ist ein uralter Begleiter des Menschen, seine Knochen finden sich schon in den ältesten Funden. Ihre Kleider bestanden aus Fellen, rohen Geweben und Filz[2], ihre Wohnungen aus runden Hütten, Koten neben den Erdhöhlen.

An Werkzeugen, Geräten, Gefäßen war man noch arm, wenn man auch wohl schon Ton zu formen, Körbe zu flechten und Holz, Horn und Stein zu bearbeiten verstand. Namentlich der Stein mußte sich allen Diensten anpassen, und die Leute ließen sich keine Mühe verdrießen, ihn zu bilden. Während gerade spätere Völker Holz wegen seiner leichten Bearbeitbarkeit vorzogen, beschäftigten sich alle ältesten Völker gerne mit Steinen, an die sie ihre Höhlenwohnungen verwiesen, schichteten sich Grabkammern aus Steinen und suchten Steinen alle

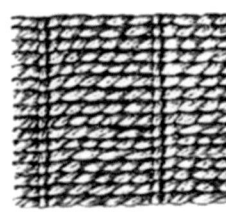

Leinengewebe der jüngeren Steinzeit.

mögliche Formen beizubringen. So schlugen und glühten sie Steine im Feuer, schliffen sie bis zur Schärfe von Scheermessern und durchbohrten die Steinbeile zur Aufnahme des Schaftes, freilich erst am Ende der Steinperiode. Die Steinklingen wurden mit Bast oder Sehnen in Schäfte eingeklemmt oder festgebunden, wie die Broncecelte, und die Schneide senkrecht, beilartig oder wagrecht, hauenartig gestellt. Zwischen Waffen und Werkzeugen bestand kein Unterschied[3]. Dolch,

---

glaubt man beobachtet zu haben haben, daß die Fische besonders gern sich um stehen gebliebene Pfähle früherer derartiger Bauten sammelten, getrieben durch einen eigenartigen Instinkt.

[1] Flachs in den Pfahlbauten, Hirt Geogr. Zeitschr. 4, 385. Clemens von Alexandrien (str. 1,15) berichtet von Völkern, die mit Baumrinde ihre Blöße decken.

[2] Sicher stammt der slavische Name für Filz kalpak aus der Tartarensprache; vielleicht auch bracca die Hose (D' Arbois Littérature 264). Filz stammt von pilleus und erzeugt ein feltro.

[3] Ὅπλον, arma, Wappen bedeuten auch Geräte, vgl. Bamberg, die primitive Kultur der tatarischen Völker S. 116.

Messer, Meißel, Haue und Wurfspieß bedeutete das gleiche. Seinen Kampf mit den Tieren erleichterte dem Menschen die Erfindung des Pfeiles und Bogens, die einen ziemlich erfinderischen Geist voraussetzt.

Die Erfindung der Werkzeuge ist eine der größten Errungenschaften der Menschheit, viel wichtiger als die Erfindung der Dampfkraft. Fast bei allen Völkern galten denn auch die Waffen als Geschenke der Götter. Noch in den Jesuitenmissionen in Südamerika behielten die Indianer ihre Steinwerkzeuge bei und rodeten damit, hieben Bäume um, die sie nachher anzünbeten[1].

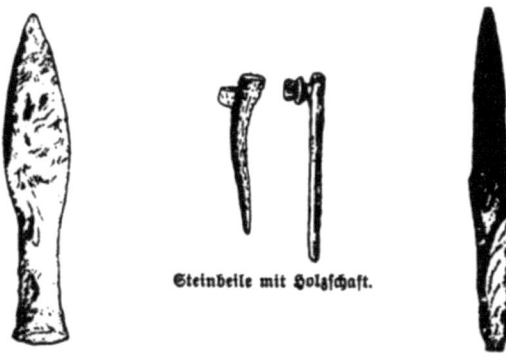

Dolch aus Stein.   Steinbeile mit Holzschaft.   Lanzenspitze aus Stein.

Hart und kalt wie Stein war das Leben. Tacitus berichtet von den Finnen, sie seien von außerordentlicher Wildheit und abscheuerregender Armut. Sie haben weder Waffen noch Pferde, noch Wohnungen. Kräuter sind ihre Nahrung, bemerkt er, ihre Kleidung Tierfelle, ihr Lager der Erdboden. Sie müssen sich einzig auf ihre Pfeile verlassen, die sie aus Mangel an Eisen mit Knochen schärfen. Dieselbe Jagd nährt Männer sowohl als Weiber; denn diese gehen überall mit und fordern ihren Anteil an der Beute[2]. Selbst für die Kinder gibt es keinen andern Zufluchtsort vor Gewild und Regengüssen, als daß man sie mit einem Geflecht von Baumzeigen zudeckt. Dahin kehren die Männer zurück, das ist der Greise Aufenthalt. Dieses Leben achten sie für glücklicher, als am Pfluge ächzen, im Hause sich abarbeiten und eigenes und fremdes Geld unter Furcht und Hoffnung in den Händen wälzen[3].

---

[1] Vgl. P. Anton Sepp „Der Kontinuation oder Fortsetzung der Beschreibung" (Ingolstadt 1710) Kap. 18; Grenzboten 1899 I, 263.

[2] Tac. Germ. 46; Diod. 5, 32; Dio 76, 12; Herod. 4, 22 ff.; Dionis perieg.; noch zur Zeit des Königs Alfred lebten die Finnen im Winter von der Jagd, im Sommer vom Fischfang.

[3] Nahe verwandt mit den Finnen sind die Estier, die zur Zeit des Tacitus friedliche Ackerbauern waren, dabei aber an Tapferkeit nicht leicht hinter einem andern

2. Ehe und Familie.

Außer ihren beweglichen Zelten und ihren Jagdwaffen besitzen die Jägervölker nicht viel, keine Herden und keine Sklaven. Kriegsgefangene fielen als Totenopfer, Sklaven empfanden sie eher als eine Last, da die Ernährung ihrer Familie genug Mühe machte[1]. Das Einzeleigentum beschränkte sich also auf das, was man an sich trug und mit sich führte: auf Kleider, Pfeil und Bogen und sonstige Geräte, auf Pfeil und Bogen bei Jägern, auf Lanzen bei Hirten. Von einem Tag lebten sie auf den andern ohne Sorge und Voraussicht, schwankten zwischen Mangel und Über-fluß und ertrugen kaltblütig lange Hungerzeiten.

Wie mit der Zeit wirtschafteten sie mit dem Raume als Verschwender und litten keinen Zusammenschluß. Länger als ein paar Tage hielten es Jäger nicht beisammen aus, ihre Tätigkeit wirkte nicht gemeinschaftbildend: nur einer Familie oder Horde genügte ein Jagdgrund. So hausten die Familien oder Horden zerstreut, wie ihre Gräber zeigen, die auseinander liegen[2].

Die Familie entbehrt einer festen Regel, einer bestimmten Form und Gestalt und verschiedene Formen bestehen neben einander: das Ideale, Normale, eigentlich Naturgemäße und wohl auch Ursprüngliche stellt die dauernde Beziehung zwischen Mann und Frau, die Einehe dar, die sich nicht erst aus unsittlichen Beziehungen entwickelte, denn die Sitte entsteht nicht leicht aus der Unsitte[3]. Gerade bei Jägervölkern kann man eine strengere Form der Einehe beobachten, als bei Hirtenvölkern, obwohl die indoger-manische Sprache, sonst so reich an gemeinsamen Benennungen, kein einheit-liches Wort für die Ehe besitzt. Die Ursache liegt darin, daß eigentlich bis zur christlichen Zeit Mann und Frau sich nicht gleich stand, weshalb auch der Begriff Eltern fehlt. Entweder herrschte der Mann mit unbe-dingter Macht, und dies ist das regelmäßige, oder es herrschte die Frau[4]. Entweder sah der Mann in der Frau eine Genußquelle oder er behandelte sie als Arbeitstier und bezahlte in beiden Fällen für diese Ware. Von den Iberen erzählt Aristoteles, sie schätzen die Weiber so hoch, daß sie

Volke zurückblieben. Es sind die Vorfahren der Esthen, Letten, Preußen; Henning a. a. O. 9.

[1] Je beschränkter der Ernährungskreis eines Volkes ist, desto geringer ist der Knechtstand; stärker als bei den Jägern ist er schon bei den Hirten und noch stärker bei den Ackerbauern, Nieboer Slavery 256, 419.

[2] Grosse, Formen der Familie 36.

[3] J. Müller, das sexuelle Leben der Naturvölker in der Renaissance I, 23; Westermarck, Gesch. der menschl. Ehe 436; Grosse, Formen der Familie 42; Howard, Hist. of. matrimonial institutions 116, 151.

[4] Daher das uralte potni Herrin.

vier bis fünf Männer um eine Frau dahingeben[1]. Je wilder und roher sich die Zustände gestalteten, desto mehr artete die Mannesherrschaft in Polygamie, die Frauenherrschaft in Polyandrie aus.

Daß die Frauenherrschaft, bekannt unter dem Namen Mutterrecht, unter rohen Verhältnissen sich wohl ausdehnen konnte, läßt sich nicht leugnen. Am ehesten entsprach sie dem Jägerleben, wo die Männer, die meiste Zeit in Horden vereint, auf Jagden und Abenteuern umherzogen und ein unstetes schweifendes Leben führten. Hier oblag der Frau die Ernährung der Kinder; sie bildete den Mittelpunkt der Familie, die ständige Herdwächterin. Damit stimmt überein, daß diese Familienart, das Mutterrecht mit ihrer Bevorzugung der Kognation, der Affinität gegenüber der Agnation sich bei ziemlich zurückgebliebenen Völkern findet; ihre Spuren weisen deut= lich hin auf ein Urvolk, das vor den Indogermanen Europa bewohnte, so bei den Pikten und Kantabrern. Bei den Basken lassen sich wenig= stens Eigentümlichkeiten des Erbrechtes auf diese Weise erklären[2]. Dagegen zeigen sich bei den Indogermanen, die uns zuerst als Hirtenvölker entgegentreten, wenig Spuren, am wenigsten bei Griechen und Römer — man müßte nur an die Amazonen denken, — mehr schon bei Kelten und Germanen, auf welche die Urbevölkerung einen stärkeren Einfluß ausübte. Hier begegnet uns die Großfamilie, die Hausgemeinschaft, wovon schon das Jägerleben einige Ansätze verrät.

Wichtiger als seine Familie ist dem Jäger sein Genosse, seine Horde, Bande, der er sich sklavisch einfügt. Um die Familie nicht allzu= stark wachsen zu lassen, werden Kinder und Greise ausgesetzt oder getötet. Daher finden wir bei Jägervölkern Männerhäuser, Klubhäuser neben den Familienhütten[3], während auf einer höheren Stufe, bei den Kelten und Slaven, sich die Großfamilien in Geschlechtshäusern vereinigen und auf einer noch höheren Stufe das Einfamilienhaus vorherrscht. Eine Horde steht der andern feindselig gegenüber, die eine versteht kaum die Sprache der andern und vermeidet den Verkehr, höchstens daß aus der einen oder anderen Horde Frauen geraubt werden[4].

---

[1] Mirab. auscult. 88.

[2] Besonders deutlich ist das Mutterrecht bei den Lykiern bezeugt. (Herod. I, 173, IV, 104, 114); Eus. praep. ev. 6, 10; Strabo 3, 4; Bachofen Lyk. Volk, Antiq. Briefe I, 65; bei Etruskern s. Müller-Deecke, Etrusker 1, 376, 499; Ploß, Das Weib 1897 II, 414. Bei den Semiten soll das Wort Ahab Bruder des Vaters darauf hindeuten; vgl. Ztschr. f. Ethnologie 1898 Brhg. 30.

[3] Stammt das Wort Sippe vom indischen sabha Gemeindehaus, so kannten auch die Indogermanen in ihrer Vorzeit solche Männerhäuser. Daß die Urmenschen in Horden lebten, sucht zu beweisen Mucke, Horde und Familie 1897.

[4] Freilich gibt es darüber verschiedene Urteile. Bei den einen Völkern herrschte

Gefäß mit Kreuzstich (Brandenburg).

Ungastlich ungesellig nennen die Alten die Ligurer und erzählen von den Skythen am Pontus, daß sie die Fremden schlachten und opfern[1], und andere Geschichten, wie sie durch die Sage von der Iphigenie allgemein bekannt sind. Ähnlich urteilen sie über die Lakedä=monier, die viele Züge der Vorzeit bewahrten, namentlich aber über die Briten, die von den einen als keltische, von den andern als vor=keltische Völker betrachtet werden[2].

Ektogamie, bei anderen Endogamie. Als die ursprüngliche Form des Geschlechtsver=kehrs gilt manchen Forschern die Mutterfamilie; erst später soll die Vaterfamilie gefolgt sein.

[1] Insociabiles, invisitati, Liv. 27, 39; 37, 1; 5, 17; Sol. 22, 3; Girald. top. Hib 3, 10; Herod. 4, 103; Diod. 4, 19. Von den Russen berichtet ein Araber, daß kein Fremder ihr Gebiet betrete, ohne sein Leben zu verlieren. Schon zur Steinzeit soll übrigens der Tauschverkehr vom Norden Bernstein und Feuerstein nach dem Süden geführt haben, Festsch. s. Bastian 339; Much, Indogermanen 40.

[2] Hor. c. 3, 4, 33. Nemo bonus Brito est; aut Brito non est, aut malus est, Ausonius, epigr. 110—114.

III.

Hirtenleben.

1. Viehzucht und Ackerbau.

Das Jägerleben ging allmählich, wenn auch langsam in das Hirten=
dasein über. Der Übergang vollzog sich nicht so leicht als man sich denkt,
er knüpfte sich wohl an das Einfangen der Tiere an. Statt sie zu erlegen
und sie sogleich zu verspeisen, sparte man die Tiere auf und sorgte unter
Umständen für einen Nachwuchs. So pflegten lange noch die Jäger
gelegentlich Tiere zu züchten, wie umgekehrt die Hirten die Jagd ausübten
— das deutsche Wort Waidmann bedeutet Hirte und Jäger und das keltisch
germanische Wort Park und Brühl bezeichnet das Jagdgebiet wie den
Weidegrund. Außer Ziegen und Schafe standen den ältesten Hirten keine
Tiere zu Gebot [1], und da sie zudem auch später nicht die Tiere schlachteten,
die sie züchteten, konnte ihnen nur die Jagd das nötige Fleisch liefern,
namentlich die Jagd auf Wölfe und Bären, wozu die Not des Lebens den
Hirten wie den Feldbauer treibt. Noch lange erhielt die Jagd die harte
Notwendigkeit, nicht das Vergnügen; kennt doch die älteste Sprache gar
keinen Ausdruck für Jagd als besondere Beschäftigung, als besonderen Beruf.

Es gab immer Völker, bei denen die Jagd, und Völker, bei denen
die Viehzucht überwog, noch als ihre Nachbarn den Ackerbau kennen gelernt
hatten. Reine Viehzüchter ohne jede Nebenbeschäftigung begegnen einem
ebensowenig, als reine Jäger= und Fischervölker. Etwas Feldbau verflocht
sich immer mit der Viehzucht und bildet im Allgemeinen die Voraussetzung
einer höheren Art der Viehzucht, nämlich der Rindviehzucht. Lange bevor
die Menschen die Wolle ihrer Tiere zu verfilzen und zu verweben verstan=
den, haben sie wildwachsenden Lein und Hanf verflochten und wohl bald
auch gepflanzt [2]. Wie an den Tieren entdeckte der Mensch auch an den
nutzbringenden Pflanzen, daß er weiterkomme, wenn er sie hege und pflege,
als wenn er sie ausrotte.

---

[1] Lange herrschten die Ziegen vor, in den Pfahlbauten finden sich Ziegenreste
viel häufiger als Schafreste und von vielen Völkern berichtet Strabo, daß sie vor=
nehmlich Ziegenfleisch essen.

[2] Spinnwirtel gehören zu den ältesten Ausgrabungsgegenständen.

Kein Volk entbehrt ganz der Kenntnis des Getreidebaues. Daher hat man nicht ohne Grund einen primitiven Ackerbau, den Hackbau sogar vor die Hirtenzeit gestellt[1] und den Ackerbau als älter, als Voraussetzung der Viehzucht bezeichnet, und ist also zur biblischen Auffassung zurückgekehrt, die den Ackerbau an den Anfang menschlicher Kultur rückt[2].

Eines Pfluges oder der Tierkräfte bedurfte der Mensch dazu nicht, eine Hacke, die sogar Frauen handhaben konnten, oder ein gekrümmtes Holz, ein Baum mit abgeknicktem Aste genügte, zumal wenn er die Spitze mit einem Stein beschwerte oder den Ast zu einer Art Steinhacke umschuf. Aus der Steinzeit fanden sich Keile mit schief nach oben gehendem Bohrloch zur Aufnahme eines Stieles, den man als Steinpflug bezeichnete (S. 45)[3].

Auf fruchtbarem, jungfräulichem Boden machen die Indianer nur mit einem Stecken ein kleines Loch und werfen Getreidekörner hinein, die hundertfältige Frucht bringen[4]. Als Reihensaat, Drillkultur, wo die Samenkörner wie etwa heute Rüben oder Kartoffeln d. h. nicht breitwürfig, in breiten Beeten, sondern in Reihen gesteckt werden, kehrt der Hackbau der Urzeit auf einer hohen Stufe der Landwirtschaft wieder.

Was säete man in den geackerten Boden? Jedenfalls eine schnell wachsende Frucht, eine Sommerfrucht, zuerst vielleicht Hirse, eine Frucht, die alle Indogermanen kannten, dann bald auch Gerste, Spelt und Weizen[5], nicht aber Roggen und Haber, die spätere Hauptfrucht der Germanen. Was man besäete, mußte immer eingezäunt werden, zunächst wohl als Garten in der Nähe der Zelte, in weiterer Ferne, in fruchtbaren Niederungen als Einfang, Bifang.

---

[1] Die Rindviehzucht führt nicht notwendig zur Pflugarbeit, s. Vos im Internationalen Archiv für Ethnographie 10, 197; ebenso Hahn, die Haustiere und ihre Beziehung zu den Menschen 1896; Geogr. Ztschr. 3, 160; 4, 374; ferner Hirt, Jahrb. f. Nationalök. 15, 461.

[2] Mit guter Sachkenntnis stellt Hans Nolte in seiner Schrift (J. D.) die Anfänge des Ackerbaues, Jäger- und Hirtenlebens, ein Beitrag zur indogermanischen Altertumskunde, Marburg 1894, den Ackerbau an den Anfang. Zur Erklärung der Angaben der hl. Schrift vergl. des Verfassers Abhandlung „Anfänge der Kultur" in der Natur und Offenbarung 1887 S. 672. Daß die Kenntnis des Getreides bei allen Völkern verbreitet war, s. Solms-Laubach, Weizen, Tulpen und deren Geschichte, Leipzig 1899; dieser stellt S. 16 Zentralasien als Heimat des Weizens fest; Braungart, Allg. Ztg. 1902 Beil. 104.

[3] Ztsch. f. Ethnologie 1895, S. 329. Hahn bringt den Pflug in Zusammenhang mit dem Phallus und Wirtel (s. S. 57 ff.).

[4] Drillen bedeutet Bohren, Grenzboten 1899 I, 263.

[5] Vielleicht entlehnt von südlichen Völkern. Die Worte für Hirse, Gerste, Spelt, Weizen, wechseln in ihrer Bedeutung gegeneinander. Schrader R. L. 11.

Schon von ihrer afiatifchen Heimat her zogen die viehzüchtenden Indogermanen Ebenen vor und befeßten daher zuerft die weiten Flächen Oft= und Nordeuropas. Diefe Gegenden erfcheinen fpäter noch als eine wahre Völkerheimat, da von ihr die Völkerwanderung ausging. Nach den Germanen rückten die Slaven ein und fo mögen ihnen wohl die Kelten vorausgegangen fein. Nordeuropa, namentlich Skandinavien erwies fich in unferer Zeit als die reichfte Schatzkammer vorgefchichtlicher Denkmäler aus der Steinzeit. Man ift wahrhaft überrafcht von der Fülle von Werk= zeugen, Geräten, Kleidern, die uns dort die Sammlungen vor Augen führen. Dort hat fich auch die urfprüngliche Form des Wirtfchaftsbetriebes und der Anfiedelung am reinften bewahrt und herrfcht immer noch die Viehzucht und der Einzelhof vor. Das fruchtbare Marfchland, Marland lockte wohl frühe zur Saat an [1]. Auch weiter füdwärts dienten fpäter die Höhenzüge mehr zur Viehzucht, die Niederungen mehr zum Ackerbau [2]. Vereinzelt mögen die Anfiedler auch Wälder niedergebrannt haben.

Aber ein Einleben, eine eigentliche Niederlaffung geftattete das Hirten= leben nicht und fo konnte fich der Ackerbau nicht ftark verbreiten, bis man das Rind zu züchten verftand, und er blieb eine Sache der Frauen, Sklaven und armen Leute [3].

Einen großen Fortfchritt brachte der Menfchheit die Zähmung des Rindes, deren Anfänge fich in das Dunkel der Vorzeit verlieren. Vielleicht bewogen zuerft religiöfe Gründe dazu und ftand, wie manche meinen, die Milchgewinnung bei der Kuh, das Verfchneiden beim Ochfen im Zufammenhang mit irgend einem Götterdienfte, vielleicht mit der Ver= ehrung einer Mondgöttin auf babylonifchem Boden, wo das Rind, Kühe oder Ochfen, den heiligen Wagen zogen [4].

---

[1] Davon foll nach Mucke, Vorgefchichte des Ackerbaues 124, die Mark kommen; Ar= und Marland entfprechen fich wie Ares und Mars. Für die Ebene fpricht auch Meitzen, Siedelung I, 171.

[2] In silvis et pascuis vitam quam hactenus assueverat nec desuescere novit, — gens silvestris . . ex bestiis et bestialiter vivens . . a primo pasto- ralis vitae vivendi modo non recedens; Giraldus topog. Hib. III, 10. Trotzdem trieben fie etwas Ackerbau; solum marte et aprili solum semel aperiunt ad avenas desc. Camb. I, 8.

[3] Allzu fcharf fcheidet Mucke 126, 258 zwifchen Ackerbau- und Hirtenvölkern, verfetzt jene in die Ebene als Orgeonen, diefe in die Höhe als Genneten (200). Neben den griechifchen Sagen muß dabei Caesar b. G. 6, 29 herhalten, wo minime omnes Germani agiculturae student überfetzt wird, fie betreiben keinen Ackerbau.

[4] In dem Buche „Die Haustiere" führt Hahn aus, die Kuh fei gezähmt worden, weil fie wegen ihrer Hörner mit der Mondgöttin in Beziehung gefetzt wurde. Die Kaftrierung des Ochfens fei ebenfalls aus religiöfen Gründen erfolgt. Das Kaftrieren

Bald aber erkannte man den weitgehenden Nutzen, die vielseitige
Fruchtbarkeit des Tieres als Zug- und Milchvieh; doch scheint die Bespannung des Steinpfluges erst einer späteren Zeit anzugehören. Noch als
die Indogermanen in Asien beisammensaßen, kannten sie Ochsen und Kühe,
kannten das Melken und die Milch, sie kannten das Schaf, die Ziege und
den Hund[1]. Später trat das Pferd und die Gans[2] in den Gesichtskreis,
noch später das Schwein[3], ganz spät aber der Esel und das Maultier[4],
sonst kein weiteres Getier oder Geflügel[5], wie sie denn weder Geflügel
noch Fische genoßen. So beschränkt sich das Hauptvergnügen auf Stiere
und Kühe, Kälber und Ochsen, mit ihnen beschäftigt sich die Phantasie am
liebsten und wem man Ehre erweisen wollte, den verglich man mit einem
Stier oder Ochsen.

2. Eigentum und Sitte.

Um wandern zu können, bedurften die Hirten der Lasttiere und Wagen
und es begreift sich, daß der Wagenbau uralt, wenn auch einfach ist. An
den alten Wagen drehten sich Achse und Rad zugleich und erzeugten heftiges
Knarren, wie heute noch in den Steppen Asiens, ja sogar bei den Basken;
und über dem Langholz erhob sich wohl eine ganze Hütte, ein Karrenhaus.[6]
Zur Ansiedelung ziehen Hirtenvölker runde Hütten, Rundwälle, Rundbörfer
vor, Ackerbauern Schiffhäuser, längliche Häuser, denen die Gewanne und
Reihenbörfer entsprechen[7]. Jene kommunistischer als diese, besaßen als
Geschlecht, Stamm oder Hundertschaft verbunden, das Gebiet gemeinsam
und konnten eine gemeinsame Befestigung und Umhorbung weniger entbehren, als die Jäger, mußten sich und ihre Herden durch künstliche Ver-
schanzungen sichern, durften nicht zu weit auseinander, wenn auch nicht
allzu eng aufeinander wohnen. Die Herden konnten sie nachts gegenüber
den Wölfen und wilden Tieren nicht auf freiem Felde lassen und mußten
wenigstens einen Zaun, Hag oder Verhau und in der Mitte einen freien

---

habe nach primitiver Anschauung Tiere und Menschen über das Gewöhnliche hinaus-
gehoben und der Gottheit genähert.

[1] Nach Tac. Germ. 40 scheint das Rind nur zum Wagenziehen benützt worden
zu sein.

[2] Pecus, tauros, ovis-vren, agos-caper-haedus, canis, kyon.

[3] Das Pferd in der jüngeren Steinzeit Globus 1901 (79) 369; die Züchtung
fällt aber erst in die Bronzezeit. Über das Schwein s. Much, Indogermanen 197.

[4] Der Esel soll aus Afrika bzw. Ägypten stammen; sicher kommt daher die
Hauskatze (Globus 1897, 287).

[5] Schleicher Jahrb. für Nationalök. 1, 405; Schrader, Sprachvergleichung 344;
R. L. 322; Sophus Müller 445; D'Arbois 515.

[6] Sarmati in plaustro equoque vivunt, Tac Germ. 46; Hor. c. 3, 24, 9;
Globus 1898 (74) 336.

[7] Mucke, Vorgeschichte 117, 210.

Weideplatz für die Tiere schaffen, wenn sie selbst innerhalb des Zaunes Zelte bezogen. Daher hieß das Rundlager pur, Burg, pol, polis, Pal, Ring[1], und der Zaun verwandt mit Zaum, der die Tiere festhielt, keltisch parricus. Davon stammt vielleicht das deutsche Wort Pferch[2] und der verbreitete Name Park, ein Wort, das wieder an einen andern Zusammenhang erinnert. Solche umzäunte Räume umschlossen später Jagdtiere, wie das griechisch-semitische Pardes zeigt, und schützten auf der andern Seite die Frucht vor Tierschaden, wie der keltisch-germanische Brühl beweist[3]. Ein Wall, Ringwall und Graben verstärkte die Umzäunung; die meisten Erdbefestigung reichen weit über die Römer zurück. Da die Herde eine fortwährende Anlockung zum Kampf und Raub bildete, mußten die Hirten immer kampfgerüstet sein, sei es gegen verwandte Hirtenstämme, sei es gegen wilde Jägerstämme. Das gegenseitige Rauben gehörte gleichsam zum Handwerk[4], Kampf und Krieg stellte die Regel des Lebens dar; man denke an die ewigen Fehden der Wilden Afrikas! Gerade die Unsicherheit hielt viele Völker davon zurück, sich als Ackerbauern niederzulassen.

So wenig als die Jäger genossen die Hirten ein idyllisches Dasein; das Bild der israelitischen Patriarchen darf einen nicht beirren. Ein Nomadenvolk hat immer etwas von einem Kriegsvolke an sich, es muß immer auf einen Angriff gefaßt sein: Volk stand nicht nur gegen Volk, Stamm gegen Stamm, sondern Geschlecht gegen Geschlecht. Ebendaher gelang es vielen Völkern und Stämmen gar nicht, zu regelmäßiger Viehzucht und noch weniger zum Ackerbau überzugehen, weil ihre Herden geraubt, ihre Saat zertreten wurde. So ließ es der Neid, der zwischen den Rothäuten herrschte, nicht zu, daß ein Stamm sich der Kultur näherte.

Das beständig Geschützte oder Vergewaltige war das Eigentum; noch bei den Römern galt das als bestes Eigentum, was man erbeutete. Deshalb hieß das Eigentum in der ältesten Sprache das Geraubte, die Beute[5].

---

[1] Pur wird von Mucke, Vorgeschichte 235 mit pyr Feuerherd verbunden, pal mit palas, palatium, palatum. Pal, pol hat im Keltischen große Bedeutung, es heißt rund und hoch. Auch pagus, castrum, Kessel, die Hundertschaft soll nach Mucke damit in Beziehung stehen. Die Ringbewohner trugen nach ihm einen Ring als Zeichen (233, 236 ff.)

[2] Pferch kann auch von pertica Perch Meßstange kommen, womit ursprünglich die Äcker vermessen wurden.

[3] Brühl von brogilo, vielleicht auch bersa = birschen.

[4] In milderer Form erscheint diese Neigung im griechischen ἀεὶ ἀριστεύειν im fortwährenden Agon, Wettkampf.

[5] Von manu capere, rauben nennt der Römer das verfügbare Eigen res mancipi (Jhering, Geist des römischen Rechts I, 109). Die Germanen hießen roba,

Das ursprünglichste und nächste Eigentum knüpft sich unmittelbar an
die Person an, es ist eine Erweiterung der Persönlichkeit. Gingen ja die
ältesten Waffen und Werkzeuge hervor aus einer Nachahmung und Ver=
stärkung der Körperglieder: der Keil ahmt die Faust, das Messer die
Zähne, die Gefäße die hohle Hand nach[1]. In losem Zusammenhang stand
schon das Zelt, die erweiterte Kleidung, die der Familie zum Aufenthalt
diente. Gerade deshalb genoß es eines starken Schutzes, eines Schutzes,
der teils auf der Religion, teils auf einem weitgehenden Waffenrecht be=
ruhte. In noch loserem Zusammenhang standen die Viehherden, die man
gemeinsam züchtete und schützte, weshalb sie im Gesamteigentum der Familie
oder des Stammes unmittelbar unter dem Familien= und Stammeshaupte
standen, der alles leitete, im lockersten Zusammenhang endlich der Boden,
den man benützte, ausgenommen Zaunland[2]. Das Eigentum zeigt also
starke Abstufungen.

Wegen der Unsicherheit mußten die Familien und Geschlechter zu=
sammenhalten und der Einzelne durfte sich nicht auf eigene Faust vorwagen[3].
Bei aller scheinbaren Freiheit sahen sich die Jäger und Hirten stets auf=
einander angewiesen, da sie nur gemeinsam die Räuber zu bewältigen, nur
gemeinsam zu jagen und Vieh zu züchten vermochten.

Gemeinsam am liebsten in Horden, in Männergesellschaften ziehen
die Jäger aus, gemeinsam lassen auch die Hirten ihre Herde weiden. Doch
leben sie nicht mehr in Horden, sondern schon mehr in Großfamilien, sei
es als Hausgemeinschaften, wie sie in der indogermanischen Urzeit zumal
bei den Kelten und Slaven deutlich hervortreten, sei es als Sippschaften,
Stämme, mit Sonderhäusern, wie bei den Germanen, oder endlich als
Tribus, Hundertschaften mit einem Geschlechtshaus und gemeinsamem Gebiet
von runder Form[4].

In der Gemeinschaft genießt der Einzelne den Schutz, die Hilfe und
den Rückhalt, den auf höheren Stufen der Staat gewährt, und er verliert
ihn, wenn er sich widerspenstig zeigt. Viel weniger auf der Gleichheit
aller beruht der Zusammenhalt, als auf der Unterordnung, da alles von der
Macht des Familienhauptes oder Stammeshauptes abhängt. Jeder Vater

---

Raub, das Gewand des Erschlagenen, dann das Gewand überhaupt; vgl. Leist Altarisches
jus g. 494.

[1] Dolch und Nagel den Zeigefinger, Grupp, System u. Geschichte der Kultur II, 8.

[2] Bei den Nomaden gilt der Grundsatz, daß wer ein bestimmtes Land ein=
zäunte, ein Vorrecht darauf genoß, bis der Zaun zerfiel.

[3] Waitz, Anthropologie der Naturvölker I, 375.

[4] Hundertschaften sind kreisförmige Hordenlager; sie sind weniger eine bestimmte
Zahl, als ein bestimmtes Gebiet (Mucke 225).

richtet bei den Großfamilien, wie es bei Homer heißt, nach Willkür seine Kinder und Weiber und kümmert sich nicht um die andern, und demgemäß erstrecken sich die Rechte des Vaters, des Hausherrn ungemein weit. Kinder und Frauen gehorchen ihm sklavisch; nur daß ihn, wenn sein Arm erlahmte, der älteste oder kräftigste Sohn absetzte oder tötete.

Gerade weil der Zusammenhalt auch der erweiterten Familie so stark war, weil ihre Glieder sich aufeinander angewiesen sahen, mußte sich auch ein Haupt bilden; ein mächtiger Führer mußte die Einheit gewährleisten. Als Führer ragte bald ein mächtiger Mann hervor, den entweder das Ältestenrecht oder ausdrückliche Wahl bezeichnete. Häuptlingsfamilien ragten also hervor, genossen höheres Ansehen, vielfach zugleich als Träger des Kultus[1]. Diese streng patriarchalische Gewalt erhielt sich überall, wo die Familie, das Geschlecht nicht in einem größeren Ganzen aufging, was man immer vor Augen behalten muß, will man die Macht der Häuptlinge begreifen.

3. Ungleichheit.

Ragt so ein Führer einer Familie hervor, so entwickeln sich bald noch weitere Unterschiede und Ungleichheiten. Unter Hirtenvölkern eröffnete sich eine leichtere Aussicht und Möglichkeit, Besitz anzuhäufen, als bei den Jägervölkern. Die Arbeit kann man mehr teilen, Frauen und Knechte zu schwerer Bodenarbeit verwenden, Unterworfene, Kriegsgefangene, Fremde, Verbrecher, Schuldknechte zu Sklaven herabwürdigen[2]. Alle Hirtenvölker im großen, Mongolen wie Türken und Magyaren, Germanen wie Kelten haben andere unterjocht und sie für den beschwerlichen Feldbau verwendet, zu dem sich niemand entschloß, den nicht der Zwang dazu trieb.

In neuester Zeit hat man von sozialistischer Seite die Sage vom goldenen Zeitalter wieder aufgefrischt und wirtschaftsgeschichtlich gerecht= fertigt. So lange die Naturgaben frei daliegen und dem allgemeinen Ge= brauch offen stehen, zwingt, meint man, keine Not einen, in den Dienst eines anderen zu treten und sich andern unterzuordnen. Allein diese An= schauung sieht davon ab, was Herrschsucht, Gewalt und was die Trägheit, was Klugheit und Dummheit für Mächte im Menschenleben bedeuten, ver= kennt, daß es immer träge, nachlässige Leute gab, die abhängig sein wollen, denkfaule Leute, die sich wie ein Tier um einen Bissen Brot einfangen lassen, gleichgültige, gutmütige Leute, die vom Borge leben. Allerlei Un= glück, eigene Schuld, Tierkrankheiten, räuberische Einfälle beraubten sie ihrer

---

[1] Nach Fustel Cité 97 war das Erstgeburtsrecht eine notwendige ursprüngliche Folge des Familienkultus, nach andern umgekehrt, die Erbfolge des Jüngsten.
[2] Nieboer Slavery 282; Maine Early hist. 160.

Keſſelwohnung.

Herden und die Not veranlaßte ſie, bei
Reichen zu borgen; ein ſolches Borgen
belaſtete aber ungemein, zwang ſie zu
doppelter Vergeltung, zu 100, 200 Prozent.
Wenn der Schuldner nicht bezahlen konnte,
verfiel er in die Gewalt des Gläubigers.

Abhängig vom Herrn mußten die
Knechte arbeiten, die Sklaverei wurde eine
Schule der Arbeit und Kultur; ohne dieſen
Zwang wären die Völker auf der Stufe
der Jagd und Viehzucht ſtehen geblieben[1].

---

[1] Seeck die Entwicklung der antiken Geſchichtsſchreibung S. 173 ſcheidet die
Zeit der Frauenarbeit und Sklavenarbeit ſehr ſcharf, aber ob dieſes hiſtoriſch begründet
iſt, bleibt zweifelhaft.

IV.

Tod und Religion.

Wenige Menschen starben eines natürlichen Todes: der Kampf mit der Natur und mit wilden Nachbarn rieb Männer und Frauen früh auf, Frauen und Sklaven mußten sterben, wenn der Herr in den Tod ging, besonders ein reicher Herr. Gefangene, Sklaven wurden den Göttern geopfert, alte Leute erschlagen, ihnen selbst zum Troste und den Überlebenden zur Erleichterung [1].

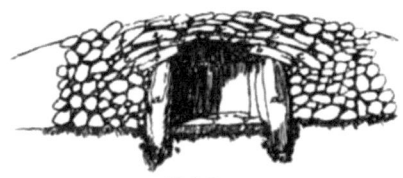

Steinkammer.

Gotländische Riesenstube. Ganggrab mit liegenden Hockern (b. h. die Kniee sind ans Kinn gezogen).

Menschenfleisch wurde als kräftigendes Zaubermittel oder gar als Leckerbissen verzehrt, so von den Kelten und namentlich den Hibernern. Nicht mit Unrecht stellt ein Alter die Anthropophagie der Hiberner zusammen mit der Polyandrie und Polygamie. Besonders hoch schätzten die Kelten das Fleisch von Eltern, von intimen Teilen des Körpers, das Blut tapferer Freunde, womit sie sich das Gesicht färbten [2]. Die Skythen tranken das Blut gefallener Feinde und Tierblut gemischt mit Wein oder Milch [3] und benützten die Hirnschalen als Trinkbecher. Die alten Völker hielten Menschenblut für den köstlichen Göttertrank. Wenn die Kelten glaubten, je reicher das Blut fließe, desto

---

[1] Diod. 5, 32; Strabo 4, 4.

[2] Solin 22, 3; Hier. adv. Jov. 2, 7: pastorum nates et feminarum et papillas abscindere et has solas ciborum delicias arbitari; Plin. 7, 2; Herod. 1, 216.

[3] Vgl. Herod. 4, 64; Dionis perieges. und den Kommentar von Eustathios über die Massageten.

wohlgesinnter seien die Götter, so reicht dieser Glaube tief zurück und weit
hinaus [1]. An Stelle des Menschenopfers trat das Blutabzapfen und vielleicht
die Trepanation, das Ausschneiden eines Stückes der oberen Hirnschale am
lebenden Menschen, deren Wunde manchmal vernarbte; das ausgeschnittene
Stück zierte als ein scheibenförmiges Amulett die Brust. Dem Gedanken
an den Tod gingen sie nicht aus dem Wege sowenig als den Schmerzen,
und willig quälten und töteten sie sich selbst, wie wenn sie darin einen
Genuß gesucht hätten.

Um so mehr Aufmerksamkeit zollten sie den Toten, mehr als den
Lebenden, da ein Gespenst nach ihrer Ansicht mehr schaden konnte, als

Nordisches Hockergrab.

ein Lebender. Viele Stämmne
ließen ihre Toten einfach auf dem
Felde vermodern, wie später noch
die Perser und teilweis die Kelten
und heute noch viele Mongolen:
wußte man ja nicht, ob die Toten
nicht wieder erstünden; sodann be=
deckte man sie wohl leicht mit Erde
und endlich schützte man sie irgend=
wie gegen die Tiere des Feldes in Höhlen oder Hütten oder Gräbern.

Da jene Bestattungen mehr oder weniger verschwanden, haben wir
nur Kunde von der spätern

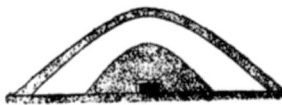

Grabhügel der jüngeren Steinzeit.

stärkeren Sicherung in tiefen Gräbern ver=
schiedener Art und künstlichen Höhlen, die
man mit den Trichter= und Höhlenwoh=
nungen leicht verwechselt. Wir schlafen, heißt
es in einer irischen Sage, in trockenen Erd=
höhlen, wie Gott sie geschaffen und nach dem
Tod werden sie unsere Grablager sein [2].

Gerade aus der Steinzeit erhielten sich viele Kessel=, Trichter= und Schacht=
gräber mit ebenerdigem Abschluß neben Steinkisten, Steinöfen, mächtige
Steingräber, die an ägyptische Bauten erinnern, Dolmenkammern, oder wie
man sie sonst hieß, Riesenkeller, Hünenbetten, gemauerte Grabzelte unter
Erdhügeln, Karsteine, Trauersteine, namentlich im Norden. Dagegen
fehlen sie in Mittel= und Südeuropa fast vollständig. In den großen
oft fünfzig Fuß langen und oft acht Fuß breiten Kammern fanden ganze
Familien Platz und ruhen in hockender Stellung, das Knie gegen das

---

[1] An dem phönikischen Moloch erinnert es, wenn die Gallier aus Reisig und
anderem Stoff Götter= und Tierbilder gestalteten und in sie Menschen steckten. Caes. 6, 16.

[2] Irische Texte von Stokes 2 b, 76.

Kinn gezogen, den Rücken an die Wand gelehnt, von West nach Oft
oder von Süd nach Nord schauend, durch Steinplatten von einander geschie=
den[1]. In den einfachen Gräbern der späteren von Süden beeinflußten
Zeit ruhen die Leichen verschieden, teils sitzend oder hockend, mit gebogenen
Knien liegend, teils in verschiedener Richtung ausgestreckt[2]. Noch in
späterer Zeit hat man die Toten gern sitzend beigesetzt z. B. Galla
Placidia in einer Steinkiste, Karl den Großen in einer Grabkammer.

Nach allgemeinen Glauben lebte der Tote fort und das Grab war
sein Haus. Daher bekam er seine notwendigste Habe, sein persönliches
Eigen mit, Werkzeuge und Waffen, Speisegeräte und Jagdspeere[3], ja auch
Weiber und Diener. Von den Skythen berichtet Herodot: „Nachdem die
Leiche eines Königs einbalsamiert und
auf Wagen bei allen Stämmen her=
umgefahren war, wird sie auf dem
Grabplatz auf einer Matte niederge=
setzt, dann stecken sie zu beiden Seiten
des Leichnams Lanzen in den Boden,
legen Stangen oben darüber und über=
flechten es darauf mit einem Hürden=
dache. Und in den übrigen Raum
des Grabes begraben sie eines der
Kebsweiber, das sie erwürgen, wie
auch den Mundschenk, den Koch, den

Kaukasische Dolmengräber.

Stallmeister, den Leibdiener und den Botschaftsmelder, endlich Pferde=
und Weihopfer von allem andern und goldene Schalen. Nach allem dem
werfen sie alle miteinander einen großen Schutthügel um die Wette auf
und sind voll Eifers, ihn größtmöglich zu machen. Nach Ablauf einer
Jahresfrist nehmen sie fünfzig der betrautesten Diener und fünfzig Pferde
und töten sie, setzen die Diener auf die Pferde und stellen sie sodann mit
Pfählen befestigt um das Grabmal des Königs“. Später mögen diese
sonderbaren Opferdenkmale durch Steine ersetzt worden sein. Von Rußland
berichtet ein arabischer Schriftsteller: „Stirbt ein hervorragender Mann,
so machen sie ihm ein Grab in Gestalt eines großen Hauses, legen ihn
hinein, und mit ihm zusammen legen sie in dasselbe Grab seine Kleider
sowie die goldenen Armbänder, die er getragen, ferner einen Vorrat

---

[1] Eine christliche Kirche über einem Steinkammergrab s. Globus 1898 (74) 267.
[2] Den Ligurern ist mit Mehlis Kossina geneigt, die liegenden Hocker zuzu=
schreiben, Ztschr. f. Ethnol. 1902, 220; 1895 S. 50.
[3] Manches mochte zur Abhaltung von Geistern als Zauber dienen, so Miniatur=
waffen, Messerchen; Klemm, Altertumskunde 368.

Lebensmittel und Gefäße mit Getränken und Geld. Endlich legen sie das Lieblingsweib des Verstorbenen lebendig in das Grab, schließen den Zugang, und die Frau stirbt lebendig darin"[1].

Nordischer Grabhügel mit Dolmen.

Wenn der Tote schon lange Jahre im Grabe ruhte, durften die Hinterbliebenen ihn doch nicht vergessen, die Pflicht erstreckte sich auf Kind und Kindeskinder, die Pflicht nämlich, dem Toten von Zeit zu Zeit mit Speise und Trank zu erquicken, durch Gesang und Tanz zu unterhalten, und eben diese Pflicht führte die Familienmitglieder immer wieder zusammen und stärkte das Geschlechtsbewußtsein.

Die Toten verwandelten sich nach einer weitverbreiteten Anschauung in die Tiere der Flur, in Bär und Wolf, in Rabe und Adler, und so weihte ihnen der Mensch, ohne die Himmelsgötter zu vergessen, seine Huldigung, wie er das Steinbeil, die Steinaxt, das Steinschwert, den Sachs verehrte, womit er die Tiere und Feinde erlegte. Äußerlich frei und ungebunden verfielen die Menschen unter dem Drucke ihrer Lage einer düsteren Gespensterfurcht, einem tiefen Aberglauben, dem Totemismus und Fetischismus.

Wohl sprechen schon die Alten von den glücklichen Hyperboräern, von Nordmännern, die in Friede und Eintracht lebten, deren ganzes Leben in religiösen Festen, in Gesängen und Tänzen dahinfließe. Unbekümmert um die Menschen, unbekümmert um die Götter haben sie das Schwerste erreicht, selbst keines Wunsches zu bedürfen, sagt Tacitus von den Finnen. Aber mit dieser Sage verhält es sich ähnlich wie mit der Schilderung der Wilden bei Rousseau und der Indianer bei Chateaubriand; Tacitus zeigt nur, wie schon damals Männer der überfeinerten Bildung die Gefahr bedrohte das Glück der Naturvölker zu überschätzen, eine

Steinidol
von Drusenheim.

---

[1] Herod. 4, 71. Nach Tewes Steingräber der Provinz Hannover 1898 finden sich neben begrabenen Leichen verbrannte und neben begrabenen Leichenteilen verbrannte Teile.

Gefahr, der Tacitus auch bei der Schilderung der Germanen unterlag. Zwar mag ein Zug froher Sorglosigkeit, dumpfer Zufriedenheit den Schein von Glück wecken, in Wahrheit aber beherrschte dunkle Furcht vor Spuckgöttern und Dämonen, ein wüster Wahnglaube, ein düsterer Aberglaube die Gemüter, was allein schon die Annahme widerlegt, als ob die Unersättlichkeit des Menschen ihn dazu getrieben hätte, sich unsichtbare Gestalten und Kräfte zu schaffen, die ihm Hilfe bringen, und ein jenseitiges Leben auszumalen. Vielmehr unterlag der Mensch dem unheimlichen Eindrucke einer ihn überwältigenden Natur und wurde das Opfer düsterer Träume, fratzenhafter Gespensterfurcht, je mehr er sich äußerlich ungebunden bewegte, und erst aus dieser Furcht und Abhängigkeit entsprang der Wunsch sich durch Zauberei und Wahrsagerei etwas Luft und Licht zu schaffen, die düstere Götterwelt günstiger zu stimmen.

Fröhlicher Sinn, lachende Heiterkeit ist Jägervölkern fremd und ihre Gesänge sind ungemein melancholisch; sie freuen sich am fließenden Blut, behängen sich mit Menschenhäuten (Skalps), zieren ihre Häuser mit den Schädeln ihrer Feinde und huldigen ihren Waffen[1]. Noch spätere Geschlechter schauten mit Scheu auf die Steinwaffen, die Donnerkeile und trieben ihren Zauber damit[2]. Der Tod ist das beste, lautet ein Sprichwort der Skythen[3].

Eine steinerne Zeit, eine eisige Zeit, die dem Steinkultus sich ergab! Wie Steine und Felsen ihnen Schutz, ihnen Stoff boten für Waffen und Werkzeuge, so schufen sie aus Steinen ihren Toten und Göttern Denkmäler und Wohnungen. Steine übten ihre Wirkung auf Kunst und Sprache[4]. Mächtige Steinmale, Steinpfeiler, Steintische über Gräbern und Kultusstätten erinnern an jene Steinzeiten. In der Nähe des Meeres in Nordfrankreich und England begegnen uns Steinpfeiler, Menhir „lange Steine" bretonisch genannt, Stollen, wo zwei Pfeiler ein Tafelstein deckt, Steintische, Dolmen, die Toten gegen Regen schützen[5], endlich Steinreihen, um Menhirs im Kreis, selten im Viereck gestellt, Cromlechs,

---

[1] Herod. 4, 64 ff., 103; Peschel, Völkerkunde 1885, S. 134, 256.

[2] Noch Galba hielt sich zum Herrscher berufen, weil er auf dem Grund eines Sees Donnerkeile fand, entweder Reste eines Pfahlbaues oder eine Opferspende zur Versöhnung des Wassergottes, Suet. G. 8; Plin. h. n. 37, 51; 30,5.

[3] Eustath. l. c. ed. Paris 1547 p. 111.

[4] Das Wort or (Höhle, Felsen) kehrt in der germanischen Sprache in verschiedenen Verbindungen wieder, so nach Buchwald (Globus 1900, 79 S. 319) in Borg, Horde, Nord, Ors (Roß), Orm (Schlange), Dor Dorf, Gor (Sumpf), Bor Mann, Oros, Berg und Grenze.

[5] Rev. arch. 3, 21; 42, 169.

Stonehenge[1]. Da die Steine behauen, bearbeitet sind, mögen sie der jüngeren Steinzeit angehören. Bei den Japanern, Mexikanern und Indiern erhielten sich zahlreiche Geschlechtssteine, namentlich männliche phallus= artige Steine, wovon Europa fast keine Spur zeigt. Nun könnte man denken, die Urbewohner Europas haben diesen Kultus nicht so ausge= sprochen gepflegt, aber dies gilt nicht einmal für die Indogermanen, geschweige andere Vorvölker; denn mit Griechen und Römer teilten Kelten und Germanen diese Kultsymbolik[2]. Überdem weisen die Zeichen, die auf den erhaltenen Steinen sich darbieten, auf einen solchen Zusammenhang hin[3].

Kultstein mit Handlinien.

Die Kultsteine schmücken Punkte, Linien, Kreise, Bögen, Winkel, größere und kleinere Löcher, Napfformen, Schalen, so daß man die betreffenden Steine kurzweg Napf= oder Schalensteine nennt, oder Schnurreihen, durch Gruben getrennt, Kreise, konzentrische Kreise, durch Riemen ver= bunden; da winden sich Spiralen und gehen Strahlen aus, daß man manch= mal an die Nachahmung von Ringwällen denkt. Offenbar haben diese Figuren symbolischen Charakter und sind im Sinne des Volkes mit magischer Kraft ausgestattet[4]. Diese Symbole bedeuteten nicht nur, sondern brachten auch Gedeihen und Fruchtbarkeit, Fluch und Segen; denn jede Schrift umkleidete die Volksphantasie mit Zauber= gewalt. Daher sprach man von Zaubersteinen, Hexen=, Feensteinen, Zwergsteinen, Loßsteinen, Druden=, Wolfsteinen, Schatz= und Gold= steinen[5] und spätere Sagen erklärten die Zeichen wohl daraus, daß Riesen der Vorzeit Steine gegeneinander schleuderten und daß Spuren ihrer Finger in den Steinen blieben — in der Tat gleichen die Linien manchmal Handlinien —

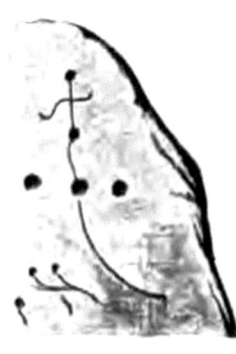

Napfstein.

---

[1] Argentorate Straßburg hieß wohl des Argantors Stein (Menhir) oder Silber= stein (?), Holder, Sprachschatz I, 211; Sittl, Archäologie 353.

[2] Girald. Itiner. Cambriae 2, 7; Gualter. Mapes Camb. ep. 336; vgl. den Menhir bei Mortillet Musée 694; Grimm, D. Mythologie 1844 S. 193; Ztsch. für Ethnologie 1895 S. 630, 679.

[3] Pierres à écuelles, à bassins, à cupules, cupstones.

[4] Bertrand La religion des Gaulois 1897, p. 48; La Gaule avant les Gaulois 1891, p. 153.

[5] Whitchstones, madstones, Teufelsteine, Martersteine, Teufelskanzel, Tafel= runde des Artus, Stein des hl. Markus, Feengärten, Wendengräber, Hünenbetten

oder daß Heilige im anhaltenden Gebet Spuren ihrer Ellbogen hinterließen. Heilige oder Riesen, Zwerge und Teufel, dem Volke galt das
gleichviel; überzeugt war es doch, daß es dabei nicht mit rechten Dingen
zuging.

Wie Kinder gerne spielen, nachbilden, so übt sich der Naturmensch
in allen möglichen Formen und Bildern, erhob sich aber lange nicht über
rein geometrische Linien. In der Plastik und namentlich der Tonplastik
folgt auf das einfache Schnurornament ein reicheres Bandornament, wohl
unter dem Einfluß einer südlichen Kunstübung, dann die geschweifte Form
von Urnen, ferner Spiralen und Voluten, die in ihrer Schlangenähnlichkeit
wohl auf Fruchtbarkeit hinweisen, während das Zickzack und das Hackenkreuz
einer späteren Zeit und einer noch späteren Zeit organische Formen angehören[1].

wurden sie genannt; Reinach, Rev. archéolog 1893 I, 204. Reber Korr.-Bl. f. Anthr.
1894 (25) 12; Reinach L'anthrop. 5, 23; Simpson Archaic sculpturings of cups
circles in Scotland, England, Edinburg 1867; über pommersche Steine vgl. Ztsch.
f. Ethnologie 1891, Bhbl. 703.

[1] Gegenüber von Hörnes, Urgeschichte der Kunst 258 u. a. sucht Much Indogermanen 63 die Spirale als Europa einheimische Form nachzuweisen; sie ist nach ihm
eher vom Norden nach Süden und Osten gewandert als umgekehrt (107).

Erster Abschnitt.

Die Indogermanen.

I.

Wanderung und Niederlassung der Indogermanen.

1. Ausbreitung der Indogermanen.

Als Jäger= und Hirtenvölker trat das indogermanische Volk auf, das sich als zweite Schichte über eine unbekannte Urschichte schob. Seine Heimat lag, wie die der turanischen Urbevölkerung in Asien, der uralten Völker=heimat, und zwar in Westasien, vielleicht auch Mittelasien, kaum aber in Nordosteuropa oder Skandinavien, wie Neuere annehmen. Auf den Osten weist schon die Ursage hin; von dort stammen unsere Haustiere nnd viele Feldfrüchte [1]. Sie zerfallen in drei große Zweige: in den keltisch=italie=nischen, in den germanischen und den slavisch=griechischen Zweig [2].

Die Indogermanen oder Arier, wie man sie hieß, kennzeichnete der blonde Typus, Hellhaar und Blauauge, der Langschädel mit hervortretender Stirne, gebogenen Augenbrauen, kleinem Mund, gerader Nase und zwar nicht nur die Germanen, sondern auch die Kelten und Slaven und wahr=scheinlich auch die ältesten Griechen und Römer, denen die blonde Farbe

---

[1] Ammian 15, 9, 4; Pictet orig. indoeurop. 1859 I, 39; Joh. Schmidt, Urheimat der Indogermanen Berlin 1890. Dieser beweist den asiatischen Ursprung aus dem dekabischen Zahlensystem; Hommel, Allg. Ztg. 1895 Beil. 197; Holzmann, Germanische Altertümer 88. Für Asien tritt besonders ein der Schwede Montelius in verschiedenen Werken. Dagegen wendet sich Much und H. Hirt, Indogermanische Forschungen I, 466; Streitberg, Allg. Ztg. 1897 Beil. 2; Wilser, Urgeschichte der Arier 10. Vom Osten wanderten die Gallier nach dem heutigen Frankreich (Ztsch. f. b. Altert. 42, 129).

[2] In neuester Zeit werden vielfach Italiker und die von ihnen scharf unter=schiedenen Keltoslaven von dieser Rasse ausgeschlossen und die Italiker würden demnach einem Mittelmeertypus angehören, der mit den Arabern und Semiten verwandt ist, die Keltoslaven der turanischen Rasse (homo Alpinus) so Lapouge, Ceśare de Cara, Bréal; Ammon f. Fouillée rev. d. d. m. 1895, 128, 168; Sergi origine della stirpe mediterranea Roma 1895; Nuova antologia 142, 108.

immer als ein Vorzug und Schwarz als Farbe der Sklaven erschien. Erst
durch Vermischung mit andern Völkern, mit ureingesessenen Stämmen,
später mit eingewanderten Semiten änderte sich ihr Typus, was sich besonders
auffallend bei den Griechen und Römern zeigt. In demselben Maß wie
die Natur, die Flora, geriet auch der Menschentypus unter orientalische
Einflüsse. Und doch entstand hier ein harmonischeres Ganze als in Nordost=
europa, wo bei den Slaven der mongolische Typus oft so unangenehm
durchschlägt[1]. Eine überlegene Natur und Kultur verhalf den Indoger=
manen zum Siege über körperlich vielleicht kräftigere und jedenfalls zähere
Vorgänger. Die Weltgeschichte, so weit wir sie kennen, zeigt ein be=
ständiges Auf und Ab in der Völkerbewegung: rohere Völker fallen über
gebildete her, wenn sie entartet sind; in der Regel aber unterwerfen gebildete
Völker die roheren. Ein gewisses Maß von Kultur stärkt und hebt ein
Volk, erst ein Übermaß schwächt es und entzieht ihm die kriegerische Kraft.

Wenn überhaupt ein Volk sein selbständiges Dasein nur der Kriegs=
tüchtigkeit verdankt, so war das doppelt damals der Fall. Kein Volk
scheute sich, das andere zu verdrängen, wenn es Macht hatte, die Kelten
sowenig wie die Römer und die Germanen sowenig wie die Kelten. Stets
lauerte ein Volk, das andere zu unterdrücken. Bei der energischen Natur
dieser Völker ging jede Gemütsbewegung in die Tat über, der Neid in
Kampf (daher bedeutet das germanische Wort Nit beides), die Liebe in die
Ehe. Ein Volk mußte immer kriegsbereit sein, näherhin die Freien eines
Volkes mußten stets sich bereit halten, in den Kampf zu ziehen. Der
Krieg ist die normale Tätigkeit solcher Völker. Kriegstüchtig waren die
Arier so gut wie die Turanier. Allerdings pflegte mit der steigenden Kultur
die Kriegstüchtigkeit abzunehmen. Die Hirten sind weniger kriegerisch als
die Jäger, die Ackerbauer weniger als die Hirten, die Städter weniger
als die Bauern. Allein diese Ordnung pflegt durch andere Bedingungen
durchkreuzt zu werden. Die steigende Kultur bringt mehr Hilfsmittel des
Krieges, bessere Waffen, höhere Technik. Die niederstehenden Völker ver=
harren gerne bei ihren primitiven Waffen. So konnten die Arier wohl
über die Turanier siegen.

2. Wanderung.

Von Asien aus breiteten sich die Indogermanen über einen großen
Teil Asiens und fast ganz Europa aus. Ihre Ausbreitung faßt man als

---

[1] Auch geistige Züge der Russen erinnern einen manchmal an die Mongolen,
die Vorliebe für das Zierliche, wie sie die Rokokozeit beherrschte und heute wiederkehrt,
das Mandarinentum; auch an die Neigung zu Tee und Tabak könnte man erinnern.
Freilich gehen alle solche Zusammenstellungen nicht über bloße Vermutungen hinaus.

eine Wanderung, aber man muß hier mit dem Begriff der Wanderung noch vorsichtiger sein, als bei der sogenannten Völkerwanderung in geschicht= licher Zeit. Die Urvölker dehnen sich allmählig aus, es ist ein natürliches Wachstum wie bei Früchten und Bäumen, die ihren Samen ausstreuen. Man darf nicht an einmalige Wanderungen, sondern an verschiedene Ver= schiebungen, an öftern Wechsel denken. Wandern und Nomadisieren geht ineinander über.

Zu Wanderungen diente ihnen vortrefflich ihr Wohnwagen, ihr Karrenhaus, das indische Garta, das Gegürtete, das auch Haus bedeutet[1]. Die Erfindung des zwei=, drei= und vierräbrigen Wagens schnitt tief in das Leben der Urmenschheit ein; sie betrachtete dieses Kunstwerk mit nicht minderer Scheu als das Schwert. Auf das Rad gerieten die Menschen zunächst wohl durch den Spinnwirtel, die Spindel, den Quirl, der selbst wieder an die Feuerreibung, Feuerentstehung, wie das Rad an die Sonne erinnerte. Schon so bildete sich eine mythologische Beziehung, die sich bei den verbundenen Rädern noch erhöhte. Das Rad stellte zunächst eine Scheibe dar, die erst später durchbrochen, durch Speichen gegliedert wurde; es scheint anfangs einen ähnlichen Eindruck erweckt zu haben wie der Pflug und das Schiff; denn die Wurzel von Pflug (aratrum), Rad und Ruder hängt zusammen. Diese Kunstwerke brachte

Wagen bespannt mit zwei Pferden, nordisches Feldbild.

man in Beziehung mit den Göttern und stattete sie je nachdem mit Pflug oder Wagen oder Schiff aus[2]. Die Wagen selbst erhielten eine symbolische Gestalt[3]. Bei Homer lassen sich die Götter durch Pferde auf zweiräbrigen Wagen in den Streit fahren, weder Götter noch Helden reiten, während im Norden jeder Gott sein Reittier hat[4]. Bei den unebenen Wegen der Urzeit konnten die Wagen nur die heiligsten und seltensten Schätze und die höchsten Führer auf= nehmen, die Masse des Volkes mußte wandern. Die Priester schlugen Brücken an seichten Stellen in Gestalt einfacher Querbalken — das indo= germanische Wort Brücke bedeutet zugleich Furt und Balken — und legten Pfahlbauten an[5], erfragten vom Vogelflug den rechten Weg, legten die Lager nach religiösen Gesichtspunken an[6].

---

[1] Den Indogermanen ist gemeinsam domus-rota-vic.

[2] Frau Holle hat einen Pflug auf einem Wagen, einen Wagen auf einem Schiff.

[3] Ztsch. f. Ethnologie 1890 S. 49.

[4] Manche meinten der Streitwagen, Kriegswagen sei die erste Verwendung des Wagens; Schurz, Urgeschichte 457; Winternitz, Allg. Ztg. 1903 Beil. 252.

[5] Daher pontifices genannt.

[6] Die Römer im Quadrat, andere Völker im Kreis. Auspicien gingen bei

Grupp, Kultur der alten Kelten und Germanen. 3

Da die Wanderung gewöhnlich im März begann, weihte man diesen
Monat dem Kriegsgotte Mars und verlegte auf ihn die Heerschau, die
Musterung und die großen Volksversammlungen, die über Krieg und Er-
oberung entschieden.   Noch später erinnern verschiedene Sagen und Feste an
die Wanderzeit, so der heilige Frühling der Römer[1], das März= und
Maifeld der Germanen.   Die Wandernden mußten sich enge zusammen-
schließen und unter einen Feldherrn, einen Heerkönig sich stellen, was den
Zusammenhalt festigte[2].

3. Niederlassung.

Besonders glückliche Lagen und einladende Gebiete fesselten die
Wanderer dauernd und so ließen sich Griechen und Römer, teilweise auch
die Kelten nieder.   Die nördlichen Arier nahmen wohl Gebiete, Marken in
Besitz, aber siedelten sich nicht fest an.   Die vielen Wälder boten Schutz und
Grenzen[3], weshalb Mark Wald und Grenze bedeutete[4], besonders wenn
das schon beschriebene Gebück oder Gräben, Wälle, Pfähle den Saum

---

jenen voraus s. darüber Kunze, Prolegomena 64, 183.   Das Quadrat ergab ein
Templum, je nachdem Haustemplum, Lager=, Stadt=, Gautemplum.

[1] Jhering hat in seiner Vorgeschichte der Indoeuropäer die Einflüsse der
Wanderungen wohl etwas zu weit ausgedehnt und zugleich die Wanderung auf den
Auszug aus der Urheimat beschränkt.   Es geht noch an, wenn er die römischen Feste
der feralia 14—21. Februar, der caristia 22. Feb., der terminalia aus der Wanderzeit erklärt.   Der Sinn dieser Feste war der Abschied von den Gräbern, von den
Toten, der Abschied von den Verwandten (caristia), endlich der Abschied von den Landes-
grenzen.   Aber gewagt ist es, wenn er die Vestalinnen, die Feuerjungfrauen aus dem
Umstande herleitet, daß die Wanderheere eine genügende Anzahl von geübten Feueran-
zünderinnen gebraucht haben, denen man die Ehelosigkeit auferlegte.   Auffallend ist
freilich die Sitte, daß die Vestalinnen in Rom am 1. März das Feuer frisch anzünden
mußten. — Aus der Zeit der Wanderung soll sich die Sitte erhalten haben, daß die
Himmelschau um Mitternacht vorgenommen wurde, davon soll auch die hohe Meinung
vom Vogelflug herrühren und dergl. — Das Heer der Wanderung heißt nach Jhering
classis von calare zusammenrufen, man habe, meint er, ursprünglich nämlich Versammlungen von Mund zu Mund zusammengerufen, nicht durch Hörnerschall (comitia
calata).   Eine starke Stimme, ein Rufer im Streite sei daher sehr geschätzt gewesen.
Die pontifices haben die Zeit angesagt, daher calendae.   Das spätere Heer, das aus
der Burg ex arce aufbricht, heißt exercitus.

[2] Populus (Volk) und populari (Verwüster) hängt vielleicht zusammen; nach
anderen populus und pellere (Treiben der Heerden) und wieder nach anderen populus
und polis.

[3] Später bildeten sie die Landeswehr als Landesmark, die Stammeswehr als
Gaumark, endlich auch die Dorfmark (S. 51).   Noch lange trennten Grenzwälder die
Völker; viel darüber hat Seidensticker Waldgeschichte des Altertums 1, 123; 2, 135.

[4] Ebenso Witu, median. Schrader R. L. 307.

verstärkten [1]. Pfähle als Grenzsäume sind uralt [2] und ebenso sind Gräben und Grenzzäune, mit religiöser Weihe umgeben, Römern und Germanen gemein: Grenzgräben zu verletzen, galt bei den Römern als ein tob=würdiges Verbrechen [3]; man kennt ja die Geschichte des Remus.

Auch innerhalb eines so geschützten Gebietes konnten nur sichere Orte zur Aufnahme einer Ansiedelung dienen: steile Berghöhen, durch Wasser und Sümpfe geschützte Stellen, Pfahlbauten in Seen, deren stärkste Aus=dehnung eben in diese Zeit fällt [4]. Da Sumpfburgen in der Regel einen weniger geschützten Zugang haben, mußten künstliche Mittel nachhelfen, Verhaue, Gräben, Wälle, ein Wall mit davorliegendem Graben in Kreis= oder Halbkreisform, noch besser ein doppelter Wall, wodurch zwischen den zwei Wällen ein Zwinger entstand [5]. Den Wall verstärkten Zäune, Pfähle, Hage, Steine oder Pfähle mit Lehm und Stein vermischt, Palissaden. Am Eingang wurden wohl die Wallenden hintereinander geschoben, ihn stärker zu sichern (s. die Abbildung S. 91). In den Ebenen mußten künstliche Hügel oder Wassergräben Schutz bieten [6].

Steine zu schichten und durch Steine das Erdwerk zu befestigen, ver=standen schon die ältesten Bewohner, was schon ihre Gräber beweisen, und frühe auch aus Lehm Mauern zu bilden; künstliche Bauten mit Mörtel=verband, Ton= und Ziegelwerke gehören einer späteren Zeit an [7]. Höch=stens haben sie Steine mit Stämmen vermischt und Verglasungen veranlaßt; doch vernehmen wir erst aus der Keltenzeit deutlicheres darüber.

Die Erdbefestigungen einfacher Völker sind rund wie ihre Hütten,

---

[1] Dio 62, 5; Liv. 23, 24; Strabo 4, 5. Solche Grenzverhaue finden sich in Schlesien an der böhmischen Grenze, das bedeutendste ist das Rheingaugebück; Cohausen, Befestigungsweisen der Vorzeit 12, 73.

[2] Caes. 3, 29; Cohausen 73.

[3] S. darüber Otto Eduard Schmidt, Grenzboten 1898 III, 357.

[4] Brosi, Kelten und Althelvetier 37; Pöhlmann, Anfänge Roms 10.

[5] Piper, Burgenkunde 117. Knicke finden sich als Umgrenzungen weiter Acker=kämpe, der Koppeln in den Elbherzogtümern, Cohausen 16.

[6] Wie weit die Wasserburgen und Motten, Burstel zurückreicht, ist schwer anzu=nehmen. Doch dienten sicher seit uralten Zeiten Hünengräber zu Opferversammlungen (Globus 1898, 73 S. 129). Künstlich angelegte runde Kirchenburgen mit Kellern, Backhaus und Gefängnis finden sich namentlich in Siebenbürgen; Ztsch. f. Ethnologie 1898, Vhbl. 510.

[7] Die Sprache vermischt beides, das griechische Teichos ist verwandt mit Teig, das slavische zid weist auf bauen und Töpferarbeit hin. Die Kenntnis des Steinbau wie der Töpferei verdankten die Indogermanen wahrscheinlich den beweglichen, erfin=bungsreichen Bewohnern des Zwischenstromlandes, wo auch der Bronceguß zuerst auftauchte. Nach der hl. Schrift hat Kain der Ackerbauer die erste Stadt gegründet.

der Bodenform, Hügelform angepaßt. Daher berühren sich die Namen für Hausflur und Wehrring[1]. Während fortgeschrittene Völker wie Griechen und Römer das Viereck, das Templum bevorzugten, blieb der Norden der Rundform treu. In England bergen die Rundgräber gewöhnlich die Reste einer früheren unfreien Bevölkerung, während die Langgräber mit lang= köpfigen Skeletten auf eine höhere Schicht hinweisen. Allerdings haben auch die Germanen die Rundform bevorzugt, aber lange nicht so aus= schließlich, wie die Kelten und Slaven mit ihren Hausgemeinschaften, deren Niederlassungen meist Rundlinge darstellen; man denke an das Runrig= system der Kelten und an die slavischen Städteringe[2]. Im Norden haben sich sogar die Römer bestimmen lassen, von ihrer schematischen Art abzu= gehen, und selbst den den Kelten und Germanen gemeinsamen Ausdruck Burg entlehnt[3].

In erster Linie bestimmte die Befestigung der Zweck der Sicherheit, aber im engen Zusammenhang damit stand der religiöse Zweck, als heiliger Umkreis für Opfer als Mittelpunkt des Kultus zu dienen[4]. Dort stand der Opferstein, der Gemeindeherd, dort der Herd des Häuptlings, Königs, um den sich die Genossen zum Ting versammelten. Hier hausten wohl auch kunstverständige Schmiede und Töpfer, die als Hörige Waren lieferten. Je nachdem gehörte ein Geschlecht, ein Stamm, ein engerer oder weiterer Umkreis zu ihm[5].

Meist Zuflucht= und Rückzugsstätten dienten viele auch als Aus= gangspunkte der Ansiedelung, letztere bei jenen Völkern, die geschlossene Siedelungen vorzogen[6]. Wahrscheinlich zogen in der Urzeit die meisten Stämme ein engeres Zusammenwohnen vor. In weitern Umkreis, in frucht= baren Tälern und auf Almen ließen sie dann das Vieh weiden und begannen das Feld zu bebauen[7], was zerstreute Siedelung, zerstreute Hütten erleichterten, die sie im Winter und in der Gefahr verließen, um sich in feste Häuser und in die Burg zurückzuziehen. Obwohl ursprünglich gleich den Griechen und Römer an geschlossene Siedelungen gewöhnt[8], gingen die

---

[1] Lissos, Flet, Leis, area, Ern.

[2] Vgl. Rev. celtique 16,4 (Bild eines 4¹/₂ Hektar großen Ringes); s. S. 17 No. 1.

[3] Keltisch brig; verwandt ist Berg, bergen.

[4] So bei künstlichen Hügeln, Hügelgräbern.

[5] Leist, Altarisches jus civ. I, 113; Behla Ringwälle 75;

[6] Dionys. 4, 15; 5, 4; 9, 56; dazu Pöhlmann 45.

[7] Die Worte Ach, Au, Gau, Tal haben die größte Ausdehnung, finden sich hundertfach in Ortsnamen (Prinzinger, Altsalzburg S. 3).

[8] Was namentlich die Pfahlbaudörfer beweisen.

nordischen Völker, Kelten, Germanen, Slaven gern zu offenen Siedelungen
über[1]. Mit der Zeit mehrten sich die zerstreuten Hütten; aus den Familien=
häusern entstanden Dörfer, Komen, Bici, Pagi, aus der Burg, dem Ring
Städte, Poleis, Oppida, durch ihre Befestigung von jenen unterschieden.

4. Familie und Sippe.

Das Haus mit allem Zubehör gab dem Leben einen festen Halt und
bildete den Untergrund der Familie, näherhin der Großfamilie, so daß
Haus und Familie das gleiche bedeutete. Unter der Herrschaft des Fa=
milienvaters, der sich Frauen wie Kinder und Kinder wie Sklaven unbe=
dingt fügten, saßen die Sohnesfamilien, die Enkel= und Urenkelfamilien
beisammen, also drei bis vier Geschlechter, 40, 50 bis 60 Personen, ent=
weder im gleichen Hause oder Gehöfte, wie es uns ein bekanntes Beispiel
der Ilias im Hause des Priamos so bezeichnend vor Augen führt, oder
in gesonderten Häusern[2].

Am zähesten erhielt sich diese Sitte bei Kelten und Slaven, weniger
schon bei den Germanen und am wenigsten in Rom; doch läßt sich überall
deutlich erkennen, daß die Frauen einst rechtlos waren und unter der Hand
oder Muntschaft des Mannes standen. Die älteste Sprache weiß nichts
von Ehe, von Gatten, von Eltern. Die Frau, Gebärerin genannt[3], ging
beim Kauf wie Raub völlig in den Besitz des Mannes über, er konnte
sie verkaufen, verstoßen, töten[4]. Der Tod seiner Frau berührte den Mann
nicht; die älteste Sprache weiß nichts von einem Witwer; dagegen mußte
oft die Frau dem Manne im Tode folgen. Bei Opfern und Männer=
mahlen mußten die Frauen wenigstens in der Männerhalle bei Seite stehen.
Ein indisches Gesetz gebietet sogar: „Der Mann esse nie in Gegenwart
seiner Frau." Ob man sie als Genußware oder als Arbeitstier ansah,
ob man für sie etwas bezahlte oder ob man die Last, die man sich mit

---

[1] Die übrigens auch Griechen und Italiker kannten. Cäsar berichtet: aedificium circumdatum silva, ut sunt fere domicilia Gallorum, qui vitandi aestus
causa plerumque silvarum atque fluminum petunt propinquitates (6, 30). Das
Motiv, das ihnen Cäsar unterschiebt, dürfte nicht richtig sein. Vgl. Kuhn, die Entstehung der Städte der Alten 1878 S. 157, Pöhlmann, die Anfänge Roms 52;
Pöhlmann geht zu weit, wenn er bei Germanen, Slaven, Kelten eine gleichmäßige
Neigung zum Zusammenwohnen annimmt (33).

[2] Nach Jl. 6, 243 wohnten 50 Söhne und 12 Schwiegersöhne bei Priamos.
Die ganze junge Generation Enkel, Neffen und Nichten faßte man als Kleine nepotes
zusammen.

[3] Gana, γυνή (genus).

[4] Mit Recht hebt Howard a. a. O. 181 hervor, daß der Raub gegenüber dem
Kauf selten vorkommt.

ihr aufbürdete durch die Mitgift etwas versüßen ließ, immer konnte die
Achtung nicht hoch steigen. Ein Mädchen, das einem Manne folgte, trat
aus ihrem bisherigen Familienkreise vollständig heraus, weshalb auch Be=
griffe wie Schwager, Schwiegersohn, Mutterbruder und Schwestersöhne
in der älteren Zeit vollständig fehlen; sind doch auch die Namen Onkel und
Neffen sehr junge Bildungen [1]. Verheiratete Schwestern uud Schwestersöhne
erbten nichts.

Die Verwandtschaft erstreckte sich nur soweit, als die Hausgemeinschaft
reichte. Daher fallen beide Begriffe zusammen, wie an den Ausdrücken
Sippe, Sept [2], Schlachta zu sehen ist. Da die Familienglieder beieinander
sitzen blieben, kannte man auch kein Erbrecht, höchstens eine Teilung.
Deshalb fehlt auch der Begriff Erbe der älteren Sprache. Eine Teilung
wurde erst notwendig, wenn die Familie zu stark anwuchs und sich
Sonderfamilien lostrennen mußten. Doch braucht man deshalb nicht eine
regelmäßige Auseinandersetzung nach einer gewissen Geschlechtsreihe anzu=
nehmen, wie sie uns später bei den Kelten begegnet. Vielmehr werden
schon bei Lebzeiten des Vaters oder Großvaters besonders unternehmende
Kinder ausgezogen sein, sich ein neues Haus gebaut und unter Umständen
sich ein neues Gebiet erbeutet haben, ohne daß sie deshalb der Herrschaft
des Familienvaters ganz entgingen.

In ihrer mehr individualistischen Art sonderten sich die Germanen
gleich den Römern gerne ab in eigenen Häusern, Gärten, benützten aber
gemeinsame Weiden, Heiligtümer, Grabstätten [3].

Das Geschlecht, die Brüderschaft, die Phratrie, Gens, der Clan,
zusammengehalten durch die Autorität des ältesten oder mächtigsten Familien=
vaters, des Häuptlings gewährte Schutz und Sicherheit [4]. Denn aller

---

[1] Uebertragungen von avus, avunculus Großväterchen und nepos Enkel;
Schrader R. L. 213.

[2] Sept verwandt mit sepio umzäunen, vielleicht mag auch sieben septem hieher
gehören, nach Mucke, Urgeschichte 166 sogar Sieb. Richtiger wird aber wohl die Ab=
leitung vom indischen sabha Versammlungs-Gemeindehaus sein (S. 11). Vicus (Sippe)
verwandt mit οἶκος.

[3] Am Meere bauen die Familien zusammen das Schiff als Vorbereitung des
Beutezuges; daraus entwickelt sich die Schiffergesellschaft. Die Sippe ist überhaupt die
Urform jeder Verbindung, jeder Gilde. Alle Verbindungen sind ihr künstlich nachge=
bildet, Maine Early hist. 235; Schmollers Jahrbuch 1890 S. 750; vgl. die griech=
ischen Leschen Leist, Gräco-italische Rechtsgeschichte 1884 S. 119; Waitz, Anthro=
pologie der Naturvölker III, 90 V, 131 ff.; Viollet Caractère collective des premi=
ères propriétés immobilières 1873; Laveleye, Propriété 1890 S. 377.

[4] Bratstavo verschieden von Zabruga; Schlachta (Schlachzizen) = Geschlecht.

Orten drohte Gefahr und endlos erhoben sich Zwiste; innere und äußere
Störungen brachten Unruhe und Verwirrung und Selbsthilfe, Blutrache,
Fehden boten den einzigen Weg, Unbill zu rächen. Sollte die Unord=
nung nicht alle Grenzen überschreiten, so konnte man einen Zusammen=
schluß, einem weiteren Verbande nicht entgehen, der für eine Friedens=
ordnung im weiteren Umkreis sorgte. Diese Erweiterung schloß sich enge
an die Familienbeziehungen an; denn anders als in der Gestalt der Ver=
wandtschaft konnte sich die Vorzeit keinen Bund denken, und daher ahmte
die Gefolgschaft, die Blutbrüderschaft ebenso die Familie nach wie die
Friedensordnung. Friede bedeutete ebenso Freundschaft, wie Freundschaft
Verwandtschaft. Im Zusammenhang mit diesem Gedankenkreis schwächte
sich der Begriff des Rächers, des Familienvertreters bei Raub und Fehde
zum Begriff des Anklägers [1], die Blutsühne, die Buße und Strafe zum
Begriff des Wergeldes ab [2].

In doppelter Richtung konnte sich ein Zusammenschluß vollziehen,
entweder auf demokratischer oder aristokratischer Grundlage, sei es auf dem
Boden der Gleichheit durch ein stillschweigendes Vertragsverhältnis, sei es
durch Unterordnung unter einen Führer je nach den Umständen und nach
dem Volkscharakter. Wander= und Kriegszüge erforderten eine starke Unter=
ordnung; friedliche Verhältnisse ließen die Genossen mehr nebeneinander
stehen. Bei dem einen Volk hält zähe Berechnung, feste Haltung und be=
wußter Egoismus die Genossen mehr auf gleicher Höhe, beim andern
drängt freundlicher Sinn und willige Bewunderung von Vorzügen zur
treuen Hingebung und Unterordnung. So blieben die Griechen viel indivi=
dualistischer, demokratischer als die Römer, diese mehr als die Germanen
und die Germanen mehr als die Kelten und Slaven. Wohl gab es auch
bei den Römern Häuptlings=, Vaterfamilien, Patrizier neben den Klienten
und Plebejern, allein sie konnten ihr Übergewicht nicht erhalten wie bei
den Kelten und Slaven.

Dem Streben nach Gleichheit und Gemeinsamkeit stand von Anfang
an der Trieb nach Herrschaft, der demokratischen Tendenz die aristokratische
und monarchische entgegen. Diese Richtungen und Bestrebungen sind jeder
Gesellschaft wesentlich, auch der kleinsten; nur wird die eine oder andere
vorwiegen, die eine Richtung wird die andere besiegen. Hier war der
Adelige der geborene Führer und Schützer. Dort war der Zusammen=

---

[1] Vindex (vindicare) bedeutet, wenn es von veni Familie herkommt, den
Familienvertreter; nach andern ist der Stamm verwandt mit finden, sich aneignen.

[2] Daher reicht das Wergeld, die Abzahlung der Schuld als Strafe wohl schon
in die germanische Urzeit hinauf, denn die Worte galanas, poena bedeuteten ursprüng=
lich zugleich Strafe und Wergeld, galanas überdem auch Totschlag.

schluß gleichberechtigter Genossen viel zu kräftig, um eine dauernde Bevor=
mundung zu ertragen und war die Stadt die große allumschließende Fest=
ung, die natürliche Form des Selbstschutzes, hier das feste Herrenhaus
oder das Familienhaus, Geschlechtshaus. Unter beiden Formen begegnen
sich zwei Richtungen, die eine auf Gemeinbesitz, die andere auf Sonder=
besitz gerichtet. Gleichen Genossen entspricht Genossengut und, wie das Bei=
spiel Roms zeigt, Sonderbesitz. Andererseits müssen Häuptlinge wünschen,
feste Eigentumsverhältnisse vor sich zu haben, aber der Gemeinbesitz bietet
ihnen beinahe noch ein besseres Feld und gestattet ihnen leichter eine Ein=
mischung in alle Dinge[1]. Jedenfalls genoß der Landesverteidiger hohes
Ansehen und große Macht. Der freie Landbesitzer steht bei den Kelten
höher als der Viehbesitzer, der Flaith höher als der Aire.

Die Waffenfähigkeit verlieh Macht und Recht, und wer waffenfähig
war, konnte eine Familie beherrschen und als Familienvater zugleich die
Götter ehren. Der Familienvater war zugleich Hauspriester, der Häuptling
Stammespriester, wenn er sich auch untergeordneter Gehilfen, der Priester,
bediente. Wer keine Waffe zu führen verstand, wen sein Geschäft zu
friedlicher Tätigkeit nötigte, der stand tiefer, so die Handwerker und Bauern,
die Ärzte und wohl auch Priester, die sich in den Schutz Mächtiger als Hörige
begaben[2], und noch tiefer standen Fremde, Unterworfene, die vom Kultus
ausgeschlossen waren[3]: Fremd, Feind, Ächter, Elend bedeutete gleichviel;
im Griechischen bedeutete xenos, im Lateinischen hostis ursprünglich zugleich
den Feind und Gast[4]. Um einem Fremden bekümmerte sich niemand, ob
man ihn auch tötete, verknechtete und seiner Habe beraubte. Alle diese
Leute mußten sich als Hörige in die Abhängigkeit eines Mächtigen begeben.
Selbst der freie Volksgenosse, der vater= oder mutterlos war, mußte sich
adoptieren lassen, und der kinderlose Mann sicherte sich durch Adoption
Nachkommenschaft.

---

[1] Es ist nicht ganz richtig, wenn Maine Early history 147 den Übergang
vom Patriarchat zur Häuptlingsstellung als die Bedingung für Entstehung von Sonder=
gut erklärt.

[2] Ed. Meyer, Sklaverei 15, 17.

[3] Nach Fustel Cité 295 waren die Plebejer solche Fremde, die Klienten dagegen
Teilnehmer am Hauskultus. Jene entbehrten denn auch der patria potestas, des
richtigen Eigentums, der richtigen Ehe (gentem non habent). Nach ihm entschied die
Religion, nicht Macht, Waffenrecht, Reichtum über die soziale Stellung.

[4] Vgl. egenus, wretch, Gast.

II.
Der Indogermanen Lebensart.

1. Wohnung, Kleidung, Nahrung.

In ihrer Lebensart haben sich die Indogermanen anfangs wenig von den Hirten und Jägern der ältesten Zeit unterschieden und haben in ihren Häusern, Kleidern und Speisen wenig Fortschritte gemacht. Ihre Hütten waren ursprünglich meist rund, aus Stroh und leichtem Holz gebaut; zu Rom erinnerten an sie die heiligen Hütten auf dem Kapitol und Pala= tin, die auch später, massiv gebaut, nicht Tempel, sondern Häuser genannt wurden, sowie die Strohzelte, worin die römischen Soldaten in ihren Lagern wohnten. Sie erweiterten sich, nachdem die Häuser länger stehen und größere Familien und ihre Geräte aufnehmen mußten, und nahmen Vier= eckformen an [1]. Dann setzten sie sich aus Pfählen und Balken mit Flecht= werk, Lehmfüllung zusammen, wozu Ackerbauern noch Stroh und Spreu verwendeten [2].

Besonders für längeren Aufenthalt erwiesen sich Pfahlbauten in Seen

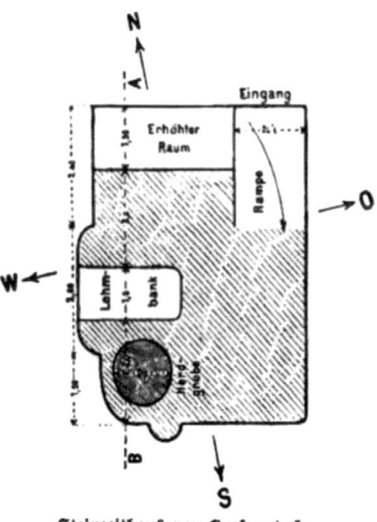

Steinzeithaus von Großgartach.

mit gleichbleibendem Wasserstand als sehr geeignet. Daher schlugen die Indogermanen nicht weit entfernt vom Ufer Tausende von Pfählen hinein, so daß sie höchstens einen Meter aus dem Wasser hervorragten, verbanden sie oben durch Stämme oder zugehauene Balken, gewannen damit einen

---

[1] In Apulien gibt es bis heute caseddhe kugelförmige Steinhütten, Grenz= boten 1899, III, 86.

[2] So im Steinzeitdorf bei Großgartach (Schliz S. 15). Stroh schon bei Pfahl= bauten; vgl. Montelius im Archiv f. Anthropol. 1895, 458.

Boden, auf dem sich Block= und Ständerhütten erheben konnten, und schlugen Brücken ans Ufer[1]. In Irland benützte man auch Inseln und in Italien stellte man Pfahlbauten mitten in die Ebene, um zur Not gegen Überschwemmungen sicher zu sein, und umgab die ganze Ansiedelung mit einem mächtigen Wall.

Den Mittelpunkt des Hauses bildete der Herd, zu dem der Boden sich manchmal schief herabsenkte, und noch tiefer lag wohl ein Kellerchen[2]. Ganze Wohnungen liefen in den Boden in verschiedenen Größen[3], rund kelterförmig oder eckig schachtförmig, die heute Kegel=, Trichter= oder Pyra=

Urne mit Bandornament.

mibenform zeigen, im Innern vielfach ausgemauert und oben mit Flechtwerk, Stroh und Mist gegen die Kälte bedeckt[4]. Solche Bauten kannten die alten Griechen wie die Germanen, die nach Tacitus bei Winterkälte sich dahin flüchteten[5]; auf sie läßt sich wohl beziehen, was Vergil von den Hyperboräern erzählt, daß sie in Tierfelle gehüllt bei ungeheueren Feuern in Kellerhöhlen die Nacht mit Spiel bei Gerstensaft und saurem Obstwein zubringen[6]. Vielfach mußten sie das Wasser in Cisternen sam= meln. Soweit uns Reste solcher Hütten und Keller begegnen, hat sich von Bänken oder Tischen keine Spur[7], wohl aber von Lehmbänken und daneben ein großer Reichtum von Stein= und Broncegeräten erhalten[8].

Derartige Hütten dienten nur einer Familie, aber schon die Hirten, noch mehr aber die Ackerbauern müssen sich gesellen, und so entstand das Schiffhaus, das Archenhaus. Dasselbe hatte entweder seinen Eingang auf der Schmalseite oder auf der Mitte der Langseite, wodurch zwei Flügel, zwei Seiten, zwei Reihen sich schieden, vielleicht für die verschiedenen Geschlechter oder die Unterfamilien. Sonderte sich die Großfamilie, so ent=

---

[1] Eine Pfahlkirche in späterer Zeit bei Eug. v. Severini 15.

[2] So in der Hallstattniederlassung bei Steinhäusel in Nassau, Globus 1901 (79) 64.

[3] Die weitesten haben einen Umkreis von 300, eine Tiefe von 40 Fuß.

[4] Vgl. das Schatzhaus des Atreus zu Mykene.

[5] Germ. 16; manchmal liegen zwei nebeneinander; wovon die einen als Wohnhaus, die andern als Vorratsraum, Speicher dienen, nämlich die Klete, Klät (S. 6), gotisch Gleithra, erhalten im französischen claie Flechtwerk.

[6] Georg. 3, 376; vgl. Busolt, Die älteste Kulturepoche Griechenlands, in der deutschen Rundschau 96 II, 203.

[7] Auch keine Wortspur.

[8] In dem Großgartacher Herrenhaus, dessen Wände Zickzackdekoration zeigen, schön verzierte Tongefäße, sonst aber nur Steinwerkzeuge.

stand das Reihendorf, das Schiffdorf[1] und ergab sich die Bestellung der Flur in Gewannen, wobei nebeneinander, reihenweise, manchmal gegen= seitig[2] die Genossen eine Gewanne, jeder einen Streifen bestellte. Jede Gewanne (verwandt mit Gewand, Wanne, Wand, Verwandten) wider= spiegelt das Haus.

Auf der andern Seite widerspiegelt die Kleidung das Haus; denn sie ist ein verkleinertes Haus, diese ein vergrößertes Kleid. Das läßt sich namentlich an dem deutschen Zusammenklang von Haus und Häs (dem süd= deutschen Worte für Kleidung), Klete (Laube) und Kleid, Wand und Gewand Hütte und Hut, Dach und Decke erkennen. Das einfachste Gewand besteht in dem Pelze der erjagten oder geschlachteten Tiere, worauf viele Kleidernamen, die mit Pelzen zusammenhängen, hinweisen, so das römische Pallium, das keltische Lenn, beide verwandt mit pellis. Bei weiteren Fort= schritten verdichtete man die Wolle besonders die Schafwolle zu Filzen und Geweben und gestaltete daraus Mäntel. Sie sind die allgemeinste und unentbehrlichste Tracht aller europäischen Völker. Der den Wilden sonst noch unentbehrliche Lendenschurz läßt sich nicht so sicher und allge= mein nachweisen, obwohl die Wahrscheinlichkeit für ihn spricht. Bei Frauen, die sich sonst in der Tracht von den Männern nicht unterschieden, erweiterte sich der Schurz zum Hemde, er gestaltete sich in kälterem Klima zum Beinkleide. Mit Ober= und Unterkleidern umhüllten sich die Reicheren, während sich die Ärmeren mit den einen oder anderen begnügten. Die Unterkleider scheinen frühe aus Lein bereitet worden zu sein[3], da der Flachsbau hoch hinaufreicht[4]. Ihre Mäntel hefteten die Männer auf der Schulter mittelst einer Fibel, die Frauen befestigten Ober= und Unter= kleider mit dem Ledergürtel und zierten sich nach der Erfindung der Bronce mit reichem Bronceschmuck, mit Ringen und Ketten, Armringen, Hals=, Schläfe= und Fußringen, Spiralen und Nadeln.

Wie das Fell der Tiere zur Kleidung, so diente ihr Fleisch zur Nahrung. Aber mit größerer Auswahl, als sie die turanischen Völker gewohnt sind, die selbst Würmer und Insekten nicht verschmähen; namentlich bemächtigte sich eine eigentümliche Scheu vor Fischnahrung der Indo= germanen, vielleicht daß sie die Ähnlichkeit mit der Schlange dazu ver=

---

[1] Vicus, oikos, von Mucke Urgeschichte 122, strenge geschieden von den Haufen= dorf, Rundtorf turba.

[2] In vices (?).

[3] Das germanische Hemd camisia bestand ebenso aus Leinen wie das griechische Chiton und die römische Tunika, beide von Ketonet Lein abgeleitet.

[4] Die Leinwand findet sich schon in Pfahlbauresten.

anlaßte[1]. Ihr Rindvieh lieferte Milch und Quark, den Vorläufer des Käses und Butter. Den Butter, im Griechischen deutlich als Kuhquark erkennbar, erzeugten die Indogermanen wohl mit dem Quirl, wie ihn Pfahlbaureste zeigen, in dem Butterfaß, Kirn, aber so unvollkommen, daß ihn die Barbaren selbst mehr nur zur Haar- und Körpersalbe benützten, als zum Essen. Die Griechen und Römer haben ihn früh gegen das Öl vertauscht und den Butter ganz vergessen. Aus Getreidekörnern, Hirse-, Gersten-, Weizenkörnern, sogar aus Haberkörnern, Bohnen, Leinsamen bereiteten sie Brei[2]; haben doch noch in späterer geschichtlicher Zeit Kelten und Germanen sich von Habermus genährt[3]. Den Brei buden sie zu einem Kuchen, den man Brot nennen mag[4], das aber ungesäuert ohne Bierhefe und höchstens mit Milch, Butter gemischt, schlecht genug mundete.

Solange die Nahrung vorwiegend aus Fleisch bestand und höchstens kleine Zusätze von Mehlspeisen, gleichsam als Ge-

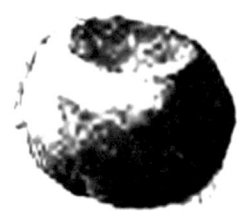

Mahlkugel (Reiber); eine breite Mulde ist hinzu zu denken.

müse, als Zukost umfaßte, regte sich das Bedürfnis nach Salzen und Gewürzen noch wenig und erst die weitere Ausdehnung des Ackerbaues steigerte das Bedürfnis. Wo salziges Meerwasser in der Nähe zur Verfügung stand, genügte es Jahrhunderte lang (bei Griechen und Römern fielen daher die Begriffe von Meer und Salz beinahe zusammen), während die Kelten und Germanen nach einem anderen Ersatze sich umsehen mußten. Zunächst mögen die Kelten salzige Quellen auf die im Boden ruhenden Salzlager aufmerksam gemacht haben, worauf sie zur Gewinnung des Steinsalzes übergingen[5]. Offenbar

---

[1] Die homerischen Helden, die Thraker und Gallier warfen sie ihren Pferden vor Arr. n. an. 15, 25; Dio 17, 12; und auch die Aegyptier enthielten sich zum Teil aus religiösen Gründen der Fischnahrung, Herod. 2, 77.

[2] Puls, panicum.

[3] Plin 4, 27; 18, 44 (149); Mela 3, 6, 56.

[4] Das gemeingermanische Wort Leib hlaf deutet ihn an. In dieser Form ließ Abraham (1 Mos 18, 6) den drei Engeln Brot vorsetzen nebst Kalbfleisch.

[5] Wie es scheint, schütteten sie um die Salzquellen Holzstöße auf, zündeten sie an und gossen das Salzwasser darüber. So entstand eine salzige Kruste, Aristoteles metereolog. 2, 3. Später gossen sie die Sole über glühend gemachte Steine, auch Backsteine und schritten dann zu Metallpfannen fort; Globus 1901 (80) 142; Hehn, das Salz 34.

war der Geschmack lange nicht so verwöhnt, wie später, er begnügte sich auch mit faden und „leisen" Gerichten, wie man in Süddeutschland sagt; mußten doch auch durstige Kehlen mit Honigmet Vorlieb nehmen. Met war die älteste und allgemeinst verbreitete Getränkart; er machte im Süden unmittelbar dem Weine, ursprünglich auch Met genannt, im Norden bitteren Getränken Platz, unter denen das Bier Sieger blieb [1].

2. Bronceguß.

Während die Indogermanen der Urzeit noch kein Metallgerät, sowenig als Steinhäuser kannten, lernten sie schon auf ihrem Auszug die Bronce kennen, die ihnen Schmuck und überlegene Waffen lieferte. Zwar starb die Steinwaffe nicht aus, kam doch noch eine neue Bezeichnung Sahs, Sachs, saxum auf [2], und daher liegen neben Broncewaren lange noch Steinarbeiten als Überbleibsel, ähnlich wie sich später das Broncegerät weit in die Eisenzeit hin= ein erstreckte [3].

Steinkeil.

Bis man das Metall richtig zu bearbeiten ver= stand, verfloß einige Zeit. Zuerst dürfte das Kupfer als eine besondere Art von Stein bearbeitet und roh gehämmert worden sein, wie noch vor kurzem von den Indianern; auf das Kupfer bezieht sich die Bezeichnung für Erz aes, das auch die Indier kennen [4]. Allerdings weisen die ältesten Kupferwaren, und das Hieroglyphenzeichen für Kupfer, der Schmelztiegel, auf einen Guß hin [5]. Aber es haben sich wenige Spuren von reinen Kupfergeräten erhalten, was sich daraus erklärt, daß die Kupfer= geräte den Steinwerkzeugen nicht so stark Abbruch taten, wie die Broncegeräte, und daß sie meist umgeschmolzen wurden [6]. Bei den

Steinkeil
(vielleicht
eine
Pflugschar.)

---

[1] Met bedeutete ursprünglich auch Honig, griechisch $\mu\acute{\epsilon}\vartheta v$ = Wein.

[2] Hamar, Hammer ist noch älter, findet sich im Sanskrit und Slavischen.

[3] Globus 1900 (77) 249.

[4] Ayas, Schrader, Sprachvergleichung 270.

[5] In Aegypten bearbeitete man Kupfer schon im vierten Jahrtausend v. Chr., in Europa im zweiten; Globus 1900 (78) 270; Much, Kupferzeit 367.

[6] Besonders reich an Kupferfunden ist Ungarn, Hempel, Ztschr. f. Ethnologie 1896 S. 59; vgl. Much, Kupferzeit 190; 235; Montelius, Archiv f. Anthropol. 1895, 425; Mertins in „Schlesiens Vorzeit" 7, 341; Jahresber. f. Geschichtsw. 1898 I, 6; dagegen verwirft Petersen Verhältnis des Broncealters zur hist. Zeit 17 eine unab= hängige Kupferzeit.

Griechen herrschte offenbar Kupfer vor; denn sie nannten es gewöhnlich das rote zum Unterschied vom hellen Kupfer, von der Bronce, genau wie die Germanen[1].

Überall wohin die Menschen kamen, lockten zuerst, wie es scheint, die Goldfunde. Es liegt etwas Wahres darin, wenn die Alten meinten, die Aufeinanderfolge der Metalle bezeichne den Gang der Kultur. Was heute der äußerste Westen, Süden und Osten, Kalifornien, Alaska, Südafrika, das bedeutete den Alten Gallien, dann Spanien, dann Irland. An die Goldfunde schlossen sich Kupfer= und Zinnfunde an und insofern steckt in der alten Sage von der Aufeinanderfolge der Zeitalter, des Gold=, Silber=,

Doppelaxt aus Stein.

Eisenalters ein berechtigter Kern, obwohl die Funde nicht recht übereinstimmen und das Gold selten, noch seltener aber das Silber auftritt. Von den Iberen berichtet Aristoteles, bei Wald= bränden haben sie das schmelzende Silber erst durch Zufall entdeckt[2]. Das Kupfererz fiel früher in die Augen als das Eisenerz; erst mit Arsen, Antimon oder Zinn verbunden ergab Kupfer ein hartes brauchbares, namentlich für die so notwendigen Waffen brauchbares Metall, nämlich die Bronce[3]. Auf diese an sich nicht naheliegende Verbindung mochte der Zufall führen, wenn Kupfer auf zinnhaltigem Gestein schmolz, aber auch eine bewußte Probe konnte dazu führen, da die Menschen der Urzeit gerne probierten wie Kinder. Ihre Neugierde steigerte noch die religiöse Scheu vor dem Unbekannten und Seltsamen, das hinter manchem Stein, Baum, Kraut und Tiere steckte. Jeder Tag konnte hier neue Entdeckungen bringen.

Am frühesten stießen wohl die entdeckungsfreudigen und luxus= liebenden Menschen Babylons oder Persiens nicht nur auf Kupfer, sondern auch auf Zinn und die Zinnverbindung[4]; haben sie doch auch die Ziegelei, Töpferei und den Eisenguß zuerst erfunden. Auf die Turanier, näherhin die Sumerer, weisen die Sagen des Altertums und die Funde hin. Schon in den ältesten sumerischen Schriften, die man bis ins vierte Jahrtausend zurückversetzt, rühmt ein Hymnus Gibil den Feuergott, der Kupfer und

---

[1] Raudas, raudhr, ruda (slavisch).

[2] Mirab. auscultat. 87.

[3] Mit 10 Prozent Zinn. Mit dem Zinn verwechselten die Slaven offenbar das Blei, da sie beiden Metallen den gleichen Namen beilegten. Das Blei tritt zuerst in der Hallstattzeit auf.

[4] Montelius erinnert im Archiv für Anthropologie 1900, 975 an das persische von Strabo (15, 2) erwähnte Zinn; vgl. Rev, celt. 1900, 166.

Zinn verschmilzt[1]. An Turanier erinnern die überall sich findenden Sagen von Zwergen und Krüppeln, die sich als Schmiede und Salzbereiter auszeichnen[2]. Die babylonische Bezeichnung für Zinn Kastir ging ins Griechische als Kassiteros über, ein Wort, das freilich andere vom Keltischen ableiten, indem sie die Kelten als die Erfinder des Broncegusses hinstellen[3]. Andere Worte, wie die griechischen Namen für Beil, weisen deutlich auf Babylon hin[4]. Das Wort für den Lieblingsschmuck der Kelten, die Halskette, maniaka, monikia teilen mit ihnen Semiten und Griechen, mag es woher immer stammen. Dagegen beweisen vereinzelte Aussprüche der Alten, daß die Lydier oder Phrygier den Skythen die Mischung der Erze gelehrt haben, nicht viel[5].

Schon in uralten Zeiten gelangte Zinn von Britannien nach dem Süden und Osten, sei es auf Landwegen, sei es zur See, weshalb schon die Phöniker nach Spanien und Britannien fuhren[6], und daneben boten frühe französische und italienische Zinnlager Ausbeute, vielfach auch schon das Fichtel- und Erzgebirge, da für die germanische Bronce ein weiter Bezug des Zinnes sich ausschloß.

So konnten die Indogermanen die Bronce, die sie mit dem nämlichen gleichen Namen, wie das Kupfer benannten, nämlich mit aes Erz, selbständig erzeugen; doch haben sie nach ihrer Sonderung verschiedene Fortschritte gemacht. Am frühesten bildete sich die Metallkunst in Griechen-

---

[1] Die Tibarener, die wie die Chalyber auf erzreichem Boden am schwarzen Meere saßen und im Altertum als berühmte Bergleute und Schmiede galten, stammten nach der Bibel von Tubal dem Bruder Javans, einem Sohne Japhets, während Tubalkain der biblische Erfinder des Erzgusses mit einem andern Geschlecht zusammenhängt. Nach Ezechiel 27, 13 handelt Tubal und Mosoch mit Erz. Dort suchten die Argonauten das goldene Vließ (Lenormant, Anfänge der Kultur 1, 46; E. Schrader Keilinschriften und das alte Testament 80).

[2] Bei den Griechen hießen sie Pygmäen und Daktylen; in Deutschland sind es die Heinzelmännchen, Kobolde; Hephäst, Vulkan und Wieland sind lahm oder hinkend; der hinkende Teufel gilt als Meister in der rußigen Hölle.

[3] Auf Grund von Arist. mirab. ausc. 50 (fr. 242, 9). Das Wort wird erklärt aus cass und tar. Vgl. Wilser, Urgeschichte der Arier 16; Reinach Revue celtique 1894, 1; Wilser verlegt die Heimat der Arier nach dem Norden; dort soll auch das Alphabet erfunden sein. Nicht der Norden, sondern der Osten ist der Ausgangspunkt der Kultur.

[4] Pelekys; auch raudus hat ein sumerisches Vorbild. Dann würde die Farbbezeichnung rot von dem Kupferaussehen hergeleitet sein (Schrader K. L. 55).

[5] Plin. 4, 36; 34, 47. Zu Plin. 7, 57: plumbum ex Cassiteride insula primus apportavit Midacritus f. Reinach Anthropologie 1899, 4; Globus 76, 323.

[6] Deshalb war für sie Gades so wichtig, freilich ließen sich phönikische Spuren in Britannien nicht entdecken. Über die Heimat des Zinnes Petersen a. a. O. 13.

land und Italien, genauer Etrurien aus, von wo viele Broncewaren gegen
Bernstein nach dem Norden vertauscht wurden, und auch als sie selbst
dieser Kunst sich bemächtigten, ließen sie sich doch von dort bessere Waren
liefern. Daher geriet die Kunst der Broncezeit unter dem Einflusse alt=
hellenischer Stilarten; manche wollen schon in dem Namen Kupfer, Bronce,
Erz diesen Einfluß erkennen[1].

Schon frühe eiferten die Kelten den Südländern nach[2] und auf sie
gehen die Reste offener Bergbauten, Pingen, Tagbauten, offener Gräben
zurück, die sich in den Alpen finden[3]. Von den Kelten lernten die Kunst
die Germanen, zunächst die Südgermanen, während die Nordgermanen
noch in der Steinzeit stehen blieben[4].

Fibel
mit Spirale am Gewinde und
Nadelhalter.

Fibel mit langem, rinnenförmigem
Nadelhalter (Bronce).

Fibel,
deren Bogen durch
Scheiben gegliedert ist.

Die Erfindung des Kupfer= und Broncegusses hatte eine Vermehrung
der Geräte, eine Verstärkung der Werkzeuge und Waffen zur Folge. Das
Metall lieferte größere Kessel und Pfannen, wirksamere und stärkere Werk=
zeuge als Ton. Allerdings sind die Formen einfach und stark, die Waffen

---

[1] Der Name cuprum soll aus aes cyprium, Bronce aus aes bronzium d. h.
brundusinum wie Erz, althochdeutsch aruzi, aus aes arretium stammen; doch sind
die letzteren zwei Ableitungen unsicher. Vielleicht hängt Bronce mit brun, braun zu=
sammen; vgl. Hörnes Kunst 117.

[2] Wir werden noch unten sehen, wie die Kelten verschiedenen Stoff verbanden
und Experimente machten; so schreibt Plinius inter lapides candefactos funditur aes,
exurente enim coctura nigrum atque fragile conficitur. Praeterea semel recoqu=
unt, quod saepius fecisse bonitatem plurimam confert; 34, 20 (96); ib. 22 mehr
darüber.

[3] Einer späteren Zeit gehören die Gruben unter Tag, Schächte und Stollen
von ziemlich unregelmäßiger Anlage an, die man in den Alpenländern entdeckte. Die
Schächte gingen nicht gerade, sondern schief in den Boden, die Gruben wurden mit
gespreizten Hölzern ausgezimmert. In einem wohl keltischen Bergwerk bei Hallstatt
fanden sich neben Axtstielen, Spitzhauen, Schaufeln aus Holz zwei merkwürdige Trag=
rückkörbe aus Rindsfellen. Das gewonnene Erz hat man gewaschen, geröstet, geschmolzen,
sogar in kleinen Tiegeln, wie sie sich in Pfahlbauten fanden. Much, das Kupferbergwerk
auf dem Mitterberg bei Bischofshofen, Wien 1879; derf. Kupferzeit 250; Hochstetter
über einen alten keltischen Bergbau im Salzberg von Hallstatt S. 6 mit Abbildungen.
Über Spuren alter Zinnbergwerke f. A. Schmidt Allg. Ztg. 1900 B. 202.

[4] Ranke, der Mensch II, 656; Sophus Müller 1, 451.

sind zugleich noch Geräte, der kurze Dolch ist zugleich Messer, der Celt oder Meißel Wurfgeschoß und Feldhacken. Mann und Frau erfreute sich an dem Reichtum der Geräte und des Schmuckes, die das neue Metall erlaubte; und so erklärt es sich, daß man bei Frauenleichen Dolche, bei Männerleichen Putzschachteln mit Kämmen und Rasiermesser entdeckte[1]. Die Fibel, ursprünglich eine einfach gebogene Nadel in Fibelbogenform, nimmt am Gewinde und am Bogen und Nadelhalter verschiedene Verzierungen auf. Alle möglichen Arten von Äxten oder Beilen mit sich verjüngender oder sich verbreitender Schneide, von Hauen, Hacken, Meißeln, Doppeläxten[2] entstanden, darunter die berühmte Celte[3]. Ursprünglich gleicht das Broncebeil dem Steinbeil, die Schneide ist nicht breiter als der Rücken, die Seiten sind flach. Aber bald verbreitert sich die Schneide und an die

Lappencelt.　　　　　　Leistencelt.　　　　　　Hohlcelt.

Seiten setzen sich erhabene Ränder oder Lappen an. Aus dem Leistencelt mit Rast entwickelte sich der Hohlcelt mit Tülle. Wie bei der Axt lief bei dem Celt oder Palstab, Schwertstab, Meißel die Schneide in der Regel senkrecht zum Schaft, wurde aber auch hauenartig wagrecht geknüpft[4], oder wie eine Speerspitze aufgesetzt[5]. In der älteren Broncezeit d. h. 1500 (1900) bis 1100 v. Chr. bildeten breit ansetzende, stark sich verjüngende beinahe dreieckige Dolche und Celte, Pfeile mit Pfeilspitzen die Waffen; allmählich erweiterten sich die Waffen und treten Lanzenspitzen und längere geschwungene Schwertklingen auf.

---

[1] Heierli, Schweiz 257.　　　[2] Harhämmer.

[3] Der Name Celt kommt von einem Wort her, das meißeln oder ciselieren bedeutete; vgl. Ducange celtis. Der Humanist Konrad Pickel hieß sich Celtes. Seine starke Verbreitung verdankt das Wort dem Umstand, daß man als Erfinder und Träger der Celte die Kelten dachte.

[4] Aehnlich dem Stemmeisen.

[5] Zu diesem Zwecke dienten aber eher Dolche in der Art des S. 50 oben abgebildeten.

Anfangs gleicht das Schwert einem verlängerten Dolch; es hat einen rautenförmigen Durchschnitt und eine kurze Griffzunge [1]; allmählich ver=
längert sich die Klinge, behält aber eine Erhöhung in der Mitte bei und der Durchschnitt gewinnt das Aussehen einer Linse.

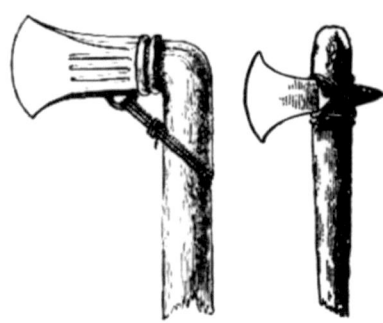
Broncebeile mit Holzschäften.

Die beiden Schneiden ziehen sich meist gegen das obere Griffende der Klinge zusammen und geben dem Schwert die Gestalt eines Schilfblat=
tes. Oben endet die Klinge entweder in einen runden Rand mit Nieten oder Löchern zur Aufnahme eines Holz= oder Horngriffes oder in eine Griff=
zunge mit Nieten= oder Nägelrand oder in eine kurze Angel oder in einen vollgegossenen Griff. Durch die verschiedene Form der Zunge und des Griffes, die Breite und Höhe der Mittelrippe, die Zahl und Form der Rippen unterscheiden sich die Schwerter bedeutsam. Die Zunge endet wohl oben in einen Knauf oder in zwei Hörner [2], setzt an die Klinge mit vorwärts=, seit= oder rückwärts gekehrten Flü=
geln an. Die Flügel fassen die Klingen zungenartig ein, die Hörner wenden sich spiral=
förmig oder enden in zwei gegeneinander geneigte Vögel und andere Tierköpfe. Dieses Schwert gestattete eine viel bessere Abwehr und einen besseren Angriff verbunden mit guten Schutz=
waffen, mit Panzer und Schild, und ermöglichte weiteren Kreisen eine friedliche Beschäftigung und förderte den Ackerbau.

Broncedolch (Italien) mit Blutrillen an den Schneiden.

Mykeneschwert; die Griffzunge endet in Hör=
ner und faßt die auslad=
ende Klinge mit Flügeln an (ähnliche Schwerter fanden sich in West=
europa [3]).

Neben den primitiven Hack=
bau trat die Pflugarbeit und vielfach verdrängte der Pflug die Hacke vollständig unter dem

Kupferdolch (Cypern) mit einer Griffzunge und einem Dreieck in der Klingenmitte. Den rautenförmigen Durch=
schnitt deutet die querge=
legte Linse an.

---

[1] Naue, Vorrömische Schwerter 2 ff.
[2] Naue 54 ff.
[3] Mortillet, Musée 858, 1086.

mitwirkenden Einflusse religiöser Ideen [1]. Wie weit
sich der Ackerbau entwickelt hatte, als sich die Indoger=
manen auf der Wanderung befanden, beweist der Reich=
tum an gemeinsamen Worten für Pflügen und Pflug,
Furche, Säen und Egge, für Gerste, Spelt, Hirse,
Lein, Erbsen, Bohnen, Zwiebel, Mohn, Reps und
Buche [2]. Stärker als die Viehzucht nötigte der Acker=
bau zur Untersuchung des Bodens und der Pflanzen,
zur Beobachtung der Gestirne und Zeiten, zur Zeit=
und Raummessung und führte zur höheren Kultur.

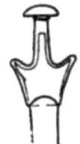

Schwertgriff mit rück=
wärts gekehrtenFlügeln
und scheibenartigem
Knauf (Schweiz).

3. Eigentum.

Einzelne Gebiete wurden nun dauernd okkupiert und es bildete sich
ein Verhältnis zum Boden, eine Art Grundeigentum, freilich ein sehr ab=
geschwächtes heraus, da nur eine Gesamtheit den Boden besetzen und
schützen konnte.

Nicht der Bauer, der das Land bestellte, sondern der Krieger oder
vielmehr die Gesamtheit der Krieger, die es schützten, fühlte sich als Eigen=
tümer des Landes, um so mehr, als den Landbau in der Regel Unfreie
und Frauen betrieben, die keine oder wenig Rechte genossen. Herden und
Land schützte das Geschlecht, behandelte es als Gemeinbesitz, solange die
Viehzucht vorherrschte. Das Grundeigentum beschränkte sich wesentlich
auf die Nutznießung des Gemeineigentums, auf Nutzungseigentum. Auch
der Einzelne und seine Arbeit bedeutete nicht viel; nichts ist verkehrter,
als für die Urzeit einen Individualismus vorauszusetzen, wie ihn erst die
Kultur erzeugte. Wert= und schutzlos lag das Leben des Einzelnen fort=
während Angriffen offen und fand Schutz nur innerhalb der Familie,
der Hausgemeinschaft, des Geschlechtes, des Stammes, je nach dem sich die
Siedelung ausdehnte. Die Verbände stuften sich ab und darnach auch das
Eigentum; nach späterer Anschauung gehört die Siedelungsmarke der Familie,
weiterhin dem Geschlecht, die Gaumarke dem Stamm, die Landmarke dem
Volk. Das Gemeineigentum und der Sippenverband forderte sich gegen=
seitig, im Sachenrecht widerspiegelt sich das Personenrecht [3]. Den

---

[1] Die griechische Sage bringt den Wagen in Verbindung mit dem Pflug.
Triptolemos erhielt einen geflügelten Wagen, um die Herrschaft der Demeter auszubreiten.

[2] Sehr spät sind Rübe, Linse, Hanf, Roggen, Haber; Kluge, Etymologisches
Wörterbuch 1899 S. 445 f.; Schrader, linquistisch=historische Beiträge zur Erforschung
des indogermanischen Altertums S. 360; Leo Meyer, Vergleichende Grammatik 2. Aufl.
1882 s. v. milium, hordeum etc.

[3] Vom römischen Recht her erhielten sich in der Rechtsphilosophie viele Irrtümer,
einmal die Theorie von der bloßen Okkupation als Rechtsquelle, dann die Leugnung

eigentlichen Kern des ganzen Aufbaues bildete die Familie, die sich immer deutlicher abhob, von der man ausging und zu der man zurückkehrte, wenn sich das Haus zu stark füllte. Die Familie, das Geschlecht stand als ein geschlossenes Ganzes da, ruhend auf einem festen Gemeinbesitz, der beinahe als tote Hand sich vererbte, und überlebte den Einzelnen und löste sich nicht beim Tode des Hauptes[1].

Wenn auch das Land allen offen stand, benützte es doch nicht jeder in gleicher Weise; die Herden der einen Familie weideten zahlreicher als die der andern, und eine Familie bebaute mehr Land als die andere[2].

Dem persönlichen Eigentum haftete etwas Gewaltsames, Mühsames an, was die alten Ausdrücke für Eigentum deutlich anzeigen: Ausdrücke wie das Besessene, das Erarbeitete, der Erwerb, die Beute, das Verborgene, die Gewalt, das Vermögen, das Gute, die Göttergabe[3], die auf ziemlich mühevollen Erwerb und mühevolles Festhalten hinweisen[4].

Wo immer man sich niederließ, mußte man zuerst die Erdgeister, Wald- und Wassergeister besänftigen, ihren Zorn durch Opfer abwenden,[5] Schutzgeister gewinnen, durch Zeichen heiligen. Besonders dem Hause widmete Religion und Recht eine besondere Sorgfalt. Nicht nur das Haus galt als heilig, sondern auch die Türpfosten, die Schwelle, ja schon der Zaun, der um das Haus lief. Ein Fremdling, der in ein Haus ein-drang, lief Gefahr, getötet zu werden; noch das spätere Recht gewährte dem Hausherrn weitgehende Befugnisse; er durfte den töten, der mit Frau und Kindern sich etwas zu schaffen machte, und den Dieb, den er auf frischer Tat ertappte. Doch gestattete das Recht die Haussuchung, wenn

---

des ursprünglichen Gemeinbesitzes. Mit Recht weist dem gegenüber Maine Ancient law 259 auf den Zusammenhang zwischen der Geschlechtsorganisation und dem Eigentum hin und bemerkt, das römische Recht mit seinem Individualismus lasse das ursprüngliche Recht nicht erkennen.

[1] Keltisch Sept, slavisch Zadruga, joint family.

[2] Wer den Boden nicht bebaut, verliert alles Anrecht, die Verjährungsfristen sind klein. Die Usukapion ist eine Quelle des Eigentums; Maine Ancient law 287. Der Ackerbau geht der Seßhaftmachung voraus, sagt E. Meyer (Gesch. des Altertums 2, 39); indessen ist eine gewisse Ansiedelung auch Hirtenvölkern möglich.

[3] Man vergleiche die Ausdrücke suum, Habe, Eigen ἀλφή, κτῆμα, λεία, lucrum Lohn, Hort, posse, podere, heres, χείρ, Hand, gaweri, Gewähr, investitura, mancipium, sors; Schrader, zur Handelsgeschichte und Warenkunde 59.

[4] In Nordamerika muß der Siedler das Land, das er beansprucht, wenn auch vorläufig nicht benutzt, durch Furchen, durch Holzfällung kennzeichnen. Nur auf das nicht okkupierte Gebiet hatte die Union Anspruch.

[5] Daher die Bau-, Brücken- und Schiffsopfer; Opfer, die in Menschen, Tieren oder Naturgütern bestanden; Ztschr. f. Ethnologie 1898, 28. Daher kommt der Aberglaube, daß wer zuerst ein Haus, eine Brücke betritt, sterben müsse.

der Verdacht eines Raubes auf dem Genossen ruhte; nur mußte sie unter Gerüst und Begleitung waffenlos mit entgürtetem Kleide oder gar in bloßem Hembe geschehen. Wer um Gastrecht bat, mußte bemütig sich beugen und ben Herb zu erreichen suchen.

Besondere Zeichen, Marken mußten die beweglichen Güter, wozu auch das Haus gehörte, besonders aber Tiere, Dinge, die an Wert den Boden weit übertrafen, zu einem Besitzer in Beziehung setzen, Zeichen zugleich von religiöser Bedeutung, Zauberzeichen [1]. Wenn gekennzeichnete Gegenstände an andere übergehen sollten, mußte es besonders feierlich vor Zeugen unter halb religiösen Gebräuchen geschehen [2]. Gerade diese Marken beweisen aber, daß das Individualeigentum weniger sich von selbst verstand als das Gemeineigentum. Was eine Familie an Grund und Boden beanspruchte, mußte sie umzäunen, mit Wall und Graben oder mit einem Walde abschließen [3] und mußte Grundstücke mit Grenzmarken versehen. Solche Grenz- und Eigentumsteine mit Zeichen (Rad, Schlange, Halbmond) und Inschriften haben sich noch erhalten [4]. Was man brach liegen ließ, worauf man keine Arbeit verwendete, fiel ins Gemeineigentum zurück. Denn die Quelle alles Eigentums ist doch die Arbeit, nur daß als Arbeit ersten Ranges die kriegerische Besetzung galt. Ackerbau begründet noch lange kein festes Eigentum, da er einen großen Wechsel voraussetzt, und außerhalb der geschlossenen Zeit steht auch bei hoher Kultur die Flur gemeiner Nutzung offen [5].

---

[1] Anacr. od. 53 (eis erontas); Vergil. Georg. 1, 263; 3, 157. Die Sennen zeichnen noch heute das Roß am Schenkel, das Rind am Horn, Schaf und Ziege am Ohr, es sind gerade, krumme und senkrechte Striche mit einander verbunden, die manchmal Buchstabenform haben V, L, C u. s. f. Rochholz, Deutscher Glaube und Brauch 177; Michelsen die Hausmarke 16; Kostaneckí, der wirtschaftliche Wert 5; Ginzrot, Wagen und Fuhrwerke II, 535. In Devonshire finden von Zeit zu Zeit drifts statt, wo die Schafe gezeichnet und die verlaufenen Stücke nach den Zeichen zugeteilt werden. Daneben besteht aber ein starker Viehraub Quarterly review 178, 418.

[2] Die älteste Eigentumsübertragung der Römer war die mancipatio, durch Handanlegung zu vollziehen; dies konnte aber nur an beweglichen Sachen geschehen. Eigentümlicher Weise gehörten Schafe nicht zu den res mancipi, auch nicht Waffen.

[3] Aedificium circumdatum silva, ut sunt fere domicilia Gallorum (6, 30). In Schweden kann man noch derartiges sehen.

[4] Viele tragen Namen, Nicholson Keltic researches 65, 184.

[5] Wie man diese Tatsachen verkennen kann, einer gewissen Okkupationstheorie zu lieb, ist einem unbegreiflich. Die Lehre von einem ursprünglichen Gemeineigentum von Grund und Boden ist keine bloße Hypothese; wir werden später noch bei den Germanen sehen, wie stark sie im Hirtendasein steckten. Das römische Recht, das dabei immer vorschwebt, kennt Okkupation nur auf Volksland, ager publicus.

4. Handel.

Ungaſtlich, verkehrsfeindlich nennen die alten Schriftſteller die älteſten
Völker. Aber der gaſtfeindlichen Stimmung ſtand von Anfang an eine
andere entgegen, nämlich das ſoziale Bedürfnis, das Verkehrsintereſſe, ver=
bunden mit religiöſer Scheu. Selbſt die roheſten Völker pflegen gegen
fremde Händler Rückſicht zu üben[1]. Alle Gefahren und Schwierigkeiten
überwand der Handelstrieb. Uralte Handelswege führten mitten durch
Europa von Nord nach Süd, von Weſt nach Oſt und umgekehrt, durch
die Täler der Rhone, des Rheines und der Donau[2], ſelbſt der Elbe.
Südliche und öſtliche Waren, phönikiſche Erzeugniſſe, griechiſch=arabiſches
Gold und Silber, beſonders griechiſche Münzen, Bronce= und Kupfergeräte
drangen nach dem Norden[3] und umgekehrt von Norden ſeit den
älteſten Zeiten Perlen und Bernſteine, wovon ſich Spuren ſchon in den
uralten Gräbern von Mykene und in Ägypten finden. Die Römer be=
nannten es mit dem germaniſchen Namen Glas (glesum)[4]. So ſeltſam

**Aus dem Orient eingeführtes
Schmuckſtück, gefunden in
Schleſien.**

es klingen mag, ſo muß man doch annehmen, daß
dieſer Handel ſich zu einem großen Teil der Elbe
entlang von Südoſten nach Nordweſten bewegte[5].
Aus dem dritten Jahrhundert ſtammt ein griech=
iſcher Spiegel in Rundform mit Handgriff, den
ein Grab bei Heidelberg zu Tage förderte[6]. Aus
dem fünften Jahrhundert ſtammen zwei griechiſche
Trinkſchalen, beim ſchwäbiſchen Ludwigsburg ausgegraben, die eine mit
dem Bild eines ſchreibenden Mädchens. Bei einem übermäßig heiteren
Mahle waren beide zerſprungen und der reiche Beſitzer hatte ſie durch
reichverzierte Streifen aus Gold wieder zuſammenfügen laſſen[7]. Ein Opfer=
horn zeigt noch Spuren eines ausländiſchen Harzes. Dieſer auffallend
ſtarke Handel erklärt die große Ähnlichkeit der älteſten Formen an Geräten
und Gefäßen[8].

---

[1] Kohn in Sadowſki, Handelsſtraßen der Griechen und Römer S. XLIV.

[2] Den Iſter kannten ſchon die älteſten Griechen als ſkythiſchen Fluß, ſo Hekatäus
und Herodot, den Rhein aber erwähnt zuerſt Pytheas.

[3] Z. B. Dolche, Situlen; fand man doch ſogar kretiſches Leinkraut, indiſche
Hirſe, ägyptiſchen Mumienweizen, Heierli, Schweiz 298.

[4] Die Griechen electron; dagegen ſtammt margarita kaum vom germaniſchen
Meerkies.

[5] Plin. 37, 12. Die Eridanosſage bezieht ſich vielleicht auf die Elbe.

[6] Ztſch. f. Ethnologie 1891, 81 (möglicherweiſe beruht die Aehnlichkeit nur auf
Nachahmung) vgl. ebendort Brhdlg. 232 ein eigentümlicher Ring mit Kuhköpfen, Vögeln.

[7] Über dieſe und andere etruskiſche Vaſenfunde Ranke II, 618.

[8] S. Montelius, Die älteren Kulturperioden im Orient und in Europa.

Gleiche Wege wie der griechische Handel schlug der etruskische ein, er bewegte sich hauptsächlich rhonaufwärts und überschritt auch gelegentlich die Alpen, umging aber ihren Hauptstock und suchte im Westen über den

großen St. Bernhard [1], im Osten über den Brenner seinen Weg, um dort möglichst bald das Rhone=, hier das Donau= und Rheintal zu gewinnen. Daher hatte die mehr nach Griechenland weisende Hallstattkultur ihren Hauptsitz in den Donauländern und Alpenlän= der, die nach Italien weisende Latènekultur

Illyrisches Tongefäß der jüngeren Steinzeit mit Spiralen (Butmir).

verbreitete sich mehr in den Rheingegenden und erstreckte sich nach England. Daher gaben den Römern dort die Illyrier, hier die Gallier eher zu schaffen, als die Bewohner des Nordrandes Italiens und dachten sie erst an eine Besetzung der Alpen und Voralpenländer, als sie jene längst überwunden hatten.

Umgekehrt drangen, wie gesagt, auch nordische Waren nach dem Süden, nicht nur Zinn und Bernstein, sondern auch Broncewaren; nor= dische Bronceerzeugnisse fanden sich in oberitalischen Gräbern [2]. Unter den Handelsgegenständen nahmen frühe wohl das Salz einen breiten Raum ein. Von diesem eigentlichen Handel haben sich merkwürdige Spuren erhalten, wenn die Händler oder die Hausierer eine Art Warenlager in verbor= genen Höhlen und Wäldern angelegt hatten und sie selbst von Räubern oder wilden Tieren getötet worden waren. Da findet man noch heute nach zweitausend Jahren ihre Nieder= lagen an reichlichen Broncewaren, freilich oft schwer zu unterscheiden von den Überbleibseln Flüchtiger, von Höhlenfunden älterer Zeiten.

Illyrisches Tongefäß (Butmir) mit Winkelbändern; die Technik steht unter orientalischen Einflüssen.

---

[1] Genthe, Etrusk. Tauschhandel nach dem Norden S. 9. Eigentümlich ist die Eridanossage, die den Po und die Veneter mit dem Bernsteinvolk vermengt, Herod. 3, 115. Unter Eridanos verstehen manche den Rhein.

[2] Bronceringe in Aosta, eine Mohnkopfnadel in Peschiera.

III.

Der Indogermanen Religion.

---

1. Götter und Götterdienst.

Wie die Indogermanen eine höhere Kulturstufe einnahmen, als die Turanier, überragten sie diese auch in ihren religiösen Vorstellungen; denn die Gottesvorstellung ist der Ausdruck des innersten Wesens eines Volkes. Die Ahnengeister nahmen ihren Sinn nicht so ausschließlich in Anspruch, daß sie der großen Naturgewalten vergaßen, sie erhoben frei ihre Blicke zum Himmelszelt; zu oberst stand ihnen der Himmelsvater, Sonnen= und Gewittergott, der Mondgott oder die Mondgöttin. Die ganze Natur erzählte ihnen von Gottes Geheimnis, Wind, Wolken und Stürme; die Tiere versinnbildeten göttliche Mächte; in hohen Bäumen und Felsen fühlte der Arier das Walten und Weben höherer Kräfte.

Die Allvergötterung entsprach einem sozialen Zustande, wo das Ge= meineigentum überwog. Aber wie aus der Masse sich einzelne Führer emporhoben, so ragten einzelne Götter weit über die andern hinaus und wie sich neben dem Gemeineigentum der Einzelbesitz schärfer ausgestaltete, so setzte die Phantasie einzelne besonders mächtige Erscheinungen, die Ehr= furcht erregende Eiche, das jungfräuliche, unmittelbar aus den Elementen sprudelnde Wasser und Feuer, so setzte die Kunst einzelne Gebilde, Fetische, in einen besonders nahen Zusammenhang mit Göttern und Geistern. Daher opferten die Indogermanen den Quellgeistern, ehrten das Himmelsfeuer und schützten das Herdfeuer, das im Haus fortbrannte, schon weil die Ent= zündung des Feuers viel Mühe kostete [1]. Das Mahl, das die Familie am Herd vereinigte, galt gewissermaßen als eine religiöse Handlung, der

---

[1] So fand Hieronymus von Prag in den Preußen ein Volk quae sacrum colebat ignem eumque perpetuum appellabat; sacerdotes templi materiam ne deficeret ministrabant. In Rußland bringen noch heute die Bauern dem Rauchfang und Herd Libationen, stellen Opfergaben vor ihn und feiern eine Art Vermählung mit ihm beim Anbruch des Winters, Globus 1900 (77) 250; Westd. Zeitschr. 2, 272. Von den heiligen Salzquellen der Hermunduren sagt Tacitus (a. 13, 57) religione insita, eos maxime locos propinquare coelo precesque mortalium a deis nusquam propius audiri.

Familienvater waltete zugleich als Priester [1]. Neben dem Hausfeuer brannte ein Gemeindefeuer auf dem Gemeindeherd, im Hause des Häuptlings oder Königs, das in Rom eigene Jungfrauen, die Vestalinnen, hüteten [2]. Wenn sie am Neujahr das Feuer frisch anzündeten, geschah es auf primitive Art, durch Quirlen eines festen Stabes in einem weichen Holz. Bei den Germanen knüpfte sich die feierliche Feuerreibung des Notfeuers an die großen Feste. Den Quirl, den Feuererzeuger schauten die Alten mit heiliger Scheu an und gestalteten vielleicht die Sage von Prometheus, dem Feuerstehler und Menschenbildner daraus [3]. Über das Notfeuer sprangen Kelten, Römer, Germanen, führten Tiere hindurch und schwangen mit brennenden Scheitern ein Feuerrad [4].

Eine höhere Feuerquelle sprudelt im Himmel, in der Sonne, im Mond und in den Gestirnen und diese Erscheinungen erweckten die stärksten Ahnungen des Göttlichen. An sie dachte sich der Mensch gebunden den Weltgott, den Himmelsvater, von dem eine dunkle Kunde der Vorzeit berichtete; hier spann die Phantasie ihre Fäden und verband die Erscheinungen. Ursprünglich haben den Indogermanen die Naturerscheinungen wohl nur unpersönliche Äußerungen göttlicher Kräfte, Symbole, Zeichen, Träger eines höheren Wesens bedeutet. Je nachdem sich die Aufmerksamkeit auf die eine oder andere Erscheinung richtete, mochte sich Gott in sie zu hüllen scheinen; die Gotteinheit hatte sich abgeschwächt zur Eingottheit, der Monotheismus zum Henotheismus.

In diesem Zustande des religiösen Denkens pflegt die Religion bildlos zu sein; höchstens daß ein Fetisch als Zeichen eines Gottes gilt. Noch deutlich weisen auf diesen Zustand der Religion hin nicht nur die alten Anschauungen der Slaven, sondern auch der Germanen. Aber die Entwicklung geht ihren Gang weiter und bald sieht die Phantasie hinter jeder Erscheinung ein eigenartiges Wesen, eine tierische oder menschliche Gestalt. In ihrem sinnlichen Empfinden gesellte sich zu ihrem Gott eine Göttin und die Menschen stellten dem Himmel die Erde, der Sonne den Mond, dem Lichte das Dunkel entgegen und entwickelten Liebesgeschichten daraus. Die Erdgöttin steht gewöhnlich in Verbindung mit dem Monde und der Unterwelt, dem Reiche des Dunkels, der Nacht; daher ist man im

---

[1] Fustel, Cité 24.

[2] Bei den meisten Indogermanen waren Priester und Priesterinnen bestellt; das fas entwickelte sich daraus. Leist, Altar. jus gent. 39; civ. I, 88.

[3] S. S. 33, 58.

[4] Ovid, fast. 4, 727. Vielleicht hängt die Sitte mit alten Menschen- und Tieropfern, Brandopfern zusammen: D'Arbois, Rev. hist. d. droit 22, 294; Elton Origins of english history 1882 S. 293.

Zweifel, ob eine Prithivi, Diana[1] Juno, Artemis, Freja, mehr eine Mond= oder eine Erdgöttin bedeutet. Mit der Sonne ringt das dunkle Wetter, der Regen und Sturm; unter diesem Eindruck mischten sich Bilder des Kampfes in das Himmelsbild; der Sonnengott selbst erscheint im Gewitter blitzend und donnernd und vertreibt den Drachen, erbeutet die Wolkenkühe[2].

Rad mit dreifußartig gestellten Schlangen- speichen, fränkisches Zierstück.

Der Wind ist sein Bote (Hermes) und der Blitz seine Waffe, sein Spieß, Keil, Hammer oder auch seine Hand und sein Fuß[3]. Die Gotteserscheinung selbst ragt hinaus über das sinnliche Bild. Daher stellt der Mensch sich Sonne und Mond als Augen des Himmels oder als Räder, als goldene Vögel vor und träumt von goldenen oder weißen Rossen, goldenen Wagen, goldenen Kühen, Schafen, Stieren, Widdern, indem er die Mond= sichel als Hörner faßt, worauf die vielfach sich findenden Mondhörner aus Stein, halbmondförmige Zierscheiben aus Gold, endlich mit Kuh=, Stieren= und Wid= derköpfen nach außen besetzte Ringe hinweisen[4].

Der Regen, das befruchtende Naß, erscheint als eine Ausgießung von oben oder als ein himmli= scher Mischtrank, der Saft einer göttlichen Kelter. Viel mehr Erscheinungen als wir uns denken, macht sich der naive Mensch anschaulich durch Vorgänge der Zeugung und Geburt und eine große Zahl von Symbolen, und Zeichen beziehen sich darauf.[5]

Ring (Walluf a. Rh.)

Eine solche Zeichenbeutung entstammt wohl einer früheren Stufe; denn mehr und mehr ver-

Ring mit Tierfiguren besetzt. (Port in der Westschweiz).

---

[1] Weibliche Form von Zeus, Dis, Div.

[2] Im Verlaufe der Entwicklung verdrängte der Himmelsvater den Sonnen= und dieser den Gewittergott und so folgten sich Varuna- Indra, Uranos-Zeus, Saturn-Jupiter, Alvater-Odin-Woban, oder umgekehrt ver- drängte der Sonnengott den Gewittergott. Das Volk ging vom düsteren Gewitter- dienst zum freien Lichtdienst über.

[3] Den Donnerkeil (ceraunia, silex, malleus) hielten Griechen und Römer hoch. Hand und Fuß der Götter oder Heiligen erzeugt Quellen, s. Weinhold, Berl. Akade- mieabh. 1898; Grimm Mythologie 1171.

[4] S. die Bilder S. 59, 73. Auch Vögel sind angegossen. Die Hörner haben Ähnlichkeit mit Hermen; noch heute hat in Italien das Horn eine solche Bedeutung (vgl. Ztsch. f. Ethnologie 1891 Bhblg. 333, 490).

[5] So wahrscheinlich das Sonnenrad, die Schlangenlinien, Spirale, das Ei; vergl. Kuhn, die Herabkunft des Feuers 1859; Creuzer Symbolik 1819 II 55, 670.

drängen die Hypoſtaſen und Genealogien die Symbole. Zu himmliſchen
Freiern und Bräuten geſellten ſich Kinder, Söhne und Töchter, wodurch
ſich das Aufeinanderfolgen der Erſcheinungen erklärte, und der Haushalt
der Götterfamilien vervollſtändigte ſich mit Genoſſen und Dienern, mit
Geräten aller Art und Haustieren.

Beſonders lebhaft erregten die Phantaſie die Veränderungen der
Sonne und des Mondes, deſſen Name Meſſer, Zeitmeſſer bedeutet[1], das
Verſchwinden des Mondes und das Hinabſinken der Sonne am Geſichts-
kreis, die Sonnenwende; mußten doch die Alten die Geſtirne fleißig beob-
achten, um in der Jahreszeit ſicher zu gehen. Am tiefſten erregte die
Gemüter die Winterſonne mit ihren langen Nächten, wo die Geiſter der
Nacht ihr Unweſen trieben und der Menſch ſich gegen ſie zur Wehr ſtellte[2].

Um die Himmelserſcheinungen zu erklären, boten ſich allerlei Ver-
wicklungen, Kampf, Entführung, Verbindung und Trennung der Phantaſie
an. In Tiere, namentlich in Vögel verwandelten ſich Götter und Ahnen-
geiſter und hauſten in Toten, weshalb die meiſten Völker Tiere verehrten
und ſich bei feſtlichen Gelegenheiten ſelbſt in
Tiergeſtalten, in Bären-, Wolf-, Hirſchhäute
hüllten und als lebendige Vertreter der Götter
herumwandelten. Ein nackter Menſch, glaubte
man, könne ſich ſo gut als ein Geiſt in alle
möglichen Geſtalten verwandeln, er beſitze Zau-
berkraft und könne Götter bannen[3]. Die Götter gewann oder überwand man durch Götter,

Mondhorn aus Ton (Odenburg),
Hallſtattzeit.

durch Nachahmung, Verwandlung in ihre Geſtalt, durch ihre Zeichen.
Man rief Geiſter gegen Geiſter, den Beelzebub gegen den Teufel an, wie
Chriſtus ſagt. Zauber bannten ſie durch Zauber; Zauber und Weiſſagung
war mit der Religion unlöslich verknüpft, beruhte im innerſten Weſen
die Religion. Durch Lärmmachen[4], Ausſpucken und die widerwärtigſten

---

[1] Siecke, die Urreligion überſchätzt wohl den Mondkultus, leitet er doch nicht
nur Helena und Artemis, ſondern auch Aphrodite, Kalliſto, Hermes, Dionyſos vom
Monde ab, wie er einen Mondgott Men (Monat) annimmt.

[2] Rev. celt. 1903, 310. So ſtark war der Eindruck dieſer Zeit, daß noch
ſpäter das Volk aus den Feſtbezeichnungen Göttergeſtalten bildete, ſo entſtand die
italieniſche Befana aus Epiphanie, Abundia, Satia aus dem üppigen Mahl der
Weihnachtszeit und verdankt der Julgott wahrſcheinlich der Bezeichnung Jul, Grab
für dieſe finſtere Zeit ſeine Entſtehung (nach Bilfinger Julfeſt 104 und Schmeller,
ſogar Berchta).

[3] Über viele hieher gehörige Gebräuche ſ. Berliner Akademieabh. 1896; Plin.
22, 2.

[4] Man denke an den Lärm, das Anklopfen in den Weihnächten.

Handlungen vertrieb man die bösen, durch Gabenspenden und Schmeiche=
leien zog man die guten Geister an. Besonders zu allen Anfängen mußte
man sich die Geister geneigt machen, so zu Neujahr, beim Hausbau,
Brückenbau, beim Auszug. Um ihre Gnade zu erwerben, spendete man ihnen,
was das Menschenherz erfreute, nämlich Speise und Trank, so daß die
Opfer die Speisesitten der Völker widerspiegeln, und zwar an heiligen
Orten, in Hainen oder Tempeln (was dasselbe ist), vor dem Zeichen oder
Fetisch des Gottes.

Im Zusammenhange mit der Wahrsagung und der Zauberei der
Urzeit stehen wohl symbolische Zeichen, das Rad, das Hackenkreuz, die
Doppelvolute, der Zickzack, d. h. aneinandergereihte Winkel, der Wirtel
oder Quirl. Manche dieser Zeichen beziehen sich auf Geschlechtsorgane, die
der einfache Mensch ohne sinnliche Nebengedanken einfach als Sinnbilder der
Fruchtbarkeit betrachtete, andere auf die Sonne, wie das Rad und Hacken=
kreuz. Auf den Himmel weist der Bogen, das Hufeisen, auf den Blitz der
Zickzack hin. Die Sonne deutete ein Rad oder Scheibchen

Sonnenrad.

an, in weiterer Ausbildung mit drei Krallen, oder ein Kreuz
mit drei Armen, Triskeles oder Tau, das auch als Abkürzung
des Hammers des Gewittergottes erscheint. Das Gabel= und
Andreaskreuz, das Kreuz mit vier Armen, Henkelkreuz, Hacken=
kreuz, Swastika, Gammadion, Gnostikerkreuz oder Henkelkreuz,
von manchen als Abkürzung der Menschengestalt
oder als Zeichen des fliegenden Storches, des
Schlangenvertilgers, wie das Triskeles als Hahn=
zeichen gefaßt[1], findet sich fast überall in Grie=
chenland, wie in England, in Rußland wie in
Ägypten, sogar in der Form von Backwerken,

Sonnenzeichen.

Hackenkreuz.

z. B. bei dem nordischen Gullwagen oder Gold=
wagen, dem Wagen des Sonnengottes, der deutlich auf die ursprüng=
liche Radform hinweist[2]. Bei den Ägyptern galt das Henkelkreuz als
Schlüssel der Unsterblichkeit in den Händen der Verstorbenen; sonst genoß
es wie das christliche Kreuz als ein Segens=, Zauber=, Fluchträger hohe Be=
deutung[3]. Die vorchristlichen und nachchristlichen Kreuzzeichen gehen vielfach
ineinander über, so daß man zweifeln konnte, ob das constantinische
Monogramm Christi nicht ebenso mit außerchristlichen Sonnenzeichen zu=

---

[1] v. Steinen in Bastianfestschrift 246; Hörnes Urgeschichte, 334; Sittl
Archäologie 232.

[2] Globus 1897, 374; vgl. Tertull. apol 16.

[3] S. Zöckler, das Kreuz Christe S. 7, 56.

sammenhängt wie mit dem chriſtlichen Kreuz[1];
jedenfalls gleichen die Zeichen der Merowinger=
gräber mehr dem Swaſtika als dem chriſtlichen
Kreuz. Dem Kreuz liegt die Vierzahl oder
Dreizahl zu Grund, eine Zahl, die allen
Völkern einen geheimnisvollen Sinn zu ver=
raten ſchien: drei waren die Hauptgötter, drei
die Jahreszeiten, drei die Mondphaſen, vier
die Himmelsrichtungen[2].

Italieniſche Fibel mit Swaſtika
auf dem Nadelhalter.

2. Gräber.

Ein Stück des Götterdienſtes ſtellt die Totenbeſtattung dar, da jeder
Tote als eine Art Gott oder Geiſt und Gott wie der Geiſt als ein
flüchtiger Hauch oder Vogel erſchien; faßten doch alle alten Sprachen die
Seele als einen Hauch, Wind, Dunſt oder Rauch[3]. Ihre Leichen haben
ſie nach alter Sitte beſtattet — darauf weiſt ſchon die Sprache hin[4] —
ſelten ausgeſetzt und zwar in flacher Erde, in Steinkammern und in Grab=
hügeln. Grabhügel, aus Steinen gebaut, mit einer Lehmſchicht dazwiſchen
nach Oſten oder Norden gerichtet, legten ſie in der Nähe ihrer Woh=
nungen an[5].

Vornehmen aber ſchichteten ſie hohe Hügel. In nordiſchen Broncezeit=
gräbern umſchloß die Leichen ein Tierfell und ein Einbaum. Um das
Jahr 1000 kamen Leichenverbrennungen auf und verbreiteten ſich bei den
längſt getrennten Völkern ziemlich raſch. Daran hat die nordiſche Sage, wie
die griechiſche und römiſche die Erinnerung bewahrt, indem ſie das Brand=
alter einem vorausgehenden Hügelalter folgen ließ. Bis zum Durchbruch
des Chriſtentums herrſchte bei Römern, Kelten, Germanen die Verbrennung
vor[6], während die Orientalen der alten Art treu blieben.

Aus welchen Gründen ſich der Übergang zur Verbrennung vollzog,
iſt nicht klar; vielleicht daß ſie mit einer Vergeiſtigung der Jenſeitshoff=
nungen zuſammenhängt[7], wogegen aber auffällt, daß die Vornehmen auch

---

[1] Bonner Jahrbücher 39, 137.
[2] Auch $3 \times 3 = 9$, ferner 4 und $3 + 4 = 7$ hatten eine ſymboliſche Bedeutung,
letztere Zahl beſonders bei den Juden, Reidhardt, Zahlenſymbolik 2, 15. Über die
Neunzahl hat reichen Stoff Weinhold in den Berl. Akademienabh. 1897.
[3] Atman, animus, $\psi\nu\chi\dot{\eta}$.
[4] Schrader R. L. 80, 470.
[5] Globus 1901 (79) 64. Reihengräber gehören einer ſpäteren Zeit an.
[6] Paus. 10, 21; S. Müller Altertumskunde 363; Rhode, Pſyche 151.
[7] S. nach Sidonius Apollinaris ep 3, 12; dagegen Macr. sat. 7, 7.

jetzt eher beftattet als verbrannt wurden[1]. Noch ein anderer Gefichts=
puntt tann in Betracht tommen: fehhafte Völter lieben es, ihre Toten in
der Nähe in Gräbern zu haben; Wandervölter entfchließen fich aber lieber
zum Verbrennen; ließe fich diefer Gefichtspuntt hier verwerten, fo müßte
man die Verhältniffe geradezu umtehren, man müßte annehmen, daß die
älteren Völter fehhafter waren, als die jüngeren, was aber niemand be=
haupten wird[2].

    Bei der Verbrennung gingen die Leichen nie in reine Afche auf, es
blieben meift noch angebrannte Knochen, die man wie vollftändige Leichen
in Hügelgräber, Steintiften, Kammern ftectte; die Afche und tleinere
Knochenrefte barg man in Urnen und bedectte diefe manchmal mit einer
zweiten, fchüffelartigen Urne, verfentte fie in ein Keffelgrab und dectte die
Höhlung mit einem Steine zu oder fchüttete einen tleinen Hügel darüber.
Vielfach wurden Teile des Körpers beftattet oder umgetehrt nur Teile

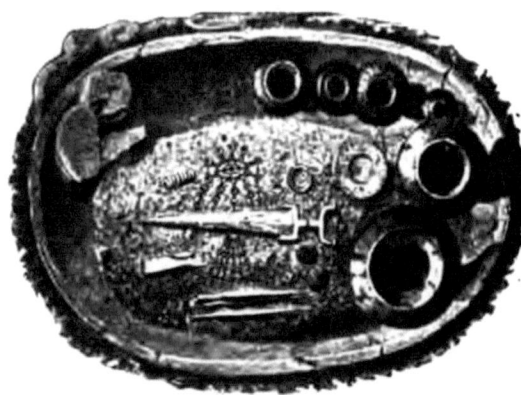

verbrannt, das übrige
beftattet. Zur Leichen=
verbrennung diente ein
gemeinfamer Brand=
platz[3]; aber ebenfo oft
vielleicht noch öfter
fchüttete man die Hügel
unmittelbar über die
brennenden Leichen, fo
bei der Beftattung des
Patroflos und Beo=
wulf. Die brennenden
oder verbrannten Lei=
chen ftattete man wie

Brandgrab von Hallftatt mit reicher Ausftattung: Dolch, Lappen=
celt, Speerfpitzen, Ziergehänge, Spiralenfibel.

Broncehaarnadel mit Radtnopf.

Begrabene mit Gefäßen, Wertzeugen aus und hat diefe oft ganz oder
halb verbrennen laffen oder abfichtlich noch zerftört, verbogen, ver=

---

[1] Naue Broncezeit 50.

[2] Ob in großen Städten wie Rom Platzmangel zur Verbrennung bewog, wie
man wohl fchon meinte, ift zweifelhaft, da man fich meift mit dem bloßen Antohlen
begnügte.

[3] Die Beftimmung eines Brandplatzes ift fchwer, da Feuer= und Knochenrefte
nicht notwendig ein folches anzeigen; Ztfch. f. Ethnologie 1892 S. 134.

brochen. Mit den Häuptlingen, Familienvätern mußten oft Lieblingstiere, Frauen, Gefangene, Sklaven in den Tod gehen und wurden dann mit= verbrannt. So folgten dem toten Patroklos 4 Pferde, 9 Hunde und 12 Trojaner, dem Sigurd mit Brunhilde fünf Mägde, acht Diener, die Milchbrüder der Brunhilde, zwei Hunde und zwei Habichte in den Tod. Auf dem reich mit Teppichen geschmückten Lager legte sich, durch das Schwert von Sigurd getrennt, die Gattin, zwei Diener zu seinem Haupte, zwei zu seinen Füßen. [1]

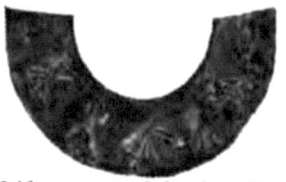

Zeichnung vom Hals einer Urne (Odenburg). Opferscene mit einem Reiter. Die Figuren sind aus orna= mentalen (symbolischen) Mustern gebildet.

In vielen Gräbern der Bronce= und Eisen= zeit liegen verbrannte Leichen neben bestatte= ten, namentlich in Hügelgräbern, was sich wohl daraus erklärt, daß Familien und Geschlechtern manche dieser Hügelgräber, ja vielfach verschiedenartige Siedler nacheinander nur einen Friedhof be= nützten[2]. Bei den flachen Gräbern in der unmittelbaren Nähe der Woh= nungen, wie sie uns am Rhein begegnen, liegt Leiche über Leiche, die eine manchmal quer zur andern, ohne besondere Rücksicht[3]. Unzweifelhafte Spuren von Menschen= und Tieropfern lassen sich weniger entdecken, als wir erwarten.[4]

---

[1] Herod. 5, 5.

[2] Ganz sicher fest stellen diese Vermutung freilich weder Fundstücke ver= schiedener Zeiten, die als überlebsel sich erklären können, noch Skelette verschiedener Rassen, wohl aber unabhängige Bergung. So kam in einem Hügel der Hallstattgräber Salem eine Nachbestattung der früheren Merowingerzeit vor; Globus 1898 (74) 100, 1900 (77) 133, 249, ähnlich im Orient 74, 1, 80.

[3] Die Spätern scheinen von den früheren Gräbern keine Ahnung gehabt zu haben. Globus 1901 (79) S. 4.

[4] L. Mayer, die Hügelgräber der schwäbischen Alb 1892; Weber, B. f. An= throp. Bayerns 12, 37.

Zweiter Abschnitt.

Die Kelten.

IV.

Der Kelten Volkstum.

Aus ben indogermanischen Urvölkern löften sich mit der Zeit Kelten und Germanen ab und traten bedeutsam in der Geschichte auf. In der Vorzeit sind Kelten und Germanen kaum zu unterscheiden, und da die alten Schriftsteller die einen wie die andern als langgewachsen, langköpfig, blond und blauäugig, feurig, aber wenig nachhaltig schildern und ihnen einen gemeinsamen Ursprung zuschreiben[1], muß ihr Charakter noch unentschieden gewesen sein[2]. Berührten sich auf der einen Seite Germanen und Kelten, so auf der andern Germanen und Slaven. Bei manchen Völkern, so bei Cimbern und Teutonen, bei den Batavern ist man im Zweifel, ob sie dem keltischen oder germanischen Volke angehören[3]. Auf der andern Seite nennt Strabo die Germanen Keltoskythen[4] und will damit wohl andeuten, daß sie in der Mitte zwischen Kelten und Skythen b. h. Turaniern oder Slaven standen[5]. Jedenfalls trat die Verschiedenheit der Völker, die dem

---

[1] Strabo 4, 4; Appian b. g. 3, 7, 8; Liv. 5, 44; 7, 11; 10, 18; Belloguet Ethnogenie II, 115; Holtzmann, Kelten und Germanen S. 19 und Germanische Altertümer S. 83 stellt beide als ein Volk bar.

[2] Etwas andere Anschauung vertritt Gobinrau, die Ungleichheit der Menschenrassen I, 156. Nach ihm haben die Rassen unvergängliche bauernde ursprüngliche Eigenschaften: Mischung der Rassen, zumal höherer und niederer, wirkt begenerierend; das gerade Gegenteil behauptet Lumbroso n. antolog. 162, 396).

[3] Hermann der Cherusker führte den keltischen Namen Armin der Erhabene. Das sächsische Haus ist wahrscheinlich mehr keltisch als germanisch. Als Kelten charakterisiert die Cimbern und Teutonen ihre Schmuckliebe (Plut. Mar. 25; Liv. 7, 26), ferner die Namen ihrer Fürsten, Boiorix, Teutobobuus. Ausbrücklich nennen sie Gallier Oros. 5, 16, Eutrop. 9, 25 (griech. Text); Flor. 3, 3; App. b. Jll. 4; Diod. 5, 32. Andere aber nennen sie wieder Germanen. Ihre Gestalt, ferner ihr ursprünglicher Wohnsitz legt das nahe s. Mela 3, 3 Caes. 1, 40; sein Zeugnis schwächt ab Sepp, Wanderungen der Cimbern 72. Als Germanen stellt sie fest Belloguet, Ethnogenie 4, 109; er unterscheidet scharf zwischen Cimmeriern und Cimbern (85); Marks Bonner Jahrb. 1894, 29.

[4] Ein ähnliches Wort wie Keltiberer.

[5] Mit den Slaven haben die Germanen Gerste, Roggen, Wachs, Wolle, Keil,

Keime nach gewiß vorhandene Verschiedenheit der Anlagen noch wenig
hervor; erst die weitere Entwicklung, das Zusammenwirken von Natur und
Geschichte gestaltete sie weiter aus[1].

Die Kultur, die Geschichte bildete manche Völker stark um, so daß
sie ihre schlimmen Eigenschaften, manchmal bessere Völker auch ihre guten
Anlagen verloren. Als ein Rest der alten Iberer galten allgemein die
Basken, eines der edelsten Völker Europas, ein Volk mit hellerer Haut=
farbe als die Spanier, das sich vor ihnen durch ihre Kraft, Unternehmungs=
lust und Schönheit auszeichnet; und doch haben sie Ähnlichkeit mit den
Mongolen und wenn ihre Sprache nicht wäre, würde man an keinen Zu=
sammenhang denken[2]. Ähnlich bildeten sich die Ungarn und Finnen zu
einem europäischen Kulturvolk um, während die den Germanen verwandten
Perser und Indier im Asiatentum sich verloren, Griechen und Römer stark
orientalischen Typus sich aneigneten und nur die Juden unter allen Him=
melsstrichen sich gleichen. Aber gerade bei ihnen wieder zeigt sich die Macht
der Geschichte, Sitte und Tradition am glänzendsten, indem sie alle in sie
eintretende Elemente in ihren Bann zwang.

So hat auch erst die Geschichte Kelten, Germanen, Slaven scharf
geschieden. Ein unterworfener, vorkeltischer Bestandteil und lange Berühr=
ung mit andern Völkern, var allem mit Iberern, Ligurern, Rätern[3], im Süden
mit Griechen und Römern brachte bei den Kelten einen andern Typus zur
Vorherrschaft, so daß in der Sage nur noch die Vornehmen als blond,
goldhaarig erscheinen. Irische Könige heißen Weißköpfe[4]. Lockiges gold=
gelbes, langes Haar fließt über die Schulter des edlen Jünglings, ein
blaues, krystallklares Auge sitzt im Kopfe; weiß wie der Schnee ist Hals
und Haut[5]. Cäsar unterscheidet deutlich Germanen und Gallier[6].

Handmühle gemein, Westb. Zeitsch. 8, 20; anders Streitberg, Urgermanische Grammatik
1896 S. 12.

[1] Eine? Unterschätzung der angeborenen Natur ist ebenso verkehrt wie eine
Überschätzung. Vom theistischen Standpunkt aus muß man an angeborenen Anlagen
festhalten, da Gott Menschen und Völkern verschiedene Aufgaben zuweist. Das gleiche
gilt von der Vererbung.

[2] Agilis pugnaxque Wasconum gens hießen sie schon im 7. Jahrhundert
Boll. vit. Rict. 12. Mai (3, 82); Adalb. 2. Febr.; vielleicht vermischten sie sich mit
Westgothen, Belloguet Ethnogenie II, 235. Nach manchen ist helle Hautfarbe bei
den Basken selten (Helmolt, Weltg. 4, 300).

[3] Am. 15, 9; s. S. 4.

[4] Irische Texte von Windisch und Stokes 3, 463.

[5] Hieronymus meint, sie seien Galli wegen ihrer weißen Haut genannt worden,
ep. ad Gal. l. 2 procem., Liv. 38, 17; Verg. Aen. 8, 659.

[6] B. g. 1, 39; 4, 1; App. b. g. 1, 3.

Ihren Hauptsitz hatten sie lange in den Donaugegenden[1]. In Süd=
deutschland erinnern unzählige Fluß= und Bergnamen an sie[2], während
im Nordosten die Namen rein germanisch klingen. Von dort aus dehnten
sie sich nach Westen, Norden, Süden und Osten aus[3], verdrängten
Ligurer, Räter, Thraker, kamen nach Spanien, Italien und Griechenland
und übten vom sechsten bis dritten Jahrhundert eine gewisse Vorherrschaft
aus. Noch ein späterer Schriftsteller nennt sie die Besieger des Ostens
und Westens[4]. Die sie zunächst bedrängenden Alpenkelten nannten die
Römer Gallier, während die Griechen den Namen Kelten beibehielten[5].
Als aber die Germanen erwachten und sie westwärts drängten, wählten
sie Belgien, das sich weiter erstreckte als heute, zum Hauptsitz. Wie die
Germanen in Nord= und Südgermanen, zerfielen auch die Kelten in zwei
große Stämme; der eine große Zweig der kymrische, kimmerische hat sich
über Frankreich bis Spanien, über Süddeutschland bis Italien verbreitet,
der andere der gaelische, goidelische Zweig über Irland, Schottland, Eng=
land[6]. Das Kymrisch (Britannisch) hat sich erhalten in Wales und in der

---

[1] Bertrand et Reinach, Les Celtes dans les vallées du Pô et du Danube 42, 181.
[2] Man denke an den Rhein, Renus, der im Irischen Meer bedeutet, an Dubra
Taube, der in Dover und im gallischen Vernobubrum (Erlenbach) erscheint. Keltisch
ist Donau, Neckar, Lech, Isar, Main u. s. f.
[3] So nach Burgund — denn die dort gefundenen Hallstattreste zeigen deutlich
die Abhängigkeit von der süddeutschen Technik (Déchelet, Rev. de synth. hist. I, 7)
und nach Mitteldeutschland. In Westfalen ist Meteln an der Vechte mit Mailand,
Mediolanum gleichnamig. Keltisch ist der alte Name von Bamberg Devona, von
Würzburg Segodunum, von Regensburg Ratisbona; keltisch ist der Name von Wirtem=
berg Birobunum. Die Grenzen der keltischen Ausdehnung bezeichnen Liegnitz, Lugibunum
in Schlesien, Isaksca Noviobunum in Rumänien, Carrobunum in Rußland. Zu
historischer Zeit saßen in Südwestdeutschland die Helvetier, Räter, Boier, Noriker.
Die Wüste, Einöde der Helveter nannten die Römer die Schwarzwaldgegend, nachdem
die Helvetier vor Cäsar in die Alpen zurückgezogen waren. An den Nachfolgern der
Helvetier an den Schweizern kann man die echt keltische Verbindung der Tapferkeit mit
Handelssinn beobachten. Boierheim, Böheim nennt Tacitus das spätere Schwaben
und Baiern; Ptol. 2, 11, 10; Dio 31, 49; Tac. Germ. 28.
[4] Hier. ep. ad. Ager. 123, 17.
[5] Bertrand unterscheidet Kelten und Gallier scharf, D'Arbois tritt für die
Einheit ein. Rev. arch. 1875 II, 1; 1876 I, 1.
[6] Die Kimmerier nannten sich so von comarkers Markgenossen; sie ver=
wandelten das indogermanische q in p und sagten statt equos epos, statt quatuor
petor (petorritum Vierrad), während die Gälen das q höchstens in gh oder c ver=
wandelten (pennos Haupt heißt gälisch cenn, quenn). Beide Stämme hatten das p
als Anlaut vielfach weggeworfen, ähnlich wie die Germanen; aus prae para wurde
ein ar (vor). Daß die Briten und Gallier gleichen Volkes waren, beweist nicht nur
die Sprache, sondern auch die Sitte, wie denn die Alten sie auch häufig zusammen-

Bretagne, das Gaelische in Hochschottland und Irland. Eine gaelische Eroberung, wohl von Belgien ausgehend, drängte das Kymrische zurück. England übte eine eigentümliche Anziehungskraft auf die Völker aus und lockte wie jetzt keltische, so später norbgermanische Eroberer an. Ein Fürst wie Divitiacus vereinigte einmal unter seiner Hand einen Teil Galliens, Belgiens und Britanniens zu einem Reiche. Von Britanien aus besiedelten zur Zeit der Völkerwanderung wieder Kelten die gegenüberliegende Bretagne.

stellen, Plin. 17, 4; 33, 6; Mela 3, 3; Tac. Ag. 11. Sie hatten gemeinsame Götter, vor allem Lug, verehrten den Bär (artos) und die Eibe (eburos). Von England kamen die Druiden nach Gallien und umgekehrt die Hose von hier nach England. Sie kämpften auf die gleiche Weise, schmückten sich mit Ringen und trugen gleiche Mäntel (Contzen, Wanderungen 35). Südengland wurde nach alten Berichten von den herübergekommenen Belgiern besetzt Caes. 5, 12; Ptol. 2, 3, 26. In der Völker-wanderungszeit kamen Bretonen nach Nordfrankreich; vgl. Sommer, Der keltische Sprachstamm Allg. Ztg. 1899 B. 289. Den Namen Albion, Weißland dürfte den Anblick der Kreidefelsen im Meer eingegeben haben, Plin. 4, 30. Über den Zusammen-hang der Pikten mit den Gälen s. Nicholson, Keltic researches 4, 20; Rhys, The Welsh people 36.

V.

Anfänge der Eisenkultur.

Vom Orient, von wo die Bronce ausging, kam auch die Kunde des Eisens und zwar zuerst nach Griechenland und Italien. Eine uralte Eisenkultur ist im Ural mit seinen Erzbergen zu suchen; von dort bezogen die Griechen ihren Stahl, Chalybs genannt nach dem Volke der Chalyber. Aeschylos nennt die Heimat der Chalyber und Tibarener das Mutterland des Eisens und nach Herodot beteten die Skythen ein altes eisernes Schwert als ihren Gott an. Bei Finnen, Türken und Mongolen tritt in ihren

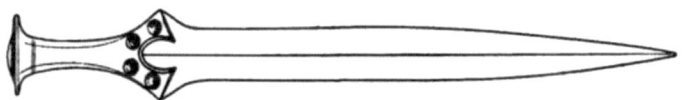

Schilfblattförmiges Schwert der Broncezeit mit dachförmiger Mittellinie. Die Griffflügel schließen einen dreiviertelkreisförmigen Ausschnitt ein und die Klinge ist mit vier großköpfigen gewölbten Nägeln an die Griffflügel befestigt. Den flachen Knauf schließt ein niederer Knopf ab (Naue).

Sagen das Eisen bedeutend hervor, das Paradies ist von eisenreichen Bergen umschlossen, und das Fest der Eisenentdeckung feiern heute noch die Mongolen [1]. Als die Erfinder des Eisen- und Broncegusses dürften also die Turanier gelten, denen es auch gelang, die Rosse zu bändigen.

Nach weitverbreiteter Anschauung trieben die Schmiedekunst entweder Riesen, Kyklopen oder kleine, kluge Leute, Pygmäen, Gnomen, deren ganze Art auf ein anderes Volk, auf Unterworfene, Unfreie hinweist [2]. Doch stand

---

[1] Herod. 4, 62; Alsberg, die Anfänge der Eisenkultur S. 52; die Hallstattornamentik hat ihre Heimat am Kaukasus nach Virchow, Berliner Akademieb. 1895.

[2] Dafür daß die Hallstattkultur einem vorkeltischen Volk angehört, sprechen verschiedene Gründe, namentlich die Beziehungen zu der ältesten Eisenkultur Griechenlands und Italiens. Dürfte man annehmen, daß ein skythischer Stamm als Vorläufer der Mongolen erobernd auftrat, so würde es sich leicht erklären, warum die Leichenverbrennung und häufige Menschenopfer vorkamen (S. 62). Es stehen ihr aber andere Tatsachen im Wege: die Hallstattkultur war eine viel zu entwickelte und setzt

die Schmiedekunst als ältestes Sonderhandwerk im hohen Ansehen. Metallkunst machte frei, wie das keltische Recht beweist[1], und die ältesten Bezeichnungen für das Handwerk lassen auf kluge verständige Leute schließen[2].
Sogar Vornehme entehrte es nicht, selbst Waffen zu schmieden; die nordischen
Jarle, ein Sigurd u. a. stellten sich selbst an den Ambos und schwangen
den Hammer.

Lange stand das Eisen, dem man zuerst den gleichen Namen Erz gab wie
dem Kupfer, höher im Werte als die Bronce[3] und mit Stolz legten sich
die Männer den Namen eisern bei[4]. Noch
in späterer Zeit schätzten, wie Dio berichtet,
die Briten Eisen so hoch wie Gold. Daher wurde es auch für Schmuck und Zier
verwendet. Zunächst diente es zur Verstärkung der Waffen und diese erhielten jetzt
kräftige Formen. Neben das schilfblattför-
mige Schwert tritt das gerade Langschwert
und neben das zweischneidige Schwert ein

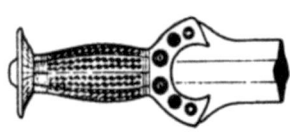

Zylinderförmiger Griff eines Bronce-
schwertes mit ovalem, ausbauchendem
Mittelteil, runden Griffflügeln. Die
runde Knaufplatte trägt einen kegel-
förmigen Mittelknopf. Stammt aus
der Westschweiz (Raue).

einschneidiges, ein Hiebmesser mit Rinnen. Ebenso verstärkt sich Celt und
Beil, und den Wurfcelt verdrängen kräftige Speere. Im übrigen bergen
die Gräber mehr Schmucksachen und zwar meist aus Bronce, als Waffen
und Werkzeuge; besonders zahlreich sind Fibeln, die die Stelle der Knöpfe
vertraten.

Die Symbolik wird viel reicher und zieht die verschiedensten Tier-
formen bei, nicht nur Vögel, die Sinnbilder der Geister und Götter,
sondern auch Rind und Pferd, die Lieblingstiere der Götter und Menschen
seit der sich ausdehnenden Viehzucht. Die nicht selten sich findenden Mondhörner stellen die Verbindung zwischen einer Mondgöttin und einem Stiere
dar; auch Vogel und Rind, Vogel und Rad verbindet sich zu einem be-
deutsamen Paare. Wagendeichsel und Wagengestell zieren Vögel und Stier-
köpfe, Pferdeköpfe. Neben den Deichselwagen treten vierrädrige Kessel- und
Plattenwagen, die auf den Gestellen runde oder flache Aufsätze tragen.

---

ein hochstehendes Volk voraus. — Auf der schwäbischen Alb entdeckte man bei Urach
in Ratterbuch neben Wallresten eine Menge von Feuersteinen und daneben Eisenschlacken
(Archiv für Anthropologie 1900 S. 42).

[1] Ancient laws of Wales 37, 11; 647, 68; Walter, Wales 150.

[2] Faber und Schmied. Noch heute ist es bei wilden Völkern oft das einzige
Gewerbe, Bücher Entstehung der Volkswirtschaft S. 301.

[3] Während das lateinische Wort ferrum aus dem Semitischen stammt, liegt
die Wurzel von Eisen im keltischen isarno; is ist aber eine Abschwächung von aes.

[4] Iserninus.

Der auf dem Langbaum sitzende Korb erscheint in den noch erhaltenen Bauernwägelchen als Vogel, Drache, als heiliger Kessel, Amphora; oder bei Plattenwagen ist die Fläche besetzt mit Tier= und Göttergestalten[1].

Kahnfibel.

Napffibel (Paukenfibel).

Fibel mit geknicktem Bogen, worauf ein Vogel sitzt und Blumen aufsprießen.

Neben vollständigen nackten Manns= und Frauengestalten wurden menschliche Formen, sei es das Gesicht, sei es die ganze Gestalt an Ge= fäßen, Urnen ausgebildet, ebenso das Haus an den bekannten Hausurnen und Tiere an Vogel= gefäßen und andern plastischen Bildungen[2]. Die Griechen entwickelten die Vasen zum Abbilde der menschlichen Gestalt, indem sie Hals, Bauch, Fuß scharf unterschieden.

Ihren Hauptsitz hatte die neue Kultur, die Hallstattkultur, wie man sie nennt, in den Alpen und in den Vorländern, durchflossen von der Donau, und seine Träger waren vielleicht die Räter, Noriker, Illyrier, Veneter, die sich mit den Griechen nahe berührten[3]. Auf gallischem Boden entsprach ihr die Larnaud= und Marne= kultur mit ihren kräftigen Waffen und Werkzeugen[4].

Während in der Hallstattzeit die Arbeiten noch in Anlehnung an den Bronceftil flache und dünne Form zeigen und aus Gravierungen und geometrischen Figuren bestehen, entwickelten die Kelten unter dem anregenden Einflusse griech= ischer Kunsterzeugnisse einen kräftigen Eisenstil, der in der Laténezeit zur vol= len Entfaltung kam, und den besonders Schildbückel, Ringbuckel, napfförmige Münzen, sogenannte Regenbogenschüssel= chen, Armbrustfibeln, kennzeichnen. Ganz neu sind Halsringe aus Bronce, Pauken= fibeln, Tierkopffibeln und Scheren, Sicheln

Hallstattfibel, deren Bogen sich zu einer Zierscheibe erweitert. Die Halbmondplatte (s. S. 58) trägt zwei Wasservögel und in Kettchen hängen als Zierbleche Dreiecke herab.

---

[1] Ztsch. f. Ethnologie 1890 S. 49.

[2] Hörnes Urgeschichte der Kunst 505.

[3] Die Veneter sprachen nach Czörnig Völker Oberitaliens 71 ff. einen griechischen Dialekt und trugen eine Tracht, wie sie die Hallstattsitulen zeigen.

[4] Ensis noricus, machaira Keltike, Pollux on. 1, 149; Clem. str. 1, 16.

(Sägesicheln), Trensen, Pflugscharen. Zu Schwertern, Pfeilen, Lanzenspitzen verwandte man nur Eisen, der Dolch kam ab[1]. Die Broncegefäße entbehren der reichen Verzierung der Hallstattzeit und wo Verzierungen auftreten schließen sie sich der Form der Geräte an.

---

[1] Pfeilspitzen sind selten, Archiv f. Anthropologie 1902, 183.

VI.
Lebensart der Kelten.

1. Häuser.

Wie alle Jäger und Hirtenvölker wohnten die Kelten ursprünglich in Erdhöhlen, Kellern, in Holz= und Steinhütten, in Pfahlbauten und wanderten mit Zeltwagen, Karrenhäusern[1]. Die Hütten teils rund, teils viereckig, die ein Grieche mit dem Faßbau, dem Tholos vergleicht, bestanden aus Holzstämmen, Pfählen, Weidengeflechten, Brettern, mit Lehm gefügt und mit Stroh oder Rohr bedeckt, dann auch aus Ton und Stein[2]. Holzschlösser bewohnten noch später die Helden und Häuptlinge, wie Bricriu, dessen Haus ein mächtiger Held in die Höhe hob, so daß jener selbst und seine Frau in den Kot fielen mitten unter die Hunde des Hofes.

Solange Viehzucht vorherrschte, genügten die Hütten, so selbst noch zur Zeit Cäsars, nur daß Rückzugsburgen und zwar Burgen in runder Form[3] ihnen zur Not Aufnahme gewährten. Noch im Mittelalter bezogen in Wales die Hirten im Sommer Berghütten und im Winter weite, wohlgeschützte Hallen[4]. Die Burghäuser mußten der Gäste wegen größere Räume umschließen und sie dehnten sich, wie es scheint, in der Regel seitwärts flügelartig aus. So wie das Herrenhaus der Sage uns entgegentritt, glich es dem oberdeutschen Hause: in der Mitte der Langseite öffnete sich die Tür auf die Herdstatt und rechts und links davon erstreckten sich die Lagerräume[5]. Noch stärker aber überwog das Tiefhaus, Schiffhaus,

[1] An die Karren der Urzeit erinnert der Ausdruck Wegziehen, Zurückziehen mit dem Karren für Auswanderung und Rückkehr. Der Mann mit gebrochenem Karren waren die Fremden, die Wanderer — uchelwr, cargychwyn, carddychwel, carllawedrawg; Ancient laws of Wales 436, 653; Walter 144, 146.
[2] Strabo 4, 3; Guest Origenes celticae 2, 68. Die Steinbauten hießen Duns, Raths, Cathairs; die Pfahlbauten Crannogs, Pflugl-Harttung, Neue Heidelb. Jahrb. 1891 S. 201; O' Curry Manners III, 4 ff.
[3] Sie lagerten in orbem; Veg. 3, 10. Bei Cäsar ist von diesen am Rand der Wälder und Bäche gelegenen aedificia öfters die Rede.
[4] Rhys, The Welsh people 290.
[5] Kuhns Ztsch. f. Sprachforschung 30, 103.

dem jächjischen Bauernhaus vergleichbar, das uns noch weiter beschäftigen
soll.   Hier wohnten ganze Geschlechter zusammen; eine den Kelten höchstens
noch mit den Trojanern gemeinsame Sitte.

Innerhalb ihrer rauchgeschwärzten Hütten[1] dienten Tierfelle, Hund=
ober Wolfshäute oder Bündel von Heu, Stroh, Geflecht oder Wolle zum
Lager[2].   Noch im tiefen Mittelalter lagerten sich die Kelten von Wales
auf Binfen und Stroh und bedeckten sich mit einem Mantel; selbst Könige
hatten kein Bett[3], doch kannten wenigstens die Gallier Bänke und Bett=
gestelle mit Polstern und Teppichen und stammen die Wollpolstern und
wahrscheinlich auch die Federnpolster von ihnen.

Auch als die Kelten wie andere Völker sich Tische
und Bänke schufen, erhoben sich diese nicht weit
über die Erde[4] — hat man doch schon vermutet,
daß Tisch und Schüssel zusammenfiel — und er=
reichten nur bei Reicheren eine ansehnlichere Ge=
stalt.   Als eine volkstümlich keltische Sitte erschien
auch zur Zeit des hl. Martin der Gebrauch von
Dreifüßen zum Sitzen[5].   Ihre Tische, Bänke,
Truhen füllten Reiche mit broncenen, silbernen
und golbenen Gefäßen, bedeckten sie mit kost=
baren Decken und Teppichen mit Purpursaum[6].

Eimer (Situla, Cista), von einem
gallischen Grab zu Cesto Calende
mit der Darstellung von Reitern, Vögeln.

Winkelhacken und Wandbretter nahmen Waffen,
Geräte und Spielzeug auf.   Kessel, Mantel und Harfe kennzeichnet in
Wales den Edelmann, Trog, Bohrer und Querfack den Hörigen, wozu wir
Korbgeräte hinzufügen können[7].   Den Kessel, vermutlich den Bierkessel
bekam bei Scheidungen die Frau[8].

---

[1] Rauchfänge scheinen indessen die Kelten frühe gekannt zu haben, denn das
Wort caminus ist keltisch.

[2] Cama. Camisias vocamus, quod in his dormimus in camis, id est in
stratis nostris, Isid. or. 19, 22, 39; die Ableitung ist unrichtig.   Ein Strohlager
Sulp. dial. 2, 8.

[3] Da ein Teil des Körpers freiblieb, durfte das Herbfeuer nicht ausgehen und
mancher stellte sich abwechselnd ans Feuer und legte sich wieder auf sein Lager, Girald.
desc. Camb. 1, 10.

[4] D' Arbois Littérat. 5, 89 (Fest des Bricriu 12).

[5] Sulp. Sev. dial. 2, 1; 3, 15 (20); Sid. ep. 4, 24.

[6] Culcita, tomenta Plin. 8, 73; 19, 2; Mart. 1, 160; Juv. 6, 537; Strabo 4, 4.

[7] Girald. d. C. 1, 10; Ancient laws 36, 2, 9; 213, 10, das Fest des Bricriu
in den „Irischen Texten" 2a, 197. Gabata Speisegeschirr, Mart. 7, 48; 11, 31 ist
keltisch.

[8] Jener bekam die Trinkgefäße, diese die Milchgefäße; a. l. 38.

2. Kleiber.

Wie die Römer zogen die Kelten auf den bloßen Leib ein Unter=
kleid an, das aus Leinen gewoben sich deutlich von der Wolltunika der
Römer unterschied und mehr unserem Hembe glich; auf der Seite geschlißt,
hatte es Ärmel und reichte nicht bis an die Füße, sondern nur bis über
die Hälfte des Körpers[1]. Die Füße deckten Hosen, Beinbinden, Bracken[2],
eine den Römern frembe, den Kelten und Germanen gemeinsame Tracht,
die vielleicht durch die Stythen von den Persern herüberkam; denn an
den Persern fielen schon den Griechen die Hosen auf[3]. Aber die Hosen
der Perser waren enganschließend, meist lebern, die nordischen Hosen im
allgemeinen schlaff, bauschig, sackartig[4], weshalb ein römischer Dichter die
Haut einer alten Frau vergleichen konnte mit den faltigen
Hosen eines armen Briten[5]. Oft lagen sie aber eng an
und reichten, wie es scheint, als eine Art Schenkelbinden
nicht weit über den Schenkel hinauf oder hinab, schlossen
sich oben ans Hemb, unten an eine Fußbedeckung an. Für
den Fuß genügten in der Regel Sandalen und eine Art
Pantoffel, die die Römer als etwas Neues die gallischen
hießen[6]; daher kommt die Bezeichnung Galoschen. Hemb
und Hosen bestanden meist aus Leinwand, der die nor=
dischen Völker viel mehr ergeben waren, als die südlichen,
während zu Rock und Mantel wohl die Wolle einen glatten
oder haarigen Stoff lieferte.

Röcke und Mäntel verschiedener Form zu erfinden,
gefiel sich die Phantasie der Kelten. So begegnen uns
neben der rockartigen Bigerra[7], dem Sagum und der

Telesphorus in der
Kukulle nach einer
gallischen Bronce=
figur.

---

[1] Martial spricht von palla gallica 1, 92; Belloquet erinnert an die französischen
Blousen, manchmal, meint er, seien sie wie ein Schurz getragen worden (3, 75).

[2] Bracca vielleicht von einer Wurzel, die im lateinischen subfragmen erscheint.
Daher kommt der Ausbruck Gallia braccata, und das heutige französische braie.

[3] Für diesen Zusammenhang tritt namentlich D'Arbois ein (Littérature 6,
372, Les Celtes 74.) Nur ist das Motiv nicht ganz einwandfrei, denn da er Griechen
und Kelten gleichstellt, sind ihm die Hosen etwas unbequem.

[4] Sie hießen anaxyrides, periskele, barakaka.

[5] Veteres bracae Britonis pauperis Mart. 11, 21; daher braccae laxae,
Lucan 1, 430; Ovid ·trist. 3, 10, 19; 5, 7, 49. So erscheinen die Daker, Sarmaten,
Germanen auf der Trajansfäule.

[6] ·Gallicae caligae, Gell. 13, 21; unterschieden in bisoles, monsoles, cursoriae
(das Paar kostete nach Diokletian 80, 50, 60 Denar).

[7] Der hl. Martin trug ein bigerra (tunica) unter dem amphimallum; Sulp.
Sev. dial. 2, 1.

dicken Läna[1], einem an der Schulter gehefteten breiten viereckigen Tuch, verschiedene Mäntel, der Reno, der vorn geheftet nur den Rücken und die Schultern bedeckte, die Kukulle mit Kapuze, die über den Kopf ging, wie die Hosen manchmal über den Fuß, der Pelzmantel, die Mastruca[2]. Die Hallstattsitulen zeigen die mannigfachsten, auffallendsten Trachten, die uns viel moderner anmuten, als die römischen Kleider (S. 88, 108). Das Rauhe, Umschließende, Grellfarbige dieser Kleider gefiel sogar den Römern so, daß sie sich selbst damit kleideten[3].

Die keltische Vorliebe für das Bunt- und Grellfarbige, das Malerische können wir nicht nur an Kleidern, sondern auch an Tonarbeiten beobachten. Am meisten liebten die Kelten das Rot, wie alle Indoeuropäer, auch die Germanen und Römer, bei denen die Vornehmen ihre Mäntel mit Rot schmückten.

Situla von Moritzing (Bozen). Die Männer tragen enge gemusterte Röcke und Topfhüte.

Nur die Veneter, ein eigenartiger Volksstamm, scheinen Blau bevorzugt zu haben[4]. Ihre Kleider noch mehr herauszuheben, versahen sie sie mit den buntesten Mustern, mit Streifen, Bändern, Rauten, Würfeln, Mäandern, Verschlingungen, verzierten sie mit Gold-, Seide- und Purpurfäden, mit Zeichnungen, die uns an ihren Tongefäßen begegnen und die wohl auch ihr Haus zierten. In den buntesten Trachten gefielen sich namentlich die Vornehmen: gelbe Kleider mit grüner oder roter Seide, rote Kleider mit gelber Seide gestickt, weiße Mäntel mit schwarzem Rande, grüne Mäntel mit Goldagraffe an der rechten Schulter festgehalten, verschiedenfarbige Socken deckten die Helden an Arturs Hof[5].

Wo es nur ging, hängten sie Goldschmuck an; unerläßlich schien

---

[1] Laina, linna; Isid. 19, 23.

[2] Die lacerna, endromis, caracalla, bardocucullus, der bardaicus, birrus villosus; cucullus eine Hülle, ein Arbeits- später ein Mönchskleid (Col. 1, 8; Sid. ep. 7,16), gausapa; endlich die racana, sabana; ein britisches Gewebe hieß guanacum.

[3] Pingues lacernas munimenta togae, duri crassique coloris (dazu schol. Albidi cadurci, Veneti cadurci) et male percussas textoris pectine Galli accipimus, Juven. 9, 28; 7, 221; 3, 170; 6, 118; Mart. 14, 129. Roma fuscis vestitur, Gallia rufis; Plin. 8, 74. Virgatis lucent sagulis, Verg. Aen. 8, 660; bracae virgatae, Prop. 5, 10, 43; Tac. h. 2, 20; Sil. 4, 155; Liv. 7, 10.

[4] Color Venetus; eine ätzende Erde, vielleicht Vitriol hieß lutum venetum; Mart. 3, 74; Isid. 20, 17.

[5] Vgl. den Traum Rhonabys, D' Arbois Littérature 3, 291; Fest des Bricriu in Irische Texte 2a, 192.

ihnen ein Halsring, der Torques[1]; um ihr Handgelenk, um Arme und
Füße wanden sich kostbare Spangen, Viriä[2], aus Silber und Gold; an
ihrem Mittelfinger glänzte ein Goldring; da ihnen aber ein Ring nicht
genügte, ließen sie den Mittelfinger frei und
belasteten alle übrigen Finger[3]. An ihrer
Stirn blitzten Mondhörner; um ihre Hüften
liefen silberne und goldene Gurten und ihre
Brust deckten goldene Harnische[4], und goldene
Waffen trugen sie[5]. Ihre mannshohen Schilde
bemalten und zierten sie wie ihre Helme mit
Tiergestalten in erhabener Arbeit, mit Hör=
nern, Vogelköpfen, Fischen[6].

Armgewinde.

Je weiter nach Norden, desto lieber kämpften sie nackt, nur mit einem
Schilde versehen, mit Spangen an ihren Armen und Füßen, Kränzen auf
dem Haupt, die Briten mit Eisenringen um Hals und Hüften.[7] Ihren

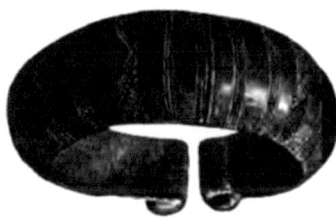

Offener Armring.

Körper haben Briten wie Pikten grün,
blau, rot angestrichen oder mit allerlei
Figuren namentlich Tiergestalten bemalt,
um fürchterlicher auszusehen.[8] Die
Nacktheit stach besonders ins Auge, wenn
die Kelten, wie es einmal in einer pu=
nischen Schlacht geschah, neben Iberern
kämpften, deren lange Linnenröcke ein

---

[1] Vgl. darüber Schaaffhausen in der Festschrift des Altertumsvereins f. Rhein-
land 1891 S. 76.

[2] Viriae ein eigentümliches keltisches Wort für brachialia, armillae; Plin.
33, 12; Isid. 19, 30; Amb. Abr. 1, 9, 89.

[3] Plin. 33, 24.

[4] Als hausse-cols, lunulae, irisch mind, vielleicht = Diademe, Rev. celt 1900, 75,

[5] Flor. 3, 3; Ael. v. h. 12, 23; Liv. 7, 10; Gell. 9, 11; Plut. Marcell. 7;
Caes. 27; Silius Ital. 4, 156; Plin. 34, 48; pictoque Britannia curru, Prop. 5, 3, 9.

[6] Diod. 5, 30.

[7] Torquatus wurde der Römer genannt, der einem Gallier seine Halskette ab-
nahm, s. S. 89, Quint. 6, 3; Liv. 7, 10; Gell. 9, 11, 13.

[8] Und zwar mit Waid blau und grün. Nicht bloß um die Figuren zu zeigen,
sondern auch weil sie glaubten, die Kleider halten die Wärme auf, sollen sie sich ihrer
enthalten haben, was insofern richtig ist, als leichte Kleider schlechter gegen die Kälte
schützen, als vollständige Nacktheit; Dio 76, 14; App. b. g. 8; Herod. 3, 14; Caes.
b. g. 5, 14; Ovid. amor. 2, 16, 39; Plin. 22, 2; Mela 3, 6; Dionys. 14, 13;
Polyb. 12, 28; Mapes Camb. ep. 93; Ammian 15, 12; Tac. hist. 1, 69; Gild. de
exc. Brit. 14.

Purpurſaum zierte[1]. Bei den Briten[2] ſtellten auch die Weiber bei religiöſen Feſten ihre bemalten Leiber zur Schau. Die Tätowierung hatte bei einfachen Völkern eine höhere Bedeutung, die Bedeutung eines heralbiſchen Zeichens, Erkennungszeichen. Deshalb tragen noch heute im Norden Seefahrer auf ihrer Haut eingemalte Zeichen[3].

Gekerbter Armring
(Hallſtatt).

Wie an den Kleidern liebten ſie an den Haaren Rot und ſuchten die Farbe, die ihnen der Rötel lieferte, noch durch künſtliche Mittel, durch Salbung mit Kalkwaſſer zu erhöhen. Die Frauen, in Toilette= künſten geübt, wuſchen ihr Geſicht mit Bier oder Bierſchaum, ſchminkten ſich mit Kreide und Kalk, legten auf ihre Wangen Zinnober,[4] auf ihre Brauen Ruß, ſtrichen ihre Wangen rot, ſeltener blau an und putzten eifrig ihre Zähne[5]. Zu ſalben, ſchminken, färben, bereitete den Frauen und Männern eine Luſt[6]. Wie ſie es überhaupt liebten, verſchiedene Stoffe und Formen zu verbinden, ſo miſchten ſie Salben und Wohlgerüche[7], erfanden eine Seife aus Aſche und Talg[8], auf die wohl ein römiſcher Dichter anſpielt, wenn er Mattiakiſche Kugeln und Chattiſchen Schaum erwähnt[9]. Die Seife Sapo brauchten ſie

---

[1] Polyb. 3, 114; Liv. 22, 46; Strabo 3, 5.

[2] Der Name Briten wird abgeleitet von briz bemalt, Pikten und Skoten hängen vielleicht zuſammen mit pingere, scindere; picti Britanni ſagt Martial (14, 99, 1) vgl. Iſid. 9, 23; Sol. 22. Indeſſen wird Briten auch erklärt von brith, brethyn Kleid: dann wären die Briten bei ihrer Einwanderung im Gegenſatz zu den nackten Urbewohnern die bekleideten Männer genannt worden, während die Pikten und Skoten als bemalt unterſchieden wurden, ſo Rhys 204, 236; Nicholſon erklärt Pikten ähnlich aus peik tätowieren. Guest, Origines Celt. II, 3 leitet mit Owen Pughe Pikten ab von peith Offenland und deutet ſie als Späher, Räuber. Nach Stokes liegt die Wurzel quick, bei Scoti die Wurzel skot Schatz zu Grunde.

[3] Solin 22. Iſidor unterſcheidet die cirri Germanorum, grana et cinnaba Gothorum, stigmata Britonum (19, 23). Plinius fügt Daker, Sarmaten u. a. bei (6, 4, 35; 22, 2). Über die Tätowierung der Thrakerinnen M. Müller, Aſien und Europa 384.

[4] Minium Mennig ſcheint auf eine indogermaniſche Wurzel zurückzugehen; Herod 4, 191; 7, 69.

[5] Mittelſt Haſelnußgrün und Wollentüchern, Rhys 252.

[6] Plin. 22, 82.

[7] So gewannen ſie aus der valeriana celtica die ſogenannte galliſche Narbe; Plin. 13, 2; 21, 79; 27, 28; Belloguet III, 480.

[8] Eine Seife im ſtrengen Sinne war es wohl nicht, ſondern eine Salbe (Plin. 28, 51). Nach anderen (Galenus) benützte man zu Fett Lauge und Kalk. Einen negotiator artis saponariae erwähnt C. J. L. 13, 2030; vgl. Hofmann Archiv f. Geſch. der Medizin 8, 209.

[9] Mattiaca pila, caustica spuma; Mart. 14, 26, 27; 9, 33.

zum Putzen und Wäschen; sie verschmähten selbst die wüstesten Stoffe nicht, wenn sie nur glaubten, ihre Schönheit zu erhöhen[1].

Ihre Haare ließen sie lang wachsen, borstig emporragen (reburri) oder frei wallen wie Roßmähnen und flochten sie gerne zu einem Schopf über ihrem Haupte, während andere es kurz schnitten[2]. Sie glichen den Furien, den Satyrn und Pans nach der Ansicht der Alten. Sie haben eher ihren Kopf mit Haaren, als ihre Blöße verhüllt, meint ein späterer Mönch; unter ihren zusammengewachsenen Braunen rollten sie ihre Augen fürchterlich[3]. Einen kurzen oder langen Schnauzbart hielt ein wackerer Mann für unentbehrlich: der eine ließ ihn zum Backenbart erweitern, andere schoren ihn und ließen nur einen Knebelbart herabhängen. Wegen ihrer Bärte, meint ein Alter, konnten sie kaum essen und trinken und der Trank floß ihnen durch das Haar wie durch ein Sieb[4]. Ihren Kopf trugen sie meist bloß wie ihre Füße gleich den meisten alten Völkern; doch kannten sie

Gerippte Spiralenspange.

auch schon Kapuzen und Hüte, darunter die Tocca. Breitkrempige Hüte, eine Art Jesuitenhüte begegnen uns neben Zipfelkappen, Phrygiermützen und Tellermützen auf den Hallstattsitulen (S. 78, 82, 84).

3. Speisen.

Wie man es von einem Hirtenvolk erwarten kann, bestand ihre Speise hauptsächlich aus Viehprodukten: Fleisch, Milch, Butter[5]. Unmittelbar am Herde, am Rost und Kessel verzehrten sie große Fleischstücke, mit ihren scharfen Zähnen alles zermalmend. Gleich den Löwen, sagt ein Alter, heben sie ganze Gliedmaßen mit beiden Händen empor und beißen

---

[1] Eine häßliche Sitte berichtet Diodor von den Keltiberern, die auch sonst als unreinlich gehalten: unum tamen quiddam sordidum et spurcitiae non mediocris plenum ab eis committitur; urina enim totum corpus perlunt et aeque dentes etiam fricant; quae corporis illis ratio curandi non frivola habetur (5, 33) vgl. 5, 28; Catull. ep. 37; O' Curry Manners 3, 108,

[2] Oft mit künstlicher Glatze, daher reburritio; von der Behaarung erhielt die Gallia comata ihren Namen; einige Gallier hießen capillati; Britanni ... capillo sunt promisso atque omni parte corporis rasa praeter caput et labrum superius; Caes. 5, 14; Plin. 3, 7, 24; Liv. 21, 32; App. b. gall. 8.

[3] Gildas exc. Brit. 14, 15; Strabo 3, 5.

[4] Diod. 5, 28.

[5] Statt Gallier, sagt Clemens von Alexandrien, Leute, deren Gewand die Läna (Chlaina) und deren Speise Milch und Käse ist (Str. 1, 16).

davon ab; wenn aber ein Stück schwer abzubeißen ist, so schneiden sie es mit einem kleinen Messer ab, das in einem besonderen Behälter in einer Scheide dabei liegt[1]. Während die Indogermanen Fleisch nur brieten und auch lange des Salzzusatzes entbehrten, verstanden es die Kelten — vielleicht die Erfinder des Salzbergbaues — es auch zu kochen, und verwandten zur Bereitung von Fleisch und Fischen außer Salz verschiedene Zusätze, Butter und Fett, Essig und Kümmel[2]. Vermittelst Salzens, Einpökelns und Räucherns gelang es ihnen, den Fleischüberfluß zu meistern,

Bronceeimer von der Certofa bei Bologna. Im obersten Streifen bewegt sich ein Kriegerzug, zuerst zwei Berittene mit Topfhelmen und geschulterten Balstäben, darauf fünf Fußgänger mit ovalen Schilden und Kegelhelmen auf dem Haupte, dann acht Krieger mit runden Schilden und Helmen, über die, wie bei den griechischen, ein Raupenkamm läuft, endlich vier Soldaten in gemusterten Leibröcken, Balstäbe schulternd. In der zweiten Reihe schreiten vierzehn Männer in langen Gewändern mit breitkrempigen Hüten, dazwischen zweimal drei Frauen Opfergeräte und Opferladen auf dem Haupte tragend, zu einer Opferfeier. Die Männer tragen zum Teil Gefäße, einer ein Opferschwert und führen ein Rind und einen Widder zum Schlachten. Den Schluß bildet ein Hund. Auf der dritten Zone treibt ein Bauer die Ochsen zum Pflügen aus und trägt auf der Schulter einen Hackpflug; rechts stellt ein Bauer einem Hasen mit einer Art Schleuder nach, andere tragen getötetes Wild auf Stangen heim, daneben läuft ein Hund. In der Mitte ist ein fröhliches Mahl mit Mimikern und Spielleuten. In der untersten Reihe folgen auf ein Reh reißende Tiere, geflügelte Löwen.

der sich zur Schlachtzeit im Herbste ansammelte[3]. Solche Fortschritte machten sie darin, daß die Römer sich von ihnen Pökelfleisch und Selchwaren liefern ließen.

---

[1] Athen. 4, 13 (36).

[2] Dionys. 13, 16 nennt den Butter eine Art Schweinefett.

[3] Da die Römer von ihnen den Ausdruck omasum, Kuttelfleck, entlehnten, müssen sie auch diese Speise erfunden haben.

Das lateinische Wort halec, allec, eine Fischlake, das später Hering bedeutet, weist auf die Kelten hin. Da viele Fischarten der Römer keltische Namen tragen, müssen sie sogar in dieser Richtung von ihnen gelernt haben; ich erinnere an die Forelle[1], den Salm u. a.[2]. Abwechslung brachte Käsequark und Butter, Brei und Brot, letzteres noch ungesäuert. Aber den Kelten gelang es als Erfindern des Bieres zugleich, die Bierhefe zu entdecken und dadurch das Brot schmackhafter zu gestalten, weshalb das Wort Brot in seiner Wurzel zusammenhängt mit Brauen, Bier, Bärme, Hefe[3]. Ihr Mehl reinigten sie durch das von ihnen erfundene Haarsieb[4]. Selbst den Römern mundete ihr Brot besser als ihr eigenes, wie sie auch am Rhein die Vermischung des Mehles mit Butter kennen lernten[5].

Je weiter nach Süden, desto schwächer war die Fleischnahrung, desto mehr überwog die Pflanzennahrung. Gleich den italischen lebten auch die spanischen Kelten unter einfachen Verhältnissen fast nur von Brot, Lauch, Erbsen, Bohnen, Rüben[6]. Ohne Bohnen kochen die Pokelten nichts, sagt Plinius[7]. Im Norden verschmähten sie so schwache Kost, und ein Grieche sagt allgemein, die Kelten genießen wenig Brot; doch fiel es auch hier den Alten auf, daß die Briten Hasen, Hühner, Gänse nur des Vergnügens willen züchteten und es für unerlaubt hielten, sie zu genießen; ebenso verschmähten sie die Fische, die übrigens vielen Völkern unheimlich sind[8]; endlich heben die Alten es als seltsam hervor, daß sie aus ihrer vielen Milch, keine Käse, richtig verstanden keinen feinen Käse bereiteten, wie es die Südländer verstanden[9].

Was am meisten auffiel war, daß die Kelten namentlich die britischen alle Gerichte zugleich zusammen in Schüsseln und Körben, im Nordischen sagte man in Trögen, auftrugen[10], und daß alle aus derselben Schüssel aßen und aus dem gleichen Horne tranken, das Knaben oder Mädchen im Kreise

---

[1] Salar, fario, tructa.

[2] Silurus, sparulus, esox, tinca. Auch das Kaninchen (laurix) gehört hieher.

[3] Plin. 18, 12 (68); Schrader R. L. 113.

[4] Plin. 18, 28; cribrum ist sprachlich verwandt mit criathar Sieb (S. 105 Not. 8).

[5] Plin. 18, 27.

[6] Rev. arch. 1899 II, 143.

[7] Plin. 18, 25 (101). Borkum nannten die römischen Soldaten geradezu Fabaria (4, 27).

[8] Ebenso enthielten sich viele Völker der Taube, der Krähen, der Störche u. f. f. Das Fischverbot S. 44 Not. 1.

[9] Ebenso wie das deutsche Wort Käse stammt der Waliser Ausdruck caws aus dem lateinischen Rhys, Celtic Britain 54.

[10] Unde coenantibus non bis, ut alibi sed ternis scirpis et herbae nitidae scultellis etiam latis et amplis fercula cuncta simul apponunt. Girald d. C. 1, 10.

herumtrugen, und es niemand störte, wenn sich ihre langen Barthaare in Speise und Trank verflochten. Korb und Horn verlangte der Vater einer Braut zur Hochzeitsgabe. Ohne daß der Becher kreiste, konnte man sich kein Mahl vorstellen; „das Messer im Fleisch, das Getränke im Horn" bedeutete soviel wie Mahl.

Als Getränke genossen die Kelten gleich anderen Indogermanen Milch und Met, strebten aber als erfindungsreiche Männer weit darüber hinaus

Bronceeimer von Watsch in Tirol. Oben werden zwei Pferde von zwei Knechten geführt, es folgen zwei Reiter auf ungesattelten Rossen, dann zwei zweirädrige Wagen, je mit einem Rosse bespannt, vorn sitzt jedesmal ein Wagenlenker und hinten steht auf dem einen der Mann, auf dem andern die zugehörige Frau, erkenntlich durch ihren Busen. Der vordere Wagen ist ein leicht gebauter Streitwagen, der hintere eine Art Plattenwagen, ähnlich dem S. 106 abgebildeten. In der zweiten Reihe schmausen die Männer bedient von Frauen und Knechten. Vorn besorgen zwei Männer die Mischung des Trankes und einer kostet die Flüssigkeit. Einer der Sitzenden bläst die Syrinx, dann folgt ein Faustkampf, ähnlich dem der Situla von Arnoaldi. Warum die zwei folgenden Männer zusammengebunden sind, ähnlich wie die obigen Pferdelenker, entzieht sich unserer Kenntnis. Endlich folgen verschiedene Tiere, eines davon hält im Rachen einen Menschenschenkel und wird dadurch als reißendes Tier charakterisiert; die anderen kennzeichnen Blätter im Munde als Pflanzenfresser.

und mischten alle möglichen Stoffe, gelangten so nicht nur zum Gersten=, sondern auch zu einer Art Bohnensaft. Wenn sie auch den Gerstensaft nicht erfanden, so haben sie ihn wenigstens verbessert und verbreitet — welches bierliebende Herz sollte ihnen nicht entgegen schlagen! Wohl kannten auch andere Völker den Gerstensaft, die Ägypter, Pannonier[1], aber wie schlecht mag dieser Trank gemundet haben, da Hopfen und Malz unbekannt

---

[1] Bei den Pannoniern hieß das Bier sabajum; Dio 49, 36; Hier. Is. 7, 19; Ammian 26, 8; vielleicht verwandt mit Sabos-Dionysos oder sapa eingemachter Most oder mit hebräisch saba trinken. Die Griechen nannten es zythos ob nach einem ägyptischen Wort steht nicht fest, die Kelten camum. Andere Wörter sind pinon griechisch; piru slavisch; cerea, celia spanisch, lind irisch, curmi britisch; Flor. 2, 18; Oros. 5, 7; Isid. 20, 5; Dig. 33, 6, 9.

war und in dem Saft die Gerstenkörner herumschwammen, so daß man
ihn nur vermittelst Röhren trinken konnte. Daher fügte man dem Trank
wohl Honig bei, so daß er ein Mittelding zwischen Met und Bier darstellt,
oder bittere Kräuter, Schafgarbe, Eichenrinde, Fichtensprossen[1]. Nun erfanden
die Kelten das Malz, wie ihr Wort brace beweist, das als bracium ins
Mittellatein überging, wovon französisch brasser, brauen abgeleitet ist[2].
Doch blieb es immer noch süßlich oder bitter, da der Hopfen erst zu Beginn des Mittelalters sich verbreitete[3], und daher mag es kommen, daß
in manchen Sprachen dasselbe Wort Bitter, Alaun, Bier, Ale bedeutet[4].
Obwohl die Römer auch Bier zu trinken sich gewöhnten[5], spotteten sie doch
gelegentlich darüber. Es sei ein übelriechender Saft; hören wir, gebraut
aus der im Wasser verfaulten Gerste. Julian schalt das Bier Bockwein.
Während der Wein, sagt er, nach Nektar duftet, riecht das Bier nach dem
Bocke; die Kelten, denen die Rebe versagt, brauen es aus dem Halm, Scheuer-
nicht Feuersohn, Erdkind, nicht Kind des Himmels, nur für das Füttern
gemacht, nicht für den lieblichen Trank[6]. Trotzdem berauschte sich Hoch
und Nieder daran und mit Begierde ergriffen die Germanen das neue Getränke — ob sie es unmittelbar von den Kelten oder durch römische Vermittlung kennen lernten, steht nicht fest[7] — und erwählten es zu ihrem
Lieblingssaft. Als die Kelten Wein kennen lernten, tranken sie ihn unge-
mischt wie Bier hinein. Wein ist besser als Bier, Met und Most, sangen
noch später die Bretonen zum Schwertertanz[8]. Wein bezogen die Reichen

---

[1] Über berauschende Mischungen s. Polyaen. strat. 7, 42.

[2] Dieses Bier nannten sie camum, camba, cervesia, Dionys. 13, 11; Plin.
14, 29; 22, 82; Dig. 33, 6, 9; Boll. Feb. I, 119, 120; vita Columb. 26; Mab. a.
s. 2, 13; Embrecton ist das Eingetauchte.

[3] Er kam von den Turaniern vermittelt durch Slaven nach Europa. Im
Kaukasus gibt es Völker, Offeten und Chewsuren, die noch heute bei Kirchen nationale Bierfeste feiern; bei den Finnen finden sich uralte Lieder, die die Bierbereitung
mit Hopfenzusatz feiern (Robert, Dorpater Studien 5, 152). Daß die Slaven den
Hopfen erfunden haben sollen, schließt man schon daraus, daß ihr Wort chmel sich
bei Finnen und Ungarn wiederfindet; auch das französische houblon und das italienische
lupolo hängt damit zusammen. Indes können die Slaven das Wort auch von den
Finnen entlehnt haben.

[4] Außer Ale das slavische kwas. Ale bedeutet vielleicht das ungehopfte Bier,
beer das gehopfte.

[5] Eine römische Inschrift auf einer tönernen Bierflasche besagt auf der einen
Seite ospita reple lagena cervesa auf der Rückseite tu abu, est repleda.

[6] Dionys. 13, 16; Anth. palat 9, 368.

[7] Ale und Bier leiten viele von oleum und bibere ab.

[8] Villemarqué 1, 15.

schon frühe von Italien und Marseille, aber das niedere Volk blieb dem nationalen Trunke treu[1]. Ihre Trunksucht, die nach den Worten einer Alten ihre zarten Leiber auftrieb und verweichlichte, trug viel dazu bei, daß die Römer sie überwanden[2].

---

[1] Athen. 4, 13; Diod. 5, 26.
[2] App. b. g. 7; Polyb. 2, 19; 11, 3; Liv. 5, 44; Eustath. in Dion. Perieg. 561 (ed. Par. 1547, p. 94); Plin. 12, 2; 14. 29.

VII.

Waffen und Kampfart der Kelten.

Wie die Germanen ragten die Kelten durch Kriegstüchtigkeit hervor, worauf schon ihr Name Kelten, Gallier hinweist, Worte, die beide Krieger, Feinde bedeuten[1]. Sie haben lange den Römern Schrecken eingeflößt und sie nahezu vernichtet[2]. Als Jäger und Hirten handhabten sie mit besonderer Vorliebe und Kunst Schleudern[3], Bogen und Pfeile, auch vergiftete[4], Hämmer und Äxte[5] und verschiedene Arten von Wurfspießen, lange und kurze, breite und schmale, manche mehr dem Pfeile, andere dem Schwerte gleich. Beil und Celt fügten sie wagrecht und senkrecht an einen Stiel zu Streitäxten, Schwertstäben, Palstäben, die wohl in der von den Römern oft erwähnten Mataris, vielleicht auch in der germanischen Frame vorliegen, schufen sich verschiedene Wurfspieße mit und ohne Widerhaken, scheibenförmige und gezackte, eine Art Dreizack und Fünfzack[6], einfache

---

[1] Die Berichte über die Heerzüge unter Brennus sollen ebenso wie der über den Zug nach Delphi (278) in den Einzelheiten der Geschichte der Persereinfälle nachgebildet worden sein; so Mucke, Vom Euphrat zur Tiber 107. Über einen inschriftlich bezeugten Einfall in Makedonien im Jahr 117 s. Rev. arch. 1875 I, 11.

[2] Celta verwandt mit hild Kampf oder celsus erhaben; Galli die Tapfern (gala Tapferkeit) oder Ausländer, verwandt mit garrulus, Galata mit quälen, galanas Mord. Celtae sunt indociles, fortes, feri; An. physiog. bei Holder, 1, 943.

[3] Der Sagenheld Cuchulain tötete mit Schleudern Vögel und Menschen, warf mit Steinen nach der Kriegsgöttin Morrigu und überschüttete damit ein ganzes Heer, daß niemand mehr den Kopf zu erheben wagte.

[4] Mit helleborus und limeum Plin. 25, 25 (61); 27, 76 (101). An ausgegrabenen Pfeilen hat man denn auch ein seitliches Tüllenloch gefunden, das wohl Giftpillen aufnahm, vgl. Irische Texte 4a, 239.

[5] Ordovices (ein Volksstamm) bedeutete Hammerkämpfer. Den Hammer führt ihr Gewittergott Taranos.

[6] Norditalisch heißt marel Pfahl, Knüttel; ebenso das altfranzösische matras.

Lanzen[1] und Speere (Spare) — beides sind keltische Worte — endlich die seltsamen Saunien, Gäsen, Gaisen[2]. Zum Werfen der Spieße, namentlich des Tragulum, benützten sie Schleudern, Schlingen, Lazos, das amentum; aber auch ohne diese Mittel verstand ein geschickter Krieger den Speer, die Cateia so zu werfen, daß sie in die Hand des Schützen zurückprallte[3]. Weniger Gewicht legten sie auf den Schwertkampf, ausgenommen die Kel=tiberer, von denen die Römer das uralte zweischneidige Kurzschwert ent=lehnten[4]. Im Allgemeinen behielten die Kelten wie die Germanen das Langschwert bei, Schwerter ohne Spitzen, Spaten aus Bronce oder Eisen

Gürtelblech von Watsch. Kampf zweier Reiter, von denen jeden ein Schildträger begleitet. Die Kämpfer tragen einen kurzen Leibrock, als Waffen teils Wurfspieße, teils Palstäbe und zum Schutze des Hauptes Topfhelme und Raupen= oder Federbusch=helme mit langen Quasten. Der eine der Reiter entbehrt des Helmes, sein Haar wallt lange herab. Zwei Wurfspieße sind schon abgeschossen und fliegen in der Luft. An den Palstäben erscheinen die Celte beilartig befestigt, was gegen einen hauenartigen Gebrauch spricht (S. 49). Die Figur rechts mit dem zweigehörnten Hut und dem langen Rock scheint nur zur Raumausfüllung hinzugefügt zu sein.

oder vorn aus Eisen, rückwärts aus Bronce gebildet, vielfach künstlerisch gestaltet und verziert. Damit hieben sie gleich Holzhauern ein, so daß sie oft mitten im Kampfe sich abstumpften und bogen, daß man sie mit dem Fuße wieder gerade treten mußte, weshalb manche zwei Schwerter in die Schlacht nahmen. Wenn der Feind es verstand wie der Römer Manlius im Zweikampf dem langen Schwerte geschickt auszuweichen, so bot sich ihm wohl die wehrlose Brust: so traf Manlius mit seinem Kurzschwert seinen

---

[1] Tairltecha (in Irische Texte 2a, 15) rotspitzige, gewaltig scharfe, wie es heißt; fünfzinkige Speere tragen Mane und sein Begleiter (a. O. 3, 465).

[2] Lancea verwandt mit lecin loslassen; sparus agrestis, telum agreste, Holder II, 1624.

[3] Die Cateia hat man schon dem Bumerang verglichen; Isid. 18, 7; Diod. 5, 32, 33. Rev. arch. 1884 I, 103.

[4] Polyb. 2, 33; 1, 14; Hispanus punctim magis quam caesim adsuetus petere hostem, Liv. 22, 46; 38, 17; Diod. 5, 30; auch krumme Schwerter Gleifs kannten die Kelten, so daß Gleif auch den Sinn von Sicheln hatte, ähnlich das fiar-lann der Iren, O' Curry, Manners 2, 241; D' Arbois Littérature 3, 191, 6, 378.

übermütigen Gegner tötlich, beraubte ihn seiner Halskette, legte sie sich an und hieß fortan Torquatus[1]. Indessen lernbegierig und empfänglich für Fortschritte, wie sie waren, verbesserten sie bald ihre Schwerter, und sie und die Germanen leisteten so Gutes damit, daß selbst die Römer es sich aneigneten[2]. Wiederholt sich doch auch sonst die Erscheinung, daß fortgeschrittene Völker sich die Waffen niederstehender aneignen, weil die Kampflage auf ähnliche Waffen hindrängt. So vertauschten im Mittelalter manchmal die Völker ihre Schwerter und Speere gegen Streitäxte und Pfeile und sanken damit auf frühere Stufen zurück. In einer irischen Schlachtschilderung heißt es: da bohrten sich Pfeile, stark und festgefügt,

Hallstattschwert mit Schwertscheide. Der Griffdorn endet oben in zwei Vogelvorderteile. Zwischen je zwei Männern am Haspel, die S. 108 in größerer Ausführung folgen, bewegen sich Fußgänger und Reiter. Zu beachten sind die gemusterten Hosen und Leibröcke. Am Ende hat ein Kämpfer den andern zu Boden geworfen.

in die Leiber vornehmer Scharen. Da versäeten sie Speere, harte Todesboten, in die Körper adeliger Männer. Da waren Schwerter mit goldenen Heften und eingelegten Schneiden ihrer glatten kunstvollen Scheiden entblößt[3].

In ihrer Tollkühnheit verschmähten die Kelten wie die Germanen Schutzwaffen, nur daß sie sich hinter einen hohen eckigen Holzschild deckten. Sonst fochten sie, wie gesagt, wohl völlig nackt, und das hat, wie Polybius meint, zu ihrer Niederlage beigetragen[4]. Wenn die roten Wunden auf ihren weißen Körpern recht leuchteten, entflammte das ihre Wut noch mehr. Noch im tiefen Mittelalter traten die Iren den normanischen Rittern, die von Eisen starrten, beinahe nackt entgegen, wußten aber ihre Streitäxte und Speere doch gewandt zu handhaben[5]. Sie trugen, berichtet ein

---

[1] Dionys. 14, 17; f. S. 79.

[2] Die keltische machaira, ensis Noricus (S. 73 N. 4); Hor. c. 1, 16. Der römische Namen gladius ist mindestens verwandt mit dem keltischen cladebo.

[3] Irische Texte 2 b, 11.

[4] 2, 30; Liv. 38, 21.

[5] Nudi et inermes ad bella procedunt; habent enim arma pro onere, inermes vero dimicare pro audacia reputant et honore. Tribus tantum utuntur armorum generibus; lanceis non longis, et jaculis binis, securibus quoque amplis, fabrili diligentia optime chalibatis, quas a Norwagiensibus et Ostmannis sunt mutuati. Una tantum manu, et non ambabus in securi percutiunt pollice desuper manubrium in longum extenso ictumque regente, a quo nec galea

Schriftsteller, immer ein Beil bei sich und verübten überall Unfug[1]. Frei=
lich haben auch hierin die meisten Kelten bald Fortschritte gemacht; sie
schufen sich Schutzwaffen, die nicht nur nützlich, sondern auch schön und

zierlich waren, deckten ihre Brust mit Leder=
brünnen[2] und mit Harnischen — das Wort
Harnisch, Brünne, stammt von den Kelten —
mit Bronce= und Eisenharnischen, ja mit golbenen
Panzern[3] — sollen sie doch gar Kettenpanzer
erfunden haben — endlich ihr Haupt mit kunst=
vollen Helmen[4]. Wie die eingefügten Bilder (S. 82,
88, 95) zeigen, hatten ihre Helme und Schilde
die verschiedensten Formen. Ihre großen Holz=
schilde nannten die Griechen Türen, Thyreoi.

So geschmückt, außer den reichlichen Waffen
faст kleiderlos, traten die keltischen Helden gerne
zum Einzelkampf vor, wie die Römer erzählten.
Auf Streitwagen oder zu Pferde sprengten sie

Kegelhelm (Pickelhaube) von
Berru mit orientalischen Orna=
menten; vgl. die Situla von
Bologna S. 82.

in die Schlacht und liebten es hier verschiedene Waffengattungen zu mischen,
Bogenschützen, Reiter, Schlachtwagen unter das Fußvolk zu stellen[5], ihre
Hunde mitzunehmen oder Reiter mit Fußvolk als Parabaten zu umkleiden.
Zu Roß leisteten sie mehr als zu Fuß, sagt ein Alter[6]. Gewandter als
irgend ein Volk führten sie ihre Streitwagen ins Feld, schoben sie zwischen
die Lücken der Fußkämpfer und zogen sie zurück, die Kämpfer sprangen

caput in conum erecta, nec reliquum corpus ferrea loricae tricatura tuetur;
unde et in nostris contigit temporibus totam militis coxam, ferro utrimque fideliter
vestitam, uno securis ictu praecisam· fuisse, Giraldus togog. Hib. 3, 10.

[1] Girald. exp. Hib. 1, 21; t. H. 3, 21.

[2] Crupellarii hießen panzertragende Gladiatoren, Tac. a. 3, 43; Diod. 5, 30.

[3] Brünne, verwandt mit Brust, Harnisch mit iarn, isarn eisern. Panzer
kommt wohl von den lateinischen pantex Wanst und ging in die romanische Sprache
und von da ins Deutsche über. Das Wort parma ist wohl keltisch. Nach Barro l. l.
5, 24 lernten die Römer Eisenpanzer erst von den Galliern kennen.

[4] Die gallischen Fechter, Murmillonen, Mirmillonen genannt von murmurare
dem dumpfen Ton, den die Stimme im Helm annimmt, oder von einem Fisch am
Helm mormyr: daher der Spottvers ihrer Gegner der Retiarier: non te peto, piscem
peto, quid me fugis Galle. Festi exc. Pauli 396 (Holder I, 1729); über einen Helm
mit Raben s. Liv. 7, 26; Dionys. 15, 2. Die Anbabaten fochten mit geschlossenen
Visieren, Hier. adv. Helv. 5; c. Jov. 1, 36.

[5] So schildert Properz einen Kampf genus hic Rheno jactabat ab ipso
nobilis e tectis fundere gaesa, rotis. Illi virgatas maculanti sanguine bracas,
torquis ab incisa decidit unca gula; 5, 10, 41.

[6] Strabo 4, 4.

über die Deichsel auf das Joch, fochten dort stehend und verschwanden plötzlich wieder[1]. Ähnlich wie wir es sonst nur noch im Orient hören, versahen sie die Schlachtwagen mit Hacken, Spitzen, Schneiden, Sicheln, und obwohl dieser Gebrauch nicht allgemein und lange bestanden haben muß, erzählt noch die spätere irische Sage von einem Streitwagen, dessen Korb und Achsen Spitzen und Schneiden trugen[2]. Rot, heißt es hier, glänzte der Wagen des Helden, rot sein Wagenkissen, denn mit seinem Gespanne sauste er über die Wunden gefallener Feinde dahin[3]. Den vornehmen Reiter unterstützte sein Schild- und Speerträger zu Roß; man hieß das Trimarkisia, Dreipferdschaft (von Mark, March, Mähre für Pferd)[4].

Gleich den Germanen stellten sie sich gerne in Keilform oder in Eberkopfordnung auf, die Familien und Gefolgschaften unter Fahnen möglichst beisammen[5]. In den Kampf mußten alle Genossen ziehen, die Waffen tragen konnten, in erster Linie die Haus-, Vieh- und Landbesitzer, dann auch Schwache, Greise und Unfreie[6]. Wer von den Genossen nicht erschien, dem drohte der Tod. Nur ungern folgten sie einem Führer und dienten nicht länger als sechs Wochen im Felde[7].

Mit fürchterlichem Geheul, ihre Waffen schwingend, die Schilde zusammenschlagend, um die Feinde zu erschrecken, stürzten sie sich in den

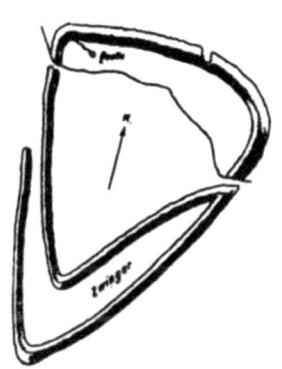

Ringwall von Otzenhausen (Reunkirchen).

Kampf unter dem Singen der Barden, dem Gebell der Hunde, dem Geschrei der Frauen: bei der Belagerung der Insel Mona sprangen die Weiber wie Furien im Trauerkleide hin und her und schwangen Fackeln, während die Druiden mit zum Himmel erhobenen Händen Verwünschungen ausstießen[8].

---

[1] Caes. 4, 33; Tac. Ag. 12; Mela 3, 3; Lucan. 1, 425.

[2] Die römischen Schriftsteller nennen covini, esseda, carri, Lucan. 1, 426; Verg. Georg 3, 204; Liv. 10, 28; Caes. 4, 33; 5, 9, 15; Diod. 5, 29. Ähnlich bei den Briten, Mela 3, 6.

[3] D' Arbois, Littérature 6, 340.

[4] Pausan. 10, 19.

[5] Caes. 7, 2; 3, 22; Tac. a. 14, 34; Girald. d. C. 1, 10; Gildas de excid Brit. 14.

[6] Caes. 5, 56, 27; Walter 144, 405.

[7] Nur zu so viel verpflichteten die Gesetze. Ancient laws 93, 7; Venedotien cod. 2, 19, 7; A. L. 592; Valroger 441.

[8] App. b. g. 12; Liv. 38, 17; Amm. 15, 12.

Wenn einer, erzählt ein Alter, unterstützt von seiner Frau, die blauäugig und mächtig stark ist, eine Balgerei anfängt, so kann ein ganzer Haufe von Ausländern nicht dagegen Stand halten, namentlich wenn das Weib knirschend mit aufgeworfenem Nacken ihre schneeigen Arme wiegt und mit Fußtritten untermischt, weitausholende Faustbiebe verteilt, so gewaltig, als wenn es Katapultenschüsse wären. Sind mehrere zusammen, so tönen ihre Stimmen furchtbar drohend, ob sie böse oder bei guter Laune sind. Auf dem Angriff, nicht auf der Verteibigung, beruhte wie bei allen Naturkindern ihre Stärke.

Vorrömische Erdbefestigung von Altkönig im Taunus.

Zum Rückzug dienten Steinburgen, Höhenstädte, die sie zur Römerzeit aufgaben, Burgen mit den schon früher geschilderten Befestigungen mit Wall und Graben[1]. Zur stärkeren Siche= rung ließ man wohl den einen Stein über den andern hervorragen oder legte Balken senkrecht zur Umfassungslinie mit Steinzwischenlagern, so daß Balkenlage und Steinlage schachbrettartig sich folgten und weder Feuer noch Sturmbock ihnen etwas anhaben konnte, wie Cäsar von gallischen Mauern sagt[2]. Wurde doch eine solche Mauer entzündet, so verglaste, verkalkte sie und manchmal mochte man absichtlich zwischengelagerte Stämme verbrennen und eine künstliche Verglasung her= beiführen, woraus die Sage von Glasburgen entstand[5]. Wenn weiches durch Feuer zerbröckeltes Gestein unter beständigem Regen litt, konnte eine breiartige Masse sich bilden. Oft legten die Kelten, wie Reste in England beweisen, Mauer hinter Mauer[4]; wenn eine fiel bot die andere Schutz und dem gegenüber mußten auch die Römer einen mehrfachen Ring von Mauern schaffen.

---

[1] Tempelburgen = nemetobriga, nemeto-durus.

[2] B. g. 7, 23. Sie ahmten die Griechen (Just. 43, 4) und die Römer nach, Caes. 5, 42; Cohausen 47.

[3] In England gehört Glastonbury hieher d. h. Glasthingburg. In Caradoci vita Gildae 14 wird das Wort als Übersetzung eines keltischen ähnlichen Wortes gedeutet. M. G. ep. 3, 388. Bei Gatacrehall scheint die Verglasung beabsichtigt ge= wesen zu sein; vgl. Nennius 7, 13 castella ex lapide et lateribus, turris vitrea; Guest Origines 2, 65. Der Schlackenwall der Martinskirche an der Jlm in Thüringen scheint auf germanischer Nachahmung zu beruhen (Ztsch. f. Ethnologie 1895 S. 571).

[4] Bar, barrum hießen sie die Gallier.

VIII.
Viehzucht und Ackerbau der Kelten.

1. Jagd und Viehzucht.

Die Gallier verstehen besser zu verwüsten, als zu bauen, sagt Cicero[1]. Doch hatten die meisten Kelten das rohe Jäger- und Hirtendasein der Urzeit überwunden, ausgenommen die Briten, Iren, Schotten, die den Römern als Halbwilde erschienen und zum Teil es bis tief ins Mittelalter hinein blieben[2]. In Wales lebten noch im zwölften Jahrhundert die Mehrzahl als Hirten, wohnten nur im Winter im Geschlechtshaus und zogen im Sommer auf die Almen. Von den Iren erzählt ein englischer Schriftsteller im zwölften Jahrhundert, daß sie den Ackerbau fast ganz vernachlässigen, daß sie, unempfänglich für eine höhere Lebensart, es für ihr höchstes Glück betrachteten, in Freiheit zu leben ohne zu arbeiten[3] und noch im sechszehnten Jahrhundert zogen Geschlechter, Clans, ohne festen Wohnsitz mit Herden umher. Ja noch in die jüngste Zeit herein dauerte die Wechselwirtschaft fort, wie der Spruch beweist: „Irland war dreimal unter dem Pfluge, dreimal Wald und dreimal wüst." Auch Kelten, die weiter vorgeschritten waren, liebten leidenschaftlich die Jagd und das Wanderleben; sie bildeten die Jagd zu einer Kunst aus, namentlich die Hetzjagd mit Hunden auf freiem Felde, wohl zu unterscheiden von der Birsch im Walde

---

[1] De rep. 3, 9 (14): Galli turpe esse ducunt frumentum manu quaerere, itaque armati alienos agros demetunt.

[2] Britanni manent, quales Galli fuerunt sagt Tacitus präcis Agr. 11. Seebohm, Dorfgemeinschaft 122.

[3] In silvis et pascuis vitam quam hactenus assueverat nec desuescere novit gens silvestris . . . . a primo pastoralis vitae vivendi modo non recedens. — Solum otio dediti, solum desidiae dati, summas reputant delicias labore carere, summas divitias libertate gaudere; Giraldus topog. Hib. 3, 10.

mit Spürhund und Pfeil[1] und erfanden für die Vogeljagd treffliche
Spieße[2]. In Irland wimmelte es noch im Mittelalter von seltsamen
Vögeln aller Art[3]. Die Kelten züchteten Hunde und Falken und feierten
zu Ehren der Hunde sogar Feste[4].

In all dem lernten die Römer gerne von den Kelten, kauften ihre
Hunde, britische Hunde wie britische Sklaven und ahmten sie in der Hetz=
jagd auf freiem Felde nach, während sie sonst ihrer ganzen Natur nach
zum Fangen in Fallen und Netzen neigten; sie hießen den Hetzhund gallischen
Hund. Andere Sondernamen der Jagdhunde, der Windhund vertragus,
der Spürhund segutius[5] erscheinen in romanischen Sprachen als veltro,
segugio. Je edler ihre Hunde aber sind, meint ein Alter, desto jämmer=
licher bellen sie. Außer den Hunden haben die Kelten vielleicht auch Falken[6],
jedenfalls aber die Katze[7] und allerlei Geflügel, Hühner und Gänse ge=
züchtet[8]. Der Hahn, das Tier ihres Hauptgottes, den die Römer Merkur
nannten, den Boten des Lichtes, vor dem die Nachtgeister fliehen, verehrten
die Gallier als heiliges Tier (wie den Eber)[9], die Briten verehrten auch
die Henne und Gans, die sie daher nicht genossen sowenig als den Hasen.
Gänse wanderten später in Scharen nach Rom, ebenso Schweine; sie
mußten wohl den ganzen Weg zu Fuß zurücklegen.

Unter den Schweinen zogen sie alle möglichen Arten, hochbeinige,
wolfartige, die dem Wanderer gefährlich werden konnten, gelehrige, die dem

---

[1] Ihre Pfeile vergifteten sie f. S. 96 N. 9 und von den mit Helleborus getränkten
Pfeilen getroffenen Tieren sagten sie, das Fleisch sei weicher, nur mußten sie die Wunden tiefer ausschneiden; Gell. 17, 15; daher hieß es venenum cervarium, Plin.
27, 76.
[2] Strabo 4, 5. Auf dem obigen Bild S. 82 erlegt der Bauer Hasen mittelst des
Lagobolon.
[3] Girald. t. H. 1, 10.
[4] Plin. 8, 61; Arrian. cyneg. 3; Ovid met. 1, 533; Mart. 3, 47; 14, 200.
Durch Kreuzung mit Wölfen frischten sie die Hunderassen auf. Eine keltische Wolfs-
oder Luchsart, die Pompejus zur Tierhetze auftreten ließ, erregte große Aufmerksamkeit, Plin. 8, 28 (70).
[5] Schon von Arrian c. 3 erwähnt. M. G. leg. 3, 75. Arrian schätzt ihre
Hundezucht gering.
[6] Ob Falken, steht nicht fest. Nach den einen hätten sie die Germanen, nach
andern die Thraker, nach andern die Bewohner von Turkestan zuerst gezüchtet.
[7] Cattus ein keltisch-germanisches Wort.
[8] Caes. 5, 12.
[9] Den Hahn nennen die Römer gallus von καλέω oder garrulus, nicht von
den Galliern. Ob sie den Windhahn, der sich im zweiten Jahrhundert auf der Spitze
römischer Prachthäuser in Afrika findet, von den Galliern entlehnten, steht nicht fest;
vgl. Bücheler carm. ep. 1552 B.; C. J. L. 8, 211.

Herrn Hunden gleich folgten, wie noch heute in Italien, die deſſen Horn genau kannten,[1] und fette dicke, die ſelbſt auf Cato Eindruck machten. An dem reichen Segen der Natur, an üppiger Fruchtbarkeit, an junger Zucht, an wimmelnder Fülle freute ſich der Kelte wie alle Naturvölker und

Halbſtattſitula von Arnoaldi bei Bologna. Im oberen Streifen kämpfen zuerſt zwei nackte Männer mit dem Ceſtus; zwiſchen ihnen ſteht auf einem Stativ ein Helm mit langem Kamm und Quaſte. Dann folgt ein Britrennen von fünf Zweigeſpannen. Die Wagenlenker tragen Kegelhelme mit Zierkugeln am zipfelförmigen Ende. Zuvorderſt ſteht ein Mann, der die Wagen aufhält und die Entſcheidung gibt. In der unteren Reihe folgen auf einen Rundſchafter und Führer zu Pferd acht Fußgänger mit thrakiſchen Schilden, jeder mit zwei Lanzen. Die Helme haben verſchiedene Form (ſ. S. 90).

---

förberte bie Zeugung, rechnete beshalb schon auf 12 Tiere einen Eber, auf 30 Schafe einen Widder[1]. In der römischen Satyre erscheinen bie Kelten als wohlgesättigt mit setten Speisen — bie Belgier hieß man geradezu die Geschwollenen[2], während die Italiker sich mit magerem Brei und Gemüse begnügten. Mit ihrem Schweinefleisch versorgten sie balb ganz Italien, ebenso mit Gansfedern und Schafwolle[3]. Bei der Bedeutung dieser Biehzucht für den Reichtum der Bolkes wundert man sich nicht, daß sie ihren Merkur zugleich als Moccus, Schwein- und Gabrus, Ziegengott und ihren Mars als Mullo Mauleselgott verehrten.

In bie Schaf- und Rindviehzucht teilten sie sich zwar mit andern Bölkern, aber sie zeichneten sich auch hierin aus[4], erforschten die beste Nahrung, führten ihre Schafherden auf herrliche Thymianweiden, wie sie der steinige Boden der später sogenannten narbonnensischen Provinz bot[5], fütterten ihre Tiere mit Rüben, ja sollen sogar Fische ihren Rindern und Pferden vorgeworfen haben[6]. Hinter der Zucht des Kleinviehes blieb die des Groß- viehes zurück, so noch bei den alten Römern, bei denen viele Familiennamen auf die Biehzucht sich beziehen[7]. Zum Ziehen und Tragen mußte sich bei den Römern vor allem der Esel bequemen, sodann das Rind, das sie mittelst des Doppeljoches zwangen[8]; ihrer Zucht nun kamen wieder manche Erfindungen der Kelten zu gut[9]. Selbst den Wisent suchten Kelten und

---

[1] Ancient laws 274, 6, 7; 361, 7, 12. Bei den Franken machten schon 6 Schweine mit einem Eber, 12 Kühe und 12 Stuten mit einem Stier oder Hengst eine Herbe aus. Daraus mag man auch schließen, daß bei den Franken schon viel stärkere Scheidung der Höfe eintrat als etwa in Wales.

[2] Die Geschwollenen von belgo schwellen; nach andern bie Hirten (bulcus, bubulcus).

[3] Einen Hengst, ein Schwein und Honig durften die Hörigen in Wales nicht verkaufen, ohne sie dem Herrn angeboten zu haben, A. L. 36; Walter 150; vgl. Marx, Allgem. Zeitung 1897, Beilage 163.

[4] Non omnis apta natio ad pecuariam, quod neque Basculus neque Tur- dulus idonei, Galli appositissimi maxime ad iumenta; Varro 2, 10, 4.

[5] Plin. 21, 31.

[6] Aelian. n. anim. 15, 25; Col. 2, 10. Als Geldmaß, als Schätzungseinheit hatte bie Kuh einen Wert von 60 Pfennig = ¼ Pfund, Ancient laws 108, 117.

[7] Die Ovinier zogen Schafe, die Caprilier Ziegen, die Porcier Schweine — man denke auch an Berres — die Asinier und Asellier Esel, endlich ein Bitulus Rinder, ein Taurus und Lukullus Stiere.

[8] Das Doppeljoch jugum von jungere scheint die älteste Art der Bespannung zu sein. Stricke, die sich um die Hörner schlangen, hielten das rückwärts liegende Joch oder hielten den Wagen und Pflug birekt. Bei den Römern kam auch Bespannung über die Brust vor (Archiv für Anthropologie 26, 1013).

[9] Zum Abführen der Rinder benützten sie einen schweißtreibenden Giftstoff,

Germanen sich dienstbar zu machen[1]. Den größten Stolz setzten sie aber auf Pferde, die sie zu Fahrt und Ritt, auf der Jagd und in der Vieh=zucht verwerteten. Die Hirten umkreisten hoch zu Roß ihre Herden und hetzten die Jagdtiere zu Tode[2]. Die Kelten verehrten fleißig die Pferde=göttin Epona und leisteten so Treffliches in der Zucht, daß ihre Tiere in den Handel kamen und das Wort March, Mähre zugleich die Ware allgemein, im Deutschen als Mark bekannt, bezeichnete. Vielleicht besteht sogar ein Zu=sammenhang mit dem keltischen Merkur. Ihre Rosse, Reit= und Fahrkünste, worin sich mancher einen Namen machte[3], nötigten selbst den Römern Bewunderung ab. Diese haben manches von den Kelten gelernt und manchen Ausdruck entlehnt[4]. Mit keltischen Festen verbanden sich immer Reiterspiele. Vielleicht erfanden die Kelten das Hufeisen, das gleich dem Rade und Hammer als Götterzeichen galt[5], und geht wohl auf sie die Sitte zurück, Grenzen und Türen mit Hufeisen gegen Zauber zu schützen, die auch der germanische Bauer kannte. Alte Hufeisen fanden sich allerdings nur selten, obwohl wir sicher wissen, daß die Alten sie kannten, etwas häufiger Sporne[6]. Steigbügel kamen erst im sechsten Jahrhundert nach Christus auf. Sein Pferd schmückte der Kelte wie sich selbst, färbte Mähnen

---

das limeum, das die Tiere in Wut brachte, daß man sie anbinden und mit frischem Wasser begießen mußte. Ebenso wurden Hunde und Schafe mit helleborus purgiert und dieselben Mittel wurden auch zum Vergiften der Pfeile verwandt (venenum cervarium) Plin. 27, 76 (101); 25, 21; Gell. 17, 15. Vom Samolus werden wir noch unten hören, ihn zerrieb man in einer Krippe und mischte ihn zum Trank.

[1] Richtiger eigentlich die Germanen; Caes. 6, 26; Plin. 8, 15; lex Alam. 102 (M. G. leg. 3, 82). Der Name ist aber keltisch; Paus. 5, 12.

[2] So vermutlich unter keltischem Einfluß die späteren Römer C. Th. 9, 29, 2; 30, 1; Herod. 4, 22.

[3] Eporebios (epo-reda) = rasche Reiter, Eposognatos guter Reiter, Epomau-duoburus, Marcomagnus, Marcarius, Epomarcus, Cunomarcus. Reiter und rheda sind verwandt, wie Roß und carrus.

[4] Zum Beispiel caballus, — veredus, paraveredus (Pferd), scheint aus dem Persischen zu stammen —, ferner mannus, hinnus, ginnus, burdo, burichus (Klepper, Maulesel), burrica, canterius Saumtier, Wallach. Von einer eigentümlichen Pferde=schabrake (scortum) erhielten die Scorbisker ihren Namen, Veget. Vet. 3, 60. Der keltische Hauptgott Merkur, wie ihn Cäsar nennt, wurde schon von marc, march Roß abgeleitet, so daß er ein Roßgott gewesen wäre (Cuno, Vorgeschichte Roms 36). Das lateinische Martus kommt entweder von Mamercus oder Maricus.

[5] Auffallend ist aber die irische Bezeichnung des Hufeisens als pedol von pedulis.

[6] In der Hallstattzeit sind sie noch selten, häufiger in der Latènezeit; es sind teils Bügelsporne, teils Knopf-, Platten-, Nieten-, Ösensporne, meist trugen sie die alten Völker am linken Fuß; Zeitschr. f. Ethnologie 1890 (S. 204, 399).

und Schwänze rot, hing Goldscheiben und ein Glöckchenband an den Hals, deckte es mit Purpurschabraken, die an ihren Enden Goldkugeln trugen. So schön tönten die Glöckchen, berichtet die Sage, wie das Saitenspiel der Laute in der Hand des Künstlers. Windhunde umspielten Roß und Reiter[2].

2. Ackerbau.

Mit der Viehzucht verband sich mehr oder weniger Getreidebau, weniger in Britannien, mehr in Gallien. Dort kannte man nur Sommer-früchte, Hirse oder Haber[3] und steckte sie wohl reihenweise, nachdem der Boden behackt war, worauf das Waliser Maß „drei Gerstenkörner gleich einem Zoll" hinweist[4].

Einfachster Pflug auf einem
nordischen Felsbild.

Römisches Pflugmesser und
Pflugschar nach einem unga-
rischen Goldmodell.

Weiter vorgeschritten waren die Kelten auf dem Festlande und hatten sich hier technische Mittel errungen, die selbst den Römern fremd oder neu erschienen, so merkwürdige Wagenarten und Pflugarten, Hackpflüge und Rad-pflüge. Der primitive Pflug ist ein Hacken, ein hackenförmiger Baumast, von Menschen oder Tieren gezogen. Der längere Teil, der Pflugbaum, Grindel, dient zum Ziehen, der kürzere, spitzwinkelig ansetzende, die Gries-säule, der Krümmel reißt mit der Spitze den Boden auf, wie das Schwein mit seiner Schnauze den Boden aufwühlt, weshalb alte Sprachen die erd-aufwühlende Spitze mit einem Worte benennen, das auch Schweinsschnauze bedeutet, so keltisch Soch[5]. Nun wurde in der Weiterentwicklung der Grindel mit Handhaben oder Sterzen versehen, die Griessäule zum Durch-wühlen der Erde verstärkt. Die Holzspitze der Griessäule spitzte man messerartig zu einer Holzschar[6] zu und ersetzte sie durch ein Metallmesser, das eine Sohle trug; denn nichts anderes bedeutet die Schar, der Soch,

---

1 Zuerst erwähnt von Kaiser Mauritius; dafür hing an den Satteln eine Art Leiter.

2 So Kulhuchs und Manes Pferd (Irische Texte 3, 463, 467.)

3 Nach Müllenhoff heißt κέγχρος bei Strabo 4, 15 Haber.

4 Ancient laws 90, ö.

5 Auch an sulcus kann erinnert werden.

6 Gefunden in Pfahlbauresten; Tröltsch 47; Much, Ackerbau d. Germanen 53.

Sod, anders als ein breites einschneidiges Messer, während die Germanen es zu einer zweischneidigen Schar erweiterten; viele fügten einen Sech, Kulter, vor die Schar und Streichbretter zu ihren Seiten hinzu. Ob die Germanen oder Kelten den Pflug wesentlich verbesserten, läßt sich aus dem Wort Pflug selbst nicht erschließen, da seine Herkunft Zweifeln unterliegt[1]. Die Breite der Pflugschar, sagt Plinius vom keltischen Pflug, wendet die Rasenstücke um; die Schar war also einschneidig und entbehrte der Streich= bretter. Ihren Grindel legten die Räter auf einen Radkarren, schufen so den Radpflug, neben dem sich aber der rablose Schwingelpflug erhielt[2]. Dieser Pflug ermöglichte eine kräftige, tiefe Pflügung, setzte aber unbe= dingt Zugtiere voraus, während den Hackpflug auch Menschen ziehen konnten. Gegenüber dem Radpflug hat auch der Hackpflug seine Vorteile, weshalb ihn die Slaven lange beibehielten, sogar zu ihm zurückkehrten.

Rheinisch=römischer Pflug nach
einem zu Köln gefundenen
Broncemodell.

Rätisch = germanischer Räder=
pflug.

Er läßt sich leichter in verschiedene Formen bringen, paßt sich den ver= schiedenen Bodenarten an, zwingt zu guter Pflügung, zu einem Längs=, Schräg= und Querpflügen[3]. Daher sind bei dem Hackenpflug die Felder mehr quadratisch, beim Radpflug in längliche Streifen eingeteilt; wie denn

---

[1] Verwandt ist die Wurzel wohl mit plaustrum; die Alten schrieben ploum, plovum (Holder II, 1019).

[2] Latior haec quarto generi et acutior in mucronem fastigata eodemque gladio scindens solum et acie laterum radices herbarum secans. Non pridem inventum in Raetia Galliae, ut duas adderent tali rotulas, quod genus vocant ploum (Pflug) Raeti. Cuspis effigiem palae habet. Serunt ita non nisi culta terra et fere nova. Latitudo vomeris caespites versat. Semen protinus iniiciunt cratesque dentatas supertrahunt; nec sarrienda sunt hoc modo sata, sed protelis binis ternisque sic arant, Plinius 18, 48 (171). Sator arepo tenet opere rotas C. J. I.. 12, 202. Arepo, wohl = Pflug, wörtlich = ad equum.

[3] Aber nicht allgemein, wie Meitzen annimmt, was schon ein Blick auf die italienische area und ihre seit den Römerzeiten übliche Umsäumung mit Obstbäumen lehrt. Noch immer schwingt in Italien der Pflüger bifolco sein pungolo; vier bis acht Ochsen ziehen. Ein besserer Pflug ist die perticara. Nun sucht neuerdings Behlen (Der Pflug) nachzuweisen, daß die Römer alle möglichen Pflüge, auch den germanischen kannten; sie nannten buris die Grießsäule, vomer die Schar, dentale die Sohle, stiva den Sterz, tabula (auris) das Streichbrett.

die Kelten und Germanen längliche Gewande hatten. Der Radpflug ist
schwerfällig, eine wahre Maschine, ebenso wie die Egge[1] und erfordert
überraschend viele Zugtiere, Arbeitskräfte und Kosten, so daß er vielfach
im Gemeinbesitz stand: der eine lieferte das Eisen, der andere das Gestell,
ein dritter machte den Treiber, wieder ein anderer lieferte Ochsen. Zu
einem vollen Joch, zu einem Vollgespann rechnete man 8 Ochsen, je vier
nebeneinander, so im keltischen Wales und im angelsächsischen Britannien,
oder mindestens 4 Ochsen nebst Treiber noch im spätern Mittelalter[2]. Indem man auf den Ochsen 2 Fuß rechnete, bedurfte man beim Pflügen
für ein Ochsengespann zweimal eine Rute, d. h. der Acker müßte 36 Fuß

Keltische Art des Mähens nach einer venetianischen Miniatur des 15. Jahrhunderts (S. 102 N. 2)

breit und 30mal so lang sein, weshalb der keltische Morgen, Erw, ziemlich
groß ausfiel[3]. In England rechnete man auf die Vollhufe oder Hide,
4 kleinen Hufen vergleichbar, 12 Ochsen.

Allen diesen Voraussetzungen entsprechen die sogenannten Hochäcker,
die sich auf ehemals rätischem und keltischem Gebiete in Süddeutschland
finden, Äcker von $\frac{1}{2}$ bis $1\frac{1}{2}$ Meter Höhe und 9 bis 16 Meter Breite[4].

---

[1] Plin. 18, 48.

[2] Boves autem ad aratra vel plaustra binos quidam iungunt rarius, sed
quaternos frequentius, stimulatore prae ambulo, sed retrogado: quem et pericula
plerumque, dum tauri iuga detractant, retro cadendo contingit experiri; Giraldus
Cambriae 1, 17.

[3] Ancient laws 81, 263. Der kleine Erw war 2 Ruten breit und 18 lang,
A. L. 874. Meitzen I, 208 führt einen 4 Ruten breiten und 40 langen Erw an, der
aber sicher nicht Regel war; denn die Bauern bevorzugten lange Gewande.

[4] Die Gallier hatten schon genaue Feldmaße, ein großes Jauchert candetum
und ein kleines arepennis: at Galli candetum appellant in areis urbanis spatium

In feuchten Gegenden, in der Nähe von Flüssen angelegt, und auch in neuerer Zeit da und dort in Verwendung stehend[1], konnten sie sowohl in nassen als trockenen Jahren einen Ertrag liefern. In nassen Jahren trug wenigstens der breite Rücken, in trockenen die Furche Getreide. Bei wiederholtem Pflügen wurden jedesmal die bisjährigen Rücken zu Furchen und die Furchen zu Rücken gewendet und dazu bedurfte man eines kräftigen Pfluges. Wegen der guten Erfahrungen, die sie damit machten, behielten die Kelten diese Äcker unter römischer Herrschaft bei. Darauf weist der Umstand hin, daß sie römischen Straßen entlang liegen[2], so daß man wohl sogar die Meinung aussprach, die Römer haben sie in gefährdeten, unkultivierten Gegenden angelegt, um das nötige Getreide sich zu verschaffen. Nachdem der Boden auf diesen Hochäckern erschöpft war, blieben sie wüst liegen, und so finden sie sich heute in Wäldern und Heiden, wo man erst später wieder robete, vom Landvolk als Heidenbeete, Heiden-äcker, Heidenstränge, Buckelbrache, alte Brache, sogar direkt als Römerbeete bezeichnet. Das beweist freilich römischen Ursprung ebensowenig, wie die Be-nennung Römerturm einen Römerbau. Welch große Sorgfalt die Kelten auf den Boden verwendeten, zeigt die Mergelung, als deren Erfinder sie galten[3], und die sorgfältige Umzäunung ihrer Grundstücke, die das Mittel-alter beibehielt[4].

Zu den uralten nordischen Gewächsen, zu den Sommerfrüchten, Gerste und Haber, gesellte sich allmählich Dinkel, Weizen und Roggen; lernten doch auch die Römer erst in geschichtlicher Zeit den Weizen kennen, während sie sich zu Roggen und Haber nie verstanden und Gerste sehr gering schätzten. Eine besondere Gerstenart nannten die Römer die gala-tische[5]. Bei der unvollkommenen Art des Mähens, Dreschens und Mah-

centum pedum, in agrestibus autem pedum centum quadraginta. Semiiugerum quoque arepennem vocant; Col. 5, 1, 6. Bei der arepennis (irisch aircenn am Kopf, Kopfseite) arpent scheint ursprünglich die Langseite der Kopfseite entsprochen zu haben. über die spanische agnua und porca Col. l. c.; Varro 1, 10, 2.

[1] Daher wird ihr Alter bestritten und die verlassenen Hochäcker in Wälder mit der Verwüstung des dreißigjährigen Krieges zusammengebracht; Schwäbische Albvereins-blätter 1899, S. 4.

[2] Ranke in den Beiträgen zur Anthropologie Bayerns 10, S. 143.

[3] Kreide, Kalk, Asche von verbranntem Dung benützten sie zu diesem Zwecke. Acaunumarga Steinmergel nannten sie eine Art; lapis contunditur in ipso campo; eine andere Art glissomarga, eine dritte eglecopala; alle drei Worte enthalten grie-chische Bestandteile. Plin. 17, 42. Die germanische Ubier lernten sie von den Kelten, Plin. 17, 4 (47); Varro 1, 7. Auch die Pfahlbauten zeigten Düngerreste.

[4] Die Gallier bauten vielfach Baksteinmauern, vielleicht nach punischem Beispiele Varro 1, 2, 7; Dureau de la Malle, Economie pol. des Romains II, 75.

[5] Hordeum galaticum. Eine Roggenart nannten die Tauriner sasia. Haber

lens ging bei den Römern viel verloren. Mit stumpfen Sicheln oder
Sägen[1] mähte man entweder am Ende oder in der Mitte die Halme ab[2].
Gedroschen wurden die Ähren im Freien durch Tiere — man kennt ja
das biblische Beispiel von dem dreschenden Ochsen, dem man das Maul
nicht verbinden solle[3] — oder mittelst Stöcken und Knütteln[4], den Vor-
läufern der Geißel, des Flegels, der erst im vierten Jahrhundert auftritt,
oder einer Dreschegge oder eines Dreschschlittens[5]. Wegen ihres feuchten
Wetters trugen die Briten die Ähren in Scheunen, holten sie dort nach
Bedarf, zupften sie aus oder druschen sie auf der Tenne, was den Alten
auffiel, und zerrieben auf Handmühlen die Körner[6]. Einer Verbesserung
der Ernte- und Drescharbeiten sannen die Kelten mehr nach als die Römer,
die sich weniger scheuten, Tiere und Menschen zu schinden[7]. Mit plum-
pen, nicht durch Polster gemilderten Jochen quälten sie die Tiere, bespannten
sie vor der Brust und ließen sie die Deichsel ohne Seile oder Stränge
ziehen[8]. Zur Überführung von Lasten dienten Tragbahren und schwere

wird noch heute wenig im Süden gebaut; noch heute füttern die Italiener die Pferde
viel mit Bohnen.

[1] Beide Werkzeuge unterschied man in alten Zeiten nicht, wie die gleiche Bezeichnung beweist. .

[2] Plinius sagt, die gallischen Sicheln seien größer als die römischen, und bezeichnet das Schneiden in der Mitte der Halme als gallisch (18, 67); s. Dureau de
la Malle II, 77 ff. In manchen Gegenden an den Alpen werden heute noch die Ähren
hoch am Halme abgeschnitten und dann läßt man eine Zeit lang das Stroh stehen
und das Gras darin wachsen, beides wird dann später geschnitten und verfüttert.

[3] In vielen Gegenden wird heute noch der Dinkel (Fesen) und Haber auf
hölzerner Tenne von Pferden und Ochsen ausgetreten; man spricht daher vom „Fesen-
reiten".

[4] Fustis, baculus, pertica — flagellum — traha, tribulum.

[5] Varro 1, 52; Plin 18, 72; Pall. 7, 2. Noch später war das Verfahren sehr
einfach: so noch 1703 nach Martins Description of the Western Islands of Scotland bei Elton Origins of english history 33 (Ramsay Foundations I, 4); Rhys.
Celtic Britain 8.

[6] Strabo 4, 5; Diod. 5, 21. Ein Mühlstein gehörte später zu jedem Haus.
Bei Scheidungen erhielt der Mann den oberen, die Frau den unteren Mühlstein;
Ancient laws 38, 4.

[7] Die Ursachen davon sind verschieden; in erster Linie war die Sklavenarbeit
schuld, erst in zweiter Linie die geringe Entwicklung der rationellen Mechanik, die
Mommsen allein anführt. Dem praktischen Italiener, sagt Mommsen, war die gemüt-
liche Anhänglichkeit an die mit der vererbten Scholle überkommene Bestellungsweise
fremd, und einleuchtende Verbesserungen der Landwirtschaft, wie zum Beispiel der An-
bau von Futterkräutern und das Berieselungssystem der Wiesen mögen schon frühe
von den Nachbarvölkern übernommen worden sein.

[8] In vielen Gegenden wird heute noch den Stieren und Kühen das Joch auf
den Nacken gelegt, so in Böhmen, besonders aber im Orient. Schwere Ochsen bekommen

zweiräbrige Wagen, Plauftra, keine Schubkarren[1]. Noch heute überwiegt in römischen Ländern der zweiräbrige Wirtschaftswagen[2]. Hier machten die Kelten wieder verschiedene Erfindungen; so bauten sie Sichelwagen, womit sie die Felder mähten und in angebrachten Wannen zugleich das Gemähte auffingen. Mit Sichelwägen wüteten sie im Kampfe gegen Feinde.

Mit der ihnen eigenen Frische und Beweglichkeit bemächtigten sie sich frühe unter dem Einfluß zuerst der Griechen, dann der Römer des Wein- und Ölbaues; sollen doch gerade die Südfrüchte die Gallier nach Italien gelockt haben[3]. Sie gerieten auf verschiedene Entdeckungen und Fort=schritte, indem sie ihrer Art entsprechend allerlei Proben und Versuche an=stellten, Erfindungen, die auch den Römern gefielen. So brachten sie die Senkrebe[4], das niedrige Rebengeländer[5], eine weitere Rebstockulme[6], den Traubenbohrer, den die Römer den gallischen hießen[7], und Holzfässer auf, deren Vorzüge vor den römischen Tongefäßen niemand leugnen konnte, obwohl sie langsam durchbrangen[8]; denn erst im achten Jahrhundert brang das keltische Wort Tonne ins Lateinische ein. Sonst behandelten sie den Wein in römischer Art, mischten ihn mit Harz, Pech, Aloe und räucherten ihn[9]. Den Hauptsitz hatte der Wein= und Ölbau im Süden, wo schon vor der Römerzeit wie in Spanien eine beinahe städtische Kultur blühte[10]. Dagegen dauerte noch zur Römerzeit[11] in Aquitanien Jagd und Viehzucht fort; das beweisen die Jäger= und Hirtennamen, die uns auf Inschriften begegnen[12].

---

wie Pferde einen Spanngurt um die Brust; Varro verwirft das Bespannen der Hörner. Vgl. Ginzrot, Wagen und Fuhrwerke I, 64.

[1] Noch heute kennen ihn die Völker des Ostens nicht, sie schleppen alle Lasten auf dem Rücken (s. Moltke, Ges. Schriften Berlin 1892, III, S. 4).

[2] Plin. 18, 72; Pallad. 7, 2; Magerstedt, Römische Landwirtschaft 5, 240.

[3] Plin. 12, 2.

[4] Mergi von ihnen candosocci genannt. Col. 5, 5.

[5] Bestehend in abgekappten Cornel= und Weidenbäumen, die drei Äste seitwärts ausstreckten, Col. 5, 7.

[6] Col. 5, 6.

[7] Zum Pelzen; gallica terebra, Col. 4, 29; de arb. 8; Plin. 17, 25; Did. geop. 4, 12.

[8] Plin. 17, 25; 14, 27; Caes. 8, 42.

[9] Plin. 14, 19; 15, 37; 23, 5.

[10] Selbstverständlich auch in Oberitalien vor der römischen Besetzung, s. Polyb. 2, 10.

[11] Gewisse Ausgrabungen weisen hin auf Landarbeiter, die in der Stadt wohnen und durch Grundherrn gemietet wurden. Ihre Frauen zogen nicht mit ihnen in der Sommerszeit in die Landhütten und Trichtergruben, s. Une colonie agricole préro=maine, Rev. arch. 1899 II, 143.

[12] Silvanus, Montanus neben Rusticus; Hirschfeld, Berl. Akademieb. 1866, 444.

IX.

Gewerbe und Handel der Kelten.

1. Weberei.

Von Südfrankreich ging die höhere Kultur der Kelten aus, wo Marseille als Licht= und Brennpunkt lag und wo unter griechischer Anregung Gewerbe und Handel sich entfalteten. Bald wetteiferten einheimische Handwerker den fremden Mustern nach und schufen Bronce= und Tonwaren, namentlich aber Leinewaren, die ihren Weg nach dem Norden, ja nach dem Süden und Osten fanden[1]. Die keltische Leinwand erntete großen Ruhm, um so mehr als Italien und Griechenland Unbedeutendes leisteten. Der Flachs fand in den warmen Gebirgslandschaften der beiden klassischen Halbinseln keinen rechten Boden, gedieh aber um so besser im Norden, in den nebeligen Ebenen, auf humusreichem Waldboden und, was so üppig wuchs, spannen und woben die Kelten in ausgedehntem Maße. Als eigentümlich fiel den Römern die Sitte auf, daß sie schon in Oberitalien und mehr noch nordwärts die Leinwand vermutlich durch Mägde unterirdisch in Kellerräumen, in Tungen weben ließen[2], eine Sitte, die sich durch das ganze Mittelalter hindurch erhielt. Die gesponnene und gewobene Leinwand verstanden die Kelten mit allerlei Farben, mit Purpur, Scharlach, Blau und Schwarz zu zieren, Farben, die sie aus Pflanzensaft und aus Mineralien gewannen[3], und mit Goldfäden und Seide zu sticken und zu weben. Verfilzte Wolle tränkten sie mit Essig, um sie haltbarer zu

---

[1] Strabo 4, 1; Tac. Agric. 4, a. 4, 43; Valroger Les Celtes 57 f.

[2] Plin. 19, 2.

[3] Dazu verwandten sie die Heidelbeeren (vaccinium), Hyazinthen (purpurissa), Krapp, rubia, keltisch warentia (garance) genannt, Pastelle (pigmenta), Oder, Plin. 16, 31; 21, 97; 33, 56; 19, 17; 35. 12; Belloquet 3, 481. In Britannien wurde die creta argentaria verwendet; Plin. 17, 4 (45); 35, 26.

machen[1]. Wie wir schon oben hörten, haben die Römer viele Gewebe von ihnen entlehnt, die Sabana[2], Racana, Drappus, Läna, Sagum, und mit diesen Namen auch gewisse Kleidungsstücke bezeichnet. Die Kelten lehrten endlich die Germanen weben[3] und färben und empfingen von ihnen Pelzstoffe[4].

2. Holzarbeit.

Nicht allein Kleider zu weben, verstanden die Kelten, sondern auch mit Holz, Stein und Metall umzugehen. Die Holz- und Metallkunst griff ineinander über, die Fortschritte der Metalltechnik kamen auch der Holzarbeit zu gut; denn sie lieferte ihnen gute Bohrer, Sägen, Hobel, angeblich sogar Sägmühlen. Im Übrigen unterschieden die alten Völker nicht einmal zwischen Sichel und Säge, und die Bretonen entlehnten zudem ihre Bezeichnung dem Lateinischen[5]. Von ihrem Haus- und Schiffsbau her gewöhnt, Holz, Reiser, Pfähle, Stämme mit Kalk, Lehm, Pech oder Leder zu verbinden, schufen sie aus Birkenholz und Weiden, verbunden mit Pech, allerlei Körbe und Geräte[6], Körbe, die zu beiden Seiten der Lasttiere und

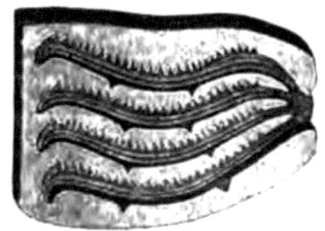

Steinerne Gußform für Broncesägen
(gefunden in Schweden).

Menschen hingen[7], eigenartige Säcke, Felleisen, Bulgen genannt, die an den Arm und Rücken gehängt wurden[8]. Vielleicht erfanden sie auch Butten

---

[1] Plin. 8, 73 (192).

[2] Sabana bedeutet Betttuch, Handtuch, Gewand; auch bigerra, lacerna scheint ebenso einen Tuchstoff als ein Kleid zu bezeichnen. Das Lodes (genus sagi) einer St. Galler Glosse scheint germanisch zu sein.

[3] Die Kelten in Wales konnten noch im spätern Mittelalter nicht stricken; Walter 321.

[4] Das offenbar keltische mastruca wird wiederholt vestis germanica genannt, ebenso rheno der Pelzmantel (Holder II, 456).

[5] So fals, falch, hesquen (erinnert an secare vgl. sicil, lif von lima).

[6] Die Birke nennt Plinius einen keltischen Baum; die Gallier gewannen davon Harz 16, 30; Giraldus d. C. 1, 10 oben S. 83 N. 10.

[7] Cleta, clitella Hor. ep. 1, 13, 8; Greg. Tur. 7, 37. Das Wort ist verwandt mit gotisch gleithra, geflochtener Hütte und Klett.

[8] Bulgas Galli sacculos scorteos appellant, Festus; bulga verwandt mit Bausch (besace) Balg; f. oben Belgae (S. 96). Cum bulga cenat, dormit, lavit. sagt Lucilius (sat 6, 1, ap. Non. 2, 6) vom Geizhals, Holder I, 630. Das Wort Gabel ist keltisch Varro sat. Menipp. 165, 24. Über Handschuh wantones f. Columbani vita 25, Mab. 1, 15; Ducange s. v. Auch das Haarsieb haben sie erfunden, Plin. 18, 28; vgl. cretron.

und Bahren. In all diesen Stücken unterscheidet sich noch heute der Norden vom Süden, der viel ärmer an Tragarten erscheint. Ebenso Treffliches leisteten sie im Wagenbau, ersetzten Scheibenräder durch Speichen= räder und verstanden es, die Wagen so praktisch zu gestalten und ver=

Deichselwagen.

schiedenen Zwecken anzupassen, daß die Römer ihre Wagen ebenso he= rübernahmen und nachahmten, wie die griechischen. Hieher gehören leichte Wagen, Karren, Reise= wagen Rheden[1], Cisien, Deckwa= gen oder Covini, Carrucae[2], Korb= wagen, Korbschlitten, Bennä, Leiterwagen, Carpenta, schwere Lastwagen, Petorrita[3], Esseda, Sar=

raka. Je nach dem Rang eines Mannes und einer Frau kam ihr eine besondere Wagengattung und ein besonderer Wagen zu; auf Esseden fuhren Fürsten, wie ein Alter berichtet, auf Pilenten Königinnen; auf rot ange= strichenen Pilenten Priesterinnen, Jungfrauen; auf Petorriten, Vierrädern vornehme Familien[4]. Von einem Prachtwagen sagt die Sage, daß der Wagenbaum mit Messing geschmückt, der Wagenkorb verzinnt, die Rä= der gelb mit Eisen beschla= gen, das gebogene Joch schön vergoldet war, und von einem andern, er sei mit weißer

Etrurischer Plattenwagen (Feuerbecken).

Bronce, mit Gold= und Silberrippen belegt, purpurne Schabracken mit schönen

---

[1] Eigentümlich ist die britische Göttin Rheda, nach der der März Rhedmonat hieß, wie der Ostermonat nach Eostre. Rhedones sind die raschen Springer oder Fahrer; Carrus heißt auch Krieger. Eine Beschreibung der rheda mit hohen Rädern, hängendem Korb s. Vitr. 10, (9) 14.

[2] D. 34, 2, 13. Benn hieß auch Horn, Vorgebirg (lacus Benacus). Eine andere Wagenart ist colisatum Plin. 34, 48 (163). Den covinus preist Martial (12, 24).

[3] Petorritum von petor vier und rotos Rad; Gell. 15, 30. Nach dem Ochsen= gespann hieß ein Ort der Peutinger Tafel Tarvessedum.

[4] Vgl. die Scholien zu Hor. ep. 2, 1, 192; Servius zu Verg. Aen. 8, 665. Nach Liv. 5, 25 gestattete es der Senat den Frauen als besondere Gnade, daß sie zu Opfer und Spielen auf vierrädrigen Wagen fuhren, sonst nur auf zweirädrigen.

Figuren seien an den Wagenkasten mit Goldschnallen festgebunden gewesen[1]. Zum Übersetzen der Flüsse bedienten sich die Kelten wieder besonderer Wagen, Harmamaxen von den Griechen genannt, und zum raschen Überfahren über Flüsse setzten sie Schiffbrücken, Pontone aus leichten Kähnen zusammen, die Cäsar nachahmte[2].

3. Bergbau und Metallkunst.

Neben dem Salz war es vor allem Gold und Silber, wonach der farben- und schätzehungerige Sinn des Menschen begehrte. Diese Metalle fanden sich in Gallien, wie unter anderem die Orte beweisen, in deren Namen die Silbe arg vorkommt; aber auch die Rheinlande und die Schweiz blieben nicht zurück. Alle anderen Länder übertraf jedoch Spanien. Nach Erschöpfung dieser Länder bot einige Zeit auch Irland Ausbeute, während Britannien als Land der Perlen, der Blei- und Zinnbergwerke

Tönerne Schmelzschale vom Kupferbergwerk zu Mondsee.

seinen Ruf Jahrhunderte hindurch bewahrte. Von den britischen Zinninseln, näherhin der Gegend von Cornwall und Devon hören wir, schwarzgekleidete Leute, deren Gewänder bis auf den Boden reichen, leben vom Bergbau[3]; in Spanien boten Flüsse und Berge reiche Ausbeute[4]. Schon in den ältesten Zeiten nützten die Bewohner die Metallberge aus, aber erst unter fremdem Einfluß, zuerst der Phöniker, dann der Griechen und

Vollständig kupferner Pickel zum Bearbeiten der Stollen im Kupferbergwerk zu Mitterberg (Kupferzeit).

Römer haben sie ihre Nutzung vervollkommnet, so daß jene geradezu als Lehrmeister gelten konnten[5]. So gruben denn die Kelten mächtige

---

[1] Mahl des Bricriu bei D' Arbois Littérature 5, 115; Das Freien um Ferb in Irische Texte 3, 464; Luzel, Chants popul. I 461.

[2] B. c. 3, 29; b. g. 4, 17; Dig. 8, 3, 38.

[3] Manche dachten an die Scillyinseln. In Platten oder Stückchen beförderten es die Leute nach Diodor auf die Insel Iktis, wahrscheinlich die Insel Thanet an der Themsemündung, indem sie bei der Ebbe mit den Wagen hinüber fuhren; Rhys Celtic Britain 46; Elton 38.

[4] Der Goldsand der Flüsse hieß baluca, spanisch baluz; Strabo 3, 2, 5; Plin. 33, 21 (77); Mart. 12, 57, 7; C. Th. 10, 19, 3; Avien. o. m. 741; vgl. Kulturgesch. d. r. Kaiserzeit 2, 213, Diercks, Gesch. Spaniens 1, 65.

[5] Herod. 6, 47.

Schächte und Stollen, bearbeiteten das Gefundene in Mörsern, pochten, mahlten, rösteten und siebten das Erz, bauten zum Schmelzen Herde, die in den Boden gingen, oder Öfen, die sich in die Luft erhoben. Um den zum Schmieden nötigen Wind zu erhalten, mußten sie die Schmieden an luftige Orte stellen, auf hohe Berge oder an den Meeresstrand, und erst als man künstliche Mittel, den Blasbalg erfand, wurde man von der Gegend unabhängiger[1]. Die Römer traten ganz in die Fußstapfen der Kelten, wie sie ihre Bergwerke denn auch Minen, nach einem keltischen Wort mein, rohes Metall, benannten.

Auch in der Salzgewinnung machten die Kelten Fortschritte. Während sie früher das Salz durch Verdampfung der Sole auf glühenden Holzkohlen, dann auf stark erwärmten Steinen, auch Backsteinen, bereiteten, wie sich solche in großer Zahl im Tal der lothringischen Seille fanden[2], benützten sie jetzt Metallpfannen, legten Bohrwerke und Schöpfbrunnen

Zwei Männer in Frack und Hosen am Rad; bezieht sich vielleicht auf das Sonnenrad (s. u. Kap. XV, 1), nach andern sind es zwei Bergleute am Haspel zum Hinaufziehen der Erze; eine Scene vom Hallstattschwert S. 89.

an[3]. In besonders ausgedehntem Maße trieben sie diesen Bergbau um Salzburg, wo, wie ein Alter berichtet, die Alauner, d. h. die Salzbereiter, wohnten. Die Wurzel dieses Wortes kehrt wieder in dem Worte Hall, Hallein. Als Salzbereiter finden wir später noch Kelten oder andere vorrömische Völker in den Salzgegenden sitzen und finden sie als Wander-

---

[1] Plin. 33, 21; 34, 49; Diod. 5, 35; Caes. 7, 22; 3, 21.

[2] Die dort auftretenden Namen Mare salum, Salsa aqua, Salona, Salina vallis u. s. w. weisen auf diesen „pagus salinensis" als eine uralte Stätte der Salzbereitung hin; Globus 1901 (80) 142.

[3] Patellae, putei.

arbeiter im Norden[1]. Um die Salzquellen tobte wie um andere Berg=
werke oft heftiger Kampf[2].

Gemäß ihrer Vorliebe für allerlei Stoffverbindungen mischten die
Kelten Metalle, verbanden Kupfer und Gold mit Zinn und Silber[3],
machten durch Verzinnung die Kupfergeräte unſchäblich[4] und erhöhten den
Reiz durch Korallen=, Email= und Glasverbindungen. Vor allem lockte
der Korallenglanz. Zur Latènezeit begannen ſie Korallen zu bearbeiten, ſei
es geſondert zu Perlen, Medaillen, Plättchen, ſei es zu Einlagen und Ver=
nietungen, beſonders bei Fibeln[5]. Als Erſatz des Korallenſchmelzes er=
gab ſich dann ſpäter die Verbindung farbiger Glasflüſſe und Glaszellen
mit dem Metall. So erklärt es ſich, daß die Waffen der Kelten von
allerlei Farben ſtrahlten, wie die Alten berichten. Während die Hallſtatt=
arbeiten meiſt ſich nur mittelbar auf die Kelten beziehen laſſen, erſcheinen
ſie in der Eiſenzeit ſelbſt in voller Tätigkeit[6]. Als Hauptträger der Latè=
nekunſt neben den Germanen goſſen und formten ſie die gefundenen Stoffe
zu kunſtvollen Gebilden, gaben ihnen kräftige Formen, hervorſtehende Profi=
lierung und Abrundung (S. 73). Die dieſe Kultur veranſchaulichenden Ab=
bildungen können aber erſt im dritten Abſchnitt erſcheinen, da die reine
keltiſche Entwicklung durch die römiſche Eroberung unterbrochen wurde.
Charakteriſtiſch für die Latènezeit ſind namentlich Goldmünzen, genannt Re=
genbogenſchlüſſelchen, kleine napfförmige Gebilde. Daneben benutzten die
Kelten flache Münzen, nach Art der griechiſchmakedoniſchen Münzen, die ihnen
von Marſeille her bekannt waren und ſpäter nach dem Vorbilde der römi=

---

[1] Hehn das Salz 39, 54.

[2] Tac. a. 13. 57; Varro 1, 7; Am. 28, 5. Der Name Kiſſingen ſtammt aus
dem Slaviſchen.

[3] S. S. 48 N. 2; Plin. 34, 48, album incoquitur aeneis operibus Galliarum
invento, ita ut vix discerni possit ab argento, eaque incoctilia appellant (34, 162).
Über Bleiverwendung Plin. 34, 47; 33, 30.

[4] Isid. 16, 22; Plin. 34, 48; Belloguet III, 483. Über britiſche Perlen Tac.
Agric. 12; Falke, G. b. b. Kunſtgewerbes 13.

[5] Das Wort Koralle ſtammt wohl von den Ligurern und bedeutet rot und
davon iſt das Volk der Coralli genannt. Revue celtique 1899, 127.

[6] Die Skelette der Weſtſchweiz in der Latènezeit zeigen wieder mehr einen kurz=
ſchädeligen Typus, als in der Steinzeit, während in der Zwiſchenzeit die Langſchädel
vorherrſcht, Ranke II, 638. Am Oberrhein waren die Träger der Hallſtattzeit vielleicht
die Räter, bzw. Räto=Ligurer (Mehlis Ligurerfrage im Archiv für Anthropologie, 1899.)
Von ihnen ſtammt wohl die Heidenmauer am Odilienberg Allg. Ztg. 1900 Beil. 38.
Sie wurden verdrängt durch die Gallier, ein minder kulturfähiges und unruhiges
Volkselement. In den burgundiſchen Hügelgräbern herrſcht das Hallſtattſchwert, da=
gegen in der Champagne in flachen Gräbern das Latèneſchwert vor, Lavisse-Bloch H.
de France 1, 38.

schen Denare, endlich Ringe und Rädchen, „Baugen", wie die Germanen sie nannten[1].

Vulkan im Arbeitsrock (Exomis) mit der Filzmütze auf dem Kopfe, hält in der linken Hand eine Eisenstange auf dem Ambos, in der rechten den Hammer. Reliefbild vom Pariser Schifferdenkmal.

Die nach griechischen Mustern gebildeten Münzen zeigen das Bild eines Zweigespannes[2], das sie auch an Felsen anbrachten, das Bild der Pallas oder Minerva, das Bild von Pferden, Vögeln, Adlern, Reihern, Kranichen, Fischen, besonders aber von Halbmonden, Sternen und Kugeln, die man in mehr oder we= niger unmittelbarer Beziehung zum Gestirndienst stellte[3].

An Gold war Gallien ungemein reich, ein wahres Goldland, Eldo= rado[4], und wegen ihrer Goldgier waren die Kelten und nach ihnen die Germanen berüchtigt[5]. Doch fällt es auf, daß die Kelten ihr Wort für Gold aus dem Lateinischen übernah= men, während die Germanen zu seiner Bezeichnung ein Wort verwandten, das ursprünglich wohl gelb hieß, ähnlich wie das lateinische aurum.

4. Handel.

Auf den Grundlagen eines ausgedehnten Gewerbes erhob sich ein bedeutender Handel, der bis in die Zeiten der Phöniker und Griechen hin= abreicht. Noch heute erinnern die punischen und griechischen Namen von Südfrankreich an die Handelsniederlassungen des Ostens, wie Marseille,

---

[1] Bigati von den Römern genannt, Liv. 23, 15; Tac. G. 5; Plin. 33, 15 Vgl. das Felsbild am Brunholdisstuhl bei Dürkheim in der Pfalz; Mehlis Bonner Jahrb. 94, 44.

[2] Geflügelte Riesen, Pferde mit Menschenkopf zeigen keltische Münzen der Maihinger Sammlung. Größere Bilder bieten die z. T. oben abgebildeten Situlen Rev. arch. 83 II, Tafel 23; 85 II, T. 25; Bertrand et Reinach, Les Celtes 107 ff.; Hörnes Kunst Taf. 25, 26; Ranke 626.

[3] Schaaffhausen Festschrift 1891 S. 69.

[4] Cic. de nat. deor. 3, 30; Liv. 28, 23; Gell. n. a. 3, 97; Herod. 3, 116; Diod. 5, 27; Strabo 4, 2 (Tektosager); Plin. 33, 23; Polyb. 2, 17, 11; Justin. 32, 3; Oros. 5, 15, 25; Zon. 11, 6; Nissen, Bonner Jahrb. 1895, 4.

[5] Liv. 21, 20; Plut. Pyrrh. 26; sie wühlten sogar Gräber deshalb auf.

Monaco, Nizza, Antibes. Der Melkart= und Astartedienst klang fort in zwei Herakleas und in Porto Venere[1]. Wie die Phöniker Melkart, so verehrten die Kelten neben Mars an erster Stelle Merkur den Handelsgott, den Gott der Wege und Stege, den Führer der Reisenden und zugleich den Erfinder aller Künste. Beide Götter Mars und Merkur flossen in ihrer Vorstellung zusammen, sei es, daß der Kriegsgott zugleich als Gott oder Genius guter Beute oder der Handelsgott als vorstürmender kühner Abenteurer galt. Krieg und Handel griffen ohnehin in der Urzeit inein= ander und die Kelten, deren Wesen man noch beobachten kann an den Nachkommen der Helvetier, wie der Gallier, blieben immer beiden Göt= tern getreu. Unter dem deutlichen Einfluß der Phöniker stellten sie ihren Handelsgott dar als einen alten Seefahrer, der die Menschen mit Gold= und Bernsteinketten einfängt.

Teils die Eifersucht fremder Händler, teils Mangel an eigener Un= ternehmungsluft ließ die Kelten sich nicht allzuweit auf das Meer vor= wagen. Darin unterscheiden sie sich völlig von den wagehalsigen Nord= männern, den Nordgermanen. Wenn die Bewohner von Marseille das für die Bronce so wichtige Zinn erwerben wollten, mußten sie es auf Land= wegen holen. Da zogen auf alten Handelswegen lange Reihen von Last= wagen, mit Pferden bespannt, beladen mit Zinn, in dreißigtägiger Fahrt nach dem Süden[2], während zwischen der englischen und französischen Küste die Phöniker, später wie es scheint, die Veneter, die Bewohner der Bre= tagne vermittelten. Im übrigen ließen die Kelten gerne fremde Händler zu sich kommen, zuerst die Phöniker, dann die Punier und Griechen, dann Etrusker, Italiker, Römer.

Mit den stammverwandten Etruskern unterhielten die Räter lange Zeit einen lebhaften Verkehr[3], der sich nicht allein auf dem Meere, sondern auch über die Alpenpässe, über den großen St. Bernhard bewegte, worauf etruskische Waren in süddeutschen Gräbern hinweisen. In Italien selbst er= wachte unter den keltischen Insubrern die Handelsgier — Insubrer und Händler bedeutete zu Ciceros Zeit nahezu gleich viel[4] — und dann unter den Römern selbst. Schon im dritten Jahrhundert kam einer der Scipionen nach

---

[1] Ein Heraclea hieß Caccabaria (Caccabe = Karthago), Monaco = Menocha Halteplatz, Nizza = Nike, Antibes = Antipolis.

[2] Diod. 5, 22, 38.

[3] Riezler, Gesch. Bayerns I, 31. Nach Liv. 5, 33; Plin. 3, 24 (133); Justin. 20, 5 sind Räter und Etrusker stammverwandt; Steub, Urbewohner Rätiens 1843 weist dies näher nach; anders Oberzinner, Orsi, Helbig, Bertrand, Les Celtes 69.

[4] Insuber id est mercator et praeco. Ascon. fragm. 11 in Pison. Cic. Das Wort cambiare tauschen, wechseln, ist keltisch.

Marseille, um unmittelbare Beziehungen anzuknüpfen und die karthagische
Vermittlung entbehrlich zu machen.

Gegen gallische Rohprodukte, Felle, Häute, Pech, Flachs, Bernstein,
Korallen, gegen Sklaven, Pferde und Schweine tauschten die Römer Wein
und Öl, Bronce= und Töpferwaren; sie gewannen schon um ein Fäßchen
Wein einen Sklaven, machten überhaupt solche Gewinne, daß sie alle An=
strengungen nicht scheuten, den Handel sich zu sichern, daß sie schon vor
der Eroberung Galliens im Seeräuberkrieg die Südküsten Galliens durch
eine Flotte schützten [1]. Innerhalb ihres Landes trieben die Kelten selbst
Land= und Wasserverkehr [2] und ließen ihre Schiffe treiben; der rinnende
Strom lockte sie, wie ihre Sprache zeigt, gleichsam von selbst zum Befahren [3].
Sie benutzten ausgehöhlte Baumstämme [4], Schiffe aus Reisig mit Tier=
häuten oder Leder überzogen, wie solche noch heute die Iren gebrauchen [5],
oder Holzschiffe, deren Fugen sie mit Rohr verstopften, Segel= und Ruder=
schiffe, bei denen Vorder= und Hinterteil sich nicht unterschied wie bei den
nordgermanischen [6]. Von den Ufern und Küsten entfernten sich die Schiffe
nicht weit, konnten daher wohl von Ochsen oder Menschen gezogen werden,
vermieden schon der Stürme wegen, sodann wegen der schwierigen Arbeit
die hohe See und ruhten des Nachts und Winters.

Trotzdem fehlte es nicht an waghalsigen Männern und Stämmen,
die sich weit ins Meer hinaus wagten, und auf ihrer Tätigkeit mochte
der Verkehr beruhen, der nachweisbar zwischen Irland, Spanien und
Skandinavien bestand, nachweisbar, weil Fundstücke in all diesen Ländern

---

[1] Strabo 4, 1; Liv. 21, 20. Nemo Gallorum sine cive romano quidquam
negotii gerit, Cic. pro Fonteio 1. In vielen Städten, so in Orleans-Cenabum,
Nevers-Noviodunum, Chalons-Cabillonum fand Cäsar römische Kaufleute (7, 3, 42,
55), während Belgien sich verschloß.

[2] Cic. ep. 16, 12, 3; p. leg. Man. 12, 35; Sall. Cat. 40, 2; 42, 1.

[3] Navis verwandt mit dem Flußnamen Nava (Nahe). Renus bedeutet Fluß
und See; die Wurzel ist rei fließen (rivus); verwandt ist die Wurzel von remus und
rheda, woran der Rhodanus, die Rhone erinnert.

[4] Änlich dem lateinischen caudex. Navis, remus ist Gemeingut der Indo=
germanen.

[5] Curach genannt. Nach der Sage baute Maelduin ein bedeutendes Schiff in
dieser Weise mit drei Häuten. Vergl. Sol. 22; Avien. o. mar. 114.

[6] Man erinnere sich wie Odysseus auf der Insel der Kalypso sich ein Schiff
zimmert und mit Geflechten die Fugen ausstopft. In der von zahlreichen Kanälen und
Flüssen durchschnittenen Campagna besaß einst, wie es scheint, fast jeder Bauer eine
Barke, einen ausgehölten Baumstamm. Für alles, was über die einfachste Wasserfahrt
hinausging, waren die Griechen Muster; von diesen kommen Ausdrücke wie antenna
Segelstange, nausea Seekrankheit — vermutlich lernten die Römer als Gäste griechischer
Schiffe diese dumme Krankheit kennen — ferner nautea Schiffsjauche und exanclare aus=

ſich auffallend gleichen. Am meiſten taten ſich hervor die Veneter; ihre
großen aus tüchtigem Eichenholz mit eiſernen Klammern gefügten Schiffe,
ihre eiſernen Ankerketten, ihre den Stürmen des Nor=
dens gewachſenen Segelhäute kann ſogar Cäſar nicht ge=
nug rühmen[1]. Den weiten Ozean betrachteten ſie nach
Cäſars Worten als ihr Gebiet, ſie fuhren des Zinnes
wegen nicht nur nach England, ſondern auch nach Spa=
nien und an die Oſtſee, wo ſie, wie es ſcheint, ſtarke
Niederlaſſungen hatten[2], und führten die Erzeugniſſe
des keltiſchen Gewerbfleißes, namentlich Ton= und Bronce=
waren aus.

Keltiſche Münze, Rück=
ſeite mit Pferd und
Vogel und einer flie=
genden Geſtalt.

Gegen Fremde verleugneten auch die Kelten nicht die Miſchung von
Mißtrauen und Neugierde, die andere Völker im
Verkehr mit Fremden zeigen. Sie legten bei dem
Handel in den Städten nie die Waffen ab, wie
ein Grieche noch in ſpäterer Zeit bemerkte[3]. Daher
mußten Fremde vorſichtig ſein und ſich auf Angriffe
und Gewalt gefaßt machen und ihre Faktoreien
befeſtigen. Mancher Hafenplatz zerfiel in zwei Teile,
die durch eine Mauer geſchieden waren, in die Stadt
der Händler und der Einheimiſchen[4].

Sichel mit zwei Längs=
rippen, drei Sparren und
einem runden Knopf am
Fuß (Larnaud).

5. Gaſtfreundſchaft.

Auf der andern Seite achteten ſie das Gaſtrecht, beſtraften den
Mord eines Fremden ſtrenger als den Mord Einheimiſcher, gewährten dem
Fremden Lager und Mahl[5]. Während die Helden des Arturhofes tafelten,
kam ein Freier Kulhuch: „Öffne die Pforte", rief er dem Türhüter zu.
„Ich öffne nicht", antwortete der Pförtner, „denn das Meſſer iſt im Fleiſch,

schöpfen derſelben; endlich kamen die Schiffsarten aus Griechenland: linter, scapha,
cymba, phaselus, lembus, cercurus, trieris u. ſ. f. Dagegen erinnert das deutſche
Segel an das keltiſche sagum.

Daß auch Wagen für den Handelstransport verwendet wurden,
zeigt die intereſſante Stelle bei Cato orig. 2. fr. 11.

[1] Caes. 3, 13.

[2] Die italiſchen Veneter, ein Teilvolk der Jllyrier, wurden von den Alten mit
ihnen vermiſcht; Polyb. 2, 17; Herod. 4, 108; dazu Contzen 71. Nach Schafarik
waren ſie Slaven, Wenden (Abkunft der Slaven 187).

[3] Stob. ecl. 42, meint vielleicht die Germanen.

[4] Die Gründungsſage von Marſeille erzählt von einem Komplott, das die
Einheimiſchen gegen die Fremden anzettelten; infolge deſſen haben dieſe die Tore ver=
ſchloſſen und Wachen auf die Wälle geſtellt; Just. 43, 4; Lavisse-Bloch 1, 21.

[5] Nicol. dam. fr. 105 (Holder 1, 917); Diod. 5, 28; Athen. 4, 13; Stob. s.
42; Caes. 4, 5; 6, 20; Mela 3, 2, 3; Strabo 4, 4.

der Trank im Horn; nur ein anerkannter Königsohn oder ein Sänger
mag eintreten. Dir aber mag es genügen, daß man deine Hunde und
Pferde füttert und dir ein Mahl bereitet in der Gästehalle, daß man dir
ein Lager mit Frauengesellschaft und die Freuden
der Musik anbietet. Morgen, wenn sich das Tor
öffnet, magst du als erster eintreten und dir einen
Platz wählen wo du willst am Hofe Arturs." „Wenn
du nicht öffnest, werde ich drei Rufe erheben, daß vor
Schrecken die Frauen fehl gebären". Darauf trat
der Pförtner vor Artur und schilderte ihm die glän=
zende Erscheinung des Fremden und dieser gab den
Bescheid: „Wie du gegangen bist, laufe eilends zu=
rück. Alle die das Licht schauen, seien seine Sklaven;
die einen sollen ihm goldgefaßte Hörner bieten, die

Tongefäß belegt mit
Zinn= und Bronceplätt=
chen (Neufchatel).

andern geröstetes und gepfeffertes Fleisch; es ist Schade, einen solchen
Mann dem Regen und dem Winde ausgesetzt zu lassen". Hatte man einen
Gast empfangen, so bot man ihm, nachdem er die Waffen abgelegt, Wasser
zum Waschen der Füße; König Artur selbst nahm den Goldkamm und die
Silberscheere und ordnete die Haare Kul=
huchs. Dann ließ ihn der Hausherr am Herd
niedersetzen, reichte ihm Speise und Trank,
wies ihm ein Lager an, auch wenn er ihn
nicht kannte. Wie wir aus Homer wissen,
fragte den Gast erst, nachdem er gesättigt
war, der Wirt nach seiner Herkunft. Bei
den Kelten konnte einer drei Tage bleiben
und niemand fragte nach Namen und Her=
kunft, wenn es der Gast nicht freiwillig tat[1],
sondern bot ihm willig Lager und Mahl.

Tongefäß der Hallstattzeit.
(Odenburg).

Besonders liebe Gäste ehrte man durch Kuß
und Umarmung[2] und sorgte für Erheiterung durch Schmausereien, Gesang,
Harfenspiel und Frauengesellschaft. In dieser Hinsicht teilten die Kelten
die Sitten anderer roher Völker[3]. Beim Feste der Bricriu bedienen 150
Mädchen die 150 Lager[4] und von Cuchulainn und seinen Begleitern wird

---

[1] Die autem tertia licet reverenter quaerere; Gualter. Mapes II, 20.

[2] Irische Texte 2 b, 157, 159.

[3] Qui matutinis autem horis adveniunt, puellarum affatibus et cythararum
modulis usque ad vesperam delectantur; domus enim hic quaelibet puellas habet
et cytharas ad hoc deputatas; Girald d. G. 1, 10.

[4] D' Arbois (5) 54.

erzählt: es wurde ihnen Bier gebracht, bis sie trunken waren; da kam ihnen Begierde: „Wie wird Cuchulainn schlafen?" „Habe ich die Wahl", fragte Cuchulainn. „Du haft sie," sagte der Held. „Dort sind die drei Töchter des Miangabair, nämlich Eithne und Etan und Etain. Dort sind ihre drei Brüder, dort ist ihre Mutter und ihr Vater". Da sagte Cuchulainn: „Ich weiß nicht, mit wem Etan schlafen wird, aber ich weiß, Etan die Weiße, nicht wird sie allein schlafen".

Das Weib geleitete ihn, und er gab ihr am Morgen einen Daumenring von Gold, in dem eine halbe Unze Gold war[1]. Auf der Weiterwanderung ist es bald die Tochter, bald die Frau des Hauses edler Fürsten, die dem Cuchulainn Gesellschaft leistet[2]. Erst beim Scheiden fragte man nach dem Zweck der Reise und bot das Gast= geschenk, womit die Kelten sowenig geizten als die Griechen, ohne freilich

Tongefäß der Hallstattzeit (Gemeinlebarn).

auf Gegengaben zu verzichten. Gaftfreundschaft empfahl die keltische Luft, sich zu zeigen, und ihre berühmte Neugier, Eigenschaften, die sie vorzüglich zu einem Stadtvolke befähigten. Viel eher als die verschlossenen Germanen neigten die Kelten zum Anschluß, zur Gesellschaft. Einen Anknüpfungs= punkt für den Zusammenschluß boten schon die Rückzugsburgen, deren sie als Hirten dringend bedurften, wo sie sich zur Beratung, zum Götter= dienst, zum Handel versammelten, wo zahlreiche Hütten und Holzhäuser vor allem für Händler erstanden. Solche Orte nannten nun die Griechen und Römer Städte, obwohl sie ihren Städten weit nicht glichen[3]. Denn die Häuser waren meist aus Holz gebaut und brannten leicht nieder, wovon wir öfters hören[4], und nur langsam verbreitete sich vom Süden aus der Steinbau, den die Griechen zuerst dort anwandten[5].

---

[1] Irische Texte 2 a, 199.
[2] Irische Texte 2 a, 205, 207.
[3] Caes. 7, 3, 44; 2, 29; Inseln und Höhen waren bevorzugt (Belloguet I, 113, Valroger 102). Wie bei den Germanen enthielten ihre Siedlungsnamen oft einen Hin- weis auf Biberhöhlen, Bibracte, Biberach).
[4] Caes. 6, 43; 7, 15, 30, 58.
[5] Wie die griechischen Ausdrücke calx, turris, camera, balneum beweisen Justin 43, 4, 1.

X.
Keltische Familie.

Viel mehr als die Germanen, wenn auch weniger als die Römer, pflegten die Kelten das Zusammenwohnen, den Zusammenschluß der Familie, des Geschlechtes, ähnlich wie die Slaven[1]. Das patriarchalische Zusammenhalten, das Zusammenleben einer Großfamilie, vieler Familien in einem Hause, die Hausgemeinschaft hatte hier wie dort ähnliche Folgen: Frauen- und Kindergemeinschaft, Vielweiberei und Vielmännerei, wie noch Cäsar bei den Briten beobachten konnte, wo sich die alten Sitten am längsten erhielten. Je zehn oder zwölf, sagt er, haben unter sich gemeinschaftliche Frauen, am meisten Brüder mit ihren Brüdern und Eltern mit ihren Kindern. Die Neugeborenen werden als Kinder derer angesehen, denen die Weiber zuerst als Jungfrauen gefolgt sind[2]. Zwischen ehelichen und unehelichen Kindern machte man keinen Unterschied, bezeichnete wohl uneheliche Söhne als Göttersöhne[3]. Mit den Gruppenehen verbanden sich Einjahrehen vom ersten Mai an und Probeehen auf sieben Jahre, nach deren Abfluß auch eine Konkubine zum Range einer Frau gelangte; Verhältnisse, die die Sklaverei und eine große Zahl von Sklavinnen begünstigte[4]; wird doch

Armbrustfibel.

Gürtelteil (Larnaud im Jura).

noch in den Kirchenrechtsquellen des fünften bis achten Jahrhunderts in Irland nach altirischer Weise mit Sklavinnen gerechnet wie etwa sonst nach

---

[1] Das Wort basiare, der Familienkuß ist keltisch (Donat. ad Terent. eun. 3. 2, 3; Serv. ad. Verg. Aen. 1, 256).

[2] B. g. 5, 14; ähnlich Hier. ep. 69, 3 und adv. Jov. 2, 7 von den Skoten; Strabo 4, 5 von den Hibernern. Vgl. de Beka et Heda, De episcopis Ultraiect. 1643, S. 23.

[3] Esugenus, Camulogenus, Renogenus u. s. f.; der irische Held Lugaid hatte drei Väter; Bastard ist ein keltisches Wort; vgl. Zimmer, Zeitsch. f. Rechtsg. 1894, 209.

[4] Auffallend ist es, daß die römische meretrix als mertreich ins Irische überging, wie puta ins Altnordische und Niederdeutsche; vgl. Dareste Etudes d' histoire de droit in der Ztsch. f. G. 1891 V, 446. Die Brehongesetze bei Maine Early hist. 59.

Rindern¹. Mit den irischen Volksfesten verband sich noch lange eine Art Weibermarkt.

Der freien Auffassung des Ehelebens entspricht der Wechsel der Anschauungen, der Achtung vor den Frauen: bald hochgeehrt, bald verachtet steht die Frau da, so daß selbst den Alten die Gleichgiltigkeit vieler gegen ihre bestrickenden Frauen auffiel². Bald erscheint die Frau als Herrin, bald als Sklavin, wie überhaupt unter primitiven Verhältnissen, wo die Frau auch unter den günstigsten Verhältnissen der Willkür überliefert blieb. Demgemäß schillert auch das Kaufgeschäft, das den Eheabschluß begleitet, in den verschiedensten Lichtern. Der Kaufpreis des Mannes erscheint wohl wie eine Huldigung und die Mitgift der Frau als ein Mittel, ihr Frei= heit und Achtung zu erwerben. Im Allgemeinen aber bemütigte und er= niedrigte das Kaufgeschäft das Weib.

Zwar brachte die Frau, wie bei andern Völkern, dem Gatten eine Mitgift, gewöhnlich in Vieh bestehend, bei³; aber was den Römern auffiel, war die Gegengabe, die der Mann leistete, eine Gegengabe, die weit über das hinaus ging, was in Rom ein Mann vor oder nach der Hochzeit seiner Frau schenkte⁴. In dieser Gabe steckte wohl ein Kaufpreis, das Amobyr, Jungferngeld und gewährte das Recht auf die erste Ehenacht⁵. Aber wie die irische Sage zeigt, behielt der Vater der Braut nur einen kleinen Teil des Kaufpreises und schenkte den Rest seiner Tochter⁶ —

---

¹ Cumhal (Sklavinnenpreis) set (Viehpreis) = pecunia; ein Mann galt = 7 Sklavinnen = 42 Rinder oder 21 Kühe. In Wales galt ein Unfreier 6 Kühe.

² Arist. Polit. 2, 9; Mor. Eud. 3, 1; Diod. 5, 32; Athen. 13, 27 (79); Euseb. praep. evang. 6, 10. spricht von öffentlichen Hochzeiten mit Jünglingen. Zum Gebrauch des basiare f. Petron. 21, 31, 60, 64, 69, 74, 85. Holder I, 945, 1731.

.³ Argyvreu, id est animalia quae secum a parentibus adduxit; Leg Wall. II, 20, 33; A. L. 797, 827.

⁴ Viri quantas pecunias ab uxoribus dotis nomine acceperunt, tantas ex suis bonis, aestimatione facta, cum dotibus communicant. Huius omnis pecuniae conjunctim ratio habetur, fructusque servantur. Uter eorum vita superaverit, ad eum pars utriusque cum fructibus superiorum temporum pervenit; Caes. 6, 19 (Nouv. rev. de droit. 11, 244). Beim Tode der Frau fiel nach späterer Sitte ihr Beibringen an die Kinder und, wenn keine da waren, an ihre Verwandten. In Wales hieß das Beibringen der Frau Gwaddol, Agwebbi, Argyvreu, das des Mannes Cowill. Amobyr war die Heiratsabgabe an den Häuptling, die vielleicht durch die Eltern der Braut bezahlt wurde, sie mochte dem deutschen ungenossamen Thaler ent= prechen. Cowill und Agwebbi mögen etwa bedeuten, was später die Morgengabe und Aussteuer.

⁵ Jus primae noctis, das Anlaß gab zu verschiedenen Unsitten; f. Note 4 und Mela 1, 8; Herod. 4, 127; Justin 18, 5.

⁶ D' Arbois Littérature 6, 304; 7, 230; 8, 121.

jedenfalls verriet die Gegengabe des Mannes eine gewisse Achtung vor der
Frau, und ein Alter sieht darin ein deutliches Zeichen von Weiberherrschaft[1].
Auch während der Ehe bestand Errungenschaftsgemeinschaft, so daß die
überlebende Gattin ein gutes Wittum genoß[2]; bei Scheidungen aber
wahrte das Recht der Frau mit pünktlicher Genauigkeit ihren Teil[3].
Hinterließ bei den Briten ein Mann nur eine Tochter, so übernahm sie
die Erbschaft und war zur Kampfhilfe verpflichtet, ausgenommen, wenn
sie die Hälfte des Erbes an die Verwandten des Verstorbenen abtrat[4].
„Frauen entscheiden heute über die Schätze", sprach Gleuddybb zu ihrem
Manne vor ihrem Tode. „Du wirst dein Kind zu Grunde richten, wenn
du dich wieder verheiratest, bevor nicht eine Brombeerstaude auf meinem
Grabe wächst." Nachdem ihr Mann das versprochen, rief sie den Haus-
barden, daß er auf ihrem Grabe keine Pflanze dulde.

Frauen nahmen Teil am Kampf wie an der Fehde, fochten wie
Amazonen, kreischten wie Hyänen, und mancher Feind floh erschreckt vor
ihrer unheimlichen Wut, und manche stolze Frau herrschte wie ein Mann[5].
Man erinnere sich an die mächtige Königin Baodicca, die den Aufstand
gegen die Römer schürte und gesagt haben soll: entweder siegen oder
sterben; das soll wenigstens das Los der Frauen sein, mögen die Männer,
wenn sie wollen, leben und dienen[6]. Ein solches Vorrecht, mag man
denken, ertrug nur ein rohes, wildes Volk; daß aber auch kultivierte

[1] Strabo 3, 4 mit Bezug auf die Iberer. In der Rev. celt. 1903, 427 wird
der Einfluß des Vermögens zu stark betont.

[2] Freilich liegt die Sache nicht ganz klar, es handelt sich um die Auffassung
der schwierigen Stelle Huius omnis pecuniae conjunctim ratio habetur fructusque
servantur; Caes. 6, 19.

[3] Der Mann erhielt die Schweine, die Frau die Schafe oder jener die Schafe,
diese die Ziegen. Trinkgefäße erhielt der Mann, Milchgefäße die Frau, den obern
Mühlstein, den Kessel, das Pflugmesser erhielt der Mann, den untern Mühlstein, die
Pfanne, die Pflugschar erhielt die Frau. Das geräucherte Fleisch bekam der Mann,
das gesalzene die Frau. Von den Kindern blieben beim Mann zwei Dritteile, das
älteste und jüngste; das mittlere kam an die Mutter u. s. f. Ancient laws. 38.

[4] Wir werden noch unten sehen, wie die Erbschaft, die Pflicht zur Blutrache
und Wergeldzahlung zusammenhing; Ancient laws 40, 16; rev. hist. de droit
15, 305.

[5] Nec enim eorum quemquam adhibita uxore rixantem, multo fortiore et
glauca, peregrinorum ferre poterit globus; Ammian 15, 12, 1. Solitum Britannis
feminarum ductu bellare testatur, Tac. a. 14, 35. Neque enim sexum in imperiis
discernunt Tac. Agr. 16; a. 12, 40. Ut ubi res perveniret in dubium, magis de
feminea regum prosapia quam de masculina regem sibi eligerent; Beda h. e.
1, 1; Tac. h. 5, 25; Caes. 2, 16.

[6] Baodicca, Bodicca, Boudicca heißt selbst Kämpferin, Siegerin; die Wurzel ist
bod, bodus z. B. Maroboduus; Tac. a. 14, 34; Dio 62, 2 ff.

Stämme ein ähnliches Recht bulbeten, beweisen Sitten, wie sie uns von
Südfrankreich berichtet werden. Dort, liest man, war es nicht der Mann,
der die Frau wählte, sondern die Jungfrau wählte den Gatten, indem sie
beim Mahle demjenigen, den sie erwählt, den Becher reichte[1]. Auch in
der irischen Sage kam es vor, daß eine Tochter entfloh, wenn sie einem
ungeliebten Manne folgen sollte, und einem andern sich aufdrängte[2]. In
Südgallien traten Frauen als Schiedsrichter auf und dort entstanden im
Mittelalter die berühmten Liebeshöfe mit ihrem Minnedienst[3].

Reichen, herrschgewaltigen, schönen Frauen sahen die Kelten viel nach
und bulbeten Vielmännerei. Der Frau des Septimius Severus ließ
eine britische Häuptlingsfrau sagen, sie könne so viele Männer haben, als
sie wolle[4]. Daher haben noch später die Pikten im Zweifelfalle beim
Tode eines Häuptlings oder Königs aus der Frauenlinie Nachfolger gewählt[5]. Bei allen Völkern, wo keltisches Blut sich einbrängte, haben sich
Reste der Frauenvorherrschaft erhalten, namentlich in Frankreich, in Deutschland wenigstens im Minnedienst[6]. Bei Shakespeare preist ein Mann
seine Frau mit keltischem Überschwang als sein Landgut, sein Haus und
Hof, sein Hausgerät, seinen Acker, seine Scheune, sein Pferd, seinen Ochs,
seinen Esel, kurz sein alles.

Das Ideal der Schönheit erblickte der Kelte in blonden Frauen,
wie uns die Sage eine beschreibt: ihre Haare gelb, wie die Blüte des
Ginsters, ihre Haut so weiß, wie der Schaum der Woge, ihre Hände so
glänzend, wie der Klee, der aus der Springflut auftaucht, ihr Blick so
leuchtend, wie der eines Falken, ihr Hals schwanenweiß, ihre Wangen
rosenrot. Krausgewelltes, kornblondes Haar legt sich in Strähnengürteln
um das Haupt der Göttin, die Conchobar im Traume erscheint, ein sanftes,

---

[1] Justin 43, 3; Belloguet III, 391.

[2] So reizte Riannon als Reiterin in flüchtigen Erscheinungen Pwyll und wurde
auch seine Frau. Ihr Freier Gwawl, der Ansprüche zu erheben hatte, mußte über
sich und seine Genossen Schimpf ergehen lassen, indem sie als „Dachs im Sack" geklopft
wurden, eben auf Veranlassung Riannons.

[3] Polyaen. 7, 50; Plutarch de mul. virt. 6 (10).

[4] Dio 76, 16; die Römerinnen, meinte sie, treiben es ebenso im Geheimen.
Cartismandua, eine Königin in der Nähe des spätern York, hatte sich von ihrem Mann
geschieden und einen andern genommen. Ihr erster Mann erregte einen Aufstand,
den sie mit Hilfe der Römer besiegte, Tac. an. 12, 36, 40; hist. 3, 45.

[5] Beda h. e. 1, 1. Allerdings läßt sich die Stelle auch analog den salischen
Gesetzen (c. 62) erklären; Zimmer Zeitschrift für Rechtsgeschichte 1894 (15), 209.

[6] Im heutigen Frankreich kommt es noch vor, daß Männer kochen, während
die Frau die Herrin spielt; Diod. 5, 32; Ammian 15, 12; vgl. meinen Aufsatz in der
Kultur 1900 S. 362. Driesmans, das Keltentum in der europäischen Blutmischung;
s. dazu Heyck, Allg. Ztg. 1900 Beil. 91.

weiches Tuch von grüner Seide bedeckt ihren Hals. Ähnlich mag das
Mädchen ausgesehen haben, das ein Zauberer aus der Blüte der Eiche,
des Ginsters und der Königin der Wiesen schuf[1]. Aber trotz allen
Glanzes, oft gerade wegen ihrer Schönheit ging ihre Bedeutung meist nicht
weit hinaus über die von Zierpuppen, und viel weniger als selbst bei
Griechen stehen die Frauen im Mittelpunkte der Volksdichtung und Mythologie. Bei den Germanen glänzen die Göttinnen und Heldinnen mehr,
als bei den Kelten. Die Göttergestalten sind überwiegend männlich, nur
das mütterliche Wesen in der Gestalt der Matrone, das pallasartige Verständige, das Kriegerische fand Ausdruck und Ehre, nicht aber das Jungfräuliche und nicht das üppig Weibliche. Eine Gestalt wie Venus fehlte
so gut als eine Freja, Holla oder die Walküren; man müßte denn nur
Oberon und Titania, die Schützer bräutlicher Liebe[2], als Keltengötter ansprechen, und ein Gewicht legen auf die Äußerung Julians, daß die Kelten
die Keuschheit göttlich verehrten[3].

Edle und unedle, aufopfernde und herrschsüchtige Frauen, Herren-
und Sklavennaturen müssen oft dicht neben einander gestanden haben.
Wie das Volk selbst sehr veränderlich, beweglich, launisch war, so stritten
in der Frauen Brust Lust und Liebe, Hingebung und Treue, Herrschsucht
und Bosheit um den Vorrang. Von den galatischen Frauen berichten die
alten Schriftsteller, daß sie die Treue gegen ihre Gatten durch blutige
Rachgier an ihren Verführern bewährten. So reichte Kamma ihrem
Schwager den Giftbecher und überlieferte Chiomara den römischen Hauptmann, der sie geschändet hatte und dann als Gefangene ihrem Manne
wieder verhandelte, den Schwertern ihrer Diener. Viel leichter überließen
sich die gallischen Frauen den römischen Soldaten und beugten sich der
Macht[4].

Wie bei den Römern, hieß es auch bei den Kelten, entweder siegen
oder unterliegen, herrschen oder beherrscht werden[5]. Gerade das Be-
herrschtwerden erscheint als das Regelmäßige, Ursprüngliche, Ältere. Denn
bei allen Indogermanen herrscht unbedingt der Mann und die Frau genießt

---

[1] D' Arbois Littérature 3, 233, 143; Frische Texte 3, 473.

[2] Leflocque Mythologie 195; an Stelle Oberons trat in christlicher Zeit der
hl. Valentin.

[3] Misopogon; vgl. Spartian v. Nigri 6.

[4] Plut. mul. virt. 20, 22; 40, 43; Liv. 38, 19; Caes. 7, 47.

[5] Caes. 6, 19. Nach D' Arbois stellt der gallische Zustand der Unterwürfigkeit
eine frühere Stufe, der britische Zustand der Selbständigkeit aber eine höhere Stufe
dar. Die Entwicklung wäre ähnlich verlaufen wie in Rom, was aber sehr unglaublich
ist (Rev. hist. de droit 15, 301).

keine Rechte, wie es sich im Ehebruch und in der Ehescheidung noch auf höherer Kulturstufe zeigt. Gemäß der älteren Sitte mußten die Frauen die härtesten Arbeiten verrichten, während die Männer der Jagd und dem Fischfang nachgingen[1], sie mußten selbst Bäume umhauen und Häuser bauen und auch später ließen sich die Helden noch gerne von Mädchen bedienen[2]. So gut als der römische Mann beanspruchte der keltische unbedingtes Strafrecht über Frau und Kinder, und mancher Vater zwang seine Tochter, gegen ihre Neigung zu heiraten oder ledig zu bleiben[3]; mancher Vater glaubte sterben zu müssen, wenn er seine Tochter ziehen lasse, und seine Liebe machte ihn zum Tyrannen[4].

Wie hart keltische Männer ihre Frauen behandeln mochten, beweist die Sage und Geschichte. Noch zur Zeit Columbans konnten Blaubärte nach der Art Heinrichs VIII. von England ihr Unwesen treiben und ihre Weiber hinrichten[5]. Bretonische Volkslieder stellen den Charakter der Mädchen nicht hoch und berichten von vielen Mißhandlungen[6]. Viel Ungemach erfuhr nach der irischen Sage Riannon, die sich selbst ihrem Manne aufgedrängt hatte. Ihren Sohn hatte, während seine Wärterinnen schliefen, nachts ein Geist geraubt, und da diese den Tod als Strafe fürchteten, schoben sie die Schuld auf Riannon, sie habe ihn im Traume erdrückt. Darauf mahnten die Verwandten ihren Mann, sich von ihr zu scheiden; er aber antwortete: „Wenn sie kein Kind gehabt hätte, würde ich mich geschieden haben, so aber will ich ihr eine Buße auflegen: sieben Jahre lang soll sie den Tag über auf den Steintritt sich setzen, der zum Hofe führt, soll jedem Kommenden ihre Geschichte erzählen und den Gästen anbieten, wenn sie wollen, sie auf ihren Rücken in den Hof zu tragen." Riannon nahm die Buße an, da sie auf den Rat der Weisen sich in keinen Streit mit den Wärterinnen einlassen wollte. In einiger Zeit aber entriß Teyrnon dem bösen Geiste, der auch Tiergeburten stahl, das Kind Gold-

---

[1] Caes. 2, 13, 16; 7, 28, 47.

[2] Nicht nur beim Mahle, sondern auch beim Waschen, der Bartschur, im Stalldienst s. die Geschichte von Owein und Geraint, D'Arbois 4, 22, 115; vgl. Eus. praep. ev. 6, 10; Tac. h. 1, 63, 66; Diod. 5,28.

[3] Gaius inst. 1, 55; Caes. 6, 18. Wir begegnen auch starken Zügen von Eifersucht. Am Rhein suchten die Väter durch eine Wasserprobe zu erkundigen, ob die Geburt ehelich oder unehelich sei, was man allerdings auf die Germanen bezog; Julian or. 1. ad Const. II; or. 2, 3; ep. ad. s. p. Ath.; Theophyl. Simoc. ep. 10, Anth. pal. 9, 125; Holder I, 948.

[4] So pflegte der Vater der Olwen auf die Freier vergiftete Lanzen zu werfen, bis Kulhuch und seine Begleiter den Spieß umdrehten und die Lanzen nach ihm warfen.

[5] Mab. a. s. 1, 135.

[6] Luzel, Chants I, 107, 117, 195, 203, 209.

haar, wie er es hieß, und da er die Ähnlichkeit mit seinem Vater erkannte,
brachte er es an den Hof und die glückliche Mutter nannte das Kind
nun Sorgenfrei, Kryderi.

Um Branwen, die Schwester des Königs Bendigeit Brans, warb der
König von Twerddon und feierte in dessen Halle Hochzeit. Da ein Stief-
bruder Brans dazu kam, ärgerte er sich, daß seine Schwester ohne seine
Beistimmung vergeben sei, stürzte sich auf die Pferde des Freiers und
seiner Begleiter und schändete sie, indem er ihnen Lippen, Ohren, Brauen
und Schwanz abhieb. Den König zu versöhnen, bot Bran ihm Ersatz der
Pferde, ferner silberne Ruten, so lang und so dick wie er selbst, eine
goldene Platte, so breit als sein Gesicht, und da ihm dies nicht genügte,
einen Zauberkessel, der Tote lebendig machte. Auch nachdem der König
mit seiner Frau in sein Land nach Twerddon abgezogen, brachten die
Besucher aus deren Heimat immer noch Geschenke. Alles umsonst! Der
Groll kochte fort und es bedurfte nur einer leichten Schürung der Verwandten, daß er ausbrach. Auf Drängen seiner Leute mußte er Branwen
einsperren, zur Küchenarbeit verurteilen und brach jeden Verkehr mit ihrem
Heimatland ab. Branwen erzog aber einen Staren und lehrte ihm Worte
ihres Unglückes, schickte ihn in die Heimat, worauf alsbald ein Racheheer
erschien, das sie befreite.

In den Honigmonaten, die der Verheiratung mit Enid folgten, verlor der edle Held Geraint alle Lust an Jagd und Kampf, so daß seine
Genossen über ihn spotteten. Da jammerte eines Morgens Enid, als ihr
Gemahl im Halbschlummer lag, daß er ihretwillen verliege. Eifersüchtig
fuhr er sie hart an, zwang sie ärmliche Kleider anzuziehen und ihn auf
Abenteuer schweigend zu begleiten. Im Waldesdickicht und in ärmlichen
Kammern mußte sie mit ihm schlafen, die erbeuteten Rosse hüten und wenn
sie ihm etwas zu sagen wagte, schalt sie der Held hart. Längere Zeit
dauerte dieses Leben, bis sich Geraint von der Treue seiner Frau überzeugt hatte.

Starb ein Mann unversehens, unerklärlich, so versammelten sich die
nächsten Verwandten und unterwarfen die Frau wie die Knechte der Folter
in der auch von den Römern geteilten Voraussetzung, daß sie für das
Leben des Herrn haftbar seien. In den Tod mit dem Herrn gingen mit
Sklaven und Lieblingstieren auch Frauen und Freunde, wenn sie auch
kein Zwang nötigte[1].

---

[1] Für die alte Zeit ist es unrichtig, wenn Belloguet 3, 10 sagt, Frauen haben
die Kelten nicht geopfert; vgl. Caes. 6, 19; 7, 47; Mela 3, 2; Das Totenopfer des
Fiachra vergleicht D' Arbois mit dem des Patroklus Rev. arch. 1878 I, 344.

Unbedingter als die Frauen achteten die Kelten die Kinder und legten auf ihre Erziehung viel Gewicht[1]. Innerhalb eines Stammes wurden die Kinder möglichst gemeinsam erzogen; die Kinder des Häuptlings kamen in die Familien der Untergebenen, in einem gewissen Alter aber alle zusammen an den Hof des Häuptlings[2]. Solange die Kelten ihre Selbständigkeit genossen, legten sie das Hauptgewicht auf Kriegstüchtigkeit. Erst wenn die Söhne die Waffen zu führen verstanden, durften sie vor das Angesicht ihres Vaters treten[3]. Ihre Pflegeeltern ehrten die Kinder gleich den wirklichen Eltern. Zwischen Milchbrüdern und Milchschwestern bestand fast kein Unterschied; eher haßte der Kelte seine wirklichen Verwandten, als seine Pfleglinge und Milchbrüder[4]. Aufziehung, Erziehung und Unterricht, Eideshilfe und Kampfeshilfe, in der christlichen Kirche die Patenschaft, schuf wie die natürliche Geburt eine Art Verwandtschaft und begründete die heilige Pflicht zur Hilfe ʹin jeder Not. Auf dem engen Familienzusammenhang, der sich bis ins vierte Geschlecht erstreckte, beruhte noch bis in die Neuzeit herein die soziale Ordnung, wie ein Bischof auf dem Konzil von Trient noch hervorhob[5].

---

[1] Die heilige Brigitta stammte von einer Nebenfrau Dubtachs, die von ihm verjagt wurde (vita Brigittae Boll. Feb. I, 119) vgl. D' Arbois La famille homérique et la famille celtique, Rev. hist. de droit 22, 437; Litt. 6, 292. Wie tief das Christentum zuletzt einwirkte, beweist der Umstand, daß heute Irland am wenigsten uneheliche Geburten kennt; Steffen, Streifzüge durch Großbritannien S. 373; Krose, Einfluß der Religion Hist. pol. Blätter 123, 484; J. Müller D. sex. Leben der christl. Kulturvölker (1905) 201.

[2] Jnnes Sketches of scottish Early hist. 1861 S. 366; Valroger, 523, 544.

[3] Liv. 10, 16; 38, 17; Caes. 6, 18.

[4] Solum alumnis et collactaneis si quid habent vel amoris vel fidei illud habent. . . . Fratres et propinquos persequuntur. Girald., t. Hib. 3, 23; Nutricii multo plus operae, opum et amoris alumnis quam natis impendunt (Camden). Wie ein Milchbruder dem andern zu einer reichen Frau verhilft f. Luzel I, 445.

[5] Montalembert, Mönche des Abendlandes 3, 187.

XI.
Das keltische Geschlechtshaus.

Ihr reger Familiensinn trieb die Kelten zu engem Zusammenwohnen in großen Geschlechtshäusern; der Familiengeist verkörperte sich im eigenartig keltischen Haus, das auch Germanen übernahmen, obwohl sie der Familiensinn viel weniger beherrschte. Es war, wie gesagt, ein Schiffhaus, wie es einem Volke entspricht, das dem Ackerbau zuneigt, ein großer quadratischer Holzbau mit einem Satteldach, das auf einem Gerüst von 6 geraden Stämmen ruhte. Von je 2 gegenüberstehenden Stämmen wurden die oberen Enden oder Äste in Spitzbogengestalt gegen einander gebogen und zusammengebunden und auf ihrer Kreuzung ruhte der Firstbaum. Die Stämme, Säulen, Gabeln (gavaels), Furken (fyrch) bildeten das Hauptschiff und ließen zu beiden Seiten Nebenschiffe unter den Überhängen des Daches frei. Der in der Mitte stehende Gabelbogen teilte die Nebenschiffe in vier Gavaels oder Abteilungen und jeder Gavael zerfiel in vier Randirs, Gwelys[1] oder Betten, jedes für eine Familie; das ganze Haus war also für sechzehn Familien bestimmt. Solches Zusammenwohnen findet sich auch bei anderen Völkern, wenn auch in dieser Regelmäßigkeit nur noch bei den Slaven[2]. Denn es bot den Geschlechtsgenossen Schutz und Sicherheit, die

Dachstuhl des keltischen Stammhauses.

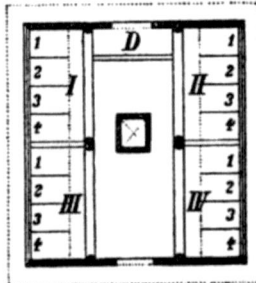

Grundplan des keltischen Stammhauses, bzw. des Häuptlingshauses. In der Mitte steht der Herd, daneben erhebt sich die Dachgabel, deren obere Hälfte der obige Dachstuhl zeigt (Meitzen).

Hauptsache unter den einfachen, rauhen Verhältnissen der Urzeit, was nicht genug betont werden kann. Mochte das Herrenhaus auch nur aus

---

[1] Randir erinnert an Rand, gwelys an gwal, Wall.

[2] Auch sonst saßen Brüder auf einer unteilbaren Hufe κλῆρος; Pöhlmann, Antiker Kommunismus 18. Selbst bei den Italikern müssen vereinzelt solche Gemeinschaften vorgekommen sein, denn noch haben sich Spuren erhalten (nach Jacinis Gesch.

Holz bestehen und mochte auch nur ein Zaun um die Siedelung laufen, so mußte um so lebhafter die Wachsamkeit des Herrn und seiner Knechte sorgen.

In dem Haupthaus konnte an sich auch Vieh stehen, aber in größeren, reichen Häusern fand es seinen Platz in eigenen Räumen, im Viehhof[1], woran sich Scheuern, Rundhütten der alten nationalen Art für Knechte und andere Wirtschaftsräume anschlossen[2]. Die Haus- und Familieneinteilung übertrug sich auf das zugehörige Weidevieh, auf das Weide- und Ackerland. Herde, Land und Haus entsprach sich genau; auf Land- und Hausrecht ruhte die Genossenstellung; der Mann mit gebrochenem Karren, der Hauslose, war auch landlos, rechtlos.

Zu jedem Hofe gehörte ein bestimmtes Gebiet, das nach der Ansiedelung und Einfriedigung Zaunland, Townland hieß[3]. Je stärker die Familien anwuchsen, desto mehr Land mußte dem Ackerbau zugeführt werden, wenn der ursprüngliche Umfang von etwa 480 Acres reichen sollte. Das Land mußte die Gesamtheit bebauen und noch später, als der Ackerbau blühte, erinnert das Runrigsystem daran, wo der Landbesitz von Zeit zu Zeit an die einzelnen Geschlechtsglieder gleichmäßig verteilt, verlost wurde; denn Runrig heißt wohl ursprünglich Teilungslos[4]. Das Townland wurde für 16 Familien in 16 Hufen verteilt und zwar zunächst in 4 Viertel oder Quarter entsprechend den 4 Gavaels des Herrenhauses mit je 120 Acres, und jedes Viertel zerfiel in 4 Hufen oder Tates, entsprechend den 16 Randirs oder Lagern des Herrenhauses[5].

---

der Lombardei). 4, 5 Haushaltungen lebten zusammen unter einem reggitore, einer massara und dem bifolco (Stallmeister). Deutlichere Spuren ergibt das germanische Mittelalter; Laveleye, La propriété 289.

[1] Viehhof buarth, Kornhof ydarth; Ancient laws of Wales 639, 51; Seebohm 126.

[2] Nach Mucke, Urgesch. 311 sind die Rundhütten, die Hirten voraussetzen, neben dem Schiffhaus der Ackerbauer (s. oben S. 42, 75) ein Beweis dafür, daß sich aus feindlichen Brüdern, Hirten und Bauern vereinigten.

[3] Über die Umzäunung s. D'Arbois, Littérature 5, 34.

[4] Runrig oder rundale von roinn (Los)- ruith (Teil), roinn-diol (Teil) fortgesetzte Teilung, Los-Teilung; Laveleye l. c. 250, 289. Rig wird übrigens auch ridge (= erw) gleich gesetzt. Ein Randir begriff 16 Erws, große Erws. Die Größe dieser Erws bestimmt sich folgendermaßen: wenn ein Treiber eine Rute vom Maß eines langen Joches von 8 Ochsen d. h. 16 (18) Fuß breit nach beiden Seiten ausstreckte, so war die Breite eines Ackers gegeben; 30mal diese Breite ergab die Länge. Dieser Erw war also 960 × 32 d. h. 30 726 Quadratfuß groß; d. h. ein Morgen. Der kleine Erw war zwei Ruten zu je 18 Fuß breit und 18 Ruten lang d. h. 11 664 Quadratfuß, ein Drittelsmorgen.

[5] Eine Hundertschaft gibt es bei Römern und Germanen; bei den Römern

Jeder Familienvater erhielt eine Hufe mit 30 Morgen[1], ein sehr verbreitetes Hufenmaß, das in gewissem Sinn schon die Römer kannten, das aber im Norden nur für die notwendigsten Bedürfnisse reichte. Nach einer andern Bestimmung mußten nur für Unfreie, die Taeogs, 30 Morgen reichen, während Freisassen viel mehr erhielten[2]. Dazu kam der Genuß des Weidelandes in weitem Umfange.

Als Zubehör des Hauses geriet das Grundeigentum, richtig gesagt, die Nutzung an dem unbeweglichen Gemeineigentum in die Bewegung des Lebens hinein, unterlag den Wechselfällen der Wirtschaft und ließ die Vererbung und Teilung zu. Das Haus vermittelte zwischen beweglicher und unbeweglicher Habe und übte, an sich zur Fahrhabe gehörig, auf das Grundeigentum Einfluß, wurde zum Träger des Vererbungsgedankens und entfaltete als fruchtbarer Keim das Erbrecht. Blieben nach dem Tode der Eltern die Kinder und ihre Familien im gleichen Hause beisammen, so bedeutete das soviel als gemeinsame Nutzung des Landes, Zusammenarbeit, auch wenn sie die Fahrhabe teilten; schieden sie aus und bezogen gesonderte Siedelungen, so mußten sie, wofern sie kein Neuland besetzten, das alte Land teilen und beobachteten hiebei verschiedene Regeln, pflegten Stammteilung und Kopfteilung und stuften die Anteile ab. Höher hinauf in die Urzeit reicht wohl die Kopfteilung, da sie eine ungeteilte Hausgemeinschaft voraussetzt, wo Söhne und Enkel beisammensaßen. Daher bestand in Irland bei den nächsten Nachkommen, bei der Geilfine, der Handfamilie[3] Kopfteilung, d. h. das Gut zerfiel in so viele Teile, als es Köpfe zählte. Entstanden Ungleichheiten im Grundbesitz, so suchte man immer wieder auszugleichen. Fehlten Nachkommen, so wurden die Vaters-,

---

besaßen sie 200 oder 240 Morgen Ackerland neben größerer Weide. Weit größer war die germanische Hundertschaft. Die Rechnung mit 240 Morgen bringt Seebohm, Engl. Dorfgemeinde in Zusammenhang mit dem gallischen Münzgewicht: ein Pfund Silber = 12 Unzen à 20 Pfennig oder Denar (S. 148). Spuren der Clanverfassung bei den Galliern will man in den Vierteilungen erkennen, die bei gallischen Stämmen vorkamen, ähnlich wie bei irischen; so zerfielen die Helvetier in 4 pagi; die Gallier in 4 Tetrarchien. Plin. 4, 31; Strabo 12, 5; Meitzen Siedelung 1, 182, 205.

[1] Ein Yard of land ist heute noch gleich 30 acres in England, nach dem liber hymnorum erhielt jeder 9 ridges of bog (Sumpfland), 9 of smooth (Ackerland) und 9 of wood (Waldland).

[2] In einem Freitref, einer Freihufe sollen nämlich 4 Ranbir sein, 3 für die Freisassen (wie es scheint 3 oder 4 Freisassen) und einer für die Weide. In dem Unfreientref sollen 3 Ranbir sein; für 6 Unfreie 2 Ranbir, der dritte für die Weide. Nun enthielt aber ein Ranbir hier 312 Erw oder Drittelsmorgen (zu etwa 12 Ar); Anc. L. 374; Walter, Wales 130, 195.

[3] Familia sub manu.

Großvaters= und Urgroßvatersparentel, die Deirbfine, leibliche Familie, die Jarfine, Nachfamilie, Indfine, Endfamilie berufen und zwar zusammen mit abgestuften Teilen[1]. Die Teilung nach Sippen, Stämmen, Generationen, Parentelen entspricht mehr solchen Zuständen, wie sie bei den Germanen bestanden, wo die Hausgemeinschaft nicht allzu lange dauerte und sich Sonderfamilien bildeten[2]. In Wales brachte ein Grab näher das Doppelte an Rechten, aber auch an Pflichten und zwar stand die Männerseite immer einen Grab näher als die Weiberseite[3]. Viel hing bei der Erbteilung davon ab, wie viel die Erben an Ansehen und Macht in die Wagschale legen konnten[4].

Merkwürdigerweise erkannten die Kelten das Recht der Erstgeburt selten an[5], häufiger ein Recht des Letztgeborenen, die Maisneté, Quevaise, das namentlich dann eintrat, wenn die erstgeborenen Söhne schon bei Lebzeiten der Eltern versorgt waren. Von der Fahrhabe erhielt in Wales der jüngste Sohn den Kochkessel, die Holzaxt, das Pflugmesser, die Harfe und das Schachbrett, in Irland der älteste Sohn das Haus, das Bräufaß, Töpfe und Krüge[6]. Dies war aber Ausnahme, in der Regel fiel die Herdstatt und der Hof dem jüngsten Sohne zu. Auch in der Bretagne war der jüngste Sohn bevorzugt[7]. Die Hintansetzung des Erstgeborenen erklären manche Forscher aus unsittlichen Gebräuchen, die dessen Abstammung dem Zweifel aussetzten, aber wohl mit Unrecht. Viel eher spielten religiöse Gründe mit, die Besorgung des Ahnendienstes, der an dem Besitz der Herdstatt haftete[8]. Zum Haus, zur Familie, zur Hausgenossenschaft rechneten die Kelten nicht bloß die Verwandten, sondern auch Knechte, Zugewanderte, Angenommene und unterschieden nicht zwischen Haus

---

[1] Skene 3, 183. Vgl. Leist Altar. jus civ. 1, 469.

[2] Hier gilt der Grundsatz tot gradus quot genera. Bei den Römern schlossen die näheren Grade die ferneren aus und es galt der Grundsatz tot gradus quot generationes. Dagegen anerkannten auch die Griechen eine Repräsentation, beriefen Enkel mit Söhnen zur Erbschaft. Während bei den Russen mehr die Kopfteilung herrscht, pflegen die Südslaven Stammteilung.

[3] Daher mußte als Wergeld an die Speermagen das Doppelte der Kunkelmagen bezahlt werden; Walter, Wales 139.

[4] In haereditate adeunda plus potest qui plus valet (Camden).

[5] In der Neuzeit unterschieden sich die Katholiken und Protestanten in Irland darin, daß jene gleiche Erbteilung, diese Erstgeburtsrecht hatten, Maine Early. hist. 206; Sullivan bei O' Curry I, 184.

[6] O' Curry I, 179; Elton Origins 203.

[7] Der Juveigneur, daher juveigneurie = quevaise.

[8] Die alten Ungarn hatten ähnliche Sitten; Elton 219; vgl. über Alraun Grimm Myth. 1154.

und Familie oder Sippe wie die Römer und Germanen; ja sie ließen die Familien zu Tribus, zu Hundertschaften anschwellen und erweiterten sie noch durch die Gefolgschaft, Eideshilfe, Kampfhilfe[1]. Aus der Familie wuchs die Markgenossenschaft, aus ihrer Nachbildung die Grundherrschaft heraus. Daher bezeichnet das irische Hi und Mac Stamm und Dorf[2].

---

[1] Ancient laws 547, 1—9.
[2] Nicholson Kelt. res. 41.

XII.
Keltische Grundherrschaften.

1. Gefolgschaften.

Familienkommunismus und Feldgemeinschaft ist für einfache Verhält=
nisse wohltätig, er gewährt Ordnung, schließt die Leute notdürftig zusammen,
verhindert Ungleichheit, Streit und Rechtlosigkeit. Aber er hemmt auch
die individuelle Unternehmungslust, er opfert die Freiheit der Gleichheit.
Freieren Männern werden diese Bande zu enge, sie wollen herrschen und
besetzen immer mehr Land, das sie als festes Eigen ansprechen[1], unfreie
Menschen aber geraten in immer stärkere Abhängigkeit und vermischen sich
mit dem unfreien Urvolk[2] oder mit Knechten. Daher wachsen in und
neben den Haus= und Feldgenossenschaften überall Herrschaften empor,
dort mehr, hier weniger[3].

Jede Gemeinschaft bedarf der Führer, der Schützer, der Vorstände,
der Häuptlinge. Dem Stärksten, Klügsten fällt von selbst hohes Ansehen,
Reichtum und Macht zu und zwar um so mehr, je unsicherer die Zustände
sind. In der Sage ringen die Helden und Häuptlinge fortwährend um
den Vorrang, denn die Rangordnung drückte sich in allen Äußerlichkeiten
aus, in verschiedener Gewandung, bei der Tafel in der Zuteilung der
Speisen[4], bei den Fahrten in verschiedenen Wagen[5]. Wer sich hintan=

---

[1] Ein Maier hatte Anspruch auf ein ganzes Tref, ebenso der Schultheiß (Kanzler)
und auf noch mehr der Adelige; A. L. 91 (s. S. 126 N. 2). Das Office- oder Mensalland,
das erbliche Deis, Orba (später auch Termon- oder Kirchenland) war festes Eigen;
Skene, Celtic Scotland III, 148, 282.

[2] Viel Gewicht auf ein solches Urvolk legt Valroger 113.

[3] Vgl. über Indien Dahlmann, das altindische Volkstum 85; hier wird die
Bedeutung der Markgenossenschaft etwas unterschätzt.

[4] Das beste Stück, den Schenkelknochen, den Hirschkopf, erhielt der tapferste
Krieger, Athen. 4, 13; Diod. 5, 28; vgl. die Geschichte von Geraint und das Fest-
mahl des Bricriu.

[5] Esseda festinant, pilenta, petorrita, naves, Horat. ep. 2, 1, 192. Dazu
Porfyrion: Esseda sunt Gallorum vehicula, quibus tamquam victi reges vehun-
tur; pilenta, quibus regina capta: petorrita quibus familiae regum. — Castae

gesetzt glaubte, griff zum Schwert und das Blut floß mit dem Mete, und noch verschärft wurde der Kampf, wenn die Frauen eingriffen und um die Ehre ihrer Männer stritten. Je mehr Männer einer beim Mahle getötet hatte, desto mehr bildete er sich ein. Bei diesen Zweikämpfen ging es meist mehr als um das Heldenstück, nämlich um Hof und Land; wer sich überwunden geben mußte, der wich und so zogen mutige Helden abenteuer= lustig aus, sich eine Häuptlingsstelle zu erfechten oder gestützt auf ihren Arm von mächtigen Königen als Gefolgsleute aufgenommen und mit Land ausgestattet zu werden[1]. Manchmal erhob sich zwischen den Gliedern einer Familie ein heftiger Streit, den nicht die Wahl der Untergebenen, sondern der Zweikampf endigen mußte. So hören wir aus Spanien um 206 v. Chr., daß zwei Brudersöhne um die Herrschaft kämpften, Korbis, der Sohn des Erstgeborenen und früheren Herrschers, und Orsua, der Sohn des eben verstorbenen Königs, der denn auch im Kampfe unterlag[2]. Gewöhnlich bestimmte eine Verbindung von Erblichkeit und freier Wahl, die sogenannte Tanistry, die Nachfolge in der Häuptlingswürde[3]. Wer sich unter den Söhnen eines Häuptlings besonders hervortat, der konnte auf die Zustim= mung und Wahl der Genossen rechnen.

Freie Hingabe ergänzte die Ordnung, eine freie Unterordnung war notwendig, um Ordnung, um Frieden überhaupt anzubahnen. So ent= standen Männerbünde, Friedensbünde, Hetairien, wie sie die Griechen nannten, die aber leicht zur Dienstbarkeit führten; die Freunde, die Ge= nossen, die Begleiter wurden zu Dienstmannen, Klienten, Ambakten, Sol= durien (eigentümlich keltische Worte, irisch Ceile). Nach dem Vorbild der Familie eingerichtet, ließen diese Bünde gerne den Herrn als Vater, die Gefolgsleute als Söhne erscheinen[4]. Solche künstliche Familien, Sippen, die dem Einzelnen Recht und Schutz, Hilfe und Rache, Lohn und Gewinn gewährten, konnten sich innerhalb eines bestimmten Gebietes viele bilden, oft mochten ihre Gebiete ineinandergreifen. Es war in gewisser Hinsicht ein vollständig freies Verhältnis trotz des Zwanges, den die Umstände

---

ducebant sacra per urbem pilentis matres in mollibus, Verg. Aen. 8, 665; dazu Servius: Pilenta sunt vehicula, sicut nunc basternas videmus. Erant autem tunc veneti coloris, non ut nunc sunt, russati, quibus nisi castae non utebantur.

[1] Irische Texte 4 a, 231.

[2] Liv. 28, 21.

[3] Wohl zu unterscheiden von der Erstgeburt; der Häuptling hieß Toisech (To= schach), Flaith, Chief, Captain; der jeweilige Nachfolger hieß Tanaist.

[4] Caes. 3, 22; 6, 19; Polyb. 2, 17; Holder II, 1601.

ausübten[1]. Daher hören wir von alten Schriftstellern viel von Wahl, von freiem Anschluß neben Äußerungen des Druckes und des Zwanges[2]. Das gemeine Volk, sagt Cäsar, sieht man als Knechte an, es kann nichts unternehmen, wird zu keiner Beratung zugezogen. Offenbar war die Knechtung stärker als bei den Germanen[3]. Die meisten aus seiner Mitte, fährt Cäsar fort, von Schulden, übergroßen Abgaben, oder durch die Mächtigeren bedrängt, ergeben sich in die Dienstbarkeit des Adels, der gegen sie die nämlichen Rechte hat, wie der Herr gegen die Sklaven. Je vornehmer und mächtiger einer ist, desto mehr Dienstleute und Schutzbe= fohlene, Klienten hat er um sich, bis zu zehntausend; umgaben doch auch manche Frau Scharen von Dienerinnen, oft fünfzig, wie die Sage berichtet.

Unter den Dienern standen obenan die Mitkämpfer, Schild= und Schwertträger, sodann auch Sänger, Barden und Priester. Überall hin be= gleiteten sie den Herrn, in Kampf, Krieg und Tod, — den Herrn zu über= leben, schändete sie[4] —, sie gingen mit zu Gesandtschaften und Mahlen, wes= halb sie auch die Herumgetriebenen, Ambakten, genannt wurden[5]. Bei den Mahlen standen die Schildträger hinter ihrem Herrn, die Speer= träger saßen gegenüber[6] und ein Fußträger lag wohl zu Boden und wärmte die Füße des Herrn in seinem Schoße; manchmal leistete ein Mädchen diesen Dienst. Der Fußwärmer aß aus dem nämlichen Teller wie der Herr und in reicher Kuhspende bestand sein Lohn[7]. Nicht min= derer Ehre genoß der Wagenlenker des Helden, der für die Ehre seines Herrn einstand. Bei allen Gelegenheiten, so bei Hochzeiten, mußten die Helden reichliche Gaben spenden, namentlich Rinder und Rosse.

---

[1] Daher berührt sich Freund und frei in der keltischen wie germannischen Sprache.

[2] Caes. 5, 27; 7, 32, 39; 6, 13; Belloguet 3, 404 faßt einseitig das freie Moment ins Auge und will damit die Tatsache des Zwanges beseitigen, die Zusammen= hänge zwischen beiden waren ihm nicht klar.

[3] Valroger 112.

[4] Polyb. 2, 17; Diod. 5, 29; Nefas esse ducebant proelio superesse, cum is occidisset, pro cuius salute spiritum devoverant; Val. Max 2, 6, 12. Lingua Gallorum barones vel varones dicuntur servi militum, qui utique stultissimi sunt, servi scilicet stultorum; Schol. in Pers. 5, 138.

[5] Caes. 6, 15. Später soviel wie servi coloni; Holder I, 114. Das Wort ambactus wird verschieden erklärt, entweder als ein keltisches Knecht oder ein deutsches Ambaht, Amt; Fustel de Coulanges, la Gaule romaine 1891 p. 36. Diod. 5, 29 sagt ϑεράποντες ἐλεύϑεροι. Ebenso wird solduri (Caes. 3, 22) als keltisch bezeichnet von Hirschfeld (Berl. Akademieb. 1896) als germanisch von Grimm G. d. b. Sprache I, 395.

[6] Als die Römer das Gefolgswesen übernahmen, standen unter den bucellarii die Doryphoren über den Hypaspisten; vgl. Athen. 4, 13 (12); 6, 5 (49).

[7] D' Arbois Littérature 3, 119.

9*

Die Barden sangen sein Lob wie das Lob der Gäste und Wirte;
Ruhmgier bildete ja eine tiefe Schwäche der Kelten und durch Barden=
gesang erreichten die Gesandten leicht ihr Ziel. Daher wimmelte es von
Barden und viele mußten zum Bettelstab greifen [1]. Einen mächtigen
Helden schildert der Gesang als kühnen Eber, fleischfressenden Raben, als
Schildbogge, fressendes Feuer, Günstling der Frauen; sein Leib ist rot
oder schwarz von Blut, seine Haut gefurcht von Narben; er bringt Friede
den Burgen, schützt edel den Leibeigenen, siegt über böse Geister; niemand
gleicht dem Löwen des Tales.

Auf der Gefolgschar beruhte die Macht eines Häuptlings; nur diese
Macht, dieses Ansehen, sagt Cäsar, kennen sie, und eine große Gefolgschaft
hob natürlich den mächtigen Herrn hinaus über alle staatlichen Zusammen=
hänge; auf sie gestützt, konnte er Volksansprüche und Volksrechte verachten,
dem König sich widersetzen [2]. Das Parteiwesen vereitelte jeden umfassenden
Zusammenschluß, eine eigentliche Staatsbildung und eine monarchische Zu=
sammenfassung des Volksganzen. Dies zog ähnliche Folgen nach sich, wie
die Zersplitterung des Mittelalters: Friede und Wergeld mußte die Rechts=
ordnung ersetzen und die Masse des Volkes fronte dem Adel [3].

2. Hörigkeit.

Mit der öffentlich rechtlichen Stellung der Häuptlinge verband sich
die privatrechtliche, da öffentliches und privates Recht sich nicht unterschied.
Die politische Abhängigkeit hatte zur Folge und Voraussetzung eine öko=
nomische. Die Geschlechtshäuptlinge leiteten die Wirtschaft, den Weide=
betrieb, verteilten das Vieh und wiesen das Land an [4].

---

[1] Athen. 6, 5.

[2] Caes. 1, 4 per eos ne causam diceret se eripuit. Von den Adeligen sagt
Giraldus Qui et dominis rebelles esse solebant dominumque ferre detrectabant,
Camb. desc. 1, 8.

[3] Fustel La Gaule 34.

[4] Auf die Viehverteilung führt noch später das Recht die feudale Abhängigkeit
zurück im kleinen und großen. Nach den Brehon laws (abgefaßt nicht vor dem 9.
Jahrhundert) teilten in Irland die Stammeshäupter an die einzelnen Häuser, zunächst
an die verwandten, dann an die entfernteren, das Vieh. Wer ein solches empfing,
der mußte 7 Jahre hindurch dem Geber ein Drittel des Ertrags, ferner Milch und
Dünger liefern, und Dienste und Arbeiten leisten. Nach 7 Jahren hörten die aus dem
Empfang der Kühe entsprungenen Verpflichtungen auf und das Vieh wurde das Eigen=
tum derjenigen Hausgemeinschaften innerhalb des Stammes, die es empfangen hatten.
Die Schuld amortisierte sich also, was sonst nicht die Regel ist. Noch in der spätrö=
mischen Zeit betrugen die Naturalzinse 50 Prozent (hemiolon); ursprünglich betrugen
sie wohl 100 Prozent ohne Amortisation. Daher ist die Schuldknechtschaft der untern
Stände in Rom wie in Athen begreiflich (Maine Ancient law 169). Nach der Zahl

Die häufigen Geschlechtsfehden vermehrten noch die Macht der Häupt=
linge, indem sie ihnen reiche Beute brachten und die Fehde manchen Mann
friedlos machte[1]. Der landlose, hauslose Mann, der Fuidhir, der Mann
mit gebrochenem Karren war auch rechtlos[2]; nur drei Tage durfte er zur
Not irgendwo bleiben, dann aber mußte er, wollte er Verdacht vermeiden,
entweder weiterziehen oder sich einem Mächtigen ergeben, dem König oder
einem Herrn Treue schwören und in dessen Muntschaft Ersatz suchen für
die Familienmunt[3]. Je nach seiner früheren Stellung und andern Um=
ständen nahm der Zugewanderte einen höheren oder niederen Rang ein;
daher schillert noch im Mittelalter der Begriff hospes sehr stark.

Im Allgemeinen mußten bei den irischen Kelten die Fuidhirs die
unterste Stufe einnehmen unter den Sencleiths, Kötern, Botachs, bor-
darii, cotarii (von cote, both Hütte). In diesen Klassen unterschied
man wieder zwischen Saers, Freien, die freiwillig in ihr Verhältnis ein=
traten und weniger zu leisten hatten, als die Daers, die Unfreien[4]. Die

---

des empfangenen Viehes richtete sich auch das geteilte Ackerland, im Grunde genommen,
also nach der näheren Verwandtschaft mit den Stammeshäuptern (secundum dignationem, selon son antiquity, sagt ein Berichterstatter). Aus der Vieh- und Landver-
teilung an weniger vornehme und ärmere Volksgenossen ergab sich natürlich eine
Abhängigkeit, eine Art Hörigkeit. Nach späteren Quellen hätten die Clanhäuptlinge
selbst wieder Vieh von den Provinzialkönigen und diese von dem Oberkönig erhalten
(S. Jaffé, Bodenrecht und Bodenverteilung in Schmollers Jahrbuch 1893 S. 1085).
Das Vieh ist Wertmesser und entscheidendes Eigentum. Laveleye, La propriété et
ses formes primitives 1891, S. 418 (c. 27); Maine E. h. 159. Bei städtischen Gemeinwesen beanspruchten die Vornehmen die Verfügung über die Gemeingüter, wie
die Patricer in Rom und verlangten für die Landleihe hohe Abgaben, Lavisse-
Bloch 1, 68.

[1] Spend me (brandschatze mich) and defend me, sagte der kleine Mann. Selbst
keinen Anspruch auf ein Wergeld hatten die Fuidhirs, O' Curry, Manners I. 117.
Man versteht was das heißt, wenn man bedenkt, daß ohnehin sich nur Schwächere zum
Wergeld verstehen.

[2] Alltuds in Wales: hier machte die germanische Eroberung viel Flüchtlinge
(advenae, exules).

[3] Ancient laws 560, 585, 26; Walter 160.

[4] Diesen oblag die Hofespflicht, Fronpflicht, dem Saer mehr öffentlich rechtliche Dienste. Von O' Curry wird der Unterschied zwischen Saer und Daer wirt-
schaftlich gefaßt, der Saer empfing nur Grund und Boden, der Daer auch Vieh, daher
war er zu stärkeren Leistungen verpflichtet. Wieder andere meinen, die Saer haben
bei Vieh- und Geldübernahme keine Bürgschaft leisten müssen, wohl aber der Daer.
Der Saer konnte das Verhältnis lösen durch einfache Rückgabe des Empfangenen, der
Daer mußte das Doppelte zurückgeben. Skene, Scotland 3, 171; Montgomery, Hist.
of the Landtenure in Irland 18; O' Curry Manners I, 114; vgl. Wildner Carl,
Crofters und Cottars 19. In Wales hießen die Knechte Taeogs, höher standen die

freiwillig eintretenden Fremden hießen Saer Fuidhirs, unfreie gefangene
Knechte Daer Fuidhirs, die Saer Botachs waren bessere, die Daer Botachs
geringere Köter, die Saer Ceile freie Vasallen, die Daer Ceile unfreie
Ministerialen, jene freeholders, diese copyholders.

Den Unterschied zwischen Freien und Unfreien hob die öffentliche
Schätzung, das Wergeld, und die Sitte z. B. die Kleiderordnung scharf
hervor[1]: für einen Unfreien bezahlte man in Wales gar kein Wergeld,
sondern nur den Sachwert, 6 Kühe oder 360 Pfennige, wenn man ihn
erschlagen hatte. Zehnmal mehr, 60 Kühe oder ein Schock, galt der Ge=
meinfreie, 120 der Edelmann, 180 der Häuptling[2]. Indessen ermäßigte
die Kluft zwischen Freien und Unfreien der Umstand, daß der Adel keinen
geschlossenen Stand im späteren Sinne bildete und daß der Adelige seinen
Hörigen näher stand als dem Häuptling eines andern Stammes. Erst
mit dem Wachstum der Kultur erweiterte sich die Kluft. Zur Not mußten
auch Vornehme den Pflug in die Hand nehmen oder durch ihrer Hände
Werk ihren Unterhalt gewinnen; so treten heruntergekommene und vertrie=
bene Edelleute in der Sage als Sattler, Schuster, Schmiede auf und
erregen durch ihre Kunstfertigkeit den Neid ihrer Zunftgenossen[3].

Die ältesten Zustände ließen zwar der Willkür mehr Raum, aber
erst höhere Kultur gestattete eine starke Ausnützung. Daher ließ der Acker=
bau, der an sich die Gleichheit begünstigte, den Druck stärker anwachsen,
wie wir das schon bei Cäsar merken, der nach römischen Begriffen von
einer großen Verschuldung spricht[4]. Die Häuptlinge und Adelige verwan=
delten sich in Grundherrn, die Abgaben der Geschlechtsgenossen in Pacht=
gelder, kurz das Patriarchalverhältnis in ein drückendes Feudalverhältnis,
nachdem sich Verwandtschaft und Beziehungen längst verwischt hatte[5].

Bonddigs, die Freien hießen Uchelwr, Gwrdr, Breyr. In der Bretagne ist das
precarium als domaine congeable üblich; alte Bezeichnungen sind motte, quevaise,
querals, Valroger 389.

[1] O' Curry 3, 87.

[2] Das Wergeld manchen Abtes war 66 Kühe, zwischen je zwei Kühen ein
Schaf und ein Schwein und aus dem Geschlechte eines zum Steinhauen und eine Frau
zur Wäscherin. Ancient laws 544, 3.

[3] So in der Geschichte Manawyddans.

[4] B. g. 1, 4.

[5] Die Spuren eines jus primae noctis sind bei den Kelten ziemlich deutlich;
Sol. 22; Zimmer in Kuhns Zeitschrift 27, 482; 28, 626; D' Arbois de Jubainville
Cours de littérature celtique V, 7, 49, 127; VI, 320; Rev. d. quest. hist. I, 95;
f. dagegen Innes scotch legal antiquities 1872, 51 über merket, mercheta (mari-
tagium) marquette; f. Gruppen de uxore theodisca 8, 35; Blackstone 2, 83. Darnach

Daher nannten die Schotten die Grafen große Maier[1]. Mit Rücksicht auf diese Machtsteigerung der Grundherrn und Häuptlinge konnte Hieronymus wohl Britannien als fruchtbare Erde für Tyrannen bezeichnen[2].

3. Genossenschaften.

Die Zaunländer der Markgenossen, die Townlands, Townships verwandelten sich in Fronhöfe. Nicht als ob alle Spuren einer Genossenschaft verschwunden wären; in der Regel dauerten sie auch unter der Feudalhoheit und Grundherrlichkeit fort; ja es bildeten sich oft unter Hörigen erst Genossenschaften[3] und daneben erhielten sich freie Genossenschaften in größeren Kreisen, Tuaths, mit eigenartigen Versammlungen[4]. Daher begegnet uns die Feldgemeinschaft noch tief im Mittelalter und in einzelnen Spuren noch in der Neuzeit, so im Runrigsystem. Hier unterlag der einzelne Ackerstreifen rig oder ridge gleich einem acre, einem erw, einem fortlaufenden Besitzwechsel, einem run, und die Stücke wurden entweder verlost oder nach der Leistung bemessen. In Irland unterschied man eine Klasse solcher, die nur den vierten Teil einer Pflugeinrichtung, also einen Ochsen, einen Stachel, einen Baum lieferten, ferner solche, die einen ganzen Pflug stellten und bemaß darnach die Größe der Wohnung, des Landes und die Abgabe. Nach einem Gesetz bekam der Pflüger einen Acker, wer das Eisen stellte, der Schmied einen zweiten, der Treiber und wer einen Ochsen stellte, je einen Acker. Je 12 taten sich auf eine solche Weise zusammen zur Bestellung von 12 erws oder acres[5], was sich daraus erklärt, daß das Beackern von jeher große

---

entstand die Sage aus der Muntschaft der Häuptlinge über vaterlose Mädchen (s. S. 117 N. 5). Jedenfalls bestanden auf britischem Boden Heiratsabgaben unter dem Titel des jus primæ noctis in sehr weitem Umfang (Karl Schmidt des j. p. n. 69 ff.) Bemerkenswert sind auch Erscheinungen, wie sie z. B. das Lied vom Herrn von Penánstank bei Luzel I, 429 widerspiegelt.

[1] Maormar, Toschach (= Thane), Skene 3, 281.

[2] Fertilis provincia tyrannorum, Ep. 133.

[3] Die Runrigs partnership-tenures bildeten sich meist auf grundherrlichem Boden Macculoch, Statist. Account of the British emp. 1837 I 523. Jaffé versetzt Feldgemeinschaften erst in spätere Zeit. Nach ihm waren solche Genossenschaften (partnerships) durch Pachtung großer Farmen, durch eine größere Zahl kleinerer Leute entstanden; Meitzen versetzt sie in die Vorzeit.

[4] Der Mithal Flatha vereinigte die Dienstleute des Flath, Mithal Tuatha die Freimänner eines Tuath (Hunderschaft, Gau), Mathluagh, Tocomrach, Dal die Leute eines Fine, Clans.

[5] Zu einem cyvar, Ancient laws 388, 440, 354. The first erw (Morgen) belongs to the ploughman; the second to the irons, the third to the exterior sod ox, the fourth to the exterior sward ox, lest the yoke should be broken; and the

Gespanne erforderte[1]. Das Bejäten, Eggen, Reuten besorgten die Einzelnen. Zu einer vollständigen Niederlassung, einem Tref rechnete man in Wales neun Gebäude, einen Pflug, einen Ofen, ein Butterfaß, eine Katze, einen Hahn, einen Stier, einen Hirten, einen Schmied[2]. Zwei öffentliche Wege mußten es kreuzweise durchziehen, von jeder Wohnung mußte ein Fußsteig zur Kirche, ein zweiter zum Brunnen und ein Viehweg, sieben Fuß breit, zur Gemeindeweide führen. Dem Wächter, der mit dem Horn die Leute zur Versammlung entbot, standen alle Wege offen. Bei grund= herrlichen Dörfern waltete der Maier über den Wirtschaftsbetrieb, während Pfleger, Kanzler, Stewarts, Reeves, die rechtlichen Beziehungen regelten[3].

fifth to the driver; and so the erws are appropriated, from best to best, to the oxen, thence onward, unless the yoke be stopped between them, unto the last; and after that the plough erw, which is called the plough-bote cyvar; and that once in the year (A. L. 153). Every one is to bring his requisites to the ploughing, whether ox, or irons, or other things pertaining to him; and after everything is brought to them, the ploughman and the driver are to keep the whole safely, and use them as they would their own. A. L. 154; Seebohm 312; Walter, Wales 323.

[1] Zum kleinen kurzen Joch waren zwei Ochsen nötig; man rechnete dazu einen Streifen von 4 Fuß Breite; 8 Fuß Breite rechnete man auf 4 Ochsen, 12 Fuß auf 6, 16 Fuß auf 8 ein langes Joch. Letzteres ergab das große Erw.

[2] Nach einem alten Sprüchwort gehörte ein Gesanglehrer, ein Buch und ein Schmied zu jeder Gemeinde, nach einem andern gehörte Buch, Harfe, Schwert zu jedem Hause.

[3] In Wales canghellawr und maer; schottisch heißt der Maier maor.

XIII.
Größere Verbände der Kelten.

1. Königtum.

Wie alle Völker hatten auch die Kelten innerhalb ihrer Gaue gewisse Vororte, Rückzugsburgen, wo sich die Häuptlinge und Freien versammelten, Götter verehrten und Waren tauschten, und daraus entstanden Städte, die den Namen des Gauvolkes erhielten. Solche Städte entwickelten sich dank dem Gewerbefleiß und Handelsgeist der Kelten rasch, rascher als bei Germanen und Slaven. Zunächst übten auch in der Stadt die Grundherrn den Haupteinfluß, um so mehr, als die Stadt in erster Linie zum Versammlungsort der Häuptlinge, der Freien, zur Tingstätte diente und der Handwerker hofhörig war. Zwischen den Stadtobersten und Gauobersten, beide Prinzipes oder Häuptlinge genannt, bestand sowenig ein Unterschied als zwischen dem Gausenat und dem Stadtsenat[1]. Mochten aber in diesen Orten die Häuptlinge auch immer noch die Hauptmacht ausüben, so konnten sie ihre Macht doch nicht in gleicher Weise geltend machen wie auf dem Lande, und es entstanden demokratische Strömungen und Parteiungen, die sich um Adelige scharten. Partei stand gegen Partei im Kleinen und Großen und der demokratischen Strömung begegnete die monarchische, richtiger gesagt tyrannische. Denn einer einheitlichen Zusammenfassung widerstrebten die beweglichen Kelten, und so konnte sich kein Staat bilden. Unter allen Völkern fehlte den Kelten am meisten der Staatssinn, sie konnten wohl Staaten zerstören, aber keine aufbauen.

Zwar tauchten auch bei den Kelten Führer, Volksfürsten, Hegemonen, Könige immer wieder auf, unter patriarchalischen Verhältnissen wie unter kriegerischen, und fehlte das väterliche Königtum, das an der Schwelle der Geschichte Athens und Roms steht, den Kelten sowenig als das Militärkönigtum[2]. Bei ihren Eroberungen, Wanderungen führten Könige, Rige,

---

[1] Da er alle Freie umfaßte, erklärt es sich, daß die Nervier 600 Senatoren zählen. Caes. 2, 28.

[2] Manchmal erscheinen in Sagen die keltischen Könige, wie die homerischen Volkshelden mit gottgleicher Macht; Rhys Br. 65.

Brenne oder Vergobrete genannt[1], die Gallier an. Aber ein König fand
nur sehr widerwilligen Gehorsam; nur als Wahlkönig, Gewaltherrscher,
Soldatenkönig, gestützt auf ein großes Gefolge, konnte er sich halten. Nicht
ohne Grund hieß ein König Orgetorix, König der Totschläger. Selbst mit
gewaltsamen Mitteln nach der Krone zu streben, galt als ein Verbrechen,
das nur der Feuertod zu sühnen vermöge[2], und wenn ein König nötig war,
wählte man ihn nur auf kurze Zeit, etwa auf ein Jahr[3]. Entweder setzte
man einen Herrscher dem Herrscher entgegen oder stellte dem Volkskönig, wie
bei den Briten den Gaukönigen, einen Nachfolger als Stellvertreter Tanist
zur Seite, der alle Handlungen des Königs überwachte und dessen Tätigkeit
lähmte, in Wales noch neben Häuptling und Stellvertreter den Rächer,
der Unrecht verfolgte[4]. Manchmal kamen zwei Könige überein, gemeinsam
die Herrschaft zu führen, im selben Palaste zu hausen, ähnlich wie etwa
in geschichtlicher Zeit Theoderich und Odovaker, Ludwig der Baier und
Friedrich der Schöne beisammensaßen; oder Brüder, eheliche und uneheliche,
teilten die Herrschaft.

Pwyll der Herr von Dywed stieß auf der Jagd auf den König
Arawn und dieser bot ihm Freundschaft und seine Frau an, wenn er ihm
helfe, ein strittiges Gebiet zu erobern. In seine Kleider gehüllt, in seine
Gestalt verwandelt möge Pwyll sich seinem Feinde zum Zweikampf stellen
und ein Jahr lang Herr sein in seinem Hause, Pwyll ging darauf ein,
schlug den Gegner, verzichtete aber auf die Liebe der Frau, was den heim=
kehrenden Arawn zur größten Freundschaft bewog, so daß er ihn an der
Regierung teilnehmen ließ.

Der gesamte Adel wollte mitsprechen und nicht nur der Adel, sondern
auch die Druiden ließen einen König nicht zu mächtig werden[5]. Die gal=
lischen Könige, sagt ein Alter, waren auf ihren goldenen Stühlen, um=
geben von dem Glanze des Königtums, doch nur untergebene Diener ihrer

---

[1] Rige, kommen nur in Zusammensetzungen vor, wie Vercingetorix, Biturix
(andere s. bei Holder 2, 1198) Rigobunum, Königsburg, Rigomagus, Königsfeld. —
Brenne sind bezeugt 388 und 278 v. Chr. Liv. 5, 38; 38, 16. In Wales hieß der
Herrscher Brenin, Valroger 435. Bei den Abuern gab es zwei Vergobrete den römi=
schen Konsuln vergleichbar, Mowat rev. celt. 5, 121; C. J. L. 13, 1048 (140); Caes.
7, 32; 1, 16.

[2] Caes. 7, 4.

[3] Caes. 7, 33.

[4] Man kennt die Thronfolgerpolitik: die Thronfolger vertreten in der Regel die
entgegengesetzte Richtung des Herrschers und sie können damit schon manches Unheil
anrichten. Man kann sich leicht denken, welche Unordnung entstehen muß, wenn solche
Thronfolgerpolitik zu einer realen Macht wird.

[5] Dio Chrys. or. 49; Thierry, hist. des Gaulois 2, 127.

Priester: ohne deren Willen durften sie dem Volke keinen Gegenstand zur Beratung vorlegen[1]. Wohl unter dem Einfluß der Druiden, die eine geschlossene Macht in der Zersplitterung des Volkes bildeten und als Wahrer der Überlieferung über die Gesetze wachten, traten allgemeine Landtage zusammen, wo die Vertreter von verschiedenen Städten und Territorien zusammenkamen[2]. An der Loire, sagt ein römischer Dichter, reden Bauern und fällen Urteile[3]. Um sich zu halten, durften die Könige an Gaben und Ehren nicht sparen. Bei den Briten, berichtet ein Römer etwas übertreibend, darf ein König nichts sein eigen nennen, nicht einmal eine Frau, und alles teilt Volk und König mit einander[4]. Nach einer irischen Sage erheben die Dienstmannen, die Fenier, des Königs Cairbe einen eigentümlichen Anspruch auf seine Tochter.

Freigebigkeit gegen seine Gefolgsleute gegen Barden und Druiden, glanzvolles Auftreten gehörte zu den wesentlichen Erfordernissen eines Herrn. So vernehmen wir von einem König der Arverner, er habe sich auf einem Wagen durch das Land führen lassen und, um die Volksgunst zu erwerben, Gold und Silber an Tausende von Kelten ausgeteilt, die sich an ihn drängten. Ein Dichter, der ihm begegnete, sang ein Loblied auf ihn und da ihm der König ein Goldsäckchen zuwarf pries ihn der Dichter: „Die Furchen, die die Räder deines Wagens ziehen, lassen Gold und Gaben für die Menschen aufsprossen"[5]. Wenn der rechte König auf dem Throne sitzt, dann sind nach der irischen Sage die Jahrzeiten mild, die Kühe geben Milch im Überfluß, die Erde ist voller Früchte, die Flüsse voll Fischen und die Bäume brechen unter der Last ihres Ertrages. Unter einem Tyrannen aber gedeiht nichts, die Erde bleibt fruchtlos.

2. Strafrecht.

So erkannten die Kelten die Wohltaten größerer Verbände, einer starken Einheit wohl, obwohl sie allem Zwang widerstrebten, und riefen

[1] Man denke an die irischen Brehongesetze.

[2] Cäsar selbst berief die Vertreter der verschiedenen Städte und Völkerschaften nach dem Muster der Provinzialversammlungen, die die Statthalter in den Provinzen um sich versammelten, um ihnen die Kriegsbeiträge an Menschen, Pferden und Lebensmitteln aufzulegen, Fustel Gaule romaine 5. Nach Fustel, Guiraud gab es früher überhaupt keine Nationalversammlungen, nach andern (Paget, d' Arbois, Viollet, Valroger) wären sie eine regelmäßige Einrichtung schon vorher gewesen. Auch Carette, Assemblées provinciales 12 neigt dieser letzteren Anschauung zu. Erinnert mag werden an das drunementum der Galater (Strabo 12, 5); nemetum = heiliger Ort und dru erinnert an Druiden; später κοινὸν Γαλατῶν.

[3] Querolus 2, 1.

[4] Sol. 22. Als sagenhaft behandelt Elton diesen Bericht (87).

[5] Posidonius bei Athen. 4, 13 (37); Strab. 4, 2 über den Vater des Bittus.

Friedensordnungen ins Leben. Zwar überwog die Selbsthilfe, die Pfändung, die in verschiedener Form auf alle möglichen Fälle des Lebens Anwendung fand und in das Gesetzesrecht hineinreichte[1]. Vergehen und Verbrechen machten die Beteiligten und ihre Familien unter sich aus, und wenn ein Verbrecher für Tötungen, wie für Verwundungen eine Buße zahlen mußte[2], trat das Geschlecht für den Täter ein. In demselben Grade und Maße, wie das Erbrecht die Verwandten berief, regelte sich in Wales die Ver- pflichtung zur Beisteuer am Wergeld; je entfernter einer verwandt war, desto geringer war seine Verpflichtung. Wenn ein Übeltäter seine Ver- wandten nicht kannte, so durfte er jeden Begegnenden schwören lassen, daß er nicht mit ihm verwandt sei; wer sich weigerte, mußte ihm einen Speer- pfennig geben. Allein daneben schritt die Gesamtheit gegen Verbrechen ein, die nicht bloß die Beteiligten erregten, gemeine Verbrechen, wenn man so sagen will, so gegen Unzucht, Feigheit, Gottlosigkeit und, was den Kelten besonders eigentümlich ist, gegen Diebstahl, während bei den Germanen wie bei den Römern der Diebstahl der Privatabmachung überlassen blieb. Außerdem galt als todeswürdige Verbrechen das Töten eines Fremden, das Nichterscheinen auf dem Kampffelde, das Streben nach der Königs- krone. Infolge davon häuften sich die Todesstrafen, die außer mit dem Messer oder dem Schwert, durch Feuer, durch Pfeilwürfe, am Pfahl oder Kreuze vollzogen werden konnten und zwar gewöhnlich von den Druiden an Götterfesten, indem das Leben des Verbrechers als Sühne der belei- digten Gottheit zum Opfer fiel[3]. Zur Ermittlung der Verbrecher dienten Gottesurteile, wie bei anderen indogermanischen Völkern, außer dem Eide und der Eideshilfe namentlich der Zweikampf, für den die Kelten über- haupt eine große Leidenschaft besaßen; entschieden doch selbst Bewerber um die Häuptlings- oder Königswürde ihren Streit durch Zweikampf[4]. Vielleicht dienten auch Wasser- und Feuerproben dazu, die freilich erst spätere Quellen bezeugen[5]. Die Sage kennt noch verschiedene andere

---

[1] Ausführlich handelt darüber der Senchus Mor, D' Arbois 8, 1 ff. Rev. h. d. d. 16, 373.

[2] Saraad, Galanas.

[3] Supplicia eorum qui in furto aut in latrocinio aut aliqua noxa compre- hensi sint; Caes. 6, 16. Wenn Cäsar sagt: pro vita hominis nisi hominis vita reddatur, non posse aliter deorum immortalium numen placari druides arbitrantur, so ist das nicht im strengsten Sinn zu verstehen; die Anschauung der Druiden war damit nicht schon Volksgewohnheit.

[4] Liv. 28, 21; rev. hist. de droit 13, 729.

[5] Valroger 478 meint, sie seien erst mit den Germanen herübergedrungen, was aber wohl falsch ist. Die Feuerprobe bedient sich eiserner und kupferner Stäbe, der siedenden Wasserkessel, Irische Texte 3, 209.

Gottesurteile, Ringe, die den falschen Mann stechen, Becher, die in seiner Hand springen, Losfteine u. a. Halb ein Gottesurteil, halb einen Rechts-gang gleich dem germanischen Einlager stellte die Sitte dar, den Gegner, zumal einen reichen Schuldner, durch langes Fasten, Stehen vor seinem Hause, zum Nachgeben zu zwingen[1].

---

[1] D' Arbois Litt. 7, 268. Bei Dickens zwingt David Copperfield auf seinem Wege nach Dover einen jüdischen Tröbler in ähnlicher Weise zur Bezahlung seiner Schuld.

XIV.
Keltischer Priesterstand.

---

1. Stufen.

Wenig Völker entbehren der Priester, der Zauberer und Sänger, aber selten stehen die Priester so mächtig da und greifen so tief ein in das Volkstum, wie bei den Kelten, was auch Griechen und Römern auffiel. Musik und Kunst adelte einen Mann. Der Barde, der Schmied, der Wissende war frei, wenn auch unfrei geboren[1], frei von Staatsabgaben und vom Kriegsdienst. Ohne Priester, ohne ihre Weisen, berichtet ein Grieche, opfern sie nicht. Denn sie sagten, man dürfe den Göttern keine Opfer bringen, als durch sie, die ihre Sprache verstehen, und könne nur durch sie erbeten, was man wünsche[2]. Wohl übten die Priester kein Recht über Leben und Tod, aber wer ihnen nicht folgte, den traf ihr Bann und schloß aus von allem Verkehr und von allen Rechten[3]. Sie sammelten sich ungeheure Reichtümer und kamen in den üblen Ruf der Wucherer[4].

Wie die alten Philosophenmönche, zeichneten sie sich durch eigene Lebensweise und ein gewisses Zusammenwohnen aus, enthielten sich der Ehe wenigstens im Sinne der unten zu erwähnenden Bacchuspriesterinnen und trugen ein auszeichnendes Gewand mit Sinnbildern. Während die Volksgenossen farbige Gewänder und reichen Goldschmuck liebten, war ihre Tracht wahrscheinlich weiß[5], bei den Briten schwarz, ihr Haupt mit Eichenlaub bekränzt oder der Vorderkopf, wie bei den Briten geschoren, was ihnen den Schein des Alters verlieh. Die irischen Mönche haben nachmals ihr Haupt ähnlich geschoren[5]. Symbole wiesen auf ihre Würde hin; nur wissen wir wenig über ihre Art: vielleicht kennzeichnete sie Stab und Szepter in der Hand, Halbmond und Schlangenei am Gewand,

---

[1] Anc. Laws 647, 213; Walter, Wales 150 292.
[2] Diod. 5, 31.
[3] Caes. 6, 13.
[4] Foeneraria philosophia, Val. Max. 26, 11.
[5] Nach Stokes Goidelica 126 und Rhys Br. 74 stammt diese Tracht nicht erst von Patrick her.

der Druidenfuß, das Pentalpha an ihren Schuhen. Je nach der Stufe, auf der ein Druide stand, fügten sich der Tracht Besonderheiten an[1]. In einer irischen Sage tragen die Barden Purpurmäntel, die Druiden dazu noch ein Diadem am Haupte und einen ehernen Schild[2]. Der Zutritt zum Druidentum stand offen, so nahe die Kastenbildung lag. Der Orden gliederte sich in mehrere Klassen oder Stufen, auf denen einer emporstieg, wenn er nicht stehen blieb. Die unterste Klasse bildeten die Sänger, die Barden[3], gekennzeichnet durch die Harfe und Bardokukulle, eine zweite Stufe die Wissenden, Wahrsager, Zauberer, die Faiths, Vates oder Ovates[4], vielleicht auch Veletes[5], irisch File genannt[6], zugleich Physiker, Geometer, Astronomen, Grenzhüter, Feldmesser, gekennzeichnet durch ein Zauberwerkzeug. Auf der obersten Stufe standen die Druiden im engeren Sinne, d. h. die Hochweisen oder die Eichenmänner[7] und an ihrer Spitze ein Oberpriester, Oberdruide, eine Art Archimagier[8]. Da er viel Macht besaß, entbrannte um das Amt, wie um die Häuptlingswürde oft ein heftiger Streit, den Wahl oder Zweikampf endete.

Neben oder richtiger außerhalb des Druidenordens traten Druidinnen, Priesterinnen, Zauberinnen auf, erlangten aber lange nicht die Bedeutung, wie die Druiden[9]. Solche Druidinnen flammten, mit den Druiden im Bunde, auf der Insel Mona das Heer an, als es gegen die Römer kämpfte. Auf der Insel Sena erteilte ein Frauenverein Orakel und übte Zaubermacht. Mitten in der Loire endlich dienten Priesterinnen dem Bacchus; kein Mann durfte ihre Insel betreten; wenn sie ihre Männer besuchen wollten, schifften sie ans Land und kehrten nach dem Besuch bald wieder zurück.

---

[1] Grün soll die Farbe der zweiten Klasse der Wahrsager und blau die Farbe der Barden gewesen sein, was aber unbeweisbar ist.

[2] Das Freien des Ferb; Irische Texte 3, 467; s. S. 142 N. 5.

[3] Das Wort bedeutet soviel wie mimus, scurra, Athenaeus 4, 13 (37); 6, 5 (49); Strabo 4, 4; Appian b. Gall. 12; Diodor. 5, 31; Lucan, 1, 449; Am. 15, 9.

[4] Vates ist aus dem Keltischen ins Lateinische übergegangen; es ist vielleicht verwandt mit dem britischen ovydd, dessen Stammsilbe wir bei den Druiden vid wissen ist. Ammian (15, 9, 8) spricht von eubages oder euhages = vates, Diodor von Saroniden, unter welchen die erste und zweite Klasse zusammen fallen.

[5] Daher Veleda.

[6] In Irland fielen sie mit den Barden zusammen.

[7] Der Name kommt wohl von vid mit der verstärkenden Vorsilbe dru, zusammen druid. Die Alten nehmen drys Eiche regelmäßig als Wurzel an; das keltische Wort für Eiche ist derva. Andere denken an wydd Baum (Mistel).

[8] In Irland entsprachen ihnen die Brehons. Noch in römischer Zeit erscheint ein gutuater als Marspriester; C. J. L. 13, 1577 p. 1410.

[9] Sol. 22 (scientiam futurorum pariter viri ac feminæ ostentant). Tac. a. 14, 30; Strabo 4, 4; Mela 3, 6; Dionis perieg. c. 74 (Thule) Eust. l. c. 93.

2. Ursprung.

Nur in England und Frankreich zeigt sich der keltische Priesterstand
in großer Macht organisiert, und es ist zu vermuten, daß die Priester zu
dieser Ausbildung und Ausgestaltung erst gekommen sind, nachdem sich die
Kelten bereits über Spanien, Italien, teilweise auch über Asien verbreitet hatten; daher liegt es nahe, an äußere Einflüsse zu denken, die
diese Entwickelung beförderten. Allerdings läßt sich nichts sicheres darüber
ausmachen, da sich die Berichte der Alten widersprechen. Nach den einen
wäre die Weisheit der Druiden eine selbst erfundene, von innen
heraus entwickelte, und Britannien, die Toteninsel, ihre Heimat gewesen [1]
und sie selbst wären dasselbe gewesen, was bei den Persern die Magier,
bei den Babyloniern die Chaldäer, bei den Indiern die Gymnosophisten
oder Brahmanen [2]. Die Kirchenväter teilen diese Anschauung [3] und rühmen
ihre Weisheit; ein ferner Nachruf liegt in der mittelalterlichen Erklärung
der drei Weisen oder Magier aus dem Morgenlande als Druiden. Man
könnte auch an die Orden, Priesterbünde und Priestergrade der Turanier
erinnern [4]. Die Weisheit der Druiden geht freilich nicht so tief, daß sie
nicht aus ursprünglicher Tradition oder aus indogermanischem Gemeinbesitz sich hätte entwickeln lassen, sogar die dunkle Lehre von einem und
zwar unsichtbar zu verehrenden Gotte und von der Ewigkeit der Seele [5].
Aber wahrscheinlicher klingt es doch, wenn die Alten hinweisen auf Pythagoras und die Pythagorärer, deren Einflüsse vom Süden, von Marseille
aus eindringen mochten [6], um so mehr als ihr Alphabet, ihre Bildnerei
und einzelne Sagen an Griechenland erinnern [7]. Ausdrücklich sagt Vale-
rius: „Ich würde sie für unsinnig halten, wenn diese Hosenträger nicht

---

[1] Caes. 6, 13; Solin. 22; Proc. b. got. 4, 20; Plut. cess. orac. 18 (31), fac.
lun. 26 (48); Claudian. in Rufin. 1, 131.

[2] So Diogenes Laert. vit. philosoph. I, praef. 1 nach Aristoteles und Sotion.

[3] Clem. strom 1, 15; Cyr. adv. Julian 4; Origen. c. Cels. 1, 16.

[4] S. das Kapitel Lamaseries bei Bertrand La religion des Gaulois 310
(geht wohl zu weit).

[5] Es gibt Franzosen, die die alte keltische Religion auf gleiche Stufe stellen mit
der jüdischen auf Grund von Orig. c. C. 1, 16 und Hier. 4. hom. in Ezech., so Martin, Religion des Gaulois I, 35 ff.; Reynaud L' esprit de la Gaule 199; Leflocq,
Mythologie 57, richtiger Rhys Br. 71.

[6] So Valer. Max. 2, 6, 10; Ammian. 15, 9. Eine selbständige Forschung setzt
eine ganz andere Kulturhöhe voraus, als wir sie bei den Kelten treffen. An sich konnte
auch bei den Kelten die Kultur noch höher gewesen sein, als wir wissen; aber daß
alle Spuren davon zu Grunde gingen, ist kaum annehmbar.

[7] Nach Cäsar hatten sie ein griechisches Alphabet; vgl. Pseudo-Scymnus Chius
165 bei Holder I, 902 und die hellenisierende Stammsage bei Ammian. 15, 9.

das gleiche geahnt hätten wie der Mantelträger Pythagoras"[1]. Umgekehrt nannten die Alten Pythagoras den hyperboreischen, den nordischen Apollo[2].

3. Lehre.

An die Pythagoräer erinnert ihre Lehre von der Reinigung der Seele[3] und von der Seelenwanderung[4]. Die Seele gelangt nach ihrer Lehre nur gereinigt durch die Prüfungen dreier Kreise, nachdem sie das Wasser der Angst und das Tal des Blutes durchwandelt, zu den Freuden des Himmels[5]. Mehr an Heraklit erinnert die Lehre von der Unvergänglichkeit der Welt durch alle, auch die tiefgehendsten, Wandlungen hindurch. Als Symbol dieser unvergänglichen Fortdauer des Lebens wählten sie die Mistel, die noch auf der erstorbenen Eiche gedeiht, und die Eibe, Eburos. Letzteres Wort erscheint in vielen Völker- und Ortsnamen.

Ob nun ihre Lehren auf schon vorhandene Stimmungen und Anschauungen stießen oder nicht, jedenfalls zeigen sich die Volkssagen und Bardendichtungen ganz von ihnen durchdrungen. Mit Leichtigkeit verwandeln sich Menschen in Tiere, Mäuse, Hunde, Eber, Wölfe, Hirsche, Stiere, die Seelen der Götter in Vögel und Schlangen[6]. Enthauptete Männer

---

[1] Dicerem stultos, nisi idem braccati sensissent, quod palliatus Pythagoras credit; Val. Max. 2, 6, 10.

[2] Aelian. var. 2, 26; Diog. Pyth. 11.

[3] Wie Plutarch berichtet, trennt sich beim Tode die Seele oder Psyche und die Vernunft oder Nus vom Körper. Seele und Vernunft irren eine zeitlang zwischen Himmel und Erde, um ihr Vergehen zu sühnen, dann erheben sich beide in den Mond, aber die schlimmen bleiben immer in den unteren Kreisen. Nach sehr langer Zeit scheidet sich die Vernunft von der Seele, der sie entstammt und vereinigt sich mit der Sonne.

[4] Die Seelenwanderung tritt in verschiedener Form auf, teils als Wanderung vom Mensch zu Mensch, teils als Herabsinken zur Tierwelt oder sie tritt erst nach bestimmter Zeit jenseitigen Lebens ein; Belloguet 3, 166. Alle drei Formen lehnt Belloguet als unkeltisch und undruidisch ab.

[5] Villemarqué 1, 259.

[6] Von sich selbst sagt Taliesin: Als die Schöpfung vollendet war, nahm ich nicht Herkunft von Vater und Mutter. Ich war gebildet durch die Erde, durch die Blüte der Nessel, durch die Wasser des neunten Stromes. Der Weise der Weisen zeichnete mich in der Urzeit, da ich mein Dasein empfing. Ich spielte in der Nacht, ich schlief in der Morgenröte. Ich war im Nachen mit Dylan, von ihm umarmt, da die Wasser feindlichen Lanzen gleich vom Himmel in den Abgrund stürzten. Ich war eine gefleckte Schlange auf dem Gebirge und eine Viper im See, ein Stern bei den höheren Führern, ich war Spender des Naß mit heiligen Kleidern bekleidet, den Becher in der Hand. Lange Zeit ist es, seit ich Hirte war, lange irrte ich auf der Erde, bevor ich geschickt in der Kunst wurde; ich irrte, ich kreiste, ich schlief auf hundert Inseln, ich bewegte mich in hundert Kreisen; Reynaud L' esprit de la Gaule 76; andere Sage bei Leflocq 68.

leben wieder auf, sei es durch Zauberworte, sei es durch Sieben im Kessel; blühende Gegenden verwandeln sich in Einöden und in den Einöden er= heben sich Zauberschlösser.

„Euch, o Druiden, ist es allein gegeben", ruft übertreibend Lucan aus, „die Götter zu kennen und die Kräfte des Himmels"[1]. So weit reichte ihr Wissen nicht; am meisten verstanden sie noch, wie es scheint, von der Naturkunde, die sie als Heilkünstler und Kalendermacher verwerteten, aber nicht ohne Aberglauben beizumischen; galten doch Kalendermacher wie Heil= künstler als halbe Zauberer bis in die Neuzeit herein. Ihr Jahr war wohl ein Mondjahr aus 12 Monden 354 Tagen bestehend, worin die Sonnenwende, die Tag= und Nachtgleiche Einschnitte machte. Gegen den Sonnenumlauf blieb nun das Mondjahr um 12 Tage zurück[2], die wohl den Anlaß gaben zu den 12 Nächten des germanischen Altertums zwischen Weihnachten und Oberst. Wenn der Saturn seinen Umlauf vollzog und wieder im Zeichen des Stieres stand, so war eine dreißigjährige Periode, eine Generation dahingegangen[3]. Sonst wissen wir viel weniger als von den Germanen, wann sie das Jahr anfingen, ob Mitte November oder mit Weihnachten oder erst im März. Wahrscheinlich rechneten die Kelten wie die Germanen nach Nächten und Wintern[4], fingen das Jahr mit dem Winter an; eine unsichere Sage deutet auf die Wintersonnenwende, da die Sonne in das Zeichen des Steinbocks tritt, als Jahresanfang[5]. Neben dem Winter unterschieden sie wie die Germanen als Jahrzeit nur noch den Sommer, vielleicht mit einem Einschnitt zwischen Früh= und Spät= sommer. In Irland feierte das Volk den ersten Mai, Beltene, als Som= meranfang, den ersten August, das Fest des Lug, als Sommerwende, end= lich den ersten November als Totenfest mit Versammlungen und Spielen[6].

4. Unterricht.

Das Wissen der Druiden darf man nicht überschätzen, es bestand zum großen Teil in Aberglauben, zum andern Teil in Schein[7]. Auf die äußere Form, geheimnisvolle Haltung und Redefreiheit legten sie ein großes Gewicht, wie sie auch fremde Sprachen verstanden[8], und boten in

---

[1] Solis nosse deos et coeli numina vobis aut solis nescire datum; Luc. 1, 452.

[2] Gourdeziou, Rev. celt. 1903, 310.

[3] Plin. 16, 95; 18, 66; auch eine 19 Jahr-Periode gab es, Belloguet 3, 340.

[4] Caes. 6, 18. Ein gewöhnlicher Termin von 40 Nächten rev. h. d. droit 16, 353.

[5] So noch ein bretonischer Volksgesang bei Villemarqué 1, 13; Belloguet 3, 359.

[6] D' Arbois Littérature 7, 295.

[7] Über ihre Zauberei s. Fustel des Coulanges, Problèmes 184, La Gaule romaine 32; Henderson Folklore 143.

[8] Doch verstand der weise Divitiacus weder Griechisch noch Latein; Caes. 1, 19;

ihren Schulen vor allem Grammatik- und Rhetorikunterricht[1]. „Durch viele
Vorteile angelockt, erzählt Cäsar, treten viele Jünglinge, besonders aus den
höheren Ständen freiwillig in den Stand der Druiden, andere von ihren
Eltern und Verwandten veranlaßt, und müssen dann eine Menge Verse
auswendig lernen, weshalb manche oft zwanzig Jahre in der Schule zubringen. Die Priester gestatten nämlich nicht, daß solche Dinge schriftlich
verzeichnet werden, teils des Geheimnisses wegen, teils damit ihre Schüler
ihr Gedächtnis stärken"; sie schrieben überhaupt wenig gleich den Pytha-
goräern; doch halfen sie dem Gedächtnis durch Formeln nach, namentlich
durch Triaden oder Dreizahlen für Sprüche und Lehren, wie solche schon
oben angeführt wurden[2]. Einen Teil ihrer Lehre breiteten sie aus und
machten sie zum Gemeinbesitz, z. B. ihre Lehre von der Unsterblichkeit der
Seele, um ihr Volk in der Todesverachtung zu stärken und sich selbst Totenopfer zu sichern. In einer Art äußerer Schule unterrichteten sie auch
Jünglinge, die dem Bund nicht beitreten wollten, wenigstens in Britannien[3].

Nicht ohne Grund wahrten die Druiden ihr Wissen als Geheimnis.
Nicht als ob ihre esoterische Lehre großen Wert gehabt hätte; hinter ihrem
Geheimnis steckte offenbar nicht viel; sonst hätten ihnen die Römer mit
ihrem Verbot der Menschenopfer nicht beinahe den Garaus machen können[4].
Aber das Geheimnis übt auf die Phantasie primitiver Völker eine gewaltige
Macht aus und daher stehen bei solchen Völkern die Priester immer höher
als die Wissenden, weil ihre Stellung so ganz auf dem Geheimnis beruht.
Vornehmere Druidenfamilien paßten sich den veränderten Verhältnissen an
und widmeten sich dem gallisch-römischen Schulwesen. Ihren Zusammenhang mit dem alten Götterdienst beweisen Bezeichnungen wie Apollinaris,
Phöbicius[5]. Andere Druiden sanken herab zu reinen Magiern, Zauberern, Wahrsagern, wie die Druidinnen zu Zauberinnen[6]; noch bis heute
hat sich manche ihrer Zauberformeln erhalten. Ob die deutschen Truden
damit zusammen hängen, ist allerdings zweifelhaft.

5, 48; Dio 40, 9. Im früheren Mittelalter waren die Iren das einzige Volk des
Abendlandes, dem die griechische Sprache nicht unbekannt war. Sars Udsigt over den
nordske Histoire I, 163 bei Mogk, Kelten und Nordgermanen G. P. Leipzig 1896 S. 6.

[1] Der erste, der in Rom eine lateinische Rhetorenschule gründete, hieß L. Plotius
Gallus; er stammte also aus Gallien, vermutlich aus dem diesseitigen Gallien.

[2] Ein anschauliches Beispiel f. bei Villemarqué 1, 3.

[3] Pflugk-Harttung, Heidelberger Jahrb. 1892 II, 211.

[4] Suet. Claud. 25; Plin. 30, 4; Tert. ap, 9; Scorp. 7; Mela 3, 2.

[5] Auson. profess. 4, 7; 10, 17 (16, 11).

[6] Tac. an. 14, 30; vita Alex. Sev. 60, Aurel. 44, Numer. 14; Nennius 40;
Skene 2, 111. Von den Bacchuspriesterinnen S. 143 N. 9.

5. Naturaberglaube.

In den Geruch eines Zauberers konnte im Mittelalter wie im Al=
tertum leicht kommen, wer etwas mehr wußte und anzuwenden verstand
von den Kräften der Natur, auch ohne daß er den Aberglauben zu Hilfe
nahm. Freilich auf die Beihilfe des Aberglaubens verzichtete nicht leicht
einer, der auf eine Wirkung absah, sei es im Ernste oder nur zum Scheine.
Zauberei und Aberglauben war so wesentlich mit der Naturkunde und Arz=
neiwissenschaft verknüpft, wie mit der Religion und Symbolik, daß auch in
der gebildeten Gesellschaft Roms keine Sonderung eintrat, um so weniger
unter einfachen Verhältnissen. Bei den Figuren eines Kreises, Rades,
Bogens, Vierecks, Kreuzes dachte der Römer wie der Gallier an eine
höhere Bedeutung und Wirkung. Daher spielte das gallische Tau, Min,
womit die Druiden vermutlich einen höheren Sinn verbanden, auch bei
den Römern eine Rolle[1]. Die Alten machten, wie ihre Sprache zeigt,
keinen Unterschied zwischen Zaubermittel, Gift und Heilkraut[2] und ein Arzt
bedeutete so viel als Flüsterer, Besprecher, Beschwörer; die Ausdrücke Liaig,
Lekeis, Lachenäre beweisen es[3].

Als vorzügliches Zaubermittel betrachteten die Druiden die Schlangen
und das sogenannte Schlangenei; daher kennzeichnet auf dem Panzer des
Augustus der Schlangenkopf neben dem Eber die Gallia. Wer das
Schlangenei besaß, durfte, wie sie meinten, auf guten Erfolg hoffen, siegte
im Streit und erwarb die Gunst der Höheren[4]. Nach ihrer Lehre bildet
sich, wenn die Schlangen sich im Sommer verwickeln, aus ihrem Schaum
und Geifer ein Ei; in bildlichen Darstellungen hält die eine Schlange in
ihrem Rachen das Ei, die andere bildet es vollends aus; pfeifend werfen
sie es in die Luft; ehe es die Erde berührt, muß man es auf einem
Mantel auffangen, möglichst schnell dann auf einem Pferde davonreiten,
da die Schlangen den Reiter verfolgen, bis ein Fluß sie aufhält. Man
erkennt die Echtheit des Eies daran, daß es gegen den Lauf des Wassers
schwimmt, auch wenn es in Gold eingeschachtelt ist. Nach Plinius gleicht
es den Verschlingungen von Polypenarmen, und so denkt man wohl an
eine Versteinerung, ein Ammonit, ein Ammonshorn. Wahrscheinlich liegt
hier der Rest eines alten Schlangen= und Geschlechtskultus vor, oder es

---

[1] Vergil ad Ann. Cimb. in Catal. II; Quint. i. or. 8, 3; Auson. idyll. 12
(technop. 13.); Greg, Tur. h. F. 4, 5.
[2] Farmacum, lyf; Schraber R. L. 48.
[3] Arzt kommt von archiater.
[4] Der Kaiser Claudius richtete absichtlich einmal einen römischen Ritter hin,
der aus Gallien stammte, da er ein Schlangenei in seinem Busen trug; Plin. 29, 12.

hat, wie andere meinen, die orientalische Sage vom Weltei, woraus alles Geschaffene hervorgeht, Einfluß geübt; begegnet uns doch in manchen Ländern heute noch ein Glücksei von ähnlicher Bedeutung[1].

Nicht mindere Bedeutung hatte in den Augen der Druiden die Mistel, deren Saft so große Heilkraft, Lebenskraft besaß, wie Soma bei den Alt-

Gallischer Helm mit dem Sonnenrad zwischen zwei Hörnern (S. 58)
von Arc d' Orange.

Der Schlägel des gallischen
Hauptgottes mit radförmig gestellten kleineren Schlägeln.

indiern. Daher hieß sie der Allheiler[2], das Gewächs des hohen Gipfels, des reinen Goldes. Am sechsten Tage nach dem Neumond, am Tage wo das Jahr der Druiden anfing, lud ein Freudenschrei, der von den Druiden ausging und durch das Volk sich verbreitete und noch vor kurzem im Neujahrsrufe Enguilaneuf nachklang, zum Brechen der Mistel ein[3]. Un-ter die Roteiche wurden zwei weiße Stiere geführt; alles war bereit für das Opfer und das Mahl. Ein Priester, weißgekleidet, stieg auf den Baum und schnitt mit goldener Sichel die Mistel, die auf einen weißen Mantel gelegt wurde, dann folgte Gesang, Opfer und Mahl. Groß war die Wirkung der Mistel, sie heilte, wie sie meinten, Unfruchtbarkeit bei Men-

---

[1] So in Tunis ein Hühnerei, an das drei kleine Hufeisen aus Blei mit Nägel-chen künstlich befestigt sind, Globus 1899 (75) 19. Vgl. S. 156 N. 3.

[2] Olliach: omnia sanans; Plin. 16, 95. Die Sitte Diod. 5, 33 (s. oben S. 81 N. 1) bringt Belloguet in Zusammenhang mit persischen Gebräuchen (3, 139).

[3] Plin. 16, 95. Ad viscum, Druidae, Druidae cantare solebant; wo der Vers herstammt, ist nicht festzustellen. Ein Lied auf den mistelsuchenden Merlin Vil-lemarqué 1, 105. Am Neujahr schrien die Kinder En gui(= viscus) l'an neuf oder etwas ähnlich Andeutendes und schlugen dabei auf die Türen. Der unverständige Laut wurde auch gedeutet eghinan-eff d. h. étrennes a moi; Belloguet 3, 291; Grimm Mythologie 1158.

schen und Tieren — ein großes Unglück in den Augen aller Völker —
und schützte sogar gegen Gift.

Mit ähnlichen Zeremonien brach man den Selago, die Goldpflanze,
den Sade= oder Seifenbaum[1]. Zuerst mußte
man ein Opfer von Brot und Wein bringen,
sich dann in Weiß kleiden, die Füße waschen
und mit bloßen Füßen sich dem Baum nähern,
mit der rechten durch die linke Öffnung der
Tunika hindurch gestreckten Hand die Pflanze

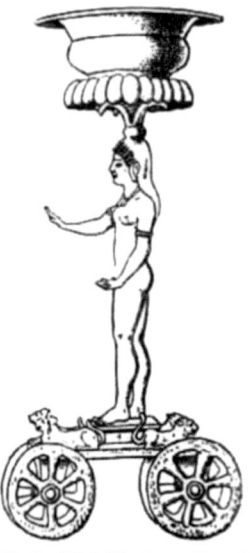

Streitweg=Judenburger Plattenwagen mit einer kessel=
tragenden Frauenfigur aus der Hallstattzeit. Die Männer
mit Helmen, Schildern, Palstäben erinnern an die Figu=
ren der Hallstattsitulen S. 82, 83. Eine eigentümlich re=
ligiös symbolische Bedeutung haben die mannweiblichen,
die geschlechtslosen Figuren, die Verbindung männlicher
und weiblicher Gestalten, die zwei Hirsche und die vier
Pferdeköpfe am Wagenrand.

Altitalienisches Räuchergerät; auf
einem vierräbigen Wagen trägt
eine mannweibliche Figur wie auf
dem nebenstehenden Bilde einen
Kessel. Die eigentümliche Kultbe=
deutung dieser Wagengebilde ist
nicht ganz aufgeklärt. Manche
erinnern an die heiligen Wagen
Indiens, an den salomonischen
Tempelwagen, an Hirams Kessel.
Jedenfalls kommt die heilige Be=
deutung des Rades zur Geltung.

abreißen ohne Messer, wie wenn man einen Diebstahl beginge und dann
die Pflanze auf ein weißes Tuch legen. Zu Heilzwecken wurde die Pflanze
verbrannt und der Rauch für Augenkrankheiten gebraucht.

Nicht minder feierlich brach man den Samolus, der sich an feuchten

---

[1] Plin. 24, 62 (103). An ihn knüpft sich noch heute volkstümlicher Aberglaube.
Wer den Selago mit den Füßen zertritt und dann einschläft, versteht nach bretonischem
Glauben die Sprache der Hunde . und Vögel; Villemarqué 1, 105. In Brüssel gibt
es einen Zavelplaats (aux sablons). Andere denken an das Gülbenkraut, das in der
Bretagne unter ähnlichen Gebräuchen gebrochen wird, das nur heilige Leute finden,
oder an eine Kampferart.

Orten befindet[1]. Ein Mann, der vorher gefastet, mußte ihn mit der linken Hand abreißen ohne ihn anzusehen und ihn im Troge zerreiben. Der so gewonnene Saft schützte nach keltischem Glauben Stiere und Schweine vor Krankheit. Das Eisenkraut grub man nachts, wo weder Sonne noch Mond schien, beim Aufgang des Hundsgestirnes mit Eisen aus, nachdem man der Erde zur Sühne Bohnen und Honig gespendet. Wer sich mit dem Eisen= kraut rieb, erhielt, wie man glaubte, alles was er wünschte. Dem Limeum, dem Tausendgulbenkraut schrieben die Kelten die Kraft zu, Krankheiten aus dem Körper zu ziehen[2]. Diese und andere Kräuter, die Kamille, den Beifuß oder Johannisgürtel, den Balbrian, das Hundsgras, die Klette, die Donnerrebe, die Gundelrebe (Heberich), namentlich aber das Johannis= kraut[3] sammelte noch bis in die neueste Zeit der gallische Bauer um Johannis, hängte sie über die Türe, brannte sie an und reinigte mit ihrem Rauche seinen Stall[4].

Ob die alten Gallier schon den Rauch und Dampf, der von bren= nenden Pflanzen aufstieg und den sie mittels Röhren einsogen, den andere Völker als heilkräftig betrachteten[5], und ob sie die betäubenden und erotischen Wirkungen der menschenähnlichen Mandragora, der Alraunwurzel kannten, läßt sich nicht sicher feststellen, so sehr man es von ihnen erwarten würde[6].

Außer an Pflanzen knüpfte sich an Tiere der Aberglaube. Der König der Tiere, der Bär, dessen Bild sich auf gallischen und spanischen Münzen findet, hatte mehr eine feindliche, furchtbare Bedeutung als eine wohltätige[7], weshalb er auch als Symbol der Dämonen und Teufel noch später sich barbietet. Die Vögel waren Symbole, Zeichen göttlicher Kräfte,

---

[1] Nach manchen Forschern die Schlüsselblume, deren englischer Name cowslip an die Nützlichkeit für die Küche erinnert, oder die Brunnenkresse; Belloguet III, 325.

[2] Hoc centaurium nostri fel terrae vocant propter amaritudinem summam, Galli exacum quoniam omnia mala medicamenta potum e corpore exigat per alvum; Plin 25, 68.

[3] Hypericum perforatum, chasse-diable genannt.

[4] Bertrand La rel. de G. 125 erinnert an ähnliche Gebräuche der Lamas; vgl. Grimm Mythologie unter Kräuter.

[5] Plin 21, 116; 26, 36.

[6] Zu Zauberzwecken schnitzte man die Wurzeln so zu, daß sie Männchen und Weibchen glichen; vgl. Dioskoridesausgaben und Plin. 25, (13) 94; Col. 10, 19; Ztsch. f. Ethnologie 1891 Bhbl. 737. Im Mittelalter bemächtigte sich die Symbolik der Pflanze (vgl. Honor. August).

[7] Bachofen, der Bär in der Religion des Altertums, Spalding der König der Tiere, Pfannenschmid Germ. Erntefeste 96, Keller, Tiere des Altertums 109.

so der Adler, Reiher, die Fische, weshalb sie oft als Embleme dienten, ferner die Lerche Alauda, deren Figur und Namen Cäsar einer Legion in Gallien beilegte[1], endlich der Zaunkönig[2]; nur ist ein Zusammenhang mit dem Druidentum nicht festzustellen[3].

---

[1] Plin. 11, 44 (121).

[2] In England galt der Zaunkönig als König der Vögel; die Missionäre befahlen, ihn zu jagen und zu töten; das geschah an Weihnachten. Noch erinnern Volksspiele auf der Insel Man daran, Vallancey De rebus hibernicis 20 zitiert in Walpole An essay on the isle of Man 1893.

[3] Von den Kelten lernten die Alten viel; man lese bei Holber, was sie über alces (Elen) bison (Wisent) domna (Rehtier), baccar, batis, beliucanda, (millefolium), calox, calliomarcus (Kalenwurz) clopias, ducone, glastum, lota, über iubaros, larix (Lärche), lauris Kaninchen, menta Minze, pempedula (Fünfblatt) ratis Farrenkraut, rodarum, salpuga giftige Ameise, sapana Hühnerdarm, scubullum, seselis Kümmel berichten.

XV.
Keltische Religion.

---

1. Götter.

Wie in dem ganzen Leben kreuzen sich in der Religion der Kelten die verschiedenartigsten Züge und Strömungen; ihre Religion hat etwas Unfaßbares, Schwankendes und weist auf der einen Seite nach lichten Höhen, auf der andern nach dunklem Aberglauben.

Efus baumfällend, vom Parifer Schifferdenkmal.

Auf der einen Seite einem höch-sten Gott mehr ergeben, stärker an ihm festhaltend als andere Völker[1], konnten sich die Kelten auf der andern Seite nicht genug tun in der Scheu und Angst vor dunklen Gewalten; ihre Hauptgötter erinnern an die Unterwelt, an den Tod, und dem Efus, wahrscheinlich ihrem höchsten Gotte, brachten sie die meisten Schlacht-opfer dar.

Die Idee des lichten Himmelva-ters, des Gottes schlechthin, der allen Germanen gemein ist, schimmert auch bei den Kelten durch. Als Himmel-vater leuchtete der oberste Gott in der Sonne, stürmte im Gewitter ein-her und wirkte als schaffende Naturkraft allbelebend, und so erscheint das Zeichen der Sonne und Fruchtbarkeit, das Radkreuz und die Eichel als fein Sinnbild[2]. Gleich den Griechen und Römern hielten die Kelten den Eich-baum für den heiligen Baum des höchsten Gottes, unter deffen Laubdach

---

[1] Hier. 4 hom. in Ezech.; freilich verwirft D' Arbois Littérature celtique 6, 162 dieses Zeugnis; vgl. Aug. civ. Dei 8, 9; Orig. c. Cels. 1, 16; Clem. str. 1. 16.
[2] Abbildungen des Sonnengottes mit Rad in Rev. arch. 1884 II, 7; 1885 I. 179.

sie weißsagten, opferten und

Altar von Saarburg mit der Darstellung von Sucellus und Nantosvelta.
Sucellus hält mit der linken Hand
einen Schlägel am langen Stiel und
trägt in der rechten ein Gefäß (Symbol
der Fruchtbarkeit). Die Göttin neben
ihn hält eine Stange, die ein Häuschen
krönt, und streckt in der rechten Hand
eine Opferschale über einen Altar aus.
Die langen Stäbe deuten die Herrscher-
würde an. Zu ihren Füßen schreitet
ein Rabe (nach irischer Sage ist Lug der
Rabe der Sohn der Ethne und Enkel
Balars). Ganz ähnlich wird Dispater
und Herefura dargestellt. Die Überschrift lautet: Deo. Sucello. Nantosvelte.
Bellausus Mas—se (Massæ) fllias. V. S.
L. M.

richteten, während die Germanen auch die
Buche verehrten.[1]. Ob sich nun dieser
Himmelsgott unter dem Dispater oder einem Merkur, der von verschiedener Seite
als keltischer Hauptgott genannt wird[2], oder
unter dem zur römischen Zeit am meisten
verehrten Mars mit seinen vielen Beinamen,
oder unter Esus, oder unter Taranos,
Tanarus[3] verbirgt, steht nicht fest. Das
Wort Esus erinnert an das lateinische Esse,
und damit an eine Wurzel, die bis nach
Indien weist[4]; wenn dieser Zusammenhang
feststünde, reichte das Wort an die Bedeutung Jahwes hinan. Aber die wirkliche
Bedeutung des Gottes bleibt weit dahinter
zurück, so daß man beinahe glauben könnte,
es sei nur ein Lokalgott der Pariser gewesen.

Zu Esus, dem die Römer bald Mer-
kur, bald Mars vergleichen, gesellt ein alter
Schriftsteller Teutates und Taranis bei;
alle drei sind nicht scharf von einander
unterschieden[5]. Teutates, den Volksschützer,

---

[1] Eine hl. Fichte, Sulp. vita Mart. 13 (10).
Jam per se roborum eligunt lucos, nec ulla
sacra sine ea fronde conficiunt, ut inde ap-
pellati quoque interpretatione graeca possint
druides videri; Plin. 16, 95; Querolus 2, 1.

[2] Merkur verwandt mit marc Pferd oder
Schlägel (macio Steinmetz), über den römischen
Namen Markus s. S. 97 N. 4.

[3] Der Name Tana für Eiche weist auf Tanarus hin.

[4] Asu, Asen. Nach andern ist die Wurzel is
begehren, aisos Gebet; Rev. arch. 1871 I, 37;
andere erinnern an die aisa, das homerische Schicksal, aisios gerecht oder an euzuz schrecklich, wobei
sie sich auf Lucan berufen können: horrensque
feris altaribus Esus oder an irisch aos, aes
Feuer, Sonne, Gott. Nach Martin (Rel. d. G.
1, 259) war Esus der unbekannte Gott des hl.
Paulus.

[5] Lucan. 1, 444; Lactant. d. i. 1, 21.

in deſſen Name Tuath, Volk, Tuta, Stadt enthalten iſt[1], nannten die Römer ebenfalls Mars und Merkur[2].

Taranis, Taranos oder Tanaros, der donnernde Donar[3] ſcheint wie der germaniſche Donar oder Tor den Hammer oder Schlägel geführt zu haben, auf den vielleicht ein viel gebrauchtes Kreuzzeichen, das Tau hinweiſt[4], und als ſolcher bekam er wohl den Beinamen guter Hauer, Sucellus[5]. Sucellus trägt auf dem Altar von Saarburg einen Hammer mit langem Stiele und hat die Kriegsgöttin Nantosvelta zur Begleitung (S. 154).

Nahe mit dem Sucellus berührte ſich der viel verehrte Silvanus, unter dem ſich vielleicht Eſus verbirgt, ein Wald- und Feldgott, der Genius uralter Buchen[6],

Der Gott mit dem Hammer (aus dem Lararium von Monceau) ſtützt den Hammer, den Donnerkeil auf den Boden und hält in der rechten Hand das Gefäß der Fruchtbarkeit; der Hund zu ſeiner Rechten weiſt auf die Unterwelt hin. Seine Kleidung beſteht aus dem auf der rechten Schulter mit einer Fibel befeſtigten Sagum, einer kurzen Tunika, enganliegenden Hoſen und Stumpfſchuhen. Entweder ſoll das Bild einen Dispater oder Silvanus bedeuten. Auf die Darſtellung des Gottes hat das Vorbild des ägyptiſchen Serapis eingewirkt.

---

[1] Rev. arch. 1873 II, 291; frühere Mythologen brachten ihn in Zuſammenhang mit den phöniſiſchen Teuth, dem ägyptiſchen Tot.

[2] S. Gloſſen zu Lucan. 1. 445 bei Holder II, 438 (ſ. S. 170 N. 5).

[3] Die Wurzel verwandt mit tonitru, Donner.

[4] Oder Zeichen des Galgens. In römiſcher Zeit wird die ascia viel erwähnt (sub ascia dedicavit = S. A. D. kommt oft auf Inſchriften vor); nach Gregor von Tours fand Gallus Biſchof von Clermont überall dieſes Zeichen (4, 5). Unter den Ruinenreſten zu St. Moriz im Rhonetal ſah ich ſelbſt eine Säule mit dieſem Zeichen. In Belgien ſollen noch vor kurzem Prieſter den Hammer geſegnet haben. Britiſch heißt der Gott Tanarus ſ. C. J. L. 7, 168; Haug-Sixt römiſche Inſchriften 276.

[5] Von cellere nach andern von Celt. Die Gleichſtellung sucellus-taranos iſt bloße Vermutung.

[6] Daher Silvanus Saxanus, Silvanus Silveſter. Silvane sacra semicluse fraxino C. I. L. 12, 103 (S. 17).

ein Wandergott wie Merkur, der den
Reisenden Heimkehr durch dunkle Wäl-
der und über hohe Gebirge gewährt[1].
Auch er trägt den Schlägel. Der
Hauer Cocidius, zugleich ein Jäger

Der Gott mit dem Schlägel, von
einem Viergötterstein aus Rottenburg a. N. (Sumlocenne). Er hält
in der linken Hand ein krummes
Garten- oder Winzermesser. Dargestellt ist wohl Silvanus, den das
benannte Bildwerk von Ramsen mit
einem Hirtenstabe und Hunde ver-
sieht.

Gott mit dem langstieligen Schlägel,
letzterer ist zu ergänzen, wie die erhobene hohle
linke Hand zeigt. In der Rechten hält er den
gewöhnlichen Becher. Nagel und Zweizack auf
dem Leibe bezieht sich auf das Gewitter. Zwei-,
Drei-, Fünfzacke benützten die Kelten als
Speere, S. 87. Genfer Museum.

Alator, schlägt Feinde nieder und erscheint dann als Mars. Wie allen
alten Völkern dünkte nur der lichte Hain, nicht aber der tiefe Wald eine
freundliche Erscheinung; dieser bedeutete den Ausbund des Düstern, Wilden,
Feindlichen, die Stätte der Unholde, der Drachen. Daher tritt der
Hauptgott zugleich als Todesgott als Dispater auf und in Dispater trifft
Taranus und Merkur zusammen, der die Toten mit dem Hunde geleitete[2].
In der Unterwelt sahen die alten Völker zugleich die Geburtsstätte des
Lebens; daher verehrten die Gallier in Dis zugleich ihren gemeinsamen
Stammvater[3].

---

[1] Nos per arva perque montes Alpicos tuique luci suave olentis hospites
— tuo favore sospitas. C. I. L. 12, 103. Als Wandergott hieß er Smertullus, der
Mann mit falschem Bart, Cuchulainn genannt. Inschriften nennen auch einen Mars
Buxenus (Waldgott).

[2] Cum malleo deducens, Tert. ap. 15; Caes. 6, 18.

[3] Ähnlich die Germanen in Tuisto, dem Zwitter. Ein bretonischer Volksgesang
verbindet den Tod und das Schicksal mit dem Symbol von deux boeufs attelés à
une coque (Villemarqué 1, 5); s. den Helm S. 149 und S. 58 N. 5.

Den Kriegsgott Mars, den die Kelten von ihrem Merkur kaum unterschieden, schmückten alle möglichen Beinamen, die alle darauf hinaus= laufen, seine Größe zu kennzeichnen, wie die Worte mit mogo, mar, ollo, groß z. B. Armo= gius, Marmogius, Mogetius, Ollubius. Er ist der starke Camulus, der Held Netos, Carrus, der Fleischvertilger Cicolluis, der schön ist, wenn er tötet, Belatucabros, der Heerscharen herbeiführt, Budenicus, Dunatis. Er ist der erste, Leheren= nus, der mächtige Segomon, der König und Herr, Barrex, Rigisamus; er ist der taghelle, lichte Gott Dinomogetimarus, Divanno, Leucetius, der ob seines Glanzes Gelobte, Leucimalakus. Verwandt ist Herkules Magusanus, der Große und Merkur Ogmios. Weniger vielseitig als Mars ist der ihm nahe stehende Merkur, der Gott der Wege, Cimiacinus, der Gott der Dämmerung Ma= tutinus, der Kluge, Wissende, Visucius[1], den der Tagesvogel, der Hahn, begleitet. Doch tritt er uns gelegentlich auch als junger Krieger, Vassogalata entgegen; nach Gregor von Tours gab es einen ihm geweihten Tempel in der Auvergne[2].

Donnergott, hält in der rechten Hand den Blitz, stützt die Linke auf das Sonnenrad, um die rechte Schulter hängt ein Reif, an den bretzelförmige, an den römischen Lituus erinnernde Doppelvoluten aufgereiht sind. Diese beziehen sich auf den Blitz oder sind Symbole der Frucht= barkeit (S. 60). Das Bildwerk stammt aus Chatelet bei St. Dizier (Louvre).

An Mars und Merkur zugleich erinnert der viel verbreitete Gott Lug, dessen Spuren zahllose Ortsnamen tragen und dem die Lougiä verglichen werden können. Das Wort Lug weist zugleich hin auf das Licht und den Krieg[3]. Lug ist ein sehr vielseitiger Gott, der in allen möglichen Rollen auftritt[4]. Mars und Merkur sind und machen reich und an beide denkt man, wenn man einem Gotte Rodons begegnet; beide heißen Smerius, klug[5]; an beide erinnert der Merkur oder Herkules Ogmios[6], ein kahlköpfiger Greis, der eine Löwenhaut trägt,

---

[1] Britisch Ovydd. Visucius verwandt mit viscus Mistel oder visere, visu Wissen. Rev. arch. 1873 II, 95; Rev. de l' enseignement (Bloch) 29, 533.

[2] H. F. 1, 32, dazu Rev. arch. 1875 I 325; II, 359.

[3] Man denke an loucanu, lucerna und Urlog. An den Namen erinnert vor allem Lugdunum, die Burg des Lug, Holder II, 345.

[4] D' Arbois Littérature 7, 306.

[5] Smertatius, Abmerius, über Rodons s. S. 158, 168.

[6] Lukian schwankt, ob er ihn Hermes oder Herakles nennen soll (Herc. 1).

wie Herkules und mit der Kette seiner Goldworte Alt und Jung an sich
fesselt. Unter den nicht selten verehrten Neptun verbirgt sich vielleicht ein
Meergott Nudd, Nodons oder Lir, Lear[1].

Beherrschend tritt kein Gott hervor, ihre Gestalten schwankten zu
stark, gingen in einander über. So ist Hu, der oberste Gott eines waliser
Barbengesanges, ein wahrer Proteus, der Stier der Schlacht, der Pflüger,
ein Turm und eine Schlange und ein Schiffer zur Toteninsel; wenn auch
gestorben, kehrt er immer wieder. Alle Götter dachte der Kelte mehr oder
weniger an bestimmte Orte gebunden, so auch Silvanus, dessen gewöhnlicher Beinamen Domesticus ist. Als der hl. Martin die Götter verjagte,
machte ihm nur Merkur und einige kleine Gottheiten Schwierigkeiten. Die
Dusier[2], Ahnen- oder Flußgeister spukten noch lange, wie die Elben.
Alle andern zogen sich geräuschlos zurück und Jupiter benahm sich sogar,
wie Martin sagt, sehr dumm und roh[3].

Der Sonnengott hat überhaupt im Norden nicht die Bedeutung wie
im Süden. Er verbirgt sich unter einem der schon genannten Götter und
trägt ein Rad oder radförmig gestellte Schlägel und den Blitz[4]. Ihm
zu Ehren zündeten die Kelten und Germanen noch lange das Johannis-
feuer an, warfen heilige Kräuter und in Körbe gebunden Tiere, Hunde,
Katzen in die Glut und schwangen das Feuerrad, schlugen Scheiben[5].
Als Lebensrad, Glücksrad begegnet uns das Sonnenzeichen noch später.
An den Sonnengott denken wir, wenn neben Apollo ein Verjugodumnus,
der Gott mit dem großen Gespann erscheint. Verwandt ist Belenus, ein
Lichtgott, wie Apollo[6], den man später mit Mithra verband. Als San-
gesgott verehrten ihn die Briten, aber unter römischen Einflüssen dehnte
sich der Kultus des Apollo Belenus oder Grannus auch in Gallien aus.

Andere kaum faßbare Erscheinungen suchten die Römer mit ihren
heimischen Namen sich zugänglich zu machen, so als Apollo einen Grannus[7]
Bormo, den Warmen, den Gott der Heilquellen[8], Maponos den Jüngern,

---

[1] Elton 289.

[2] Mit Tosen oder litauisch dusu Dunst verwandt; über die deutschen Turfen
Grimm 485.

[3] Sulp. dial. 2, 13.

[4] Irisch heißt er Dagda (guter Gott).

[5] S. Gaidoz Rev. arch. 1884/85; La relig. d. G. 21. Berl. Akademiabhlg. 1892.

[6] Herodian. 8, 3, 8; Capit. Maxim. duo 22. 1; Auson. prof. 5, 7; 11, 22.
Andere Namen sind Mogo, Abellio, Bormo. Mit Belis wird das deutsche Bilsenkraut
verbunden. Die Wurzel ist gwal brennen (bullire); davon romanisch galerno Nordwind;
Rev. arch. 1873 I, 197. Frühere Mythologen wie Leflocq (104) erinnern an Bel, Baal.

[7] Grannus verwandt mit grend Haar (Bart) oder mit glenn warm.

[8] Davon Bourbon.

Mogo oder Mogonus ben Großen, Stannus oder Siannus, einen Quell=
gott, als Mars einen Malzgott Braciaca, einen Mullo, den Maulefelgott,
als Merkur einen Moccus, Schweingott und Gabrus, einen Bockgott[1].

Wie bei keinem Volke sonst übt der Ort,
die Ortsverschiedenheit, einen Einfluß. Nicht
nur einzelne Berge, Seen und Inseln er=
regten in der Brust der Kelten heilige Ge=
fühle[2] — man denke an die Druideninseln
Sena und Jona —, sondern jeden Ort, jeden
Gau, jeden Wald, jeden See schützte ein be=
sonderer Gott, und oft läßt sich nicht erkennen,
ob ein Gott nach einer Gegend oder eine
Gegend nach einem Genius benannt wurde[3],
so bei dem Waldgotte Vosegus, der Quell=
und Dorngöttin Devona[4], der Waldgöttin
Abnoba, Arduina, Aventia[5], dem Höhengott
Peninus[6], dem Wassergott Jupiter Bedaius[7],
dem Heilgott Alaunus. Von einem Heilgott
Juvavius oder Jvavus erhielt Salzburg=Ju=
vavum und Evaur in Frankreich seinen Namen.
Umgekehrt bestimmt die Gegend einen Mars als
Camloriga, Canturir, Condatis, Jeusdrinus,
Cnabetius, Lelhunnus, einen Merkurius als
Cimbrianus, Cambus, Arvenorir, einen Ju=
piter als Arubianus.

Merkur und Genossin. Jener
mit Flügelhut und auf der rechten
Schulter geheftetem Mantel hält in
der rechten herabgesenkten Hand
einen Beutel über einem ruhenden
Bocke. Die Göttin trägt eine breite
Haube, langes Unterkleid und da=
rüber einen quer umgeschlungenen
Überwurf. Die rechte Hand hält
den Schlangenstab über eine von
der Linken getragenen Scheibe. Die
Göttin ist entweder Maia oder
Roßmerta oder Bisucia. Gefunden
zu Schornborf.

Wie jeder Gau seinen Häuptling, so hatte er auch seinen Gott und
genoß den Schutz eines sichtbaren und unsichtbaren Patrons. Auf die
Göttervorstellung übten die sozialen Verhältnisse einen unverkennbaren Ein=
fluß aus, wenn es auch zu weit geht, die Religion als eine Abschattung
der Wirtschaftsverhältnisse zu deuten.

In der Verworrenheit der keltischen Religionsvorstellungen wider=
spiegelt sich die Unbestimmtheit und Unsicherheit der öffentlichen Verhältnisse

---

[1] Unklar ist Crunno auf einem Stein von Brumath.

[2] Creuzer, Symbolik 2, 376.

[3] Vielleicht gehört hieher auch Fagus deus, Sexarbor, Tarvos Trigaranus,
sicher der zweimal bezeugte Maponus.

[4] Dornen als Hage, Zäune termini s. conc. Antiss. 585, 3.

[5] Aventicum, Avenches im Waadtland.

[6] Penus = Höhe.

[7] Davon Chieming Bedaion genannt oder umgekehrt.

ebenso wie die Unklarheit eines Volkes, das sich mehr von der Einbildung als vom Denken leiten läßt.

2. Göttinnen.

Noch unfaßbarer und unbestimmter als die Götter treten uns die Göttinnen entgegen, die durchaus nicht jene Rolle spielen, wie man nach der Frauenverehrung der Kelten vermuten möchte. Entweder erscheinen sie nur als die weibliche Abschattung eines männlichen Gottes, oder sie drängen sich zu zahlreich auf oder lassen sich von einem bestimmten Gebiet oder Gaue nicht lostrennen.

So begegnet uns neben einem Netos eine Nantosvelta, neben Lugus  die Lougiä, neben Smerius die Rosmerta, ne- ben Merkur Alaunus die Alaunä, zur Seite des Neptun Nymphen, neben Dispater Herekura, ne- ben Apollo Stannus die Heilgöttin Stanna, ne- ben Sol die Minerva und Suli die Glänzende, neben Apollo-Belenus Minerva Belisama und Sulevia [1], die Hüterin der Herde, Lehrerin weib- licher Künste, Helferin in Krankheiten.

Am meisten ragt hervor D i a n a, deren Namen ursprünglich wohl Göttin überhaupt be- deutet, die weibliche Form von Div, Divpater, Himmelsvater, gleich Divona. Bald tritt sie uns entgegen als schaffende Naturkraft, der Ve-

Göttin Herekura sitzend auf ei- nem Lehnstuhl mit langem Un- terkleid und quer über den Leib geschlungenem Obergewand, hält im Schoße einen mit Äpfel gefüllten Korb. Die Unterschrift lautet; (Hero) cure sig (num). Val (erlus) . . . . . v. s. l. l. m. = votum solvit lætus libens me- rito (Cannstatt).

nus verwandt [2], bald als Jägerin und als Füh- rerin der Geister gleich Merkur, wie ja Erd- und Geburtsgöttin und Unterweltsgöttin sich auch sonst berührten [3]. In ihrer Eigenschaft als Erd- göttin gleicht ihr die galatische Berecynthia, die von den Häduern neben Diana und Apollo ver- ehrt und deren Bild auf einem Wagen unter

[1] Von bel und sama—similis, Sulevia von Suli Auge, Sonnenauge.

[2] Daher gehen zwei Schlangen von ihrem Haupte oder ihren Hüften aus. Martin 2b, 63, 710. Sie ist Geburtshelferin Greg. Tur. mir. And. 25.

[3] Aus der Erde keimt alles Leben; daher gebaren die Mütter sitzend. Über Diana s. Greg. Tur. 8, 15; conf. 77; Vita Symphoriani, Boll. 22. Aug. 4, 496: Sulp. Sev. v. Mart. 15; die Lebensbeschreibung des hl. Theodor von Syleon c. 2. Boll. Ap. 3, 36. In dem Leben des hl. Symphorian zu Autun heißt Diana ein daemonium meridianum per compita currens et silvarum secreta perlustrans. Nun ist auch im Psalm 90 (91) die Rede von einem daemonium meridianum. Da- her verwirft Reinach Rev. celtique 16, 263 den keltischen Ursprung der asiatischen

Jauchzen um die Äcker und Weinberge geführt wurde[1]. Nur wenig unterscheidet sich von ihr die in dem späteren Hexenwahn vorkommende Abundia, Satia, Persocia, Bona Res[2], die als Seitenstück Merkurs auftretende Rosmerta⸗ (die römische Ops)[3] und die Göttin Artio mit dem Bären, eine Obst⸗ und Fruchtgöttin, die in der Bärenstadt Bern verehrt wurde[4], endlich die neben dem Silvanus vorkommende Silvana und Silvanä.

Die Pferdegöttin Epona trägt in der rechten Hand szepterartig einen Stallschlüssel. Ihr Gewand bauscht sich infolge des raschen Rittes auf. (Museum von St. Germain).

Zu ihnen gesellt sich als nahe verwandte Gestalt die Schützerin der Rosse Epona, der die Kelten als Rossezüchter, aber nicht minder auch die Römer huldigten[5], ferner Nantosvelta mit einer Hütte in der Hand, wohl ein Seitenstück zu Net, Netos, Nantos, dem Kriegsgotte[6]. Eine Siegesgöttin Andraste verehrten die Briten, deren Königin Baodicca sich ihr mit den Worten näherte: „O Weib, als Weib flehe ich zu dir. Nur du, o Herrin, sei für jetzt und immer unsere Königin"[7]. Eine Schiffsgöttin Nehalennia mit Früchten in der Hand und einen Hund als Begleiter, begegnet uns bei batavischen

Vorstellung; vgl. Grimm 1114 (1010, 263). Das Konzil von Ancyra stellt Diana mit Herobias zusammen (Kulturgesch. d. r. Kaiserzeit 2, 456).

[1] S. Sulp. Sev. v. Mart. 12 (9).

[2] Bonae mulieres, Bonneschoses, Buone robbe.

[3] Außer Ops gleicht ihr Maia, Herekura s. den Rottenburger Stein in Stuttgart (andere in Mainz, Schorndorf gefunden). Rev. archéol. 1880 I, 158; Haug⸗Sixt, Römische Inschriften 184, 212, 263.

[4] Revue celtique 1900, 289; Bacmeister, Kelt. Briefe 50; Bachofen bringt die Gestalt mit dem Bären in Zusammenhang.

[5] Von epos Pferd stammt arepos (Pflug) s. S. 69, 99; Apul. m. 3, 27: Min. Fel. 28, 7; Tert. ap. 16; Prud. apoth. 197; unzählige Inschriften s. Holder I, 1448; Abbildungen Rev. arch. 1895 I, 163.

[6] Svelta von svel glänzen im Krieg=nantos.

[7] Dio 62, 6.

Seefahrern[1]; ist sie wahrscheinlich eine germanische Göttin. Alle Kelten teilten endlich die Verehrung der Mütter, der Matres, Matronä, Mairen, und wie jeder Ort des Schutzes eines Patrons, genoß er auch, wie es scheint, der Hut und Hulb einer Matrone[2].

Epona sitzt in der Mitte unter einer muschelförmigen Bedachung und hält in ihrem Schoße einen Korb voll Futter, auf den die Pferde von rechts und links losgehen. In der untern Hälfte fährt ein Mann auf einem vierrädigen mit drei Rossen bespannten Wagen. Daneben bringt ein Mann mit verhülltem Haupte ein Opfer dar, dem ein anderer ein Schwein zutreibt. Das Bild hat nach Sixt der Mann auf dem Wagen nach glücklich vollendeter Reise der Epona als Weihegeschenk meißeln lassen. Gefunden zu Beihingen bei Ludwigsburg.

In großer Zahl erscheinen außer den Müttern die Suleven, Sulsen, Minerven, die Elben, Nymphen, die Silvanä, die Heilgöttinnen Alaunä, die Betrugsgöttinnen Lougiä, die Geberinnen Ollogabiä. Die Iren verehrten eine dreifache Brigit, die Brigit der Dichter, der Ärzte und Schmiede[3]. Eben ihre Mehrzahl drückte sie in ihrer Bedeutung herab, oder ihre örtliche Beschränkung, wie die Dea Cana, Vercanos, die Heilquellgöttin Segeta, Stanna. Das Gleiche gilt von der Dea Moguntia, Athubodua (Schlachtkrähe), von den Matronä Gavadiä, Ollototä, Octocanä (acht Hütten), Rateihä, Romanehä, Veteranehä, Vatviä. Im Lande der Götter jenseits des Meeres mit seinen hundertfünfzig Inseln umschließe, glaubten die Kelten, ein Gebiet Tausende von Frauen und Töchter und dehnen sich prächtige Ebenen übersäet mit duftenden Blumen. Mit Gottheiten aller Art bevölkerte die Volksphantasie das weite Reich der Natur, mit Feen und Elfen,

---

[1] Auf der Insel Walcheren; über das dortige Heidentum s. Beka et Heda S. 23.
[2] Man denke an die matres suleviae, Holder II, 467, 473.
[3] Davon kam das festländisch Brigantia (Bregenz) und Brig im Rhonetal.

mit Riesen und Zwergen. Klein und zart, nicht höher als ein Reiterstiefel oder ein Daumen, aber von wunderbarer Schönheit, hausten die Feen in Wald und Feld unter der Erde und in den Lüften, mit Vorliebe aber um die alten Steintische und Felssteine, die Feenrocken und Feenspindel hießen, in Feengrotten und an Quellen und erfreuten sich an entzückenden Tänzen und Zaubermusik. Wehe dem, der sich ihren Anträgen auch aus den sitt= lichsten Gründen entzog [1]. Nur Nachts lebten sie und zeigten ihre Schönheit, des Tages erschienen sie als häßlich; ihre Haare waren grau, ihre Augen rot, ihre Wangen faltig; die alten Feen sahen runzelig und verwittert

Bärengöttin Artio (Muri bei Bern) mit Inschrift Deæ Artioni Licinia Sabinilla. Die Göttin hält eine Fruchtschale, der sich der zahme Bär nähert; zu ihrer Seite trägt ein Stiel einen Fruchtkorb.

aus, voll Seegras und Meerschnecken, alt wie die Wege und weiß wie der Schnee. So ging die Gestalt der wohltätigen Elfen leicht in die der Hexen über. Mit Göttinnen, Elfen und Menschentöchtern verbanden sich die Götter gerne in Liebe und erzeugten Riesen und Helden, die sich ihrer Herkunft rühmen. Eine volkstümliche Gestalt dieser Art ist Morgan, der Sohn des Meeres. In römischen Inschriften treten uns entgegen Esus= söhne, Teutatessöhne, ein Esugenus, Esunertus [2], Totatigenus, Camulo= genus, Dubrogenus, Devogenus, Renogenus, Vernogenus, Bobuogenus [3].

---

[1] S. die Erzählung von Nann bei Luzel I, 5.

[2] Nertus, stark durch Esus oder Mann des Esus.

[3] Ollognatus; vgl. D' Arbois Littérature 6, 172.

So kann es geschehen, daß einer zwei Väter hat, einen Gott und einen Menschen, z. B. der Held Cuchulainn, der Sohn Lugs, dessen Reize selbst Göttinnen anziehen; denn auch umgekehrt drängen sich Göttinnen den Menschen auf, so die irische Kriegsgöttin Babb oder Morrigu dem eben genannten Helden, der sie aber abweist. Umsonst sucht sie sich an ihm zu rächen, indem sie sich in eine Nadel, in eine Kuh, in eine Wölfin verwandelt und ihn im Kampfe belästigt; nicht der Held unterliegt, sondern sie empfängt Wunden, die sie zur Schmach noch von ihm heilen lassen muß. Mehr Eindruck macht auf ihn eine andere Göttin Fand und fesselt ihn, aber nur kurze Zeit, da ihm der Schmerz seiner rechtmäßigen Gattin bald Reue einflößt.

3. Bilder und Sinnbilder.

Der Gott Cernunnos, wie die Überschrift zeigt. An den beiden Hörnern sind Ringe (Sonnenräder) aufgehängt. (Museum Cluny von Paris).

In Südfrankreich bei Roche-Pertuse entdecktes Bildwerk eines ganz an den Orient erinnern den Gottes mit untergeschlagenen Beinen. Der linke Arm ist wie zum Gebete erhoben. Arme und Füße sind nackt. Der Leibrock zeigt große Rauten, kleine Rauten am Saume. Das Brusttuch (Pektorale) zieren oben eine Reihe von Swastikas, darunter eine andere Reihe von Kreuzen. Das Bildwerk stammt wahrscheinlich aus der Zeit kurz vor der Eroberung des Landes durch die Römer. (Museum zu Marseille).

In der Berührung mit den Römern und anderen Völkern, mit Griechen und Orientalen nahmen die Kelten willig neue Formen und Symbole auf. Obwohl die Kelten selbst gerne mit Zahlen spielten und in ihnen bedeutsame Beziehungen entdeckten, erinnern doch die Zwei-, Drei-, Viergötter stark an den Orient[1], ebenso die dreiköpfigen Götter, Götter mit untergeschlagenen Beinen und mit Hörnern, wie der rätselhafte Jupiter (Bacchus) Cernunnos, dessen Hand einen Schlauch drückt und dessen Hals eine Kette umgibt, wohl ein Gott der Fülle. Unter dem über Giganten

---

[1] Die Dioskuren Diobors (4, 56) erinnern an die Kabiren, Belloguet 3, 246; Rev. arch. 1882, I, 321; 1880 II, 82.

reitenden Jupiter römischer Bildwerke, die sich in Gallien und Germanien fanden, einer kriegerischen Gestalt mit Panzer und Kriegsmantel, verbirgt sich vielleicht der keltische Taranus[1]. Herkules oder Merkur Ogmios nahm Züge von Melkart an: ein Greis mit Kahlkopf, die wenigen Haare, die er hat, ganz weiß, die Gestalt ganz ausgemergelt und gefurcht wie bei einem alten Seefahrer, so daß man ihn für Charon halten könnte, trägt er eine Löwenhaut und hält in der rechten Hand die Keule und in der linken

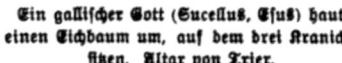

Ein gallischer Gott (Sucellus, Esus) haut einen Eichbaum um, auf dem drei Kraniche sitzen. Altar von Trier.

Tarvos trigaranos, Stier, auf dessen Rücken zwei Kraniche gegeneinander gekehrt und auf dessen Haupt ein dritter Kranich sitzt, vor einem Baum (Eichbaum). Schifferdenkmal von Paris.

Köcher und Bogen und fesselt an Gold= und Bernsteinketten eine Menge Menschen, von denen keiner widerstrebt und die feinen Kettchen bricht. Denn sie wünschen nicht einmal befreit zu sein, folgen ihm freudig und munter, wie um die Wette. Da beide Hände des Gottes schon beansprucht waren, hat, wie Lukian berichtet, der Bildner die Kette von der Zunge ausgehen und zum Ohr zurücklaufen lassen und deutete damit zugleich die Redegewalt Merkurs an. Einer Erdgöttin, Göttin der Fruchtbarkeit, deren Bild sich zu Compiègne fand, sitzen Vögel auf der Brust und saugen ihre Milch. Wenigstens in der Form verrät diese Darstellung fremde Einflüsse. Nach verschiedenen Richtungen weisen die allerdings geringen Spuren

---

[1] So erklärt Hettner und Sixt.

eines Baum= und Tierdienstes, so der schon genannte Buchengott Fagus, der Sechsbaum, Sexarbor, der Stiergott Tarvus, an den namentlich der Völkername der Taurisker außer dem Beinamen Donnotaurus, sowie der Ortsname Tarvis erinnert. Sicher huldigten dem Stierdienst die Keltiberer, wie die vielen erhaltenen Grenzmale, bestehend in steinernen Stierfiguren beweisen, ganz abgesehen von den von jeher in Spanien hei= mischen Stierkämpfen[1]. Auf gallischen Bildwerken erscheint der Stier mit drei Hörnern und mit drei Kranichen, ferner die gehörnte Schlange. Über einem Stier mit drei Hörnern leisteten die Kimbern ihre Eide; auf einem vierseitigen Altare schließt sich an Esus, der einen Baum umhaut, der Kranichstier an, der Tarvos Trigaranos und auf einem andern Altare haut ein Gott einen Baum um, auf dem drei Kraniche sitzen (S. 165); nur läßt sich nicht erkennen, welche Beziehungen hier obwalten, ob es sich um eine weltfeindliche Macht, den Weltenbaum handelt, ob der Gleichklang Trikeras Dreihorn, Trikarenos Dreikopf mit Trigaranos drei Kraniche zu einer solchen Zusammenstellung führte. Im Griechischen bedeutet Geranos Kranich und zugleich Storch, beide wurden in gleicher Weise als Weis= heitsvögel verehrt. Nach der irischen Sage helfen drei Kraniche dem kriegerregenden Stiere Donn — in Gallien unter dem Eigennamen Don= notaurus bekannt — und bekämpft diesen Stier der Held Cuchulainn d. h. der Gott mit falschem Bart oder der Hund von Culann[2]. Die feindliche Göttin Morrigu verwandelte sich in einen Raben und droht sich dem Cuchulainn in der Gestalt einer Schlange in einer Furt an das Bein zu heften, ihn in der Gestalt einer Wölfin zu verschlingen und seinem Gegner in der Gestalt einer Kuh zu helfen. Wenn ein Gott Smertullos (mit falschen Bart) die Schlange auf einem keltischen Bildwerk mit der Keule bekämpft, so kann wohl diese Sage zur Erklärung beigezogen werden[3].

Wie andere Völker erblickten die Kelten in Tieren und Bäumen Sinnbilder, ja Äußerungen, Verkörperungen göttlicher Kräfte, Darstellungen der Ahnengeister, Totems, und ihr heißestes Sehnen richtete sich darauf, die Sprache der Tiere zu verstehen. Je nach ihrer Schätzung vermieden sie den Genuß dieses oder jenes Tieres, so die Briten den des Hasen, der Henne und Gans[4]. Außer den Kranichen tritt uns als heiliger

---

[1] Ztschr. f. Ethnologie 1892, Bhbl. S. 67.

[2] Deshalb stellt d' Arbois Cuchulainn und Esus geradezu gleich und faßt die drei Kraniche als die drei Hypostasen der Kriegsgöttin Morrigu, Babb, Macha (Rev. celtique 1898, 248).

[3] D' Arbois Les Celtes 60.

[4] Ohne genügenden Grund zieht Cailleux Origine celtique de la civilisation 37 die Sequaner, deren Name ihn an Schwan erinnert, und die Hansa (Gans) herbei.

Vogel besonders der Rabe Branos, Lug oder Lugos[1], sodann der Bär, bekannt durch die Bärengöttin Artio, der König der Tiere nach der germanischen Sage, ferner der Eber, den römische Bilder geradezu als Sinnbild der Kelten vorführen, endlich der Fuchs entgegen. Demgemäß tragen auch die Eigennamen vielfach Tiernamen in sich, z. B. Matu, dessen Bedeutung nicht ganz klar ist, so Matuus, Matuccius, und begegnet uns ein Bären- und Stiersohn Artigenos, Urogenos, ein Eber- oder Fuchs- und Hundsohn Matugenos, Cunogenos, ein Rabensohn Branogenos, ein Fuchssohn Lovernios, ein Eichen- und Erlensohn Bidugenos, Vernogenos[2], endlich viele Namen, die auf Pferde hinweisen, Epomarkus, Cunomarkus, Markarius u. andere (S. 97). Pferde und Hunde, namentlich aber Widder und Schlangen, hatten in den Augen der Kelten und vieler anderer Völker einen eigentümlichen Zusammenhang mit der Unterwelt, letztere zugleich als Symbole der Fruchtbarkeit; denn im Kreislauf des Lebens schließt sich die Geburt an den Tod, beide entspringen dunklen Mächten[3]. Schlangen und Drachen haben die Kelten im Unterschied zu anderen Völkern nicht immer als heilbringende Wesen betrachtet; denn sie entlehnten wie die Germanen den Namen Drachen den Römern[4].

Die Götterwelt widerspiegelt das Menschenleben in nur wenig verklärter Gestalt. Wie die Menschen sich hassen und lieben, so tun es die Götter, die Götter kommen und gehen, in blutiger Fehde fallen ihrer Hunderte; vermögen doch Menschen die Götter zu überwinden. Umgekehrt überwinden die Götter die Menschen und führen sie gefangen fort; mitten aus ihrer Tätigkeit reißen sie Kinder, Jünglinge und Männer heraus. Das Totenreich nimmt die Helden auf und schickt sie wieder aus[5].

Ein schon ursprünglich angelegter Dualismus entwickelte sich unter dem Einfluß fremder Ideen weiter und der Kampf guter und böser Geister beschäftigte die Phantasie; ein Kampf, der den Hauptgegenstand der irischen Sage bildet[6]. So bekämpfte nach einer alten an die Geschichte vom Riesen Goliat erinnernde Sage Lug den Riesen Balar, der seine Augenbrauen nur mit Hilfe von vier Menschen erheben konnte. Wenn er seine Augen erhob, schleuderte er tötliche Blitzblicke. Ehe seine Begleiter ihm bei der

---

[1] Vater des Esus; Lugos bedeutet nach Plutarch de fluv. nom. 6, 4 keltisch Rabe. Ein Rabe lehrte nach den mirabiles auscultationes 86 des Aristoteles ein Gegenmittel coracium gegen das Pfeilgift.

[2] Guidgen, Guerngen; Reinach Rev. celtique 1900, 287.

[3] über die Identität von Sünde und Sühne s. Kulturg. d. r. Kaiserzeit I, 435.

[4] Nicholson 183.

[5] The prisoners of the gods in The nineteenth century 43, 191.

[6] D' Arbois, Cycle mythologique Irlandais, Litt. 2, 140, 386.

Augenöffnung beigeſtanden, gelang es nun Lug ſeine Schleuder zu werfen.
Damit war der Sieg der guten Götter entſchieden[1]. Wie Zeus die
Titanen, bekämpft der König Nobons, Nuabu, die Firbolgs und Fomore,
verliert in der Schlacht ſeine Fauſt und erſetzt ſie durch eine Silberhand[2].
Im alten Gallien erinnern keine Spuren an ſolche Kämpfe; doch erſcheinen
wenigſtens in ſpäterer Zeit die Duſier und Bacucier als böſe Dämonen,
als Unzuchts= und Hochmutsteufel[3]. Unter dem Einfluß des Chriſten=
tums nahmen die böſen Geiſter noch ſchrecklichere Geſtalt an, erſcheinen
einäugig, lahm und bucklig; rot und giftig iſt ihr Gewand und Gift
tragen ſie an Händen, Füßen und an ihren Waffen[4].

4. Götterdienſt.

Mit dem Jenſeits ſetzten, wie die Kelten felſenfeſt glaubten, Träume,
Vorzeichen, Gottesurteile und Opfer in Verbindung[5], ſo daß ſie im Vogel=
flug, in den Zuckungen und in dem rinnenden Blute der Opfertiere und
Opfermenſchen[6], vielleicht auch wie Perſer und Germanen im Wiehern der
Pferde den Willen der Götter ergründeten; ja ſogar den Lauf des Haſen
mißachteten ſie nicht. An den Brandgräbern der Helden ließen ſie ſich
zum Schlafen nieder, um in Träumen Aufklärung zu erhalten[7], befragten
das Los mittelſt gezeichneter Stäbchen und nach der Sage mittelſt verſchie=
denfarbiger Steine in einem Eimer. Die Sage berichtet von verſchiedenen
Ordaſien, wovon ſchon oben die Rede war (140)[8]. Endlich erholten ſie ſich
bei Druiden, bei Zauberern und Zauberinnen Rat, wie ſolche auf der Inſel
Sena hauſten, die Wind und Wellen geboten und ſich in alle möglichen Ge=
ſtalten verkleidet haben ſollen[9]. Ohne Zweifel lernten ſie hierin viel von

---

[1] Tuatha de Danann.

[2] Daher erhielt er den Beinamen argat-lam. D' Arbois (les Celtes S. 34)
ſtellt ihm den britiſchen Lud gleich, an den in London noch die Bezeichnung Lud-gate
erinnert.

[3] Dusii... incubi pilosi, Isid. or. 8, 11; Aug. civ. Dei 15, 23; über ba-
cucii Cassian. coll. 7, 32, 2. Den Firbolgs folgen in der iriſchen Sage die Tuathas
de Dannan, dieſen die Mile (D' Arbois Lit. 2, 145; Rev. arch. 80, II, 386).

[4] Iriſche Texte 4 a, 239.

[5] Aelian var. hist. 2, 31.

[6] Justin. 24, 4; 26, 2; 32, 3; Diod. 5, 31; Liv. 5, 34; Civ. divin. 1, 15; 2, 36 (76).

[7] Tert. de anima 57.

[8] Zum Wahrſagen wurde auch das Eiſenkraut verwendet, l' herbe de la double
vue, wie man es noch ſpäter nannte. Über das Los ſiehe Caes. 1, 53; dazu Rev.
celtique 16, 313. Später hören wir von sortes sanctorum; ſ. Martin Religion 1, 73.

[9] Genannt Gallicenæ, Mela 3, 6; die Stelle iſt zweifelhaft und mag aus Ho-
mers Schilderung der Inſel der Circe weiter ausgeſponnen ſein; Rev. celtique 1897, 1;
vgl. Tac. 14, 32; 15, 54; Dio. Chrys. or. 49.

den benachbarten Rätern und Etruskern, die ja auch die Lehrmeister der
Römer in der Zauberei und im gottesdienstlichen Spiele waren[1].

Den Götterwillen zu zwingen, beteten und opferten die Kelten wie
andere Völker zu ihren Göttern. Beim Gebet schauten sie nach Osten
und drehten sich nach dem Westen links um, während die Römer, die nach
dem Norden sahen, sich rechts um nach dem Osten drehten[2], womit zusammenhängt, daß die Römer die von links kommenden Vorzeichen, andere
Indogermanen[3] aber die von rechts kommenden für Glück verheißend
hielten und jene die linke, diese die rechte Seite für ehrenvoller hielten[4].
Die galatischen Taskobrugiten legten beim Beten den rechten Zeigefinger
an die Nase.

Als Opfergaben spendeten sie die köstlichsten Gaben, alles, was das
Herz begehrt, Speise und Trank, Fleisch und Frucht, Honigmet und Bier,
Tiere und Menschen, Gold und Silber[5]. An heiligen Orten, wozu vor
allem Haine dienten — Hain und Tempel bedeutete das gleiche Wort
Nemetum — standen Tische, Opfersteine, Altäre die von Blut trofen, gol-
dene Standarten und Schatzhäuser, die von Gold und Silber überflossen;
selbst in die heiligen Flüsse und Seen warfen sie zur Versöhnung der
Wassergeister nicht nur Nadeln und Keile, die Sinnbilder des Blitzes,
Hufeisen und Ringe, Kleider und Lebensmittel, sondern viel edles Metall
ohne Zagen[6].

Kostbare Tempel erhoben sich auf Höhen zu Ehren der Götter, so auf
dem Puy de Dome ein mächtiger Tempel, dessen Wände und Boden
Marmor, dessen Dach Blei deckte[7].

Als vornehmstes Opfer weihten sie ihren Göttern Menschen, besonders ihren Hauptgöttern und Kriegsgöttern Esus, Teutates, Taranos
und den Unheilgöttern[8]. Wer an schwerer Krankheit leidet, wer sich im

---

[1] Müller-Deecke, Etrusker II, 165 ff. Aus der Gegend von Bordeaux stammt
folgender Zauber gegen Halsleiden: Heilen! prosag geri no me! si polla na buliet!
onodieni idene liton! Sei sanft, geh heraus rasch von mir! Nicht viel schwelle es;
ganz rasch, o Übel, fliehe.

[2] Plin. 28, 5, (25); Plut. Numa 14; Marc. 6; Athen. 4, 13 (36).

[3] So nachweisbar Indier, Griechen, Deutsche (Schrader R. L. 664).

[4] Vgl. die Tischordnung beim Mahle, Kulturgeschichte der römischen Kaiserzeit 1, 88.

[5] Oros, 5, 15; Gell. 3, 9. Es gab Kelten (Galater), die den privaten Gebrauch
dieser Metalle verdammten, Athen. 6, 4; Martin 1, 83.

[6] Just. 32, 7; Diod. 5, 27; Pol. 2, 32; Strabo 4, 1; Henderson, Folklore
of northern Counties 1866 S. 131, 193. Siehe die wichtige Stelle Greg. Tur. glor. conf. 2.

[7] Von den Bubinern berichtet schon Herobot, daß sie nach hellenischer Art
Tempel besäßen 4, 108.

[8] Für Irland bemüht sich O'Curry (2, 222) den Vorwurf zu entkräftigen;

Krieg oder in Gefahr befindet, sagt Cäsar, opfert statt der Tiere Menschen oder macht doch wenigstens ein Gelübde von Menschenopfern[1], zu deren Darbringung sie sich der Druiden bedienen als Vermittler. Es wird nämlich geglaubt, für ein Menschenleben müsse wieder ein Menschenleben dargebracht werden, anders lasse sich die Gottheit nicht besänftigen[2]. Daher mußten in Pestzeiten viele Menschen ihr Leben verbluten. Ebenso bereiteten wichtige Unternehmungen kostbare Opfer vor; bei Stadtgründungen, bei Hausbauten, Schiffsbauten mußten Menschenleichen den guten Grund legen. Bei dem Kirchenbau zu Jona bot sich nach der Sage dem heiligen Columba freiwillig Odran zum Grundsteinopfer an und Columba gewährte ihm seinen Willen[3].

    Zum Opfer, sagt Diodor, weihen sie einen Menschen, indem sie ihm das Messer in die Brust über dem Zwerchfell stoßen[4]; wenn nun der Verwundete niedersinkt, so nehmen sie aus der Art des Fallens, aus den Zuckungen der Glieder und aus dem Laufe des Blutes das Zukünftige

wahr. Große Götterbilder aus Weidengeflecht füllten sie mit lebendigen Menschen gleich dem phönikischen Moloch, zündeten sie dann an oder sie banden die Todesopfer in Tempeln an Pfähle, schossen sie mit Pfeilen und Wurfspießen tot, hingen sie an Bäumen auf, erstickten sie in Fässern, warfen sie ins Wasser den Wassergöttern zum Opfer, so auch Pferde[5]. Nächst den Gefangenen, glaubten die Kelten, wie Cäsar sagt, seien den Göttern besonders erwünscht Verbrecher, die sich eines Diebstahls, Straßenraubes

Gallorömischer Altar mit Sonnenrad und Swastika. Aus den Bemerkungen S. 58, 60 geht hervor, wie das Kreuz so recht ein Zeichen der Schmach war.

oder sonst eines Frevels schuldig gemacht; mangeln aber solche Verbrecher, so schreite man zum Töten von Unschuldigen. Oft fünf Jahre lang mußten die zum Tod verurteilten in Gefängnissen schmachten, bis sie

allein der hl. Patrick zerstörte den Götzen Crom-Cruach, dem die Iren·kleine Kinder schlachteten.

    [1] Cuno, Vorgesch. Roms I, 47 erklärt die Stelle so, als beziehe sie sich auf Selbstaufopferung, wohl aber mit Unrecht.

    [2] Lactant. ad Thebaid. 10, 793.

    [3] Elton 274, vgl. Nennius 40.

    [4] Diod. 5, 31. Im Zwerchfell suchten die Alten den Sitz der Seele.

    [5] Caes. 6, 16; Strabo 4, 4; Cic. p. Fonteio 10, 21; Min. Fel. 30, 4; Tert. scorp. 7; Oros 4, 13. Die Scholien zu Lucan sagen: Hesus Mars sic placatur: homo in arbore suspenditur, usque donec per cruorem membra digesserit. —

der Tod erlöste[1]. Auf einer Insel an der Mündung der Loire dienten Weiber dem Bacchus: jedes Jahr einmal trugen sie das Tempeldach ab, deckten es nachts neu auf und zerrissen die Frau, die hiebei etwas ver= lor, und trugen ihre Fleischteile unter Evoegeschrei um den Tempel[2]. Wenn Pest einfiel, bot sich in Marseille freiwillig ein Armer zum Opfer an, ließ sich ein Jahr lang mästen, dann am Ende des Jahres mit heiligen Kleidern und Kerzen durch die Stadt führen und ins Meer versenken[3].

Das Fleisch der Opfertiere galt, da es mit den Göttern in Berüh= rung geraten, als zauberkräftig, und noch mehr das Menschenfleisch[4]. Da= her schritten die Kelten von der Anthropothusie zur Anthropophagie, zum Kannibalismus fort. Obwohl die Römer keinen Grund hatten, angesichts ihrer Fechterspiele auf die keltische Menschenschlächterei stolz herab zu sehen, mußten sie deren Grausamkeit und Roheit nicht grell genug schildern. „Siehe da stand ein Wald," schreibt Lucan, „seit unvordenklichen Zeiten nie vom Beile verletzt; mit dicht verschlungenen Ästen wehrt er in schattiger Kühle dem Strahl der Sonne, behütend heilige Nacht. Hier herrschte ein barbarischer Kult mit grausam dampfendem Altar. Jeglicher Baum trof von menschlichem Blut unheimlichen Göttern geweiht. Ja, wenn Glauben verdient der Wunderglaube der Vorzeit, mieden die Vögel sogar auf seinem Gezweige zu sitzen, mied es das Wild zu lagern im Hain, traurig starrten geformt aus umgehauenen Stämmen ohne Kunst und Gestalt die Bilder der finsteren Götter. Schauder erregt die Verlassenheit, der vermor= schenden Klötze bleichere Färbung, und größere Furcht verbreitet der Gottheit ungewohnte Gestalt; denn fremde Götter erzeugen durch das Geheimnis heilige Scheu; auch meldet die Sage, es ringelten Drachen sich um die Stämme und flogen umher. Die Leute vermieden hier in der Nähe den Bo= den zu bauen, den Ort des Entsetzens überlassend der göttlichen Macht[5]."

Solche Kultstätten mochten einen Römer ähnlich anmuten, wie einen heutigen Forscher oder Missionär die gräßlichen Opferstätten der Wilden mit ihren Schädeln und Knochen. Aber hier wie dort muß man bedenken,

---

Teutates Mercurius sic apud Gallos placatur: in plenum semicupium homo in caput demittitur, ut ibi suffocetur. — Taranis Ditis Pater hoc modo apud eos placatur: in alveo ligneo aliquot homines cremantur. D' Arbois Rev. hist. de droit 22, 289.

[1] Diod. 5, 32.

[2] Strabo 4, 4.

[3] Serv. ad Aen. 3, 57; Lact. ad Theb. 10, 793.

[4] Plin. 30, 4; Strabo 4, 5. Wer an Kopfweh litt, legte sich den Strick eines Gehenkten um die Schläfe; Plin. 28, 12.

[5] Phars. 3, 398. Excisique luci saevis superstitionibus sacri, Tac. a. 14, 30.

daß primitive Völker mit großer Kaltblütigkeit den Schmerzen und dem Tode entgegen sehen. Ohne Bedenken und Furcht ließen sich die Kelten selbst abschlachten im Glauben, daß gewaltsamer Tod der Seele zu höherem Dasein verhelfe[1], und jedenfalls fest überzeugt von einem Jenseits, das so klar vor ihrer Seele stand wie das Diesseits. Der Tod war den Kel-ten, wie ein Alter sagt, nur eine Unterscheidungslinie inmitten eines langen Lebens[2], keine Grenzlinie (ultima linea rerum). Kein Hades schreckte sie ab.

5. Totenkult.

Im Frohgefühl dieser freien Lebensanschauung widmete ein Teil der Kelten den Leichen als vergänglichen Gefäßen des Geistes keine besondere Sorgfalt, verbrannte die Leichen, oder gab sie den Vögeln des Himmels preis, wie die Perser. Von den Raben, Adlern und Hunden auf dem Schlachtfelde gefressen zu werden, hielt man allgemein für den ehrenvollsten Tod[3]. Aber viele hielten, von der Anschauung aus, daß das jenseitige Leben eine Fortsetzung des diesseitigen sei, die leibliche Form für ein wesentliches, unentbehrliches Mittel dieses Fortlebens und statteten die Toten wohl aus mit Schätzen und Schmuck, mit Frauen, Dienern und Haus-tieren, besonders mit Hunden, die sie auch in die Schlacht und auf die Meerfahrt mitnahmen. Gläubiger legten Schuldscheine, Schuldner ihre Zahlungen, die Bekannten Briefe an ihre jenseitigen Freunde ins Grab[4]; noch vor nicht langer Zeit bedeckten die Iren die Augen ihrer Toten mit Pfennigen. Mancher gab sich selbst den Tod, um mit einem mächtigen Mann jenseits zu leben. Zu Marseille gewährte der Senat jedem Gift, der nicht mehr leben wollte. Die Sitte verbot jede Totentrauer[5]. Als in Griechenland einmal die Gallier vor einer mörderischen Schlacht standen und aus Götterzeichen zu erkennen glaubten, daß sie als Opfer des himm-

---

[1] Iamne credis, bruta quondam Vasconum gentilitas quam sacrum crudelis error immolarit sanguinem, credis in Deum relatos hostiarum spiritus? Velut Deo imperante, quem adesse bellantibus credunt. Prudent Peristeph. 1, 94 (p. Hemiterii); ein ähnlicher Glaube war auch in Antiochien verbreitet Chrys. hom 2 de Lazaro; Martin 1, 89.

[2] Vobis auctoribus, umbrae non tacitas Erebi sedes, Ditisque profundi pallida regna petunt; regit idem spiritus artus orbe alio; longae, canitis si cognita, vitae mors media est; Lucan 1, 454; vgl. den Todesgesang bei Ville-marqué 1, 31.

[3] Luc. 7, 819. Coelo credunt superisque referri, inpastus carpat si membra jacentia vultur, Sil. It. 3, 342.

[4] Diod. 5, 28; Mela 3, 2.

[5] Val. Max. 2, 6.

lischen Zornes fallen müßten, schlachteten sie vorher ihre Frauen und Kin=
der, um ihrer Gesellschaft im Jenseits nicht zu entbehren, ebenso die Briten,
die Agricola besiegte[1]. Durch Testamente zwangen die Kelten ihre Frauen
und Kinder, sich über ihren Leichen zu Tod zu fechten und den Teilnehmern
das Vergnügen eines Zweikampfes zu gewähren[2]. Nachdem die Sitten
diese Pflicht gemildert, mußte die Frau wenigstens sich die Haare raufen,
sich zerfleischen, wie auch sonst an
Stelle der Menschenopfer Verwun=
dungen traten[3]. Den Todesgöttern
und Geistern mußten die Unterwelts=
tiere genügen, Hunde und Schafböcke;
eben deshalb erhielt das Herdgestell
die Gestalt des Feuerbockes[4]. In der
Erwartung eines künftigen Lebens
widmeten die Kelten auch der Be=
stattung oft eine Sorgfalt, wie man
sie etwa bei den Ägyptern erwartet.

In englischen Gräbern lagen
die Leichen in Lehm, Ton, Kalk,
Gips gebettet; ja selbst im Sarge
umgaben den Leichnam solche Stoffe,
damit die Form desselben erhalten
bliebe[5]. Wenn sich wenig Gräber=

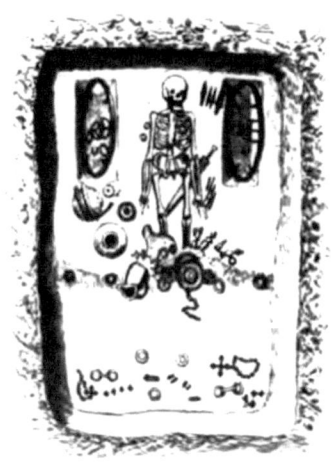

Eigentümliches Keltengrab der Latènezeit von
Sommer=Tourbe in der Champagne.
Der Krieger wurde beigesetzt auf dem zweirä=
drigen Wagen sitzend mit samt dem Roßge=
spann; darauf weisen die zwei Trensen unten
hin. In der Mitte liegen Ausrüstungsstücke der
Pferde und des Wagens und ein Helm. Zwi=
schen den zwei Rädern rückwärts liegen Na=
benringe, Klammern u. dgl.

schätze erhielten, so lag nach der An=
deutung eines Römers die Ursache
darin, daß sich die Druiden derselben
bemächtigten[6].

Am Rande ihres Gesichtskreises suchen einzelne Völker den Eingang
zum Jenseits. Je weiter aber der Gesichtskreis sich ausdehnte, desto weiter
rückte dieser Eingang meist ab und so beschäftigten ihre Phantasie unwirt=
liche Gegenden. Ein Teil der Kelten hielt das westliche Britannien, das

---

[1] Justin. 26, 2; Tac. Agric. 38; Liv. 28, 23; Caes. 6, 19.
  [2] Ath. 4, 17 (schreibt die Sitte den Germanen zu), Oros 5, 16. Nach einer
bretonischen Sage rettet der Tod eines Kindes die Seele der Großmutter, Luzel I, 61.
  [3] Wenn die Brunnenfrau in Oweins Geschichte sich rauft, kann man wohl auch
an die Einflüsse griechisch-römischer Sitte denken.
  [4] Rev. arch. 1898 II, 245.
  [5] Noch im heutigen Irland sollen die Priester den Ton segnen, der in den
Sarg gelegt wird; Guest 2, 86 nach Dixon.
  [6] Val. Max. 2, 6; 10, 11.

Land der schwarzen Männer, der unverwüstlichen Gestalten, andere die
fabelhafte Atlantis für die Toteninsel. Dort im Westen höre man, berichtet
Claudian noch im vierten Jahrhundert, immer die Klagen und Seufzer
der Schatten, die mit leichtem Schlage dahinfliegen, und der Ackersmann
sehe die bleichen Schatten vorbeiziehen, die die Züge des Todes tragen[1].
Wenn das Lebenslicht eines großen Mannes erlösche, glaubte man, errege
sein Geist, der zuvor wohltätig gestrahlt hatte, Stürme, Erdbeben und Pest[2].
Die Küstenbewohner Frankreichs sind nach Prokops märchenhafter Erzählung
von jeher mit der Last betraut, die Toten nach Britannien hinüberzuführen.
Mitten in der Nacht klopft der Geist, der Totenführer, an ihrer Türe
und ruft sie mit tiefer Stimme; sogleich erheben sie sich; ein geheimnis=
voller Zug zieht sie an's Ufer, wo sie fremde Nachen finden, die leer
scheinen. Aber sobald sie zu rudern anfangen, merken sie, daß die Nachen
beladen sind, da sie bis am Rand im Wasser laufen. Nach einer Stunde
sind sie bei der Insel, die sie sonst nur nach einem Tag und einer Nacht
erreichen. Unsichtbar landen die Toten; eine Stimme ruft sie bei dem
Namen, dem Namen des Vaters oder des Mannes. Dann kehren die
Schiffer wieder zurück[3]. Über den cimbrischen Schlachtfeldern erhoben sich
streitende Geisterheere und erfüllten die Luft mit ihrem Getöse, mit Waffen=
geklirr und Hörnerschall[4]. Noch in christlicher Zeit wollen die Bewohner
der bretonischen Küste in der Luft das Knarren der Totenwagen gehört
haben. Am Allerseelentag, berichtet die Sage, sammeln sich die Toten mit
Wehklagen zur Tingstätte, da ließ man Nachts das Feuer nicht ausgehen
und stellte ein Mahl zurecht, damit sich die Gespenster erwärmen und
laben. Zur Erinnerung an die alte Sitte versammelt sich noch heute an
diesem Tage der Waliser Druidenverein und zündet das Notfeuer an[5].

---

[1] Illic umbrarum tenui stridore volantium flebilis auditur questus; simu-
lacra coloni pallida defunctas quae vident migrare figuras; in Ruf. I, 124.

[2] Plut. orac. cess. 18 (31).

[3] Proc. b. got. 4, 20; vgl. über die Harier Tac. G. 43; Grimm Mythologie 792.

[4] Plin. 2, 58.

[5] Sculfort de Beaurepas, Renovation celtique 464; Elton 215; Villemarqué
2, 449.

XVI.
Charakter der Kelten.

Dem Tod schauten die Kelten, wie alle alten Völker, ruhig ins Auge, aber mit ihrer Todesverachtung trieben sie förmlich einen Prunk, angetrieben durch ihre Eitelkeit und Ruhmgier, ihre hervorstechendsten Eigenschaften. Tollkühner Mut, wilde Kampfgier riß sie zu den unvorsichtigsten Handlungen hin und reizte sie unaufhörlich zu Zweikämpfen, drängte sie selbst, den Elementen zu trotzen und gegen Wogen, Überschwemmungen zu kämpfen; Erdbeben schienen ihnen Freude zu machen. Und doch wichen sie wieder feig vor der hohen See zurück, wankelmütig wie sie waren. Nichts, sagte ein König, fürchten sie als den Einfall des Himmels[1].

In ihrem Leichtsinn gingen sie so weit, daß sie das Schauspiel gaben, sich für Geld oder für eine Anzahl von Krügen Wein, welche sie unter ihren nächsten Angehörigen austeilten, die Kehle abschneiden zu lassen. Kaltblütig legten sie sich dann vor den Augen der Menge rücklings auf ihren Schild, um festen Auges den Todesstreich zu erwarten, bis jemand hinzutrat und ihnen das Haupt abschlug; offenbar gestärkt durch die von Priestern und Sängern genährte Hoffnung, daß das Haupt sich wieder den Gliedern anfüge[2]. Schon vor ihrer Unterwerfung durch die Römer traten die Gallier in Rom als Fechter und Künstler auf und ließen sich in Buden sehen[3]. Daher trugen Buden- und Wirtsschilde das Bild eines gallischen Prahlhanses[4]. Als Scipio in Spanien Festspiele veranstaltete, machte es ihm hier viel weniger Mühe, als zu Hause Fechter zu finden.

---

[1] Arist. eth. Nic. 3, 7 (10). Aelian var. hist. 12, 23; Ptolem. fr. 4; Arrian exp. Alex. 1, 4; Nic. Damasc. bei Holder 1, 917; Stob. flor. 7, 10.

[2] Hor. car. IV, 14, 49 (vgl. schol.); Lucan. 1, 460. Meinte man doch schon die Berichte des Posidonius (Athen. 4, 17, 40) und des Diodor (5, 28) sei aus einem Mißverständnis der Sage von wiederbelebten Enthaupteten entstanden, D'Arbois, Littérature 6, 54.

[3] Nec minus alio in genere sunt ludi velites Galli Germani petauristae, Varro frag. 21 bei Nonius p. 56.

[4] S. S. 176 N. 3.

Unter anderen boten sich zwei Vettern, die um den Vorrang der Stadt stritten, freiwillig an, obwohl ihnen Scipio riet, den Streit friedlich auszu= machen[1]. Scipio selbst hatte als junger Militärtribun einen prahlerischen König im Zweikampf besiegt; trotz der Niederlage ihres Vorahnen blickten die spanischen Nachkommen stolz auf diese Tat und verewigten sie auf ihren Familiensiegeln[2].

Es war keine auf Zucht und Selbstüberwindung begründete Tapfer= keit, sondern die Ruhmgier, die Sucht, sich auszuzeichnen, sich sehen zu lassen, die sie zu waghalsigen Streichen antrieb. Daher hielten sie eine ruhmredige Zunge so hoch, wie eine kräftige Hand, und daher konnten sie die Sänger, die Barden nicht entbehren, die ihre Taten verkündigten. Sich selbst herauszustreichen und den Gegner zu schmähen, gehörte not= wendig zum Einzel= wie zum Massenkampf. Über den Feind lachten und höhnten sie; sie streckten die Zunge heraus, machten verächtliche Sprünge oder erbrachen sich in einem Wust von Schimpfwörtern[3]. Ihren Heraus= forderungen, sagt ein Alter, war ein tragischer Schwung eigen. Vor dem Kampfe sagte wohl ein großsprecherischer König, das römische Heer reiche kaum zu einem Frühstücke für seine Hunde.

Besiegte schonten sie nicht, gemäß ihrem Grundsatz vae victis, wehe den Besiegten. Gefallenen Gegnern hieben sie die Köpfe ab, die die Fuß= soldaten an die Lanze steckten, die Reiter an den Sattel oder die Mähne des Rosses banden oder zu Hause als Türschmuck, Zaunschmuck verwendeten[4]. Die Köpfe vornehmer Gefallener salbten sie ein, überzogen sie mit Cedernöl, d. h. wahrscheinlich Wachholderöl, bewahrten sie sorgfältig auf zum Schau= gepränge für Fremde und hielten sie für wertvoller, als das gleiche Gewicht an Gold. Gefangene mußten an der Leiche der Sieger oder bei ihren religiösen Festen in großer Zahl bluten oder das Joch der Knechtschaft auf sich nehmen[5]. Umgekehrt mußten sie ihre gefallenen Helden nicht genug zu rühmen und zu besingen.

Gegen ihre Ruhmredigkeit, ihren Anprall, ihre Wut stach eigen=

---

[1] Liv. 28, 21; Val. Max. 9, 11, 1; Sil. Ital. 16, 528; nach letzterem tötet einer den andern und noch auf dem Leichenstoß gingen die beiden Flammen auseinander; man konnte beider Asche nicht in einer Urne verwahren.

[2] Plin. 37, 4 (8); Liv. 48.

[3] Gell. 9, 13, 7; 9, 14, 4; Liv. 7, 9 sq. 26; 38, 17; Arr. exp. A. 1, 4; An einer Fechter= oder Schaubude war in Rom ein Gallier abgebildet in Mariano scuto Cimbrico sub novis distortus, eiecta lingua, buccis fluentibus, Cic. de orat. 2, 66; Quint. i. o. 6, 3; Plin. 35, 8.

[4] Das Fest des Bricriu (Irische Texte 2 a, 190); Liv. 10, 26; 23, 24; Strabo 4, 4.

[5] Diod. 5, 32; Liv. 23, 24. Thierry 2, 119. Eine derartige Erzählung noch aus späterer Zeit s. Nennius 46.

tümlich ab ihre Feigheit und Schwäche, wenn sie auf einen nachhaltigen
Widerstand stießen[1]. Hitze und Unbilden, Krankheit und Not konnten
sie weniger aushalten, als die Germanen[2]; da schmolzen sie wie Wachs,
oder nach dem Ausdruck eines Alten, gleich dem Schnee ihrer Alpen dahin
und ließen sich wie Lämmer zusammenhauen. Sie jauchzen im Kampfe
und heulen bei Krankheiten, sagt Cicero[3]. Doch berichten auch wieder
die alten Schriftsteller, sie haben um so eher Kälte und Nässe ertragen
und mit ihren gestählten Gliedern allen Gefahren getrotzt. Kleine Wunden
rissen sie noch weiter auf, sie freuten sich am rinnenden Blut und nur,
wenn eine Kleinigkeit sie tötete oder hemmte, jammerten sie vor Verzweif-
lung[4].

Jedenfalls zeichnet ihren Charakter keine Gleichförmigkeit aus: bald
waghalsig, bald feig, bald düster und grüblerisch, dann wieder heiter und ausge-
lassen, bald grausam und schrecklich, oder liebenswürdig, mild, gastfreundlich;
bald ausschweifend und unmäßig, dann wieder keusch und nüchtern; bald
gemein, raubgierig, habsüchtig, falsch, bald voll Edelsinn und Aufopferungs-
fähigkeit, treten sie uns entgegen. Sie konnten weder die Freiheit, noch
die Knechtschaft ertragen und haben ihre Frauen und Götter, ihre Ideale
bald hocherhoben, bald verachtet[5]. Ihr Wesen könnte man als willenschwache
Nervosität kennzeichnen, wenn man es nicht mit einem noch einfachen
Volke zu tun hätte. Wildheit und Feinheit, Stumpfsinn und Begeisterung,
Sinn und Unsinn, Verstand und Gemüt ergab eine wunderbare Mischung.
Diese Widersprüche erklären sich zum Teil allerdings daraus, daß die
Schriftsteller verschiedene Abteilungen des Volkes vor Augen stellen und

---

[1] Postremo minus quam feminarum esse, Liv. 10, 28; 5, 44, 48; 38, 17; Plut.
Cam. 17, 28; Flor. 20, 1 (2, 4); Dio 39, 45.

[2] Quorum intolerantissima gens umorique ac frigori adsueta, cum aestu
et angore vexata vulgatis velut in pecua morbis morerentur, iam pigritia singulos
sepeliendi promiscue acervatos cumulos hominum urebant; bustorumque inde
Gallicorum nomine insignem locum fecere; Liv. 5, 48.

[3] Avara et feneratoria Gallorum philosophia, alacris et fortis Cimbrorum
et Celtiberorum, qui in acie gaudio exultabant tamquam gloriose et feliciter
vita excessuri, lamentabantur in morbo quasi turpiter et miserabiliter perituri.
Celtiberi etiam nefas esse ducebant proelio superesse, cum is occidisset, pro
cuius salute spiritum devoverant; Val. Max. 2, 6, 11; Cic. Tusc. 2, 27.

[4] Amm. 15, 12; Liv. 38, 17.

[5] Restabant autem immanissimi gentium Galli atque Germani ... nemo
tantum feroces dixerit Gallos; fraudibus agunt. Flor. 45, 2, 1, 13; (3, 10). Li-
bertatis incapax, jugi impatiens soll ein alter Schriftsteller den Gallier nennen, die
Stelle ist aber nicht auffindbar; vgl. Caes. 3, 10. Als ein Muster des Edelsinns, der
Mäßigkeit, Gottesfurcht wird von Cicero Dejotarus hingestellt; de divin. 1, 15. Deiotarvus heißt der göttliche Stier, f. S. 116.

dann verallgemeinern. Zwischen den Bretonen, Leuten ohne Furcht und
Erbarmen, ohne Gesetz und Gott, zwischen den Südgalliern, halben Hellenen
und den Keltiberen mit ihrer punischen Grausamkeit und Wollust bestehen
große Unterschiede. Zum Teil aber erklärt sich das Widerspruchvolle ihres
Wesens durch die Mischung verschiedener Völker, die sich auf keltischem
Boden vollzog, zum Teil auch durch angeborene Anlagen und Tempera=
mente[1], vielleicht auch durch eine größere Kulturarbeit und raffiniertere
Lebenshaltung als wir vermuten.

Daß sie wandelbar waren, nach Veränderungen begierig, nach Neuig=
keiten haschend, ohne Ausdauer im Unglücke, wiederholen die Alten immer
wieder. Ungeheuer leichtgläubig, meint Cäsar, lassen sie sich leicht täuschen[2].
Nicht vom Verstande lassen sie sich leiten, meinte ein anderer, sondern von
ihren Trieben, Gefühlen, Aufwallungen[3]. Daher sprechen sie ihnen sogar
den Verstand ab, während wieder andere ihre leichte Fassungsgabe und
ihre Beredsamkeit loben[4] und ihnen sogar so etwas wie Esprit zuschreiben[5].
Ihre Phantasie beflügelte ihr Denken; sie bildeten, hören wir, rasch nach,
was ihnen gezeigt wurde.

Treue, Geduld, Zucht lag nicht in ihrem Charakter; sie konnten sich
nicht beherrschen, sich ordnen, unterordnen und nachhaltig einer Sache
widmen, und darin waren ihnen sogar die Germanen überlegen. Weniger
noch als die Germanen beugten sie sich vor ihren Göttern, weshalb ihnen
die Römer Gottlosigkeit vorwarfen. Ihnen fehlte der politische Sinn, sie
widerstrebten jeder Zwangsordnung, und daher mißlang ihnen jede Staats=
gründung, sie konnten wohl Staaten zerstören, nicht aber aufbauen. Ganz
individualistisch, egoistisch suchte jeder sich selbst in den Vordergrund zu
schieben, und über die Rangordnung entstanden bei ihren Zusammenkünften
heftige Streitigkeiten und Zweikämpfe, besonders bei der Beute und dem
Mahle, wo der Beste und Tapferste die besten Stücke erhielt, und so
mischte sich das Blut mit dem Met, Bier und Wein[6].

Auf ihre äußere Erscheinung hielten sie sehr viel, haßten Lumpen
und Schmutz und betrachteten als größtes Unglück Mißform; ein hervor=

---

[1] Galenus weist auf ihre feuchte Natur hin de temp. 2, 6; de morb. vulg. 3, 70.
[2] Caes. 7, 42; Mart. ep. 5, 1.
[3] Polyb. 2, 35; Caes. 3, 8; 4, 5; Liv. 5, 44; 22, 2; 27, 48; Galen. de
decr. Hipp. 3, 3.
[4] Hier. ep. ad. Gal. 2 l. 2 prooem.; unsinnig heißt Paulus die Galater
(3, 1); Galli pigrioris ingenii, Serv. ad. Aen. 6, 724.
[5] Argute loqui, sagt Cato, sei neben den res militaris ihre Hauptanlagen,
orig. 2, fr. 2; Caes. 7, 12.
[6] So Posidonius f. o. S. 130; ähnliche Sitten bei den Thrakern, Hor. car. 1, 27.

stehender Bauch war ihnen ein Gräuel[1]. Sie wuschen, salbten sich fleißig[2] und tätowierten sich wohl oder wählten wenigstens die buntesten Kleiderstoffe[3]. Ihre Buntfarbigkeit unterschied sie von allen anderen Völkern, nicht nur von den einfachen Germanen, sondern auch von den Römern, denen ihre Vorliebe für Schmuck und Flitter auffiel.[4].

Wie für Farben begeisterten sie sich für Töne, für schöne Reden. Die Kunst, sei es Sangeskunst, sei es Schmiedekunst hob empor, adelte, wie das Wissen und das Schwert. Junge Leute, die mündig wurden, erhielten in England wohl eine Harfe neben dem Brettspiel. In der Männerhalle hing über jedem Männerlager ein Schachbrett und eine Harfe[5]. Mit einer Harfe, einem Spielbrett und einem Ring ehrte man des Königs Diener; Harfe, Schwert und Buch, oder Harfe, Mantel und Kessel gehörten zu den Kostbarkeiten des Hauses, die nicht gepfändet werden durften, und ein Gesanglehrer, ein Buch, ein Schmied zu den Schätzen eines jeden Dorfes[6]. Neben der britischen Harfe Telyn, Krot oder Rotte[7] spielten die Kelten die Zither, die Sackpfeife und Lärm machende Hörner und Posaunen[8]. In den Ohren der Südländer klang ihre Musik nicht sehr bezaubernd und daher fällten sie über den Barbarengesang harte Urteile. Auf die alten Briten bezieht sich wohl der uralte Bericht des Hekatäus von einem Inselvolk, das sich als ein Priestervolk Apollos betrachtete. Alle 19 Jahre besuche sie Apollo, alle Tage singen sie Lieder zu seinen Ehren und tanzen an seinen Festen dazu. Einen heiligen Bezirk, einen runden Tempel haben sie ihm geweiht — man mag dabei an die Stonehenge denken. Die Tempelhut haben die „Boreaden", die Barden wie man schon erklärte[9].

Die Barden waren die Sänger des Volkes, ihre Geschichts- und Rechtskundigen, welche die Taten der Vorfahren meist mit Harfenklang

---

[1] Galba, Schmerbauch.

[2] Tersi tamen pari diligentia cuncti et mundi, nec in tractibus illis maximeque apud Aquitanos poterit aliquis videri vel femina licet perquam pauper ut alibi frustis squalere pannorum. Ammian 15, 12.

[3] Abbildungen von Galliern s. Rev. archéol. 1888 II, 271; 1889 I, 13.

[4] Liv. 7, 10; Tac. hist. 2, 20.

[5] Das Fest des Bricriu in den Irischen Texten 2 a, 197.

[6] Ancient laws 639, 64; 36, 2; 213, 10; 329, 18; 407, 1.

[7] Walisch crwth: Venantius spricht man chrotta Britanna (7, 8), über irische Musik s. Giraldus C. d. 1, 10, 12, 12; topog. Hiberniae 3, 11.

[8] Die Etrusker besaßen noch viele andere Instrumente (Müller-Deecke II, 196). Nach Hesychius u. Eustathius hießen die Galater die Salpinx carnon, carnyx, verwandt mit cornu, Diod. 5, 30; Diefenbach 169, 281; Holder 1, 794, 801.

[9] Diod. 2, 47.

vortrugen, wahre wandelnde Stammbäume. Nachdem Rom und das Christentum das Druidentum zurückgedrängt hatte, trat an dessen Stelle der Barbismus mit ähnlicher Ordnung, mit verschiedenen Klassen und Versammlungen.

Mit ihrer dichterischen Phantasie haben die Kelten im Mittelalter tief auf das abendländische Geistesleben eingewirkt; aber schon lange zuvor geriet die römische Literatur unter keltische Strömungen. Kelten von Geburt waren einige der hervorragendsten Dichter: Vergil, Catull und Statius Cäcilius, vielleicht auch Plautus[1], ferner die Schriftsteller Varro, Trogus, Livius und Nepos. Der Name des Dichters und Sehers „Vates" ist keltisch und drückt die den Kelten eigentümliche Verbindung zwischen dem Dichten und Wahrsagen aus; diese Bezeichnung hat übrigens der griechische Ausdruck poeta verdrängt[2].

Das keltische Volk lebte doch zu viel in einer mystischen Scheinwelt und die sozialen Verhältnisse mit ihren schroffen Sonderungen waren die allerungünstigsten. Daher unterlagen sie den Römern, um so mehr als sie gleichzeitig von den Germanen und Römern angegriffen wurden, in Gallien wie in England. Sie unterwarfen sich leicht den Römern, da ihre Sprache und Sitte sie auf die Römer hinwies, denen sie näher standen als den Germanen[3]. Nur in entlegenen, gut geschützten Gebieten, in Irland, Wales, Bretagne retteten sich starke Reste bis heute, in Irland und Wales erhoben sie sich neuestens im bewußten Gegensatz gegen das Angelsachsentum.

Es war auch später das Unglück Irlands, daß die reinste Anarchie herrschte, die Klane sich blutig befehdeten und dabei die Normannen ins Land riefen. Ihre tausendjährige Untertänigkeit lähmte vollends die Tatkraft der Kelten und stärkte noch ihre angeborenen Neigungen. Ihre fröhliche Sorglosigkeit und ihr mystischer Drang half ihnen über viele Leiden hinweg, hinderte aber auch bis heute jeden Aufschwung. Wie bei andern Völkern war ihre Stärke auch ihre Schwäche.

---

[1] Plautus erinnert an keltisch plouto schnell; Livius ist der glänzende.

[2] Marx Allg. Ztg. 1897 Beil. 163.

[3] Manche heben die Verwandtschaft mit den Griechen hervor und führen Worte wie dacru Träne, derc sehen, davon der Göttername Dercetius, cuno Hund, Magus der Fürst, monika Halskette, Deiotarvus (S. 177) hiefür an. Jedenfalls war aber die Verwandtschaft mit den Germanen stärker als mit den Griechen: man denke an Worte wie berg, birg, brog für Orte, boc Schwellung, balg, bulg (S. 105) gabalus Gabel, meldi mild, natrix Natter, nitio Neid, Kampf, an die späteren Worte lethar Leber, viriæ angelsächsisch wir; vgl. Much Stammeskunde (Göschen) S. 46. Das oben erwähnte cuno heißt auch Höhe; Hercunio Anhöhe (Schwarzwald); Cuno Vorgeschichte I, 49.

Dritter Abschnitt.

Die Germanen.

XVII.
Charakter der Germanen.

Mit den Galliern und Kelten hatten die Germanen viel gemein, weshalb die Alten sie beständig verwechselten. In der Sprache und Sitte standen sie sich nahe, bei manchem Orts- und Götternamen ist man heute in Zweifel, ob sie keltisch oder germanisch sind, z. B. bei Ariovist, Elben, Tamfana. Sicher sind viele Völkernamen keltisch, so gleich die Namen Germanen, die Echten oder Nachbarn, dann die Nemeter, Mattiaker und die fern im Osten gelegenen Bastarner. Die Germanen hatten zudem viel von den Kelten angenommen, viel von ihrer Kleidung, Wohnung, Wirtschaft und Geselligkeit. Aber ihr Wesen war doch tief verschieden, sie unterschieden sich, wie schon ein Alter bemerkte, nicht schon ursprünglich, wohl aber im Verlauf der Entwicklung durch ihre weißere Hautfarbe, größere Gestalt und Wildheit[1]. Die Germanen waren viel individualistischer, viel freiheits- liebender, als jene, sie traten mit viel Geräusch in die Welt, zerstörten aber nicht bloß veraltetes, sondern schufen auch neues, erneuerten die ver- altete Kulturwelt und bildeten ein neues Kulturideal[2]. Von der groß- städtischen Übersättigung kehrte unter der Hand der Germanen die Kultur zurück zur Waldeinfachheit.

In Wäldern und hinter Bergen müssen wir die Germanen suchen, wo sie noch in halbwilden Verhältnissen ihre Tage einförmig vertrieben.

---

[1] Ursprünglich müssen auch die Kelten groß gewesen sein, denn sie liebten wie die Germanen große Maße. Vgl. Eustath. ad Dion. l. c. 48; de emend. vita mo- nast. 105. Auf das Urteil Plutarchs, die Kelten seien die edelsten Barbaren (cons. ad Apoll. 22) ist nicht viel Wert zu legen.

[2] Sepet, Rev. d. quest. h. 6 (1869), 260.

Wir dürfen uns die Germanen nicht allzu ideal und zart denken; es war
ein rauhes Volk, Männer voll unbändiger Kraft und wildem Trotze, un=
beschränktem Selbstgefühl, rücksichtsloser Selbstsucht und harter Lebens=
art. Als Cäsar mit ihnen in Berührung kam, standen sie noch auf der
niedersten Kulturstufe, als wilde Natursöhne, an ein hartes Leben gewöhnt;
sie verschlossen sich noch gegen jeden Verkehr, gegen jeden Handel und
Ackerbau. Ganz anders erscheinen sie uns hundert Jahre später bei
Tacitus, nachdem ihre fortwährenden Kämpfe mit Kelten und Römern sie
auch friedlicher Einwirkung zugänglicher gemacht hatten; sie erscheinen bei
Tacitus als wahre Ideale gegenüber der verwickelten und überreizten
Kultur des Römertums, wie sie auch Seneca als Muster den Römern
gegenüberstellt[1]. Die Schilderung des Tacitus entspricht aber nicht ganz
der Wirklichkeit, in seine Schilderung mischt sich etwas von dem alten
Reize, den die einfachen Verhältnisse der Naturvölker auf die übersättigten
Kulturvölker hervorbringen. Wie die Griechen schauten auch die Römer
nicht nur mit Verachtung, sondern manchmal mit einem gewissen Neide
auf die einfachen Völker, die Hyperboreer, und suchten dort das Behagen,
die Gerechtigkeit und die Wahrheit, die in der Verwicklung der Kultur zu
Grunde ging, und zwar um so eher, je ferner die Völker sich standen[2].
    Nun waren aber die Germanen den Römern zur Zeit des Tacitus
nicht unbekannt mehr. Tacitus kennt sie genau, kennt ihre wahren Tu=
genden, verschweigt auch die Schatten nicht, Trägheit, Unreinlichkeit, Gold=
gier, Trunk= und Spielsucht. Aber eine richtige Verteilung von Licht und
Schatten können wir nicht erkennen. Die Enge des Gesichtskreises, die
Roheit und Rauheit des Lebens, wie sie Naturvölkern eigen ist, kommt
nicht recht zur Geltung. Solche Fehler und Einseitigkeiten empfindet erst
jener, der längere Zeit in solcher Umgebung lebt.
    Es sind allerdings zwei unleugbare Eigenschaften der Germanen,
die enge zusammenhängen, Kraft und Keuschheit, das unverdorbene Blut
und der kühne Mut, die dem Römertum in der Umstrickung mit griechi=
scher Kultur vollständig abhanden gekommen waren und wovor seine ur=
sprünglich ähnlich veranlagte Natur eine instinktive Achtung hegte. Allein
diese ganze Sittlichkeit war keine durchgearbeitete und selbsterrungene, sie
entsprang den einfachen Verhältnissen und hing zusammen mit der Rauheit
des Lebens, der Beschränktheit der Lebensziele und Beschäftigungen[3]. Als

---

[1] De ira 1, 11; ep. 70.
[2] Vgl. die Urteile über fremde Völker bei Rohde, Der griech. Roman S. 203, 210.
[3] Germ. 20. Was von den Finnen (46) gesagt wird, kann übrigens nicht wie
es schon geschah, auf die Germanen bezogen werden.

die Römer mit ihnen feindlich zusammenstießen, empfanden sie wenig von
den Vorteilen ihrer rauhen Einfalt. Die Germanen waren eben, wie alle
anderen Völker, im Kampfe unerbittliche Feinde, und nichts lag ihnen ferner
als Humanität. Erst im allmählichen Zusammenleben und Zusammen-
gewöhnen machten sich einige gute Züge bemerkbar, und wir begegnen daher
erst wieder im fünften Jahrhundert bei römischen Schriftstellern günstigen
Urteilen. Auch da war es weniger eine angeborene Milde der Germanen,
die freundliche Beziehungen ermöglichte, sondern der Reiz und der Einfluß
einer überlegenen Bildung auf Seiten der Untertanen zwang die rauhen
Beherrscher zum Entgegenkommen. Ihr einziges Verdienst bestand darin,
daß sie wenigstens ein Gefühl für diese Bildung hegten; ihre Keuschheit
aber erlag, wie bekannt, sehr leicht der Verführung, und es war nicht
eigentlich sittliches Verdienst, wenn sie das verdorbene Römerblut wieder
erneuerten. Von einer entwickelten Kultur kann bei den Germanen, als
einem harten Kriegervolke, weder in wirtschaftlicher noch in geistiger Hinsicht
die Rede sein. Am meisten galt körperliche Kraft; der kräftige Mann war
allein frei und geehrt und noch mehr als bei den Griechen und Römern
alles Schwache verachtet. Aber selbst ihre Kraft war keine durchgebildete,
und Tacitus tadelt, daß sie Mühe und Arbeit, Durst und Hitze nicht
ertragen können, während sie an die Kälte durch ihr Klima gewöhnt seien.
Die wilde Kraft ihrer Augen und die Länge ihrer Körper wirkten unheimlich auf die Römer, und es brauchte lange, bis sie sich nicht mehr aus
der Fassung bringen ließen. Das Auge der Germanen blitzte so furchtbar
im Kampfe, daß kein Feind in diese Glut hineinzuschauen wagte.

Den Hauptruhm brachte ihnen die Tapferkeit. Nicht umsonst erinnern die Namen von Einzelnen und ganzen Völkern an diese Eigenschaft,
wie Hildebrand, Hermann, Siegwart, Walter der Heerwaltende, die
Balten die Kühnen; Sachsen, Cherusker und Langobarden tragen Namen,
die an Waffen erinnern[1]. An ihrer Göttervorstellung überragte der helden-
hafte Zug, die kriegerische Kraft, wogegen Weisheit und Schönheit in den
Hintergrund trat. In der Kraft äußerte sich das Göttliche, die Kraft
galt ihnen als so heilig, wie den Griechen, und demgemäß entschied die
Kraft über den Vorrang. Als Kampfvolk scheuten sie den Tod nicht, der
Kampftod war ihnen so lieb, wie der Sieg, eine vertraute, gewohnte, all-

---

[1] Sprichwörtliche Redensarten späterer Zeit erinnern an diese Tapferkeit: grüßen
ist eigentlich das Wortgefecht, womit sich die Helden zum Kampfe reizten, das Zusam-
mentreffen wird zum Treffen, Herberge ist eigentlich das Heerlager, das Erwerben ist
„Kriegen", wie das nordische Wiking. Weise in „deutsches Volkstum" von H. Meyer,
Leipzig 1899 S. 236.

tägliche Erscheinung. Der Gedanke an ihn erfüllt die germanischen Dich=
tungen, er ergriff den Germanen, wenn er trunken von der Tafel sich
erhob. Der griechische Held wußte auch zu sterben, aber er wußte auch
zu fliehen, den germanischen Helden aber brachte die Flucht in Schande.
Im Kampfgewühl ergriff ihn eine wilde Erregung, er kämpfte mit nackter
Brust, mochten Schläge hageldicht sausen, er empfand nichts, die Wut
verzehnfachte seine Kräfte, er lachte über seine Wunden und das Blut, das
herabfloß. An Blut und seiner Farbe erfreute sich der Germane, rot
erwählte er als seine Lieblingsfarbe, wie übrigens auch die Kelten und
alten Römer[1]. An Körperkraft und Körpergröße übertrafen sie alle Völker.
Der Gote Maximin, der sich zum Kaiser emporschwang, war acht Fuß
hoch, Karl der Große sieben[2]. Kaiser Konstans, erzählt Libanius, stellte
unter seine Legionssoldaten Germanen als flankierende Türme ein, man
glaubte, einer schütze und wiege viele Römer auf. Ihrer Körpergröße ent=
sprachen dann auch größere Waffen, als sie die Römer anwandten[3].
Von den Cimbern erzählte man, sie hätten oft Baumstämme ausgerissen
und Felsblöcke im Kampf geschleudert. Im Lauf und Sprung erwiesen
sie eine solche Gewandtheit, daß sie mit den Pferden Schritt zu halten
und über vier bis sechs nebeneinander gestellte Pferde hinüber zu springen
vermochten. Sie waren „dem Feuer gleich an Raschheit und Gewandtheit",
sagt Plutarch; gleich einem wogenden, brausenden Meere wälzten sich ihre
Heermassen heran. „Wie Giganten, schrieb er, rissen sie die Höhen rings=
herum nieder, entwurzelten Bäume, Felsblöcke, ja ganze Erdhügel schleppten
sie zugleich in den Fluß und drängten das Wasser über das Ufer". Den
Mann, den der Germane durchbohrt, vermochte er mit dem Speere empor
zu heben. Um die Kriegstüchtigkeit zu erhalten, hemmten nach Cäsar die
Geschlechtsvorsteher und Häuptlinge absichtlich das Einleben in feste Kultur=
verhältnisse, veranlaßten häufige Kriegszüge, schickten die Jugend auf
Abenteuer aus, damit sie sich nicht, wie es ihm Mittelalter heißt „ver=
liege", ja verhinderten sogar, wenigstens bei einzelnen Stämmen, eine feste
Seßhaftmachung, damit nicht der Hausbau das Volk empfindlicher gegen
Hitze und Kälte mache und der Ackerbau die Beutegier austreibe.

---

[1] S. S. 78, 177. Ein roter Hut, ein roter Turm kennzeichnet den Herrscher,
den Richter, wie bei den Römern der rote Mantel den Feldherrn. Mit roter Schnur
maß man die Felder. — Die Verehrung des hl. Blutes ging den Germanen be=
sonders rasch ein; der Gral, obwohl die Idee aus dem Keltischen stammt, war den
Germanen leicht verständlich; Rochholz, Deutscher Glaube I, 33; II, 194 f. f.

[2] V. Max. 6; Einh. v. Car. 22. Die Ausgrabungen ergaben freilich nur eine
mittlere Größe von sechs Fuß.

[3] Auch größere Maße, Kulturg. der röm. Kaiserzeit I, 45, 259, 315.

Noch weniger, als durch den Zwang dauernder Ansiedlung und Acker=
pflege, ließen sie sich innerhalb Mauern in ihrer freien Bewegung beschrän=
ken. Sie fürchteten nach dem Ausdruck eines alten Schriftstellers die
Mauern wie Netze, in denen man Tiere fängt, spotteten über die römischen
Stadtbewohner, die wie Vögel hoch in der Luft leben, sie vermieden jeden
engen Anschluß und stellten ihre Häuser möglichst weit auseinander. Die
friedliche Arbeit galt als unehrenhaft und nur der Kriegserwerb als rühm=
lich, eine Anschauung, die wir auch bei den ältesten Griechen und Rö=
mern antreffen. Bei den Wikingern, die so recht eigentlich die germanische
Natur frei zur Entfaltung bringen konnten, galt es als Sitte unter den
Vornehmen (den Jarlen) und anderen ihresgleichen, daß sie im Wiking
auf Kriegserwerb und Seeraub ausfuhren, um Ansehen und Vermögen zu
sammeln, und es ging solches Vermögen nicht im Erbe vom Vater auf
den Sohn, sondern es wurde in den Grabhügel gelegt mit dem Besitzer.
Diese Art des Erwerbes war allein echter Wiking und eines Wikingers
würdig. Aber auch im Binnenland galt nur Jagd und Krieg als eines freien
Mannes würdig, nicht ehrliche, ernste Arbeit im Felde und zu Hause.

Als Naturvolk teilten die Germanen mehr oder weniger die Leiden=
schaften und Schwächen eines solchen. Den Naturvölkern fehlt nicht nur die
Arbeitsliebe, sondern auch die Vorsorge. Sie vertilgen, wenn sie gerade
Vorrat haben, alles möglichst rasch und leiden dann wieder Hunger; den
Acker mühsam zu bestellen, entschließen sie sich schwer und überlassen es
den Frauen und Knechten und züchten höchstens Tiere. Für alles Schwache
haben sie wenig Gefühl, ein hartes Herz, behandeln wohl Tiere wie
Menschen, aber Menschen oft nicht besser als Tiere. Kinder werden
ausgesetzt, Alte und Kranke ihrer Not überlassen oder totgeschlagen,
Schwächlinge und Feiglinge beseitigt oder zum Selbstmord gezwungen[1].
Spuren von diesen Sitten finden sich nun auch bei den Germanen, aber
doch geringere, als man denken sollte.

Jedenfalls waren sie ein sehr entwicklungsfähiges, kräftiges Natur=
volk mit idealen Trieben, mit Sinn und Anlagen für eine höhere Sitt=
lichkeit. Im Vergleich zu den Römern achteten sie die Keuschheit, wie
alte Schriftsteller rühmen, wahrten treu und stark die eheliche Liebe und
verurteilten strenge den Ehebruch und Unzucht, bestärkt und gehalten durch
eine strenge Lebensweise. Gerade, weil sie viel auf Abhärtung, auf
Kraft und Mut hielten, von der Unzucht wußten, daß sie verweichliche, die
Körperkraft schwäche, ehrten und schätzten sie die Keuschheit[2]. Die Sitte

---

[1] Selbstmord unter Fechtern Sen. ep. 70; Symm. 2, 46.
[2] Caes. b. G. 6, 21. Sehr gut verbindet Salvian Saxones crudelitate efferi,
sed castitate mirandi (de gub. dei 7, 15, 64). Anth. pal. 1, 45.

und Sittlichkeit der Deutschen ruhte auf leidenschaftlichen Gründen, nicht auf festen sittlichen Begriffen oder Grundsätzen. Es waren die einfachen Motive der Liebe und des Hasses, Liebe zum Freunde und Weibe und Haß gegen den Feind, die die Handlungen bestimmten. Wo du Feind= schaft weißt, hieß es, tritt ihm als Feind entgegen und gib deinen Feinden nicht Frieden[1]. Auch die Götter wußten nichts Besseres auf der Insel Allgrün, als Fechten und Feinde fällen, manches zu wagen und Mädchen zu küssen.

Der Germane kannte keine andere Pflicht, als wozu ihn das ge= gebene Treuwort oder der den Göttern geschworene Eid band, und keinen anderen Zwang, als die Gebote der Ehre. Seinen Leidenschaften, wenn sie einmal gereizt waren, legte er keinen Zwang an, er ließ sich von der Spielsucht, Trunksucht und dem Jähzorn blind hinreißen, so daß selten ein Gelage ohne Blutvergießen endete. An sich gutmütig, mißhandelte er die Sklaven nicht leicht; war er aber gereizt, so konnte er den Schuldigen gleich totschlagen. Willkür und Laune herrschte im Verkehr zwischen Ein= zelnen und Staaten, außer wo Eide banden, die der Germane wohl zu wahren wußte. In der Treue der Freunde und Gatten erreichte das sitt= liche Streben seinen Höhepunkt. Die Treue entsprang aber nicht etwa der Selbstbeherrschung als Ergebnis eines Kampfes mit sich selbst, sondern bloß einer kräftig angelegten, wenn man will einer cholerischen Natur. Selbst Tacitus hält die gerühmte Treue für keine besondere Tugend, sondern für Beharrlichkeit, Nachhaltigkeit, Folgerichtigkeit[2]. Nur eines wollen, aber mit der ganzen Kraft und Glut der Seele, das war die Treue: ein zähes Festhalten an dem einmal Beschlossenen, ein Sichversteifen, Vergraben ohne Rücksicht auf Wohl und Wehe der Person[3]. Tacitus sagt, die Germanen klagen nicht lange, aber der Schmerz dauert um so länger. Wie die knorrigen Äste der Eiche und ihre harten Wurzeln sich eigensinnig biegen, so war die germanische Mannesart; sie schloß die Leidenschaft nicht aus, verband sich mit Eigensinn, Maßlosigkeit, Tollkühn= heit und Wagemut, aber enthielt etwas Ritterliches.

Der tapfere Mann hält sein Wort und schreitet aufrecht durch die

---

[1] Daher kann man weder mit Löher Kulturg. der Deutschen I, 153 die christ= lich durchgebildete Anschauung des Mittelalters, wie sie z. B. Walter von der Vogel= weide ausspricht, auf die Urzeit übertragen, noch viel weniger mit Dahn die altger= manische Sittlichkeit, das Familienleben und das Walhallaideal der Urzeit höher stellen, als die mittelalterliche Moral. Viel richtiger und nüchterner urteilt Seeck in seiner Geschichte des Untergangs der antiken Welt I, 191.

[2] Germ. 20, 24.

[3] Graßjunder, der deutsche Nationalcharakter in deutschen Dichtungen S. 15.

Welt, nicht auf Schleichwegen. So nachsichtig er offenen Mord und offenen Raub beurteilt, so unerbittlich ist er gegen geheime Tat. Das Siegfriedsideal schloß Raub und Mord nicht aus, wohl aber List und Betrug. Die ursprünglichen Ideale der Griechen und Römer, Achilleus und Romulus, standen dem germanischen Ideale näher; aber die Kultur, vielleicht auch die Blutmischung mit Semiten hatte sie von diesen Idealen abgetrennt, die List und Gewandtheit war bei ihnen in den Vordergrund getreten. Viel länger hielten die Germanen daran fest. Sie nützten ihre Überlegenheit über einen schwächeren Gegner nicht aus, obwohl es ihnen einen großen Vorteil gebracht hätte, so nach der Schlacht von Noreja. Aus diesem Grunde kämpfen im Gudrunlied die Männer nicht weiter, als bis die Nacht hereinbricht. „Die grimmen Kämpfer ließen ungern von der Schlacht, mit müden Armen schieden sie für diese Nacht". Und als sie die geraubte Gudrun leichten Kaufs entführen können, verzichten sie auf ra- schen Handstreich und wollen im offenen Kampfe ihr Recht behaupten; nicht daß es heiße, sie stehlen heimlich.

Wie einst die Römer zu ihrer Blütezeit die falschen Griechen und ihre Künste verachteten, so verachteten jetzt die Germanen die kriegerischen Kunstgriffe der Römer und schätzten freilich auch die geistige Kraft und das Denken gering. Sie betrachteten Betrüger als Teufel wie Loki. Wenn in der nordischen Sage Sigmund auf Bitten Regins dessen Bruder Fafnir hinterlistig niedermeuchelt, so betrachtet er ihn als Verräter, und überdem liegen hier wohl mythologisch naturalistische Vorgänge zu Grunde, die ein sittliches Urteil ausschließen. Nur gegen Verrat und Untreue erlaubt die Sitte die Untreue, nach dem Grundsatz, daß Gleiches mit Gleichem zu vergelten sei. So tötete Theoderich Odovaker, so gab Chlodo- wech den Untertanen Ragnakars, die er gegen diesen aufhetzte, falsches Ringgold[1].

Offen und kühn, treu und innig war das germanische Wesen. Seine Kühnheit riß den Germanen in die Ferne, seine Treue band ihn in die Nähe. Der Germane schloß sich gerne in engeren Gruppen ab, in der Familie, in der Sippe, in der Blutbruderschaft, riß sich aber auch, wenn der Anlaß es bot, gerne los von den Fäden, die ihn fesselten, und zog in die weite Ferne, weshalb er auch selbst die Gastfreundschaft hochhielt. Der Drang in die Ferne, die Wanderlust, Unternehmungslust rang in ihm mit dem häuslichen Sinn. Zwischen der Enge des Hauses und der weiten Ferne lag für ihn nichts in der Mitte, das war sein Verhängnis. Der Staat und Staatssinn fehlte dem Germanen, wenn auch nicht so stark als

---

[1] Greg. Tur. h. F. 2, 42; Paul Diac. h. L. 4, 15, 17.

den Kelten; gleich diesen verstand er es nicht, sich unterzuordnen, einem
Ganzen einzuordnen, er ließ sich nicht leiten und befehlen, wie der Gallier
Tutor bei Tacitus sagt[1].

Das Geistesleben hatte geringen Umfang und Tiefe, erstreckte sich
nicht über das Notdürftigste der Zählung, der Schrift, der Raummessung
und Zeitrechnung[2]. Das Einzelbewußtsein, der Einzelcharakter war sehr
wenig entwickelt und auch äußerlich unterschieden sich die Körpergestalten
wenig. Die Römer wunderten sich über die gleichförmige Gestalt der
Germanen: das gleiche Körpermaß, die gleichen blonden Haare, die gleichen
trotzig blauen Augen. Auch die Frauen unterschieden sich, wie es auf
einfachen Kulturstufen immer der Fall ist, wenig von den Männern, sie
trugen ähnliche Kleidung.

Das Denken, Fühlen und Sprechen beherrschten allgemeine Formeln
und allgemeine Anschauungen von der Natur der Menschen und Götterwelt.
Das Sprechen und Denken war noch nicht losgelöst von der sinnlichen
Anschauung und abstrakter Beziehungen noch nicht fähig. Die Germanen
lebten und webten in der Natur, und die Ahnung und Vorstellung von
Göttern hob die Menschen wenig hinaus über die rohe Wirklichkeit; die
Götterwelt diente nur dazu, die Wirklichkeit der Natur zu erklären. Zur
Natur standen sie im innigsten Verkehr, sie machten sich nicht so frei davon,
wie die Griechen und Römer, und blieben nicht so gefangen in ihr, wie
rohe Völker. Ihr ganzes Sprechen und Denken erscheint manchmal wie
ein Abdruck oder Symbol der Natur. Naturlaute — man denke an die
mächtige Kraft des Stabreims — und Naturbilder geben der Sprache
einen eigentümlichen Reiz. In allen Sprachen sind abstrakte Ausdrücke,
Formeln für rechtliche und sittliche Verhältnisse aus sinnlichen Anschau=
ungen entstanden, aber die sinnliche Auffassung schimmert nur durch; bei
den Germanen aber ist die sinnliche Anschauung so stark, wie der abstrakte
Gedanke. Bild und Gedanke ist gleich stark, das Bild oft noch stärker,
so daß es den Gedanken verdunkelt. Die Ursache dieser Erscheinung liegt
darin, daß die Germanen auf einer früheren Stufe ihrer Entwicklung in
die Geschichte eintraten, als die Griechen und Römer, wo die Sprach=
bildung noch nicht abgeschlossen war.

Allen Erzeugnissen eines primitiven Geistes klebt etwas Mechanisches,
Schablonen= oder Schemenhaftes an, mögen wir nun die rohesten Kunst=

---

[1] H. 4, 76.

[2] Tacitus sagt, sie verwenden griechische Buchstaben (3); daneben waren vielleicht
Runen im Gebrauch. Entfernungen rechnete man nach Rasttagen von einem Haus
zum andern.

verfuche, die einfachsten Ornamente oder plaftischen Bildungen, die Schrift=
züge oder einfachen Dichtungen beachten. Die Formen, die der unkulti=
vierte Mensch seinen Werkzeugen, Geräten und Geweben gibt, überträgt
er auch auf seine künstlerischen Versuche; es sind dies die in der Natur
des menschlichen Armes und Auges liegenden gerablinigen, gewundenen
und gebrochenen Linien. Aus Linien und Punkten, Bändern und Bogen,
Spiralen, Zickzacklinien entstand durch Verflechtung und Vermischung ein=
fache Verzierungen. Diese Verzierungen gleichen sich bei allen Völkern
mehr oder weniger. In der Dichtung entspricht ihnen der Stabreim und
Endreim, der Gleichklang, der Wiederklang, Rythmus und Takt.

192

XVIII.
Lebensart der Germanen.

In ihrer Kleidung, Wohnung, Nahrung unterſchieden ſich die Ger=
manen nicht von anderen primitiven Völkern. Das deutſche Haus, aus
Lehm und Pfählen aufgebaut, ganz rauchgeſchwärzt, ohne Fenſter, von
dem Hirtenzelte, von dem Karrenhaus der Wanderung wenig unterſchieden,

Germaniſche Hütten, die der Fenſter entbehren, werden von römiſchen
Kriegern angezündet (Markaurelſäule).

beherbergte Menſchen und Tiere unter demſelben Dach[1]. Schon zur Zeit
des Tacitus beſaßen indeſſen die Reicheren beſſere viereckige Häuſer, währ=
end die Kote, die Hütte, der Korb, die Hulke, die ſich bis heute in Köhler=
und Forſthütten erhielten, als Wohnung Ärmerer biente[2]. Beſſere Häuſer,
viereckige Hütten, Schiffhäuſer, Schrot= oder Ständerhäuſer ſetzten ſich

---

[1] Ambroſius ſagt Gothi — quibus ut olim plaustrum sedes erat, ita nunc
plaustrum ecclesia est (ad Marcell. ep. 20). Cumque ad graminea venerint, in
orbiculatam figuram locatis sarracis ferino ritu vescuntur, absumtisque pabulis.
velut carpentis civitates inpositas vehunt, maresque supra cum feminis coeunt
et nascuntur in his et educantur infantes, et habitacula sunt haec illis perpetua.
et quocumque ierint, illic genuinum existimant larem; Ammian 31, 2; Sid. c. 5,
225; Hor. c. 3, 24, 9.
[2] Ammian 18, 2, 15; 31, 15, 15; Heyne, Das deutſche Wohnungsweſen S. 20.

zuſammen aus gerade ſtehenden Pfählen, ſelten aus liegenden Pfählen
oder Balken, Blöcken. Die Pfähle, die auf Setzſchwellen ruhten[1], ſtanden
in einfachen Häuſern dicht nebeneinander, höchſtens daß Lehm oder Moos
die Fugen ausfüllte, und trugen, wie die Markaurelſäule aufweiſt, ein
kuppelartiges oder ſteilanſteigendes Dach. Um die Pfähle noch feſter an=
einander zu ketten, verflocht man ſie mit Zweigen,
Weiden, Binſen, Seilen — bei den Hütten der
Markaurelſäule ſchlingen ſich Seile in gewiſſen
Entfernungen um die Pfähle[2] — und man füllte
die Lücken mit Lehm oder mit einem aus Lehm
und Häckſel gemiſchten Verputz aus[3]. Beim
Blockbau wurden behauene Balken übereinander
gelegt, an den Ecken verkrümmt und die Fugen
außen mit einem Kalkverputz oder Brettergetäfel
verdeckt[4]· Den Blockbau behielten die Alaman=
nen noch lange bei, während die anderen Stämme
ſchon längſt den Fachwerkbau bevorzugten. Außen

Germaniſche Hausurne.
Der Eingang liegt an der Lang=
ſeite (ſ. S. 6).

beſtrichen die Germanen die Holzhäuſer mit hellen Erdfarben, namentlich
mit Rot und Weiß, eine Sitte, die man noch im hohen Norden beobachten
kann[5]. Das Bauen und Zimmern übte auf die Anſchauung des Volkes
einen großen Einfluß aus. Die Erde ſtellte ſich der Germane gerne als
ein großes Haus dar, das Himmelsgewölbe als Dach, den Schöpfer als
einen Zimmerer und er verglich das geiſtige Dichten und Schaffen mit dem
Bauen, hieß die Abſchnitte eines Geſetzbuches Balken und ſprach nachmals
von Liedſtäben, von Stollen und Abgeſang.

So nahe ſich dieſes Haus mit den Häuſern verwandter Völker be=
rührte, unterſchied es ſich mehr und mehr ſowohl vom keltiſchen als italiſch=
griechiſchen Hauſe. Wie aus italieniſchen Hausurnen erhellt, liegt dort
der Hauseingang auf der ſchmalen Giebelſeite, beim germaniſchen Haus
auf der Langſeite, wenn man davon ausgeht, daß das ſüddeutſche Haus

---

[1] Bauen heißt gotiſch gasuljan, ſetzen auf Schwellen.
[2] Die gotiſche Bezeichnung für Wand waddjus kommt von wei flechten.
[3] Schlitz, Das ſteinzeitliche Dorf von Großgartach 12.
[4] Der hl. Pirmin verdeckte eine Jagdhütte virgis planis atque politis cemento
abductis und ſchuf ſie ſo zu einer Kapelle (M. G. ss. XV, 27 c. 6).
[5] Nec caementorum quidem apud illos aut tegularum usus; materia ad
omnia utuntur informi et citra speciem aut delectationem quaedam loca dili-
gentius inlinunt terra ita pura ac spendente ut picturam ac liniamenta colorum
imitetur. Tac. Germ. 16.

das nationale war[1], und demgemäß gestaltete sich alles verschieden. Mehr
als ein anderes Haus verlief das germanische in die Tiefe, ruhte auf
guten Unterlagen und bestand seiner wichtigen Hälfte nach aus einem
unterirdischen Raum, dem Keller, den man im Winter und in Feindes=
gefahr bezog, mit dem Dung der überwinterten Tiere belegte, um ihn
warm zu halten, weshalb der Keller auch Tung hieß[2].

Im Innern des
deutschen Hauses herrschte
natürlich noch die größte
Dürftigkeit. Der Herd
bildete den Mittelpunkt,
ein einfacher Steinaufsatz,
wie er sich noch heute in
einfachen Bauernhäusern
findet, zugleich Feuer=
stätte, Hausaltar mit hei=
ligem, immer brennendem
Feuer; hinter dem Haus=
gotte standen kleine ge=
schnitzte Figuren, ähnlich
den Hampelmännchen auf
neuzeitlichenKaminsimsen.
In der Neuzeit noch ge=
noß der Ofen abergläu=

Rote Urne aus einem Grabhügel bei Meibelstätten auf der
rauhen Alp. Zwei schwarze und dazwischen ein kirschroter
Zickzackstreifen umschließen 10 Felder, die selbst wieder mit
eingedrückten Zickzackbändern und konzentrischen Kreisen ge=
füllt sind. Vier solche Urnen, ein Kessel, ein Schild und ein
Hallstattschwert umgaben die Aschenreste.

bische Verehrung. Unglückliche klagten ihm ihr Leid und Zweifelnde hol=
ten sich dort ein Orakel[3]. Um, hinter und auf dem Herde lagerten sich die

---

[1] Es scheint mir völlig verkehrt, das sächsische Haus als national zu betrachten,
wenn man auch nicht an eine direkte Entlehnung dieses Hauses von den Kelten denken
will. Schon die geringe räumliche Verbreitung dieses Hauses spricht dagegen. Ich
fand bis hoch in den Norden hinauf bei friesischen und dänischen Häusern mehr Ähn=
lichkeit mit dem fränkischen, als mit dem sogenannten sächsischen Hause. Überall liegt
der Eingang an der Langseite.

[2] Tacitus schreibt: solent et supterraneos specus aperire eosque multo insu-
per fimo onerant, suffugium hiemis et receptaculum frugibus, quia rigorem fri-
gorum eius modi loci molliunt, et si quando hostis advenit, aperta populatur.
abdita (autem) et defossa aut ignoratur aut eo ipso fallunt quod quaerenda sunt
(16); Plin. 19, 2. In Norddeutschland und auch bei den Nordgermanen hat sich auch
insofern die altgermanische Art besser erhalten als hier namentlich in Städten unter-
irdische Räume viel größere Bedeutung haben als im Süden. Der Erdgaben diente
auch als Gefängnis (Zsch. für Ethnologie 1897 Vhdl. 597).

[3] Rochholz, Deutscher Glaube II. 115.

Familiengenoſſen zum Schlafen. Den Boden bedeckten ſie wohl mit Fellen und Stroh. In beſſeren Häuſern ſtanden Tiſche, Bänke und Stühle um= her, die mangels einer entwickelten Schreinerarbeit roh genug ausſahen[1], da die Germanen keine Säge kannten und das Holz mit der Axt bear= beiten mußten, ſelbſt noch im vierzehnten Jahrhundert[2]. Die Wände und Täfelungen ſchmückten Waffen, Jagdtrophäen, während Decke und Dach — beides fiel zuſammen — rauchgeſchwärzt niederhing. Daher hieß das Dach, das aus Holz, Rohr oder Stroh beſtand, bei den Goten das Rußige[3]. Noch im Mittelalter fehlte meiſt die Decke, ſo daß ein Kind, wenn es das Dach und die vier Wände erblickt hatte, als lebend galt. In den

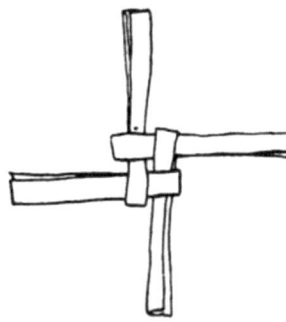

Trudenfuß aus ſpäterer Zeit.

älteren Häuſern fehlte ſogar ein Rauchloch und drang Luft und Licht nur durch die Türe herein[4]; meiſt aber öffnete ſich ein Loch, eine vielleicht verſchließbare Lucke. Tür= und Dachlucke, verſchloſſen mit Flecht= werk, mit „Hürden", wie ein alter Aus= druck beweiſt. Wenn keltiſche Helden Kraft= proben veranſtalteten, warf wohl einer das Rad zum Querbalken, ein zweiter bis zum Firſt, ein dritter durchs Rauchloch. Jedes Haus ſtellte eine Burg, eine abgeſchloſſene Welt dar, das Religion und Recht nicht genug ſchützen konnte. Nicht nur der Herd, ſondern auch die Türen, Pfoſten und Schwellen, Giebel und Firſt genoſſen einer religiöſen Weihe. Da wo außen die Giebelbalken ſich kreuzten, hingen Pferdeköpfe und Schwanen= hälſe und glänzte ein Handzeichen oder Handmal, eine Hausmarke, auf den Firſtbalken geritzt. Die Hausmarke, eine Art Rune, aus ſenkrechten, wagrechten und ſchrägen in mannigfaltiger Weiſe verbundenen Strichen gebildet, bezeichnete auch andere Gegenſtände der Fahrhabe — das Haus gehörte zur Fahrhabe — und diente als Eigentumsmarke und Zauber=

---

[1] Faſt alle Worte für beſſere Ausrüſtungsſtücke kommen aus dem Lateiniſchen z. B. discus (Tiſch) scamellum (Schemel) buxis (Büchſe) amphora (Eimer) ama (Ohm) cupa, cubellus (Kübel) catillus (Keſſel) scutula (Schüſſel) panna (Pfanne); ferner Kerze, Pfeiler, Pfoſten, Schindel, Striegel, Socke, Sohle. Andere S. 293.

[2] J. Grimm, Weistümer II, 791, III, 262, 266 f. Öſterr. Weistümer VI, 232; Schwappach, Handbuch der Forſt= und Jagdgeſchichte, Berlin 1886 I, 152.

[3] hrot, rot (Ruß).

[4] Auf der Markaurelſäule ſind keine Dachlucken zu ſehen.

[5] Das Pentagon, Pentalpha oder eine Art Maſchengewebe bretzelförmig ohne Anfang und Ende; daher hieß man den Trudenfuß im Mittelalter Zweifelſtricke, weil der Anfang zweifelhaft war.

mittel zur Fernhaltung böser Geister, ähnlich wie die Trubenfüße der Schwelle[1].

Um das Haus lief ein freier Raum, die Hofstelle, da die Germanen

Fußring aus Bronce von einem Grabhügel bei Salbern (Bopfingen) zugleich mit einer eisernen Trense (charakteristisch für die Laténezeit) u. merkwürdigerweise mit einem scharfkantigen Feuerstein gefunden. (Maihinger Sammlungen).

möglichst auseinander wohnten. Um die Hofstellen zogen sie Furchen oder Gräben mit Wällen. Auf den inneren Wällen erhoben sich Gehege, Zäune, Dornhecken, heilige Gesträuche, heilige Bäume oder Zauberkräuter, das Hexenkraut u. a., ähnlich wie sie ihre Totengräber und ihre Dörfer umgaben[2]. Die heiligen Bäume und Sträucher sollten vor Hexen und Zauberer schützen —, gegen diesen Aberglauben traten später die Missionäre auf[3]. Manchmal mochte der Hauszaun zu einem förmlichen Dickicht, einem Verhau anschwellen, wie er sonst um größere Ansiedelungen lief. Weist doch die Bezeichnung der Hofstatt als Wurt, Biunt, Beunde d. h. das Abgetrennte, oder Gart, Etter gleich Zaun auf scharfe Absonderung hin, während der Name Haus, Hus verwandt mit Hut, auf den Schutz, die Bergung hindeutet[4].

Armbrustfibel mit einer schmalen Platte oberhalb des Nadelhalters und daran sich anschließender rautenförmiger Endplatte. (Butzow Westhavelland).

Wohnung und Kleidung berühren sich nahe, die Wohnung ist eine erweiterte Kleidung und die Kleidung eine zusammengezogene Wohnung. Das beweist schon die Benennung[5]. Ursprünglich aus Häuten, Fellen, Pelzen bestehend, entfaltete sich die Kleidung

Eiserne Fibel. Charakteristisch für die Fibel der Laténezeit ist die Zurückbiegung des Nadelhalterfußes, der oft bis zur Mitte des Bügels und darüber hinausreicht.

Eiserne Fibel mit federnder Spiralenrolle; der über die Mitte des Bügels zurückgebogene Fuß und der Bügel selbst ist mit Kugeln verziert. Jüngere Laténezeit. (Krielow, Brandenburg).

---

[1] S. S. 53. Nicht alle Leichname durften über die Schwelle getragen werden und nicht jeder über die Schwelle eintreten, sondern mußte es durch ein Fenster tun (Rochholz II. 130).

[2] In Flurnamen hat sich die Erinnerung von Falltoren, Gattern erhalten.

[3] Vgl. den indiculus superstitionum: de sulcis circa villas.

[4] Heyne Wohnungswesen 14.

[5] Haus ist verwandt mit Hose und Häs (Gehäs = Kleidung), Hus, Hut mit cutis, Haut; Wand mit Gewand, Dach mit Decke, Hütte mit Hut, Glet mit Kleid.

bei den lernbegierigen Germanen rasch zu reicherer Gestalt. Sie entlehnten manche Stoffe, namentlich die Leinwand von den Kelten und eigneten sie sich viel rascher und allgemeiner an, als die Italiker. Bis tief ins Mittelalter hinein unterschied sich der Norden, so auffallend es klingen mag, durch stärkeren Linnengebrauch vom Süden.. Während für Oberkleider Wolle bevorzugt wurde, diente die Leinwand als Hemd= und Hosenstoff. Leinwandkleider schmiegten sich den Körperformen an, was Tacitus auffiel[1]. Unbekleidet, sagt Tacitus, halten

Fibel, deren Bügel aus zwei Tiergestalten zusammengesetzt ist (Altkönig im Taunus).

sie sich tagelang am Herd und Feuer auf, unbekleidet im römischen Sinne, ohne Mantel, wohl aber mit Hosen bedeckt. Der Mann im Weißen war den Römern etwas neues. Nacktheit scheuten allerdings die Germanen so wenig als die Kelten; die Kinder wuchsen völlig nackt auf, Jünglinge hielten unbekleidet Waffenspiele und die Männer kämpften halbnackt mit offener Brust. Nach einer dunklen Kunde hätten wenigstens die Goten gleich den Kelten ihre Leiber bemalt[2].

Brustschmuck bestehend in einer eisernen Platte, an deren Ende und Mitte Spiralenscheiben aus Draht sich aufrollen. (Jüngere Latènezeit, Westhavelland).

Mehr als einen Leibrock oder Wams, das Hama, eine Art kurzes Hemd, den ein Gürtel an den Hüften hielt, trugen Ärmere nicht; bei der Mehrzahl aber deckten Beinkleider, der Bruch, die Bracken, mit dem Gürtel geschnürt, den Unterleib (s. S. 244, 271)[3]. Den Fuß deckten Sandalen und einfache Lederschuhe, die der Germane sich selbst fertigte. „Schuhe", mahnt die Edda, „sollst du nicht für andere machen, sondern nur für dich. Sitzt der Schuh nicht, wünscht man dir alles Übel". Über dem Leibrock oder Wams warfen die Germanen einen Pelzkragen, den Rheno und Mäntel verschiedener Art, hefteten sie gewöhnlich über der rechten Schulter, wie die Rö=

Armring, der einer zusammengebogenen Ranke mit Beeren gleicht. Drei Reihen von Ansätzen mit perlenartigen Knöpfen besetzt, gliedern den Ring, der für eine jugendliche Hand bestimmt war (Ladenburg, Baden).

---

[1] Locupletissimi veste distinguntur, non fluitante, sicut Sarmatae ac Parthi, sed stricta singulos artus exprimente (17).

[2] Sid. ep. 8, 9 (v. 21); Proc. b. pers. 2, 25; Tac. G. 43 und oben S. 80 N. 3.

[3] Daran schlossen sich bei dem kurzen Bruch die Strumpfhosen oder Hosen kurzweg; nach Heyne Körperpflege 260 ist der kurze Bruch jünger als der lange; vgl.

mer den Kriegsmantel, wornach diese ihn auch Sagum hießen. Vornehme trugen einen langen Mantel. Am Gürtel hing gewöhnlich ein Schwert als Waffe, denn ohne Schwert oder Speer ging der Germane nicht aus[1].

Ihre Haare ließen die alten Germanen frei wachsen und wallen, sowohl Haupthaar als Barthaar, weshalb die Vandalen ein Häuptlings= geschlecht Hazdinge, die Lockenhaarigen nannten[2]. Doch haben manche Stäm= me, wie die Sueben, das Haupthaar in einen Knäuel oder in einen Schopf zusammengebunden[3], die Franken im Allgemeinen den Nacken freigehalten und die Locken gescheitelt zu beiden Seiten herabfallen lassen, ein großer Teil der Sachsen das Haar glatt

Kopf eines besiegten Germanen von einem rö= mischen Reiterbild zu Mainz. Der Haarkno= ten weist auf einen Sueben hin (Tac. G. 38).

mit der Schere geschnitten. Noch stärker wichen sie in der Barttracht von einander ab. Die einen trugen einen langen Kinnbart, andere einen kurzen Backen= oder Kinnbart, oft ohne Lippenbart, andere nur einen Schnurrbart nach Art der Kelten, wieder andere schnitten ihn gemäß der Aussage des Sidonius auf den hinteren Rand der Wange zurück[4]. Nach keltischem Beispiel salbten und färbten sie die Haare. Blondes und rotes Haar galt als volkstümlich, schwarz als ausländisch. Rot dachte man den höchsten Gott, schwarz und geschoren die Sklaven.

Von der Männertracht unterschied sich die Frauentracht mehr als bei den Römern durch Weichheit, Weite, Farbe und Fluß. Aus einem ärmellosen Rock als Unterkleid und einem Mantel als Oberkleid bestehend,

---

übrigens S. 277; Tac. h. 2, 20; Sid. c. 5, 244. Die kurze Hose culotte wurde erst wieder zur Revolutionszeit von der Langhose pantalon verdrängt. Doch hat sich die altgermanische Tracht in den Gebirgen, in Alpen und Apeninnen zum Teil erhalten; ähnlich ist die hochschottische Tracht.

[1] Auch von den alten Griechen macht Thukydides die Bemerkung, daß sie ge= waffnet gingen wie alle Barbaren. Zuerst haben die Athener die Waffen abgelegt, das sei ein großer Kulturfortschritt gewesen (Bell. Pel. I, 6).

[2] Andere erklären das Wort aus azd Art, Geschlecht, Heyne 64.

[3] Germ. 38; Sen. de ira 3, 26; ep. 124. Der Ausdruck Zopf oder Locke, ein uraltes Wort, scheint diese Tracht bezeichnet zu haben, die man wohl auf orien= talische Einflüsse zurückführt.

[4] Barba concavis hirta temporibus (ep. 1, 2), vermutlich in der Art, daß ein Haarwisch an den Ohren herunterhing, wie es viele alte Bauern lieben, kein Co= telettebart; vgl. ep. 8, 9, 23, 28.

ließ sie Arme, Schultern und den oberen Teil der Brust frei[1]. Auch
die ersten Anfänge von Putzliebe lassen sich beobachten und die Aus=
grabungen bestätigen in dieser Hinsicht, was alte Schilderungen überliefern.
Mit allerlei Arten von Spangen an den Armen, um Hand= und Fuß=
gelenk, Gewandfibeln, Ohrgehängen, Ketten aus Ton=, Glas= und Bern=
steinperlen schmückten sich Frauen wie Männer. Auf Schmuck hielten die
rohesten Völker mehr, als auf die notwendigsten Bedürfnisse, und sie hun=
gerten eher, als daß sie sich des Flitters entschlugen.

So entspricht die Feinheit der Nahrung nicht der Fülle des Schmuckes
und richtet sich vornehmlich nach der Wirtschaftsstufe, auf der ein Volk
steht. Jäger, Fischer und Hirten leben natürlich viel von Wildbret und
Fischen, von Milch und Fleisch, und verzehren als Fleisch alles, was
gejagt und gehütet wird, Rind= und Schaffleisch, Pferde= und Schweine=
fleisch, beides Lieblingsgerichte der Germanen. Gleich den Kelten selchten
und pökelten sie im Herbste viel Fleisch der geschlachteten Tiere ein, er=
götzten sich gerne am Rindfleische und betrachteten es als Abwechslung
zwischen die übermäßige Schweine= und Wildbretkost, genossen Geflügel,
zumal Gänse, und tranken Brühe und Milch — nicht ohne Grund gingen
deutsche Ausdrücke für die Suppe in die romanischen Sprachen über[2].

Die Milch genossen sie besonders gerne gestockt oder vielmehr richti=
ger zu Käsequark zusammengegangen, selten den Butter. Die Germanen
verstanden Butter und Käse nicht so gut zu bereiten, wie die fortgeschrit=
tenen Kelten, und daher kommt es, daß ihnen ein römischer Schriftsteller
Käsegenuß zuschreibt, ein anderer abspricht[3]. Feineren Käse und Butter
lernten sie erst von den Römern kennen, von denen sie auch die Namen
dafür übernahmen, während sich im Süden Deutschlands die alten Namen
Anke und Schmeer, der letztere auch im hohen Norden erhielten[4].

Gegenüber den römischen Kochkünsten, sogar gegen die keltischen, stand
die germanische Nahrung zurück, sie entbehrte nach Tacitus aller Gewürze
und Leckereien, aller feinen Gemüse= und Obstarten mit Ausnahme der
Waldbeeren und des wilden Obstes[5]. Lange mußten sich die Germanen

---

[1] So Tacitus Germ. 17 und damit stimmen bildliche Darstellungen der Römer
und Ausgrabungen, Weinhold Deutsche Frauen II, 208 ff.

[2] Soupe, brodo.

[3] Plinius bezeugt das Fehlen des Käses ausdrücklich (11, 96), man müßte
denn nur in lac concretum des Tacitus den Käse erblicken.

[4] Vgl. Martiny Kirne und Girbe (behandelt den Zusammenhang von Butterfaß
und Mühlgang), Heyne Nahrungswesen 308. Butyros (Kuhquark bu-tyros) führt
überall zur Maskulinform le beurre, il burro, daher ist „die" Butter unrichtig.

[5] Sine apparatu, sine blandimentis expellunt famem.

mit Mehlbrei und „derbem" d. h. niederem Brote begnügen. Desto mehr leisteten sie in der Masse. Schon frühe nach dem Aufstehen, allerdings schon hoch am Tage, da sie sich nach Tacitus nicht allzufrühe erhoben — nachdem sie warm gebadet hatten, begannen sie zu schmausen und ließen abends das Hauptmahl folgen, das sich bei kräftigem Trunke bis in die Mitternacht fortsetzte. Von Tischgeräten und Tischzeug, von einem Waschen vor dem Mahle wußten sie nichts, bedienten sich aber zum Zerteilen der Speisen wohl der Messer, die sie als Kurzschwerter im Gürtel trugen. Die übrigen Tischgebräuche erinnern an den individualistischen und doch zugleich geselligen Charakter der Germanen. Da hatte bald jeder seinen eigenen Stuhl und Tisch, ähnlich wie bei den homerischen Helden, nur daß Tisch und Schüssel wahrscheinlich zusammenfiel[1], dann saßen wieder zwei und drei und mehr auf einer Bank. Wie der Bauer mit seinem Gesinde, so aß der Herr mit seinen Gefolgsleuten, und wen er ehren wollte, den zog er auf seine Bank. Die Teilnahme an der fürstlichen Tafel war oft der einzige Lohn, den die Vasallen erhielten[2]. Den Hauptreiz des Mahles bildete der Trunk, den man schon zwischen einzelnen Speisen nahm und dem man sich nach dem Mahle ausschließlich widmete.

Die Germanen sind immer mehr vom Durste, als vom Hunger gequält worden, obwohl ihr Land nicht sehr heiß ist und es früher noch weniger war. Lange mußten sie sich mit schlechtem Met und Bier oder mit gestockter Milch, dem Quark begnügen. Trotz seiner Geschmacklosigkeit verdrängte das Bier namentlich in Süddeutschland den Met, auf dem ein ehrwürdiger Schimmer ruhte,[3] und nach Bekanntschaft mit den Römern widerstand der Germane nicht lange dem Reize des Weines, den Vaterlandsfreunde als welsches Getränke brandmarkten. Als Trinkgeschirr benützte· der Germane ausgehöhlte Tierhörner und Menschenschädel, besonders Kinderschädel und die Schädel erschlagener Feinde neben Tongefäßen, Schalen und Bechern, wie sie uns Ausgrabungen bieten. Die großen Bierhörner und die Massen, die die Germanen vertilgten, machten einen gewaltigen Eindruck auf die Römer, die nicht genug zu erzählen wußten

---

[1] Kommt doch das deutsche Tisch vom lateinischen discus Schüssel und bedeutet das altdeutsche beot zugleich Tisch und Schüssel (Schrader R. L. 346).

[2] Nam et epulae et quamquam incompti, largi tamen apparatus (Bewirtungen) pro stipendio cedunt (Germ. 14).

[3] Umgekehrt galt im Norden, wo das Bier seltener war — die Nordgermanen lernten es erst spät kennen — dieses als vornehmer (Weinhold Altnordisches Leben 131). In Süddeutschland wird der Met, den Lebzeltner und Brauer ausschenken, noch heutzutag bei der Sommer- und Wintersonnenwende und auf Messen getrunken; daher heißt Johannes der Täufer der Methansel.

und wohl übertrieben, da sie Bier und Wein nicht unterschieden. Förmliche Wettkämpfe im Trinken veranstalteten sie, und es galt als eine Schande, wenn einer das Horn nicht auf drei Züge leeren konnte; viele leerten es mit einem Zuge[1]. Man roch den Deutschen von weitem den Biergeruch an; Julian findet, daß das Bier nach Ziegenduft rieche, und als einmal Mark Aurel zwiebelduftende Juden traf, sagte er: „O Markomannen, o Quaden, jetzt habe ich noch roheres Volk, als ihr seid, gefunden". Pannonische Soldaten nannte der Römer Bierbäuche[2]. Ohne einen Trunk war kein Fest und keine Versammlung zustande zu bringen und umgekehrt glaubten die Germanen mit dem Trunke die Götter zu ehren. Bei religiösen Festen zu Ehren eines Gottes und den Toten= opfern bildete die große Bierkufe den Mittelpunkt. So fand der heilige Columban am Züricher See einen religiösen Verein in voller Tätigkeit, wie er eben am Bierkessel beschäftigt war. Die religiösen Bruderschaften, Gilden, waren ihrer Natur nach Trinkgesellschaften. Ebenso wurden, wie aus Tacitus bekannt ist, die politischen Zusammenkünfte mit Trinkgelagen begonnen. „Über Krieg und Frieden, über Häuptlingswahlen beraten sie bei Gelagen, weil zu keiner Zeit das Herz für wahre Gedanken sich mehr öffnet und für große erglüht". „Da erschließen sie, hören wir, die Geheimnisse des Herzens in der Ungebundenheit der Lust. Dann wird der enthüllte und offene Sinn aller am nächsten Tage noch einmal be= handelt. Und beider Zeit Verfahren ist wohlgehalten: sie besprechen, während sie nicht zu heucheln wissen; sie beschließen, während sie nicht irren können."

Wenn keine Versammlung, keine Beratung ohne Trank verfloß, so knüpfte sich umgekehrt an den Trank von selbst gesellige Unterhaltung, Erzählungen, Streitreden, Rätsellieder, Scherzspiele, Gesang und Harfen= klang. Gewöhnlich nahmen auch Frauen nicht nur an Mahlen, sondern auch an Trinkgelagen teil[3], und milderten die Männerleidenschaft, ob= wohl es ihnen nicht immer gelang, die Schranken der Sitte aufrecht zu erhalten. Die Männer stichelten gerne gegeneinander mit Reden, schonten auch die Frauen nicht und die Streitreden führten zu Schlägereien, als deren Opfer mancher fiel. Edler Sinn erfreute sich am Vortrage von Dichtungen und Gesängen, den teils eigene Sänger, teils sangeskundige Genossen pflegten. Mochten auch Feinde ihren Gesang mit dem Wagen= gerassel oder dem Heulen und Brüllen wilder Tiere vergleichen, so freuten

---

[1] Vgl. Specht, Gastmähler und Trinkgelagen bei den Teutschen 35.
[2] Sabaiarii.
[3] Bei den Nordgermanen kommt frühe paarweises Sitzen vor, wie das Los bestimmt; Weinhold, Altnordisches Leben S. 460.

sie sich um so mehr darüber und jeder trug vor, was er vermochte, sei es
frei oder zur Harfe. Besonders sangeskundige Genossen verlegten sich aus=
schließlich auf ihre Kunst; daraus entstand ein eigener Beruf der Sänger,
die man früher fälschlich Barden nannte nach dem Bardit, dem Schlacht=
gesang[1]. Zu diesem Stand der Spielleute gesellten sich römische Gaukler
und Possenreißer und bildeten zusammen die Klasse der fahrenden Leute.

Außer dem Gesang pflegten die Germanen Tanz und Spiel, da=
runter den Schwertertanz und das Würfelspiel. Wenn man von späteren
Zeiten auf frühere schließen darf, war das Tanzen kein Springen und
Hupfen, sondern ein Rund= und Reihentanz mit mäßiger Bewegung, wie
ihn die Bauern im späteren Mittelalter noch übten. Dem Spiel er=
gaben sich die Germanen so leidenschaftlich, daß sie oft Haus und Hof,
Weib und Kind, zuletzt ihr Leben und ihre Freiheit auf den Wurf setzten[2].

Endlich liebten sie das Bad; bereits Cäsar erwähnt, daß sie fleißig
in den Flüssen baden und schwimmen. Schon deshalb zogen die Ger=
manen für ihre Ansiedelungen die Nähe von Flüssen vor und scheuten
deshalb das Zusammenleben in den Städten[3]. Nicht bloß kalt, sondern
auch warm badeten sie in „Becken" und „Schaff", in Kufen und Wannen,
und bauten frühe Schwitzräume „Stuben" und auf größeren Höfen Bade=
gelasse[4].

---

[1] Tac. Germ. 3, h. 2, 22, 74; an. 2, 88; Amm. 16, 12.

[2] Es war eine alte indogermanische Sitte; in der Rigveda heißt es: Wegen
eines Würfels, bei dem ein Aug den Ausschlag gibt, verstieß ich die treu ergebene
Gattin. „Andere umarmten seine Gattin, während sein munterer Würfel strebt nach
Hab und Gut." „Wir kennen ihn nicht", sprechen Vater, Mutter, Bruder, „führt ihn
gebunden hinweg."

[3] Das germanische Wort für baden ist twahan erhalten in Zwehle.

[4] Heyne Körperpflege 36, 49. Ein Steinbad besaß Onegis bei den Hunnen;
vgl. lex Alam. 81, 3 und lex Baiuv. M. G. leg. 3, 307.

XIX.
Germanische Wirtschaft.

1. Jäger- und Hirtenzeit.

Bis zum Beginn der chriftlichen Zeit ftarrte Deutschland von Sümpfen und Wäldern. Es herrschte noch herrlicher, mächtiger Urwald mit wildem Getier. Wo die Bäume nahe zusammenstießen, stiegen die Wurzeln zur Höhe, hoben das Erdreich und bildeten förmliche Bogen. Wenn solches mit Erdreich vermischtes Wurzelwerk vom vorüberfließenden Wasser weg= gerissen wurde und die Stämme den Fluß hinabtrieben, gerieten die römischen Schiffe in Gefahr. Die Stämme waren so dick, daß ein einziger ausgehöhlt als Schiff 30—40 Mann faßte[1].

In diesen Wäldern hausten noch Tiere der Urzeit, Bären uud Wölfe, Auerochsen, Elche und Renntiere[2]. So düster und dunkel schien den Rö= mern wie den Griechen die Waldnacht, daß Posidonius 90, vor Christus schreiben konnte, man finde es begreiflich, daß Homer aus der Kenntnis dieser Gegenden heraus das Schattenreich der Toten habe schildern können. Die chriftlichen Missionäre haben später die Hölle mit diesen Urwäldern verglichen, was den Germanen nicht recht einleuchtete[3]. Daher bevorzugten die Römer Höhenzüge für ihre Straßen.

In der weiten Ebene standen vornehmlich Laubwälder, während die Nadelhölzer noch spärlich auftraten[4]. Eichen und Tannen, echt deutsche Hölzer breiteten sich besonders im Hochgebirge und in der norddeutschen Tiefebene aus, wo sie Torfmoore verschlangen. Hochgebirge und Tiefebene

---

[1] Plin. 16, 1, 2.

[2] Caes. 6, 26. Daß es im Schwarzwald noch Raubtiere gab, bezweifelt Much Ackerbau 38. Er meint, nördliche Völker seien im Winter wie ihre Raubtiere nach dem Süden gezogen. Elton meint, Cäsar habe sich durch griechische Schriftsteller zu seiner Aussage bestimmen laffen (56).

[3] Die Geschichte vom Heriger bei Müllenhoff nud Scherer Denkmäler 40.

[4] Man denke an Buchonia (Fulda) u. vgl. S. 275. Berg, Gesch. der deutschen Wälder S. 136 nimmt das Überhandnehmen der Laubwälder in geschichtlicher Zeit an. Keine bestimmte Ansicht stellt auf Schwappach, Handbuch der Forst- und Jagdgeschichte 32.

entsprechen sich ja auch in anderen Stücken. Von einzelnen Orten aus, wo ein Fluß oder ein Bach, eine Ebene oder sonst eine Lichtung sich befand, begannen sich die Germanen anzusiedeln und weiter vorzudrängen; daher die übergroße Zahl von Orten, die nach Quellen, Bächen, Flüssen, Furten, Sümpfen und Wäldern benannt sind[1], und die Siedelung umschloß an der Grenze dichter Wald. Der Wald schied Hof und Hof, Dorf und Dorf und darüber hinaus auch Gau und Gau, er trennte Volk vom Volk, Land von Land. Die Bezeichnung des Waldes als Mark hatte oft eine verschiedene Bedeutung und es ist wohl zu unterscheiden, ob eine Dorfmark, eine Stammesmark oder eine Hundertschaftsmark vorliegt. Der Wald ist dem Germanen ebenso ans Herz gewachsen, wie ihm, mit Ausnahme des Nordgermanen, das Meer fremd blieb.

Ganz Deutschland starrte also nach den Worten des Tacitus von Urwäldern und Sümpfen und war vom Nebel verdüstert[2]. Im einzelnen aber bestanden doch einige Unterschiede zwischen den deutschen Gauen, Unterschiede, die teils die natürliche Lage, teils geschichtliche Berührung verursachte. Der Norden war waldloser, aber eben darum bevölkerter, eine wahre Völkerheimat, denn die Ursitze der Germanen lagen im heutigen Brandenburg und Mecklenburg[3]. Der Westen und Süden war nach Tacitus feuchter, der Osten windiger. Die Sachsen und Thüringer lebten sich früher in feste Sitze ein, als ihre südlicheren Nachbarn. Trotzdem wurde das gebirgige Oberdeutschland viel früher kultiviert, als das flache Niederdeutschland, ein Umstand, der auf die ganze Geschichte einwirkte. Am frühesten erreichten die Rheingermanen eine höhere Stufe des Lebens[4]. Am Rhein und an der Donau lag der Schwerpunkt Deutschlands das ganze Mittelalter hindurch, ja selbst bis tief in die Neuzeit herein.

Als die Germanen in die Geschichte eintraten, hatten sie die Stufe der Jäger- und Fischervölker überschritten. Sie lebten nicht mehr bloß von der Beute, sondern zogen Tiere: Pferde, Rinder, Schafe und Schweine und trieben Viehzucht, als Hirten im Großen, als Nomaden[5], die mit

---

[1] Hieher gehören alle Orte, die · entweder Anfangs- oder Endsilben wie ach, bach, see, furt, horb (= Schmutz), Moos, Ried und Tann, lohe, loch, laub, hart, strut, hecke, zeil (= Gebüsch), rod, reute, gereut in ihrem Namem haben, ferner Zusammensetzungen mit Eiche, Buche, Linde, Birke, Ulme, Erle, Espe, Esche, Tanne. Die meisten Feldlagen werden noch heute nach Wäldern, Bächen und Sümpfen benannt.

[2] Sprichwörtlich rühmt man noch heute von mancher Gegend: semper nix, nox, nebulae.

[3] Die Heide bedeutet ursprünglich soviel wie Weide, Wiese (S. 212 N. 3) vgl. Bremer in Pauls Grundriß der germ. Philologie III (2. Aufl.) 785.

[4] Nämlich die Usipeter, Tenkterer, Ubier, Sugambrer, Caes. 4, 3.

[5] Strabo 7, 1.

1. Jäger- und Hirtenzeit.

ihren Karrenhäusern von Ort zu Ort zogen, als Hirten zu Pferd mit
Knechten und Milchmädchen, nicht als Zwerghirten im heutigen Sinne,
obwohl natürlich nicht alle Männer Hirtendienst leisteten. Daher hieß ein
rheinischer Stamm geradezu Kugerner, Kuhdiebe. Die Herdwache erforderte Mut, Tapferkeit und Geschicklichkeit, da es von wilden Tieren wimmelte, und da sich die Stämme gegenseitig ihre Herden raubten. Die
Tiere, die zu einer Sippe gehörten, die Tiere einer ganzen Hundertschaft
unterstanden derselben Herdwacht, wie noch in späterer Zeit alle Tiere
einer Ansiedelung auf der Markung zusammen weideten. Die Weidezeit
dauerte je nachdem länger oder kürzer, nach späterer Berechnung von
Georgi bis Martini oder vom ersten Mai bis Gallus oder Allerheiligen.

Eine Reihe verschiedener Gebräuche knüpften sich an das Hirtenleben,
so die Reinigung und Segnung mit Notfeuer, das Osterfeuer, Mai-,
Johannis-, Michaels- und Martinifeuer. Die Tiere wurden mit Salz
und Asche gerieben, mit Wasser besprengt, mit dem Tau- und Regen-
zauber gefeit. Um einen Zuchtstier zu gewinnen, auf den man großen
Wert legte, ließ man die Stiere gegeneinander kämpfen, das „Bullen-
stoßen", vielleicht auch die Hengste und Eber; ja auch die Kühe rangen
mit einander, und die Siegerin wurde die Heerkuh, Schellenkuh. Im Mai
fand das Wettlaufen um den Maibaum, der Maireigen, Hütetanz, Kuhtanz
statt und um Pfingsten der Aufzug des Pfingstlümmels. Den Schluß
machte endlich die Schlachtzeit von Mitte Oktober an, in der man im
Fleisch schwelgte.

Kein Volk lebte aber ausschließlich von Fleisch und von der Milch
der Tiere und entbehrte ganz des vegetabilischen Nahrungszusatzes. Wer
schaffte nun den Zusatz? Wer bebaute den Boden? Nach Tacitus Frauen,
Knechte, unterjochte Urbewohner und wohl auch verarmte Volksgenossen,
die mit ihnen als Nomaden umherzogen und den primitiven Hackbau
trieben, wozu sie großer Räume bedurften. Zunächst bauten sie Fluß-
niederungen an, dann brannten sie da und dort den Wald nieder, nützten
den fruchtbaren jungfräulichen Boden und ließen ihn bald wieder bestocken,
und so entstand die älteste Kultur des Bodens, die Wald- oder Brenn-
wirtschaft, mit einem raschen Wechsel von Bestellung und Bestockung,
eine Art Raubbau. So erklärt es sich, daß man die ältesten Ansiedelungen
vielfach heute auf Waldgebiet findet[1]. Auf dieser Wirtschaftsstufe traf
Cäsar die Germanen an und schildert ihren Wechselbetrieb ziemlich deutlich[2].

---

[1] Ebenso bei den Slaven, Ztsch. für Sozial- und Wirtschaftg. 1897 S. 15
(Peisker).
[2] Er schreibt bell. Gall 6, 22: Agriculturae non student, majorque pars

Auch nachdem das alte Herumziehen aufhörte und die Siedelung dauernder war, blieb der Zusammenhang zwischen Land und Leuten immer ein loser, schloß ein festes Grundeigentum aus.

2. Ältester Ackerbau.

Zur Zeit Cäsars bestand noch kein geteiltes Eigentum, überhaupt kein Grundeigentum, da es noch kein festes Gemeinwesen gab, sondern nur Besitz- oder Nutzungseigentum[1]. Das Weideland duldete ohnehin keine Verteilung und Sondernutzung, auch auf höherer Kulturstufe nicht, aber auch das Ackerland schloß eine feste Zuteilung aus, weil es zu unbedeutend, der Betrieb zu roh und es einem steten Wechsel unterworfen war, und wie Cäsar meint, weil man die Ungleichheit vermeiden wollte, die sich sogleich an eine Verteilung knüpft[2].

Sei es nun, daß abhängige Leute, die von Reichen Vieh und Land erhielten, oder ärmere Volksgenossen Ackerbau trieben, jedenfalls bedurften sie gemeinsamer Arbeit, sogar noch in historischer Zeit. Das beweisen Schilderungen und Beispiele, wo Hörige und Familiengenossen zusammenbauen[3]. Denn niederbrennen, roden, größere Arbeiten leisten konnten nur

---

eorum victus in lacte, caseo, carne consistit. Über die Sueben berichtet Cäsar noch genauer b. g. 4, 1: Sueborum gens est longe maxima. Ibi centum pagos habere dicuntur, ex quibus quotannis singula milia armatorum bellandi causa ex finibus educunt (ein Gau stellte 100, nach älterer Annahme 1000 Mann). Reliqui, qui domi manserunt, se atque illos alunt. Hi rursus in vicem anno post in armis sunt, illi domi remanent. Sic neque agricultura nec ratio atque usus belli intermittitur. Sed privati ac separati agri apud eos nihil est, neque longius anno remanere uno in loco incolendi causa licet. Neque multum frumento, sed maximam partem lacte atque pecore vivunt multumque sunt in venationibus. Früher hat man auch den Namen Sueben mit ihrem nomadischen Leben in Zusammenhang gebracht und Suebe von swipjan schweben abgeleitet.

[1] Bei Cäsar heißt es b. g. 4, 1: privati ac separati agri apud eos nihil est; 6, 22: nec quisquam agri modum certum aut fines habet proprios, sed magistratus ac principes in annos singulos gentibus cognationibusque hominum, qui una coierunt, quantum iis et quo loco visum est, agri attribuunt, atque anno post alio transire cogunt. Das schließt jede Sonderwirtschaft und jedes bestimmte Grundeigentum aus.

[2] Eine andere Anschauung vertritt Fustel de Coulanges, Problèmes 1885 S. 258; nach ihm sind des Cäsars und Tacitus Urteile von einzelnen Völkerschaften entnommen; im allgemeinen war nach ihnen Deutschland wohl kultiviert; es besaß sogar Städte. Ähnliches behauptet Max Weber. Dabei verfährt Fustel ebenso einseitig wie diejenigen, die in den Germanen Wilde zu sehen wünschen.

[3] Auf dem Schild des Achilleus Jl. 18, 541 ist eine solche Fronarbeit dargestellt; die Stelle wurde schon auf Feld- und Betriebsgemeinschaft bezogen, allein es handelt sich um grundherrliche Fröner; der Herr gibt den Pflügern reichlichen Wein, das Brach-

Genossenschaften, auch später noch, schon wegen der steten Gefahr und Bedrohung. Mit der Hacke konnten allerdings Einzelne arbeiten und so lange der Feldbau als Garten-, Drill- oder Reihenkultur den Frauen überlassen blieb, bedurfte man keiner Zusammenarbeitung, wohl aber, nachdem man von den Kelten den schwerfälligen Pflug entlehnt hatte[1], wo mehrere zusammenhelfen mußten, und nachdem man auch größere Zaunländereien benützte[2]. Hier konnte erst die Ernte gesondert genutzt werden.

Lange Zeit betrieben nur Unfreie den Feldbau[3] und damit hing die Unbestimmtheit des Eigentumsbegriffs und der kommunistische Zug der Wirtschaft zusammen[4]; haben sich doch bis heute in manchen Gegenden

---

feld wird drei- bis viermal umgepflügt, was bei Gemeinarbeit nicht der Fall war; s. Pöhlmann, Ztsch. f. Sozial- und Wirtschaftsgesch. 1893, 15. Angebliche Spuren von Feldgemeinschaft s. Arist. Polit. II, 5 ff.; in Kreta, Italien VII, 9 f.

[1] Den Germanen des Tacitus fehlte der Eisenpflug; ne ferrum quidem superest, heißt es G. 6; vgl. M. G. leg. 4, 10; Heyne, Nahrungswesen S. 35.

[2] Bei den Slaven besaßen oft ganze Sippen nur je einen Pflug (Ztsch. f. Soz.- und Wirtsch.-Gesch. 1897 S. 365). Ähnlich mußten bei den Kelten mehrere zu einem Pflug beisteuern, die einen das Eisen, andere das Holz, andere das Vieh (nach Waliser Recht bekam man für jeden Ochsen einen Morgen erw. S. 135). Ein ähnliches Zusammenarbeiten findet sich im 13. Jahrhundert noch in England, aber die Spuren weisen immer auf grundherrlichen Zwang hin; Nasse, Mittelalterliche Feldgemeinschaft S. 32. Von den Keltiberern berichtet Diodor auffallenderweise Sonderarbeit, aber Gemeingenuß. Hi enim divisos quotannis agros colunt et communicatis inter se frugibus, suam cuique partem attribuunt; rusticis aliquid intervertentibus supplicium capitis multa est (5, 34).

[3] Kötzschke, Die Gliederung der Gesellschaft bei den alten Germanen in der deutschen Zeitsch. f. Geschichtsw. 1897 S. 304. Hildebrand (Sitte und Recht auf verschiedenen wirtschaftlichen Kulturstufen) spricht nur dem Grundeigentum zu, der genügend Macht hat, es zu verteidigen; er kennt nur Gebietshoheit, keinen bloßen Besitz, s. oben S. 16, 51. Auch Jhering, Urgesch. der Indoeuropäer bestreitet, daß die Arier in der Urzeit feste Eigentumsbegriffe hatten (S. 69). Das Gegenteil ergibt sich nicht aus der berühmten vandalischen Botschaft, ob die Ausgezogenen noch Rechte am Heimatland beanspruchen. Nitzsch, Gesch. d. deutschen Volkes, schwankt hinsichtlich der Freiheit: nach S. 62, wo Tacitus in Betracht kommt, sind die Bauern unfrei, nach S. 133 sind sie meist kleine Freie.

[4] Jedes Gemeingut bestreitet Fustel und führt als Hauptbeweis den Bestand des Adels und verschiedener Stände an, als ob bei den Kelten der Adel Gemeinschaftsformen ausgeschlossen hätte oder als ob die Stellung des Adels sich nicht aus größerem Viehbesitz erklären ließe! Vollends verfehlt ist die Berufung auf die Familie und das Erbrecht; daß das Erbrecht sich auf das Grundrecht bezog, ist eine unbeweisbare Vermutung. In ähnlichem Sinne sprechen sich wenigstens gegen die Betriebsgemeinschaft aus Hildebrand, Sitte und Recht S. 99; Wittich in der hist. Zeitschrift 1897 B. 79 S. 52; Erhardt ebendaselbst S. 296. Cathrein, Moralphilosophie 1899 II, 257 bestreitet auch Markgenossenschaften, s. dagegen Laacher Stimmen 45, 265. Pöhlmann, Gesch. des an-

Reste der alten Betriebsgemeinschaft erhalten[1]. Aber mit der Mehrung des Volkes entschlossen sich immer mehr Freie zur beschwerlichen Arbeit und da kam es vor, daß die Sippengenossen abwechselten: das eine Jahr zog die Hälfte in den Kampf, während die andere Hälfte Vieh hütete und das Feld bestellte, um das nächste Jahr in den Kampf zu ziehen[2]. Als die Germanen in die Völkerwanderung eintraten, erschienen sie ihren Feinden noch als Hirten und Bauern.

3. Älteste Besiedelung.

Zur Zeit Cäsars wanderten die Germanen, nachdem sie das Land abgeweidet und ihre Saaten gemäht hatten, wieder weiter und schlugen ihre Zelte irgendwo anders, im Winter in wärmeren, waldgeschützten Niederungen auf. Aber mit der Vermehrung des Volkes — und das Volk mehrte sich rasch — nicht umsonst leiteten mittelalterliche Etymologen Germanen von germinare sprossen her — reichten die weiten Räume nicht mehr für Jagd und Nomadentum. Hundert Jahre nach Cäsar, zur Zeit des Tacitus, hatte sich das Wirtschaftswesen bedeutend geändert und festeren Verhältnissen genähert. Gerade im Gegensatz zu den Germanen bemerken die Alten, ziehen die Finnen und Slaven häufig hin und her, das Karrenhaus und der Pferderücken sei ihr Heim. So hatte also die

tiken Kommunismus und Sozialismus leugnet einen primitiven Kommunismus in Hellas S. 21; Hist. Zeitsch. 1893 B. 35, 1 ff. Hausgemeinschaft dagegen gibt er zu (18, 21). Auch Ratzel, Politische Geographie 49 bestreitet gegenüber Laveleye Hist. de la propriété einen primitiven Kommunismus; Below gibt in der Allg. Ztg. 1903 S. 94 zu, was er zuerst zu bestreiten scheint; vgl. Pesch, Lehrbuch der Nationalökonomie 1905 I, 184. — Diese Forscher beachten zu wenig, daß noch bis vor Kurzem in weiten deutschen Landen die Weidenutzung Gemeinrecht war und noch heute bis zu einem gewissen Grade Gemeindeeigentum ist.

[1] So halfen sich die Nachbarn beim Hausbau, bei der Mais- und Weinernte in Wallis nach Böhmert, Arbeiterverhältnisse II, 160; Schmoller, Jahrbuch f. Gesetzgeb. 1890 S. 747. Im Riese haben mehrere Ortschaften die Eigenheit, daß alle Leute in ein und derselben Woche pflügen, säen und schneiden, mag nun das Wetter vorher und nachher besser sein; es ist, wie wenn die Leute von einem gemeinsamen Triebe erfüllt wären. Sollte dies nicht ein Nachklang früherer Betriebsgemeinschaft sein? Der Flurzwang allein ist nicht schuld, denn es gibt Orte mit Flurzwang, wo jene Sitte nicht besteht. In historischer Zeit fixierten die Herrschaften oft ein für allemal den Anfang gewisser Geschäfte auf einen bestimmten Tag; sie taten dies aber nicht als Grundherrn, sondern als Obrigkeiten. In manchen Gegenden ließ der Hunne, der Ortsvorsteher, die Gemeindeleute vor die Kirche rufen; dort wurde die Arbeit auf der Gemeindeflur angeordnet; wie die Glocke schlug, mußte das Mähen beginnen; Meyer, Volkskunde 14.

[2] Caes. 4, 1. Defunctumque laboribus aequa recreat sorte vicarius, Hor. c. 3, 24. Tac. 26 ab universis in vices occupantur erklärt Nachfahl nach Cäsar in obigem Sinn (Jahrb. f. Nationalök. 74, 179).

[3] Germ. 46; ebenso Proc. 3, 14.

Ansiedelung begonnen, wenn auch der Übergang zum Ackerbau noch nicht vollzogen war, da er immer noch überwiegend Sache der Unfreien blieb. Denn die Tätigkeit der freien Männer entscheidet über den Charakter eines Volkes. Und dann hatte die Ansiedelung noch lange nicht ganz Deutschland ergriffen. Ein Volk siedelt sich nie gleichzeitig an, da viel vom Boden abhängt, und es kommt vor, daß ein Volksstamm auf unfruchtbarem Boden Jahrhunderte lang in seinem Nomadenzustand verharrt oder wenigstens Wechselwirtschaft treibt, während die begünstigteren Genossen schon lange den Ackerbau pflegen[1]. Die Ansiedelung erfolgte familienweise, nicht eng geschlossen, auch wenn sich Wohnung zu Wohnung gesellte[2]. Schon wegen der Feuersgefahr pflegen einfache Völker ihre Zelte und Holzhütten auseinander zu rücken, doppelt die Germanen, die die freie Luft liebten. Zerstreut und vereinzelt lassen sie sich nieder, sagt Tacitus, wo ihnen eine Quelle, ein Feld, ein Wald gefällt[3].

Zerstreute Siedelung können nur Völker wählen, die noch im Hirtendasein verharren und immer auf Kampf und Abwehr gefaßt sind, obwohl sie ihre Hütten nicht zu weit von einander anlegen durften, wenn sie nicht auf eine gemeinsame Abwehr und gemeinsame Zäune und Zaunweiden verzichten wollten. In der Mitte ihrer gesicherten Ansiedelung lag die Dorfweide, wo die Tiere nachts sich sammelten. Daraus ging der Dorfanger mit dem Dorfbrunnen, oder wenn ein Bach durchfloß, mit der Tränkstelle hervor, bezeichnet durch Malsteine oder Tingsteine[4]. Das zugehörige Land war noch Gemeineigentum, die weite Flur offenes Eigentum, Almenning, Allgemeinweide, Allgemeingut, oder weil immer eine Genossenschaft da war, die Ansprüche erhob, Gesamteigen, entweder Stammes- oder Sippeneigen. Das Gesamteigentum gehörte aber nicht einer juristisch konstruierten Person, nicht der Gesamteinheit, sondern der Gesamtvielheit, und jeder genoß gleiches Recht.

Die ältesten Dorfsiedelungen stellen sich als Sippenniederlassungen dar[5], aber darüber hinaus bildete eine größere Zahl von Familien, bei

---

[1] Nach dem norwegischen Forscher Amd. M. Hansen fallen die ältesten Siedelungen mit der Origanumflora (Flußtäler) zusammen.

[2] Die Hoffiedelung betonen vor allem jene, die bestreiten, daß die Familie sich zur Sippe entwickelte, die also nur Familien kennen.

[3] Colunt discreti ac diversi, ut fons, ut campus, ut nemus placuit. Vicos locant non in nostrum morem connexis et cohaerentibus aedificiis; suam quisque domum spatiis circumdat.

[4] Im Nordischen hat sich die Erinnerung daran in dem forta (Furt) deutlich erhalten; Hanssen, Agrarhistorische Abhandlungen I, 38.

[5] Genealogiae. Wenn Cäsar von gentes cognationesque spricht, bezieht das eine Wort Köpschle auf genealogische Linien, das andere auf räumliche Gruppen.

denen die Verwandtschaftsbeziehungen loser und loser wurden, eine Hundert=
schaft, etwa 100 oder 120 Familien, die ein Gebiet von drei und mehr
Quadratmeilen mit 3600 Rindern beweideten[1]. Solange die Viehzucht
überwog, mußte alles, was dem Ackerbau diente, eingezäunt werden —
entweder als Garten beim Einzelhof mit Sonderrecht (für die Schmalsaat)
oder in der Form der Einfänge, Bifänge, Beunden, Hagen oder Egerten[2].
Letztere Form lag später den Neurodungen allgemein zugrunde, ob nun
Einzelne oder Genossenschaften, freie oder unfreie Genossen die Rodung
unternahmen. Nach allgemeinem Rechte durfte ein Genosse auf unbebautem
Markland ein Stück einfangen, soweit sein Hammer= oder Beilwurf nach
den vier Himmelsgegenden fiel, also ein ansehnliches Viereck, das er ein=
zäunte, aber vielfach erfolgte die Rodung durch Genossen[3]. Bei der Ham=
merteilung entstanden willkürliche Fluren, während die Gewannteilung
wenigstens größere Blöcke regelmäßig gestaltete. Die Umzäunung blieb
bei großen Gewannen, worin jeder Genosse einen Anteil besaß, stehen und
zwar bis in die Neuzeit in Gegenden mit starker Viehzucht.

In demselben Grade, als sich die Bevölkerung vermehrte und der
Ackerbau ausdehnte, sich von der wilden Wirtschaft befreite und den Kreis
der Früchte erweiterte, erfolgte eine Erweiterung der Höfe, der Gärten
und Esche, des Sondereigentums, und so treffen wir bei den Germanen
im Anfang der Völkerwanderung schon ziemlich ausgebreitete Besetzungs=
und Ansiedelungsformen. Gewöhnlich vollzog das Geschlecht, die Sippe
gemeinsam, reihenweise die Rodung, wie die Familien eben saßen[4]. Daher
hat vielleicht das Wort roden, reuten einen gewissen Zusammenhang mit
reihen, dem Gereihten (Hofraithe) wie mit raten bewahrt. Jedes gerodete
Stück stellte eine Gewanne, ein Gewand, einen Kamp (campus), eine Lage,

---

[1] Etwa 170 Quadratkilometer, die Meile zu 7,4 Kilometer gerechnet. S. S.
239. Manche Markgenossenschaft betrug viel mehr. Eine heutige Dorfmarkung beträgt
4—20, im Durchschnitt 9 Quadratkilometer und hat 300—600 Seelen zu nähren.

[2] Circuitus, captura, septum; damit hängt die bairische Bedeutung von Bifang
= Schmalbeet zusammen. Egerte = E-garten, Gemeindegarten, ähnlich Esch, s. S. 17
N. 5.; 212 N. 4.

[3] Grimm R. A. 55 ff. Das Wort Hamarskipt bezieht man wohl auf die
Holzfällung, da Hammer das zu fallende Holz bedeutet. (Anzeiger f. d. deutsche Altert.
1899 S. 219; Solskipt richtet sich nach der Sonnenlage). Über die Kennzeichnung
mittelst Weisen s. L. Baiuv. 9, 12; 1. Liutp. 6, 95. In Nordamerika darf nach altem
Recht jeder Ansiedler so viel in Beschlag nehmen, als er zu bedürfen und betreiben
zu können glaubt; weitere Spekulation ist aber verboten.

[4] Darauf bezieht sich agri pro numero cultorum ab universis in vices occupantur, quos mox inter se secundum dignationem partiuntur (Tac. Germ. 26·:
man hat schon erklärt ab universis vicinis; richtiger ist in vices als wechselweise
oder reihenweise Okkupation zu erklären.

(situs), eine Zelge, ein großes Parallelogramm dar, dessen einzelne Streifen ebenfalls Gewand hießen, und jede weitere Rodung ergab neue Gewanne. Die Gewanne waren gleichsam die Zellen, aus deren Mehrung sich die Flur aufbaute. In jeder Gewanne erhielt der Genosse einen Streifen. Schon seine Ackerarbeit ergab für jeden eine bestimmte Größe, ein läng= liches Viereck, entsprechend der deutschen Pflugarbeit. Was einer an einem Vormittag mit einem Joch Ochsen ackerte, bildete einen Morgen, ein Jur= nale, ein Joch, ein Jauchert, einen Zug. Dieses Maß kannten auch die Römer; nur daß es in Italien infolge starker Arbeit und Fruchtbarkeit in vielen Gegenden kleiner ausfiel, als in den Alpenländer und in der Tiefebene des Nordens. Genauer umfaßte ein Morgen vierzig Ruten in der Länge und vier in der Breite, d. h. vier neben einander gelegte Streifen von einer Rute Breite und vierzig Länge. Das Bestreben der Bauern ging aber dahin, die Morgen noch viel länger zu gestalten, da sie dann weniger oft zu wenden brauchten (S. 100, 125 f.), und diesem Bestreben kam der germanische Räderpflug trefflich zu statten.

Zunächst wurden die in der Nähe der Ansiedelungen liegenden Gärten, Felder, Kampe bebaut. Daher erklärt es sich, daß hier die Stücke breiter und überhaupt größer sind, als die Streifen entfernter Kampe, wo schon mehr Ansiedler befriedigt sein wollten. Indem jeder Ansiedler in jedem Kampe einen Streifen und bei ungleichen Feldern verschieden große Stücke erhielt, stand keiner hinter dem andern zurück. Das Los teilte gewöhn= lich die Streifen zu, daher kommt der Ausdruck Los sors für den Huben= besitz. Da jeder so viel erhielt, als er mit einem Pflug bearbeiten konnte, hieß eine Bauernstelle Pflug, Hacken, Joch[1], oder da einer auf einer solchen Stelle Wohnung und Unterhalt fand, Bol, Hide, Manse, oder nach dem Zugehör Behuf, Hube[2]. Zu jedem Hof gehörte eine Hufe d. h. der „Be= huf" der Anteil, sors, portio. Sie bestand zunächst in einem Morgen Gartenland und einem entsprechenden Anspruch auf die Flur. Später finden wir im Besitz Einzelner mehrere Huben, Hiden, sei es, daß sie schon wegen besonderer Verdienste mehr erhielten oder vermöge ihrer Leistungsfähigkeit mehr gewannen, aber ursprünglich scheint ziemliche Gleich= heit bestanden zu haben. Denn die Gewannverfassung, die, allerdings nicht unbedingt sicher, auf gleichberechtigte Genossen und auf eine vertrags= weise Auseinandersetzung hinweist[3], überwog bei den Ansiedelungen nach

---

[1] Caruca, carucata, bovata, aratrum.

[2] Hide verwandt mit Hütte, hidan decken; Bol altnordisch Hube, Manse von manere.

[3] Gegenteilige Beweise siehe bei Vinogradoff The villainage in England 233.

dem Untergang des römischen Reiches, während die von Cäsar berührte
Verteilung durch Häuptlinge einer früheren Zeit angehört; bei anderen
Völkern, Kelten, Slaven hat letztere Verteilungsart lange fortgedauert[1].
Allerdings können gleiche Teile auch von oben, vom Häuptling festgesetzt
werden, und man könnte daran erinnern, daß die germanischen Eroberungs-
heere oft bis zur Hälfte aus Unfreien bestanden, die nahezu wie Freie
behandelt wurden[2].   Doch duldeten die Germanen, die zwar nicht so
individualistisch freiheitlich wie die Römer, aber auch nicht so unterwürfig
wie die Kelten und Slaven sich bewiesen, keine allzu starke Herrschaft der
Häuptlinge.   Fehlte es auch nicht an Einzelhöfen, um die die Flur sich
zieht, so überwogen doch weit die Haufendörfer mit gleichmäßiger Gewannteilung und gleichmäßiger Hufenverfassung.

4. Ackerbau und Viehzucht.

Solange die Germanen keine festen bleibenden Wohnsitze einnahmen,
trieben sie Raubbau, bauten das niedergebrannte, gerodete Land nur eine
zeitlang und ließen es dann wieder zu Weide oder Wald liegen.   Auf
diese Brennkultur, Wechselwirtschaft deutet klar Tacitus hin, wenn er
schreibt, man wechsle die Felder im Laufe der Jahre, in Jahrperioden,
sondere das Weideland, die Wiesen nicht ab[3], da nach Entfernung der
Saat, außerhalb der geschlossenen Zeit, alles Land zur Weide diente bis
tief in die Neuzeit herein.   Ja noch heute dauert diese Sitte insofern fort,
als die Gemeindemarkung außer der geschlossenen Zeit und außer den
bebauten Feldern der Schafhut offen steht.   Eingezäunt hat man mehr
oder weniger Land, je nachdem der Bedarf, die Einwohnerzahl größer
oder kleiner und die Äcker besser oder schlechter waren, früher weniger als
später, und da konnte man auch leicht wechseln.   In gebirgigen, unfrucht-
baren und auch fruchtbaren Gegenden wechseln die Bauern noch heute,
so in Tirol, in den Ardennen, in Holland und Friesland, und bauen
je nachdem das Land ein, zwei Jahre und lassen es dann längere oder
kürzere Zeit ruhen[4].

---

[1] Dies gibt selbst Peister zu, Ztsch. f. Wirtschaftsg. 1897. S. 335.
[2] Procop. b. pers. 2, 25; got. 4, 26; vand. 1, 8.
[3] Arva mutant per annos (nicht jährlich, sondern in Jahrperioden) — prata
non separant (26).   Das Brachfeld hieß auch Egert und Driesch, das Weideland An-
ger, Brühl, Mat, Au, Heide.
[4] In den Ardennen wird jedes Jahr ein Teil der Heide verteilt und wird ein
Jahr lang bestellt, um dann 18 bis 20 Jahre zu ruhen, während in Süddeutschland
nach zweijähriger Bestellung mit Winter- und Sommerfrucht kürzere Egerten- oder
Brachperioden eintreten.   In Italien folgen einer Reihe von Bestellungsjahren eine
Reihe von Brachjahren.

Diese Weidewirtschaft erleichterte der Umstand, daß man nur Som=
merfrucht, keine langstehende Winterfrucht kannte[1]. Gerste, Haber, beides
Sommerfrüchte pflanzte man als Hauptfrucht, benützte jene zu Met und
Gerstensaft, diesen zu Haberbrei, über den sich die Römer nicht wenig
wunderten, da sie Haber als Unkraut verachteten. Demgemäß heißt in
Baiern die Gerste Getreide (Troib), ebenso bei den Nordgermanen Gerste
und Haber schlechtweg Korn. Daneben dehnte sich aber der Roggen, den
noch Plinius für ein wildes Gewächs hielt, das Leibschmerzen verursacht[2],
so gewaltig aus, daß er als Hauptfrucht den Ehrennamen Korn erhielt;
er hat diesen Namen noch heute in Niederdeutschland und Baiern bewahrt.
„Roggenbrot macht Wangen rot", lautet ein nordischer Spruch. Das
Schwarzbrot, das Hausbrot im Gegensatz zum südlichen Weißbrot, Wei=
zenbrot so genannt, heißt in Livland geradezu Feinbrot, Gerstenbrot aber
rauhes Brot. Dagegen nannten die Südwestdeutschen den Dinkel, die Römer
den Weizen Korn. Den Dinkel bauten die Alamannen von jeher und das
ganze Mittelalter hindurch als ihre Hauptfrucht[3].

Ihren Feldbau erleichterten die guten Werkzeuge, die die Germanen
von den Kelten entlehnten und selbst verbesserten. Denn in ihrer vollen
Ausbildung erscheint erst bei den Germanen die Pflugschar, als zwei=
schneidiges, spaten= und schaufelartiges Lockerungsmittel. Sowohl der Aus=
druck Schar, verwandt mit Scheere, als Spaten erhalten in Spatha dem
Großschwerte, sind deutsche Wörter; nahe damit berührt sich die Frame,
die Streitpicke, ob nun das Wort mit Brame, Rand[4] oder mit Pfriemen

---

[1] Solum marte et aprili solum semel aperiunt ad avenas; Giraldus Cambr.
descript 1, 8. Die Pflügung mag nicht schlecht gewesen sein, wenn die Germanen den
rätisch=keltischen Räderpflug anwandten (Plin. 18, 48). — Vereinzelte Spuren von Win=
tersaat Tac. hist. 5, 23; Caes. b. g. 4, 38; 6, 3 beweisen nicht viel. Nach Löher wäre
die Brache schon zur Zeit des Tacitus bekannt gewesen, welcher sage arva mutant
G. 40. Auch das Wort bracha beweise dies, allein bracha heißt Neubruchland und
die Worte des Tacitus beziehen sich auf wilde Feldgraswirtschaft. Jnama schreibt den
Germanen die keltischen Hochäcker zu. Diese Forscher vergessen offenbar, daß die Nah=
rung der Germanen fast ausschließlich aus Viehprodukten: Milch, Käse, Fleisch bestand.
Wie nieder die germanische Bodenkultur stand, beweist schon Ammian. 18, 2 horrea,
ubi condi potest annona a Britannis sueta transferri.

[2] Admiscetur huic far ut mitiget amaritudinem eius, et tamen sic quoque
ingratissimum ventri est. Nascitur qualicumque solo cum centesimo grano, ip-
sumque pro laetamine est; Plin. n. h. 18, 40. Bei den Römern war Gerste regel=
mäßig Winterfrucht Plin. 18, (7), 10, während in Deutschland die Bauernregel befiehlt:
Säe Roggen Aegidi, Gerste, Haber Benedikti.

[3] Erst von den Germanen lernten ihn die Römer kennen; Grabmann Württbg.
Jahrb. f. Statistik 1901 I, 125.

[4] Erhalten in verbrämen.

verwandt ist; alte Glossen übersetzten das Wort Pflug mit Framea. Damit
hängt es zusammen, daß im Norden der Spaten die Hacke,' Haue ver-
brängte, die bei den Römern in so reicher, mannigfaltiger Gestalt auftritt[1].
Vielleicht nach dem Vorbild der Kelten haben sodann die Germanen ihrer
Schar einen Sech, Kulter[2] vorgesetzt und sie an der Seite mit Streich- oder
Moltbrettern, Rüstern versehen, so daß der senkrechte Schnitt des Sechs
und der wagrechte der Schar sich vereinten und das Streichbrett die
Scholle auf die Seite warf. Daß die Germanen dabei auch von den
Slaven etwas lernten, wie manche meinen, darf billig bezweifelt werden,
da die slavische Herkunft des Wortes Pflug unsicher ist und die Ausdrücke
Wessel, Arl nur in bestimmten Gegenden gebräuchlich sind.

Ihren Roggen, ihr Schwarzbrotkorn führten die Germanen sogar
ins römische Reich ein, verfrachteten es bis nach Griechenland und Klein-
asien, während sie umgekehrt im Süden den „Weißen", den Weizen und
verschiedene Gemüse, sowie Obstarten kennen lernten, die noch heute römische
Namen tragen. Als einheimische Gewächse gediehen ihnen vor allem
Rüben und Rettige, Möhren und gelbe Rüben, da diese Feuchtigkeit und
Kälte lieben, wie Plinius meint, und sie mundeten sogar den Römern, die
sie von den Germanen bezogen. Endlich wuchsen da und dort wilde
Äpfel. Diese fielen den Germanen so stark in den Augen, daß sie darnach
Niederlassungen benannten, wie Affeltrach, Affoldern, Effelder[4].

Nur einen kleinen Raum in der Flur nahm das Zaunland ein und
auf enger Fläche wogte die Saat; auf weiter Weide und in Wäldern
tummelten sich zahllose Herden, wie etwa heute noch im Gebirge und am
Meere Rinder und Rosse die Landschaft beleben. Hinter der Viehzucht
stand der Getreidebau weit zurück. Nicht der Speicher, sondern die Hürde
bildete den Mittelpunkt der Wirtschaft, nicht das Korn, sondern das Vieh
den Hauptschatz, das Kapital[5]; mit Vieh bestritten die Germanen
noch lange Schulden, Zinse, Tribute, Steuern, Wergeldern. Alles Vieh

---

[1] Ligo, rastrum, sarculum, dolabra, marrus pastinum, während für Spaten
und Schaufel nur ein Wort pala genügen mußte.

[2] Sech und Schar wird übrigens oft verwechselt. Die Briten nannten dieses
Werkzeug genau so mit dem gleichen römischen Namen, wie die Germanen Kullbyr, Kulter.

[3] Ebenso die von Tieren getriebenen Mühlen, s. S. 288 N. 2; vgl. asilu-qua-
irnus bei Ulfilas Mark. 9, 41. Von den Germanen lernten die Preußen den Weizen
kennen. Ztsch. f. Ethnologie 1890 S. 185.

[4] Der Name Apfel vielleicht mit ägyptisch tappuah verwandt, reicht weit
hinauf, erscheint in dem campanischen Abella, das nach Verg. Aen. 7, 740 durch seine
Äpfel berühmt war und in dem irischen aball; haben sich doch verkohlte Apfel- und
Birnenreste schon aus der Pfahlbauzeit erhalten.

[5] Capitale = Vieh, fe = pecunia.

stand unter dem Schutz der Götter, später der Heiligen, eines Leonhard und Wendelin, zu oberst das Roß, Wodans Tier.

Das Roß war des Germanen Stolz und Schutz, die schönste Gabe, das Brautgeschenk, die liebste Opfergabe; sein Fleisch verzehrte er als Leckerbissen; aus seinem Wiehern erschloß er die Zukunft. Mit Rossen zog der reiche Germane in die Schlacht und zur Walhalla, sein Lieblingsroß folgte ihm ins Grab nach. In seiner Zucht richtete sich der Germane nach dem trefflichen Beispiel der Kelten, deren Namen für Pferdegespann, Carrus und Rheda, in Roß und Reiter fortklingt. Am besten gediehen die Rosse bei den Ostgermanen, auf der breiten Tiefebene der Oder- und Weichselgebiete, und sie gestatteten ihnen, im Kampfe über eine treffliche Reiterei zu verfügen. Aber als das eigentlich einheimische, nationale Tier zog der Ochse den Fürstenwagen der Merowinger; nicht Pferde, sondern Ochsen spannte der Bauer an Pflug und Wagen[1]. Cäsar nannte das suerische Zugvieh gegenüber dem keltischen klein und häßlich und hielt es für töricht, daß die Germanen nicht von den Kelten besseres Vieh bezogen, und noch Tacitus fiel es auf, daß ihre Rinder nicht so schön gebaut waren, wie die italienischen, keine so breite Stirne und schöne Hörner hatten wie diese. Um so mehr zeichnete sich ihr Vieh durch Milchergiebigkeit aus, was Wirtschaftskenner um so mehr hervorhoben, als man im Süden von jeher wenig Wert darauf legte[2]. Allerdings hatten auch die Germanen die Stallfütterung noch nicht gekannt, sondern im Herbst möglichst viel Vieh geschlachtet und dann im Fleisch einige Zeit geschwelgt.

Wie der praktische Mann das Rind gegenüber dem Pferd, so schätzte er das Kleinvieh gegenüber dem Rind, und trotz allem Idealismus pflegten daher die Germanen so emsig wie die Kelten die Schweine- und Geflügel-, namentlich auch die Gänsezucht. Dagegen konnte der Norden in der Schaf- und Ziegenzucht nie mit dem Süden wetteifern. Die germanische Gänsezucht begünstigten die vielen Wälder mit ihren Eicheln und Bucheckern. Gleich den Kelten lieferten sie ihre Erzeugnisse nach Rom, Federn, Speck und Schinken, der neben der Wurst das ganze Mittelalter hindurch den ersten Platz auf dem Küchenzettel einnahm[3]. Bedeutete doch das Wort Fleisch ursprünglich nur Schweinefleisch.

---

[1] Als Arbeitstier kam das Pferd erst später mehr in Gebrauch, womit die Ausdrücke caballus und paraveredus umgebildet in Gaul und Pferd ins Deutsche eindrangen.

[2] Col. 6, 24; Plin. 8, 70; vgl. Caes. 4, 2; Tac. G. 5.

[3] Mart. 15, 55.

5. Gewerbe und Handel.

Dem Ackerbau pflegt, sollte man denken, in der Entwickelung der Völker das Handwerk und der Handel langsam nachzufolgen, aber diese Erwartung widerlegt oft die Wirklichkeit. Nicht selten entwickelt sich der Handel rascher als das Handwerk und dieses rascher als der Ackerbau. Immerhin ließ die herrschende Hauswirtschaft, wo jeder erzeugte, wessen er bedurfte, dem Handwerk und Handel wenig Raum. Nicht bloß für die Nahrung, sondern auch für Kleider und Wohnung hatte jeder selbst zu sorgen, auch nachdem er statt der einfachen Felle und Pelze gewobene Tücher verwendete und die Häute zu Leder verarbeitete. Es läßt sich leicht denken, wie schlecht die Arbeit ausfiel, die jeder nach jeder Richtung verrichtete, und es begreift sich wohl, daß wo es ging, besonders befähigte Knechte oder Nachbarn bevorzugt wurden. Die Frauen besorgten das Kochen, Backen, Weben und Nähen und erlangten darin eine Geschicklichkeit, die bald besonders tüchtige Leistungen aufwies.

Eine gewisse Berufsbildung brach sich also Bahn, blieb aber noch innerhalb enger Schranken stehen[1]. Die Entstehung besonderer Berufe, die Arbeitsteilung verliert sich ins Dunkel; Berufe bildeten sich weniger, als manche glauben, von innen heraus[2], infolge von Übervölkerung und inneren Fortschritten, als durch äußere Bedingungen, durch den Handel und die Sklaverei veranlaßt. Sobald man sieht, daß der Tausch bessere Erzeugnisse auf leichterem Wege liefert, als wenn man selbst Hand anlegt, daß Berufsarbeit besseres leistet, kann die ausschließliche Hauswirtschaft sich nicht halten, sucht sich aber möglichst zu retten dadurch, daß sie die Berufsarbeiter zur Knechtschaft oder Knechte zur Berufsarbeit zwingt; denn nur der Zwang, die Not, die Verschuldung trieb den Menschen zur Spezialisierung, zur Berufsarbeit. Auf dieser Stufe befand sich auch die germanische Wirtschaft, obwohl der keltische und der römische Handel mannigfach eingriff[3].

Als ältestes Handwerk sondert sich die Schmiedekunst, zuerst der Bronceguß, dann die Eisenarbeit ab, die mehr gilt, als niedere Knechtarbeit. Das beweisen die Sagen, die diese Kunst verherrlichen, die Sage von Wieland dem Schmied, von Siegfried dem Glänzenden, der sein Schwert

---

[1] Von Griechenland wissen wir trotz des Vorhandenseins von Handwerkern, daß Odysseus selbst das Schlafzimmer gebaut und das Bett gezimmert hat und Paris beim Hausbau mithalf.

[2] Bei den Germanen entstand auch kein eigener Krieger- und Priesterstand.

[3] Vgl. über diese Entwickelung Bücher, Entstehung der Volkswirtschaft 292.

schmiedete. Zunächst kam dann die Töpferei und Zimmerei[1]; vom Weben der Frauen nicht zu reden.

Gegen den Verkehr schlossen sich die Germanen mehr ab als die Kelten, da sie weniger als diese für bunte Zier schwärm= ten; sie ließen, wie Cäsar sagt, nur Kauf= leute zu, um ihre Beute und bald auch um den Überfluß ihrer Wälder und Wei= ben abzusetzen[2]. Ganz unempfänglich für schöne Form waren sie nicht, sie wußten die Schönheit der fremden Arbeiten, der

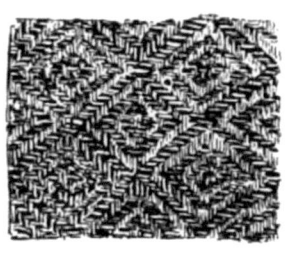

Gewebe einer Dammendorfer Moor= leiche.

Bronce= und Töpferwaren der Etrusker und Römer, ihrer Eisenwaren, ihres Gold= und Silberschmuckes wohl zu schätzen. Mußten sie doch schon lange vielfach Salz von außen be= ziehen und lernten sie durch den Handel manches seltsame Tier ken= nen, wie die keltischen Pferde, Salbmittel und Mahlgeräte, end= lich den Wein, den sie wohl durch Verbote ausschlossen. Kunstfiguren wanderten weit nach dem Norden und so begegnen uns Urnen, Ju= piterstatuen, Isisstatuen neben rö= mischen Münzen in Posen, Bran= denburg und Schlesien[3].

Als Gegengabe boten die

Einhenklige weitbauchige tiefschwarze Urne, oben mit einem Stufenornament (Mäander). Der un= tere keilförmige Teil ist durch Sparrenfelder ge= gliedert (Fohrde).

Germanen die Erzeugnisse ihrer Wälder, Kienholz, Pech und Honig, ihrer Viehzucht, Pferde, Rinder, Gänse und Schweine, Häute und Felle, ja auch Erzeugnisse ihres Feld= baues, Rüben, Rettige, Spargeln, endlich Sklaven= und Frauenhaare.[4] Als germanische Sklaven und

Gerippte italienische Cista. Gefunden in Luttum bei Verden.

---

[1] Nicht Schreinerei, sondern Zimmerei; ihre Bret= ter waren Scheiter; Heyne, Wohnungswesen S. 20.
[2] B. g. 4, 2; 2, 15.
[3] Lindenschmit, Handbuch der deutsch. Altertumskunde S. 54. Klemm, Handb. der germ. Altertumskunde S. 142.
[4] Plin. 2, 67; 10, 27 (gantæ); 10, 35; 11, 14; 19, 26 (raphanus) 28 (siser) 42; 36, 12 (onyx) 37, 11; 38, 3; Tac. G. 45. Die Pelznamen tragen daher norbischen Charakter paida, reno, simor, crusina, sabellum.

Sklavinnen, die die Römer nicht zu ſchätzen wußten, kamen außer Kriegsge=
fangenen und aufgefangenen Fremden verknechtete Volksgenoſſen und ver=
kaufte Kinder und Frauen nach dem Süden, wie wenigſtens aus ſpäteren
Berichten zu ſchließen iſt[1]. Als Wertmaßſtab diente wie allen Völkern

auf früher Kulturſtufe Vieh[2], weniger Gewebe und
Pelzwerk, woran das nordiſche Wadmal, vielleicht auch
das Wort Pfennig erinnert[3]. Die Leinwand wurde
als Scheidemünze, das Vieh als Großgeld benützt.
Vielleicht erfüllte auch das Salz einen ähnlichen Zweck
und mag der Heller darauf hinweiſen[4]. Aber auch
wirkliche Münzen aus Kupfer, Zinn, Meſſing, aus
Gold und Silber liefen um[5]. Für Gold und, was die
Alten beſonders hervorhoben, noch mehr für Silber
erwachte eine mächtige Leidenſchaft, die ſich nicht leicht
befriedigen ließ. Da die Römer die barbariſchen Han=
delsfreunde oft zu betrügen ſuchten, ſtellten ſie ſich auf
die Hinterbeine, nahmen nur Münzen von gutem Ge=
präge, namentlich Münzen mit ausgezahntem Rande,
die nicht wohl zu beſchneiden waren, ſogenannte serrati,
Saigen, Sägen d. h. ausgeſägte Stücke oder ließen
ſich das Edelmetall zuwägen und ſchmiedeten es dann
zu Ringen, Baugen, Spiralenſpangen, die zugleich als
Schmuck, an Baſt aufgereiht als Handſchmuck, als

Eiſerne Scheere, einer
modernen Schaffcheere
ähnlich (Fohrde, Weſt=
havelland).

Hals=, Arm= und Fußſchmuck dienten. Daher hieß der Herrenſaal Ring=
ſaal, ein Gefolgsherr Ringſpender. Uralte Wagen, Gewichte, Probier=
ſteine hat man hoch im Norden aufgefunden. Den Handelsverkehr ver=
mittelten in der Regel römiſche Kaufleute, die ſich tief nach Deutſchland
vorwagten, darunter viele Juden, aber auch umgekehrt drangen die Ger=
manen des Handels wegen ins römiſche Reich vor[6]; ſo erſchienen die Her=

---

[1] Im Sklavenkriege 71 v. Chriſtus kämpfte M. Craſſus mit einem Heereshau=
fen, der bloß aus Galliern und Germanen beſtand, ihrer 35000 wurden niedergemetzelt;
Liv. epit. 97; Wackernagel Kl. Schriften 1, 67.

[2] Pecunia, faihu, fe, faderphium, March, Mark.

[3] Pfennig von pannus; J. Grimm Grammatik 12, 103; vgl. die Ableitung des
ruſſiſchen kuna (Pelzgeld) der Kopeken (Eichhörnchen) der Cre (Chrchen) bei Schrader,
Zur Handelsgeſch. 119. — 2400 Ellen Wadmal werden einmal 100 Pfund Silbers
gleichgeſetzt.

[4] Oder auf den ſtarken Verkehr der Salzorte, richtig kommt Heller wohl von hallen,
Schilling von ſchellen. Über germaniſche Salzgewinnung ſ. Plin. 31, 39; Tac. a. 13, 57.

[5] Tac. Germ. 5.

[6] Germ. 41; Wackernagel 65.

munburen zur größten Verwunderung der Römer in Augsburg. Da nach einer von den Römern übernommenen Anschauung wohl das Handwerk, nicht aber der Handel entehrt, trieben ihn nach nordischer Sage auch Edelleute. Geldgier ist ein natürlicher Trieb eines unkultivierten Volkes und Betrug nichts Schimpfliches, worin erst das Christentum Wandel schuf.

6. Nordische Fischerei und Schifferei.

Während sich im Süden Gewerbe und Handel regte, verharrte der Norden in roheren Anfängen und wies seine Bewohner ausschließlich auf Jagd, Fischfang und Getreidebau hin. Etwas übertrieben vergleicht ein Alter die nordgermanischen Uferbewohner mit Schiffbrüchigen, die auf künstlichen Hügeln, Warfen sich gegen die Wellen des Meeres schützen[1]. Ihnen ist es nicht möglich, sagt Plinius, Haustiere zu halten und von deren Milch zu leben, wie die Nachbarn, ja sie können nicht einmal mit wilden Tieren kämpfen, da weit und breit keines vorkommt. Schilf und Sumpfbinsen flochten sie zu Stricken, daraus Netze zum Fang der Fische zu fertigen, worunter die Häringe hauptsächlich in Betracht kamen, wie der Name Skandinavien anzudeuten scheint[2].

„Mit den Händen", sagt Plinius, „tragen sie feuchten Schlamm zusammen, (vermutlich Torf), trocknen ihn mehr am Wind als an der Sonne und bereiten darin ihre Speisen

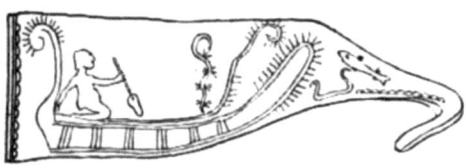

Skandinavisches Rasiermesser der Broncezeit mit einer Schiffsdarstellung.

und erwärmen die vom Nordwind erstarrten Glieder. Zum Getränk dient ausschließlich Regenwasser, gesammelt in Gruben in dem Hofe des Hauses. Und diese Völkerschaften, wenn sie heute von den Römern besiegt werden, klagen über Knechtschaft!" Andere trieben bereits Viehzucht, und die Warfen, kreisrunde Dammaufwürfe, die in der Mitte eine Vertiefung hatten, wo sich Regenwasser sammelte, dienten ebenso dem Vieh wie den Menschen zum Rückzug. Nach und nach zogen sie Dämme von Warf zu Warf und schlossen das Meer ab, legten dann ihre Häuser so an, daß die Wohnräume auf der Höhe, Tenne und Ställe aber niederer lagen, so daß ein besonders hoher Wasserstand nur in den Vorderteil des Hauses drang. Diese An-

---

[1] Germ. 45. Plin. 16, 1.
[2] Skadd, skat irisch = Häring. Diese schon bei Plinius 4, 30 (8, 16) vorkommende Bezeichnung Skandinavien hat sich zusammengezogen im Wort Schonen erhalten. — Das Wort haring verwandt mit dem wohl keltischen allec ging über ins Romanische, ital. aringa, spanisch arenque, französisch hareng.

ſiebelungen ergaben die Marſchdörfer, die ſich noch heute erhalten finden. Das dazugehörige Feld iſt in länglichen Streifen oder unregelmäßige

Kampen geteilt, die durch Gruben ge=ſchieden ſind. Von den Aſtiern, den Eſten des Oſtens, berichtet Tacitus ausdrücklich, daß ſie viel Kornbau und Fruchtbau trie=ben, mehr als an=dere Germanen[1]. Weiter landein=wärts hinderte die dürre Geeſt und Heide am Feldbau.

Eines hatten faſt alle Nordger=manen vor ihren ſüdlichen Genoſſen voraus, ſie trieben Schiffahrt und durchfuhren kühn alle Meere. Der nordiſche Schiffbau iſt uralt, er geht noch in die Bronce=zeit, alſo tief in die vorgeſchichtliche Zeit zurück, wie die

Felsbild von Bohuslän (Schweden). Dargestellt ſind Schiffskämpfe, Jagden und ſymbolſche Figuren.

Felſenbilder beweiſen, die uns ausgehöhlte Baumſtämme oder Bote aus Rutengeflecht mit Fellen umnäht, durch Ruder getrieben, vorführen. Das Gleiche beweiſen die den Indogermanen gemeinſamen Worte Schiff und Ruder, während freilich Ausdrücke für Maſt, Steuer und Segel fehlen. Doch kamen auch bald Segel auf, an einem Maſt in der Mitte befeſtigt. An den alten Schiffen ragten Vorder= und Hinterſteven[2] hoch auf, liefen

---

[1] Germ. 45.

[2] Unter den Vorderſteven ſchob ſich der Kiel etwas weiter vor; Soph. Müller I, 446.

oft in Tierköpfe aus und der Kiel unterschied sich vorn und hinten wenig, weshalb Tacitus sagt, beide Enden haben ein Vorderteil. Wie es ihnen gut dünkte, bauten sie ihre Schiffe, eigener Erfindung und Erfahrung vertrauend. Daher verfügten die Germanen über viele eigenartige Namen für das Meer und die Schifffahrt, z. B. über Woge und Flut, Klippe, Riff und Strand, Haff und Sund, ferner über Schiff, Steuer, Tau und Ruder. Viele der Schiffsausdrücke gingen in fremde Sprachen über, wie Flotte, Barke, Mast, Segel, Kiel, Bord, Rhede, Fortwogen, Matrose[1].

Allerdings hat es nicht an fremder Anregung gefehlt, Phöniker und Griechen haben wohl den Anfang gemacht; hatte doch schon um 350 v. Chr. Pytheas, ein Bürger von Marseille die Nordsee aufgesucht und dort „Teutonen" angetroffen[2]. Unter fremder Hilfe entspann sich ein reger

Silberkessel von Gundestrup (Dänemark). Die Tiergestalten, die Götterköpfe im äußern Umkreise erinnern stark an den Orient, doch ist deshalb nicht notwendig orientalische Herkunft anzunehmen, wenn auch orientalische Einflüsse unverkennbar sind. Die Symbolik ist viel zu reich.

Verkehr mit Pelzen, Bernstein, Waldprodukten, wozu später auch Fische kamen, aber mehr und mehr wagten sich die Nordgermanen selbst vor. Als gute Schwimmer und Kämpfer scheuten sie sich vor keiner Gefahr und gingen keck auf Raub und Eroberung aus, selbst wenn sie weniger geübt waren im Schiffsgewerbe. Als Kaiser Probus eine Anzahl Fran=

---

[1] Segel (kommt möglicherweise von sagulum, französisch singler) ferner quille (Kiel) — lasto Schiffsgewicht — rade—voguer, vogare—Schiffsmiete fret (ahd. Verdienst); festbinden amarrer ahd. merren (Schrader 50). Auch bateau von Bat. Anterfunde bei Montelius, Kultur Schwedens 112.

[2] Brenner, Nord- und Mitteleuropa in den Schriften der Alten 1877 S. 33.

ten nach Thrakien versetzte, bemächtigten sie sich einiger Schiffe, durchfuhren das mittelländische Meer und gelangten ohne Schaden in ihre
Heimat, und nachmals ließen sich die Vandalen auf dem Meere hintreiben,
wohin sie ein Gott führte.

Im Übrigen fehlte den Binnenbewohnern freilich der rechte Sinn
für das Meer, es lag ihnen zu ferne und doch hatte das Schicksal
gerade sie zu Eroberern der Römer bestimmt. Dadurch bekam die Geschichte einen anderen Charakter. Ging im Altertum die Kultur vom
Meere und den Flüssen aus und drang ins Land ein, so hatten die germanischen Eroberer Europas ihren Rückhalt am festen Binnenland mit
seinen Gebirgen, sie hatten einen kontinentalen Sinn, wenn man so sagen
will, und waren frei von jener Begeisterung für das Meer, mit der einst
die 10 000 Griechen ϑάλασσα, ϑάλασσα riefen und das Meer begrüßten
als ihr heimisches Element, als ein freiheit- und lebenspendendes Wesen.
Erst die neueste Zeit mit ihren raschen Verkehrsmitteln bekommt eine
andere Richtung: die Geschichte wird wieder ozeanisch.

XX.
Germanische Frau und Familie.

1. Frauen.

Bei allen männlichen kriegerischen Völkern herrscht nicht die Frau, zumal nicht im Altertum, wo auf allem, was schwach war, Mißachtung ruhte. Nur dem Starken, der in der Gemeinschaft etwas wog, schimmerte die Freiheit und fiel das Recht zu. Der Mann, der Familienvater hatte die Frauen, die Kinder, die Knechte und Mägde in seiner Hand; die Manus begründete den Familienzusammenhang, besonders bei den Römern. So starr und schroff wie die Römer dachten nun freilich die Germanen nicht, sie stellten dem Recht die Pflicht entgegen, und verbanden mehr den Begriff des Schutzes, der Vogtei, als den der Gewalt mit der Vaterschaft[1].

Unter der Obhut der Sitte übte der Mann die Muntschaft als Muntwalt, aber nur so lange der Mann Kraft genug besaß, die Schutzpflicht auszuführen, während sie bei den Römern nicht von Kraft und Alter abhing. Sobald sich die Söhne selbständig machten, hörte die Vormundschaft auf[2]. Altersschwache Greise fielen sogar unter die Gewalt des kräftigen Sohnes, der sie aussetzen und töten konnte. Daher suchte ein richtiger Mann, ehe das Alter seine Hand lähmte, einen ehrenvollen Tod in der Schlacht; mit überlebenden Schwächlingen hatte man kein Mitleid und die alten Leute wünschten wohl selbst von der Bürde des Lebens befreit zu sein.

Wenn sie auch nicht so weit ging als die römische Vaterschaft, schloß die Muntschaft ursprünglich doch ein Züchtigungs=, Verkaufs= und Tötungs= recht ein, ein Recht, das nicht nur dem Scheine nach bestand[3]. Aber

---

[1] Die Muntschaft ist ein viel schwächeres Recht als die patria potestas, das dominium, gegenüber den Sklaven die mithio.

[2] Nach dem neuen B. G. B. schon mit der Volljährigkeit.

[3] Trotz der aufgeklärtesten Gesetze übt heute noch der japanische Vater das Verkaufsrecht wenigstens an Töchtern aus.

das Männerrecht begrenzte und beschränkte eine Art Frauenrecht, das wenigstens im Keime sich entfaltete und der Frau eine gewisse Selbstän=digkeit wahrte[1]. Ihre Selbständigkeit wäre sogar das ursprüngliche ge=wesen, wenn, wie man vielfach annimmt, anfangs das Mutterrecht, die Mutterfamilie geherrscht, die Mutter, nicht der Vater das Familienhaupt gebildet hätte, worauf gewisse Eigenheiten der Sitte hinweisen sollen. Noch in geschichtlicher Zeit werden Kinder nach ihrer Mutter genannt, so in

Germanin mit rautenverziertem Unter=
kleide und einem schleierartigen Umhäng=
tuch (lineis amictibus velantur Tac. G. 17).
Das Haar fällt in reichen Strähnen herab.
Die Rauten am Leibrock und an den Hosen
weisen wohl auf Gallien hin. finden sich
aber an Gewändern der nordischen Moor=
leichen S. 217. (Skulptur von der römischen
Stadtmauer zu Mainz).

den Nibelungensagen die Haupthelden. Von ihren Verwandten schälte sich die Frau weniger los als in Rom, und nicht selten schützte sie ihr Bruder anstatt ihres Schwagers gegen Anfechtung und übernahm die Munt über ein vaterloses Kind[2].

Seit alter Zeit oblag der Frau die Haussorge, die Ernährung und Klei=bung der Familie, sie mußte bei der Feldbestellung, bei dem Gartenbau mit=helfen[3], spinnen, weben und Kleider machen, Bier brauen, manchmal auch die Handmühle treiben. Die Spindel oder Kunkel kennzeichnet das Weib. Der Mann konnte sie züchtigen; ein Recht, das ihm auch das Christentum ließ[4]; im Nibelungenlied zerbläut Siegfried der Krimhilde tüchtig den Leib. In=

---

[1] Opet, Mittlg. d. östr. Instituts Erzb. III, S. 3 ff. 35 betont die Selbständig=keit; nach ihm fehlte bei den Franken die Geschlechtsvormundschaft. Durch die Selb=ständigkeit der Frau unterscheidet sich deutlich die langobardische Munt von der römi=schen manus, Tunzelmann-Ablerberg, Die langobardische Munt Freiburg 1897.

[2] Germ. 18—20. Si mulier maritum veneficio dicatur occidisse, ... proxi-mus mulieris campo eam innocentem efficiat. L. Angl. et Wer. 55 (15); ed. Roth. 202. Bei den Römern nahm sich der Oheim, der Vatersbruder oft der Neffenerziehung an, daher hat patruus die Nebenbedeutung von Tabler, Hor. s. 2, 3, 88; Pers. 1, 11: Krause, Gesch. d. Erziehung 264.

[3] Es gibt noch heute Gegenden, wo die Frauen stärker beim Feldbau beansprucht werden, als in andern, in schwäbischen Gegenden mehr als in fränkischen.

[4] S. die bösen Folgen dieses Rechtes im englischen Gemeinrecht; Edinburgh rev. 184, 229. Daß ein Mann seine Frau schlug, galt bei den Nordgermanen als ein Bubenstück, Pauls Grundriß b. germ. Philologie 1898 II b. S. 222.

deſſen minderte dieſe Behandlung die Achtung nicht und Schläge entehrten
ſo wenig als die Arbeit, während bei den Orientalen die Trägheit der
Frauen ihre Achtung nicht erhöht. Ein doppeltes Wergeld erkannten ihr
manche Rechte zu, und ſie zu beſchimpfen, zog eine Strafe nach ſich, wie
wenn einer einen andern der Untreue bezichtigte, alſo den ſchwerſten
Schimpf ausgeſprochen hätte. Unter dem Einfluß des Chriſtentums · wurden
dieſe ſtrengen Bußſätze ermäßigt und bekam die Frau ein geringeres Wergeld als der Mann.

Nicht ohne Grund dachten die Germanen die Sonne weiblich und
den Mond männlich; glaubten ſie wohl, daß die Sprödigkeit, mit der ſich
Luna vor Sol verbirgt, nicht eigentlich Sache der Frauen ſei? Ihre
Anſchauungen über Frauenwert und Frauenwürde widerſpiegeln die Namen
und Beiworte, die ſie ihnen und ihren Göttinnen gaben. Als glänzend,
weiſe und kräftig erſchienen die Göttinnen, vor allem Freja, die oberſte der
Göttinnen mit goldenem Bruſtgeſchmeide, glänzender als die Sonne, und
ihnen vergleichbar ſchimmerten ſterbliche Frauen als Sonnehild, Solberta,
die wie die Sonne glänzende, Bliktrud, die Blitzgleiche, Sneoburk, die
ſchneegleich ſchützende Frau [1]. Andere Namen rühmen die Tapferkeit und
das Wiſſen, das ſchützende Weſen und das geheimnisvolle Ahnen der Frauen,
ſo die Namen, in denen helm, brant, ger, berc, gart, fried, hug vorkommt,
die Namen auf run, wie Sigrun, Ortrun, Albrun, Alrun verwandt mit
Run, dem Runenzauber, endlich Namen wie Balaheid, Veleda [2].

Im Weibe ehrten die Deutſchen, wie die Kelten ein tiefes Gefühls-
leben; nach dem Worte des Tacitus ſchienen ſie ihnen etwas innerlich
Ahnungsreiches und Heiliges zu haben. Bis zur Einführung des Chriſtentums traten viele Frauen als Wahrſagerinnen, Zauberinnen, als Truden
und Hexen auf [3]. Weiſe Ratſchläge hörten die Männer gerne und ließen
ſie Teil nehmen an wichtigen Beratungen.

Höchſtes Lob und höchſte Ehre brachte den Frauen ihre Zucht und
Keuſchheit. Die Frauen, ſagt Tacitus, leben in geſchirmter Züchtigkeit,
nicht durch lockende Schauſpiele, nicht durch luſtige Gaſtmahle verführt.
Als Marius die Cimbern und Teutonen beſiegte, ſollen ſich ihm die Frauen
zu Füßen geworfen und ihn gebeten haben, ſie zu Dienerinnen der Ve-

---

[1] Bei mittelalterlichen Dichtern iſt der Vergleich ſchöner Frauen mit der Sonne,
mit der Morgenröte, mit dem Schnee ſehr häufig; ſ. Weinhold Deutſche Frauen I, 206.

[2] Den Name Alrun, Alraun gab man der Mandragora in ihrer menſchen-
ähnlichen Geſtalt, die früher Zauberzwecken diente; nach andern ſtammt Veleda vom
keltiſchen Beles (S. 143); vgl. Tac. 8; Förſtemann Namenbuch 2. Aufl. S. 1555.

[3] Caes. b. g. 1, 50; Strabo 7, 2; Weinhold 1, 52 ff.

stalinnen zu machen, anstatt sie den Soldaten preis zu geben. Als zur Zeit Caracallas gefangenen Frauen die Wahl offen stand zwischen Knecht= schaft und Tod, wählten viele den Tod, eine Treue, die sogar die Römer rührte[1]. Ihre Tugend ruhte auf ihrer kräftigeren herberen Art, ihren ein= facheren Sitten[2]. Einfache Sitten sind immer ein Schutz für die Sitt= lichkeit; unter einfachen Verhältnissen kommt noch heute auf dem Lande sehr selten eine Untreue der Frau vor, während zwischen ledigen Leuten freie Verhältnisse herrschen[3]. Umgekehrt steht das italienische, französische Mädchen, durch die strenge Sitte des Hauses geschützt, höher, während der Frau ihre Selbstherrlichkeit oft zum Fallstrick gereicht.

Bei den Germanen gewöhnten sich Frauen und Mädchen an die rauhe Berührung des Lebens. Kein Frauengemach — man müßte denn nur an die Kellerräume denken — schützte sie vor der rauhen Berührung der Männer. In der Halle des germanischen Hauses lebten Männer und Frauen täglich zusammen, die Frauen tranken, badeten sogar mit den Männern, jagten und kämpften mit ihnen[4], und eine Lagerstätte versammelte Eltern, Kinder und Knechte, ja auch den Gast[5]. So reizte die Männer kein Anblick, die Frauen keine Weichlichkeit. Die harte Kriegsnot scheuten sie nicht, sie zogen mit ihren Männern in ihren Wagenhäusern in die Schlacht, bildeten den festen Rückhalt, feuerten wankende Schlachtreihen an und trieben fliehende zurück, indem sie ihnen ihre Brust boten und auf ihre Knechtschaft hinwiesen[6]. Ja, die jungfräulichen Walküren, die Schildmädchen, Schlachtmädchen, leuchteten ihnen als Ideal vor und lockten sie zu Kampf und Streit, in den sie mit Schild und Speer, hoch zu Roß auszogen.

Seiner neuvermählten Frau bot der Gatte ein gezäumtes Roß und eine Waffenrüstung zur Morgengabe an[7]. Selbständig wachte die Frau über die Ehre des Mannes, rächte seinen Schimpf und wütete in der Blut= rache wie eine Furie; man denke nur an Krimhilde! Sie wachte auch über die eigene Ehre und schützte nach dem Tode ihres Mannes ihre Kinder.

---

[1] Dio Cass. 77, 14.

[2] Der Ausdruck „keusch" reicht nicht weit hinauf; den eigentlichen Begriff hatte erst das Christentum geschaffen; vgl. das unten über Frikko gesagte.

[3] Man denke an die weitverbreiteten Probenächte, die auch tief in den Anschau= ungen der Urzeit wurzeln. Schrader R. L. 425.

[4] Weinhold II, 106, 113, 118, 123.

[5] Dadurch erklären sich vielleicht die unsittlichen Aufmerksamkeiten, die man im Mittelalter noch den Gästen erwies, vgl. die Sage von Heimdall in der Edda bei Weinhold a. a. O. II, 189.

[6] Dio 71, 3; Vopisc. Aurelian. 34; Florus III, 3; Paul Diac. h. L. I, 15; andere Stellen bei Weinhold I, 41.

[7] Tac. G. 18.

Waffentüchtige Frauen sühnten Beleidigungen mit eigener Hand im Männerringe.

Deshalb darf man aber nicht denken, die Frauengestalten haben jene männlich eckigen Formen sich angeeignet, die den Frauen der Wilden jeden Reiz nehmen. Standen sie auch an berückendem Zauber hinter den Keltinnen zurück, so übte ihr stiller Sinn, ihre frische Anmut einen sanften Reiz aus; wissen doch die Römer ihre Schönheit nicht genug zu rühmen. Nicht allein ihr blondes Haar und ihre blauen Augen preisen sie gegen= über den Südländerinnen, sondern auch den damit verbundenen weißen Glanz der Haut. Ausonius schildert seine Bissula in den bekannten Versen: „Geboren ist sie jenseits des forstigen Rheingestades, wo die Donau entspringt. Erziehung hat sie veredelt, doch Germanin blieb sie von Antlitz mit Blauaugen und Blondhaar. O diese Lieblichkeit, das Kosen und Spielen, die Liebe und Lust der Barbarin, wie läßt sie die römische Puppe hinter sich! Bissula (Wiesel oder Bißchen) — so heißt das feine Kind — ein wenig bäurisch, ein wenig schrecklich dem Ungewohnten, aber reizvoll dem Herrn! Unnachahmlich bist du im Wuchs oder in irgend einer Farbe, die natürliche Anmut erreicht kein Gebilde der Kunst. Mit Mennig und Bleiweiß schminket nur andere Mädchen! Diese weiche Zartheit bringt keine Hand hervor, versuche es nur, Maler, eine purpurne Rose und mische sie mit Lilien, aber nur was darin luftiger Schimmer, nur das gleicht ihrem Antlitz."

2. Ehe.

Trotz aller Hochachtung vor der Frau, die gelegentlich hervortritt, blieb doch alles der Willkür des Mannes oder der Umstände überlassen[1], und die Frauenrechte bestimmte keine feste Regel, wie schon die Verehe= lichung zeigte. Über das junge Mädchen verfügte der Muntwalt, und wer sie begehrte, mußte sie kaufen oder rauben und nachträglich mit einer Abfindung das Unrecht tilgen[2]. Der Mahlschatz oder Brautkauf gehörte dem Munte[3], die Frau bekam nur etwas Kleider oder Geräte, die Gerade

---

[1] Der Mann blieb Herr im Hause. Das ist in gewissem Sinne heute noch so. Franzosen erstaunen noch heute über die bescheidene Stellung der deutschen Frauen, (vgl. Kultur 1900 S. 362; hist. pol. Blätt. 123 S. 414).

[2] Daher leiten viele den Namen Braut ab von pravah rauben, eilen, richtiger andere von bru schwellen (Venus Fruti).

[3] Nach den späteren Volksrechten betrug er 300 bis 400 Schill., ein sehr an= sehnlicher Preis, wenn man bedenkt, daß ein Ochse einen Schilling wert war. L. Sax. 40; L. Liutp. 6, 35. Nach westgotischem Recht sollte er ein Zehntel des Mannesver= mögens nicht übersteigen. Vornehme gaben dazu 10 Knechte, 10 Mägde, 30 Pferde oder 1000 Schill. Doch bekam damals schon die Frau den Mahlschatz, L. Visig. 3, 1, 5.

mit, sie hatte kein eigenes Vermögensrecht. Während der Ehe herrschte
vollständige Gütergemeinschaft. Aber wie überhaupt glich sich auch hierin
die Sitte nicht immer und überall; nach Tacitus bringt der Mann der
Frau die Morgengabe, den Mahlschatz [1], eine Sitte, die den Römern ge=
wiß auffallen mußte, da sie eine besondere Wertschätzung der Frau zu
enthalten schien. Vermutlich verband sich die Morgengabe mit ihrer häus=
lichen Abfindung, der Mitgift und verschmolz dann beides zum Wittum,
ähnlich wie bei den Kelten.

Ob nun die Frau mehr oder weniger Rechte beanspruchen konnte, so
fehlte ihr in der Regel eine freie Wahl. Abstammung, Reichtum, Kraft
und Gesundheit der Mädchen entschieden, keine innerliche Beziehungen, und
gestalteten den Eheabschluß zu einem Vernunftgeschäft, umsomehr als meist
gereifte Jünglinge und Jungfrauen sich ihm unterzogen [2]. Doch kam auch
die Neigung oft zu ihrem Rechte. In der Heldensage des Volkes ist es
gewöhnlich, daß junge Männer als Gäste ihre Augen auf die Töchter des
Hauses werfen, oder ein Mädchen bekommt einen jungen Mann lieb und
stürmische Liebe bricht aus, es öffnet ohne Scheu sein Herz dem Fremd=
ling und veranlaßt eine Brautwerbung. Oft berichten Freunde von der
Schönheit und Klugheit eines Mädchens und der Mann schickt seine
Brautwerber.

Wie eine schöne Sage klingt die romantische Brautwerbung Autharis.
Unerkannt kam Authari mit wenigen Begleitern an den Hof des Baiern=
königs Garibald, um die ihm versprochene Braut Theudelinde zu sehen
und gab sich für einen Gesandten Autharis aus. Als auf seine Bitte
Theudelinde den Gesandten den Wein spendete, berührte Authari, ein
hübscher junger Mann mit gelben Haaren, das Mädchen bei der Hand
und strich ihr über das Gesicht, ohne daß es Garibald merkte. Von
Schamröte übergossen, eilte sie zu ihrer Amme, die sie beruhigte und sagte,
es müsse Authari gewesen sein, sonst hätte es niemand gewagt. Ohne sich
zu entdecken, schied er vom Hofe und führte später seine Braut heim [3].

Mit dem Brautkauf waren die Paare verlobt und mit der Verlobung
so gut wie verheiratet, ohne lange Brautzeit. Untreue zog schwere Buße

---

[1] Dotem non uxor marito, sed uxori maritus offert, Germ. 18. Der Mahl=
schatz heißt später Wittum, Widerlegung.

[2] Matrimonium amant, non maritum sagt Tacitus von den Frauen (Germ. 19);
gleiches gilt wohl auch von den Männern. Es heiratete viel weniger der Jüngling
das Mädchen, als vielmehr der Acker den Acker, das Vieh das Vieh. Bei den Bauern
hat sich die ursprüngliche Anschauung und Sitte noch deutlich erhalten; das wichtigste
ist die Beschau, nicht die Braut=, sondern die Hofschau.

[3] Paul. Diac. 3, 30.

nach sich[1]. Dann folgte möglichst bald die Heimführung unter sinnvollen
Zeremonien, unter Gesang und Tanz. Die Angelsachsen buden den
Brautlaib und brauten das Brautale[2]. An die eigentliche Heimführung und
den Brautlauf schloß sich die gemeinsame Besitzergreifung des neuen Heim
an: nachdem die Braut wohl über die Schwelle gehoben war, umschritten
die Vermählten den Herd, überschritten das Wasser und setzten sich viel=
leicht auf einem gemeinsamen Felle oder Lager nieder und die Braut
wurde mit Körnern überstreut. Während der Hochzeitsfeier umschleierte
sich die Braut, steckte ihr Haar unter die Haube; daher der Ausdruck „unter
die Haube kommen", der so ziemlich das gleiche bedeutet wie das lateinische
nubere. Der Bräutigam ergriff die Hand der Braut; und ihr bisheriger
Munt fügte die Hände zusammen. So empfing der Bräutigam die Munt
und berührte zudem noch den Schuh oder hielt den Schuh über die Frau
oder die Braut mußte den Schuh anziehen, der die Oberherrschaft ausdrückte[3].
In manchen Gegenden Englands trägt ein Geleiter und eine Freundin
Braut und Bräutigam je ihren Schuh nach; an andern Orten wirft man
dem Paare die Schuhe nach und zwar mit der Absicht einen Zauber ab=
zuwehren oder schlägt die Teilnehmer mit dem Schuh[4].

Wie bei den Römern lief neben der Formehe eine formlose her.
Lebte ein Mann mit einem Weibe in dauernder Gemeinschaft, so war sie
seine Gattin, auf was immer für einem Wege er zu ihr gekommen sein
mochte; kannte doch das alte deutsche Recht nicht einmal die Begriffe der
Konkubine und des Bastards und erkannte mehr als das römische das
Recht unehelicher Kinder formell an.

Obwohl die Germanen die Einehe hoch hielten, konnte der freie
Mann, namentlich der Vornehme mehrere Frauen haben, Nebenfrauen und
Kebse, um so seine Familienverbindungen zu mehren, eine Sitte, an der
noch in christlicher Zeit die Merowinger festhielten. Mehr als von der

---

[1] Eine scharfe Unterscheidung von Braut und Frau fehlt; vgl. Proc. b. got. 4.20.

[2] Woran der noch heute gebräuchliche wedding-cake der Hochzeitskuchen
erinnert; Brautale, bridale bedeutet geradezu Hochzeit; Röder die Familie bei den
Angelsachsen 54.

[3] Mächtige Könige sandten Geringeren ihre Schuhe mit dem Befehl, sie zum
Zeichen der Unterwerfung zu tragen. Wenn ein Mann jemand an Sohnesstatt an-
nahm, so schlachtete er einen dreijährigen Ochsen, zog von dessen rechtem Fuß die Haut
ab, machte davon einen Schuh, zog ihn zuerst selbst an und ließ ihn dann durch den
angenommenen Sohn anziehen. Der Schuh oder, wie man später sagte, der Pantoffel
spielt noch heute in diesem Sinne im Sprichwort eine Rolle.

[4] Trashing. Eine ähnliche Bedeutung hat das Werfen des Spornes, Nagels,
Pfeiles, vgl. S. 260, 302; Journal of the british Archaeological Association
1895 I, 148.

Sitte hing es von dem Einfluß der Frau und ihrer Verwandten ab, ob sie sich der Nebenbuhlerinnen entledigten, und ob sie der Mann ohne oder mit Grund aus dem Hause jagte, wozu wohl Untreue Anlaß bot.

Eine untreue Frau begegnete verschiedener Beurteilung, eiserner Strenge und großer Milde. Dem strengen alten Recht nach hatte sie wie ihr Buhle, den die Blutrache verfolgte, ihr Leben verwirkt; auf frischer Tat durften beide Schuldige getötet werden[1], sonst mußte sie nur aus dem Hause weichen, ihrer Haare und Habe beraubt und in eine schlechte Kleidung gesteckt[2]. Ähnlich mußte die Frau nach dem Tode ihres Mannes in älterer Zeit ihm in den Tod folgen[3], später Haus und Hof verlassen; höchstens bekam sie ihre Gewänder und ihre Morgengabe mit.

3. Kinder.

Mit der Schätzung und Ehrung der Frau hing aufs engste zusammen die Behandlung der Kinder. Frauen und Kinder pflegen überhaupt in der Schätzung gleichzustehen, miteinander unter- oder überschätzt zu werden. Kräftige, blühende Kinder in reicher Zahl begehrte der Mann, zumal Söhne; denn die Söhne mußten für den Vater einstehen beim ·Tode und Morde, mußten das Totenopfer bringen und Blutrache üben. Wenn daher ein Mann kinderlos starb, kam es vor, daß wie bei den Juden ein Bruder die Witwe heiratete, damit ihm eine Nachkommenschaft erstehe. Sonst war man gegen Kinder ziemlich gleichgiltig, setzte sie aus und tötete sie, was noch nach der Bekehrung zum Christentum fortdauerte[4].

Wie die Bestattung, umgaben die Geburt halb religiöse halb abergläubische Gebräuche und ging es ohne Zauber nicht ab[5]. Als besonders glückverheißend galt es, wenn das Kind eine Goldhaube, ein Glückshäublein, Glückkappele, Kinderhäublein von der Geburt mitbrachte. Statt in ein warmes Wasser tauchte der Germane das Kind in ein kaltes Bad, zugleich die Kraft zu erproben[6], eine Sitte, die schon den alten Griechen

---

[1] Spätere Gesetze erlauben, Nase und Ohren abzuschneiden. Daß nicht nur bei den Sachsen, sondern auch sonst Tötung gewöhnlich war, zeigt Ruodlieb 6, 45. Die dortige Anschauung ist deutlich germanisch.

[2] Tac. Germ. 19; Tacitus führt die milden Strafen auf (L. Visig. 34, 3), Bonifatius die härtere; ep. 19 ad Ethelb.

[3] Nach Procop. bell. Goth II, 14 war es bei den Herulern später noch Sitte.

[4] Die Isländer haben es zur Bedingung ihrer Bekehrung gemacht, daß man ihnen den Genuß des Pferdefleisches und das Aussetzen der Kinder erlaube. Vgl. v. Liudg. 6, M. G. ss. 2, 406.

[5] Im Nordischen lautet ein Spruch: die Hebamme „ließ vor den Knien der Kranken sich nieder, Sprüche voll Heilkraft sprach nun Oddrun der leidenden Borgnn erlösenden Zauber".

[6] Et quos nascentes explorat gurgite Rhenus, Claudianus in Rufinum 2, 112.

auffiel; der Ausdruck dafür lebt in dem heutigen Wort „Taufe" fort[1]; dann wickelte man es in Tücher, reichte ihm die erste Nahrung und damit war es gerettet[2].

Bald folgte die Namengebung. Mit der Benennung eilte der Germane nicht; er wartete ein bezeichnendes Ereignis oder eine Tat ab oder überließ es dem Zufall, was er für einen Namen schuf. Selbst mächtige Familien verfügten über keinen Familiennamen[3]. Oft deutet der Gleichklang der Namen den Geschlechtszusammenhang an, z. B. Signi, Sigmund, Siglinde, Sigrun, Sigfried, wie die Glieder des mythischen Welsungengeschlechtes heißen; Hildebrand und Hadubrand; Günter, Gernot und Giselher; Alfred, Äthelbald, Äthalbert, Äthelred, die Söhne Äthelwulfs; Thusnelda und Thumelicus, Frau und Sohn Armins; Wunibald, Willibald und Walburg[4].

An den wirtschaftlichen Kommunismus der Zeit erinnert lebhaft die gemeinsame Erziehung, die den Kindern zuteil wurde: die Kinder Freier wurden mit unfreien Kindern, ähnlich wie bei den Kelten, zusammen erzogen[5], unfreie Kinder im Herrenhaus oder Herrenkinder von Unfreien. Hier entwickelte sich zwischen Zieh- oder Pflegbrüder und Pflegschwestern eine natürliche Anhänglichkeit und Gefolgstreue[6], die sich nahe mit der Blutbrüderschaft berührte. Viel Sorgfalt widmete man ihnen nicht, man ließ sie nackt im Schmutze zwischen Tieren aufwachsen, sagt Tacitus, und so gediehen sie zu der Körpergröße, die wir an ihnen bewundern.

Die erste Übung des Kindes ist das Spiel bei Kultur- und Naturvölkern. So mögen schon damals Figuren aus Ton oder Holz, roh zugeschnittene Tier- und Menschenfiguren, die das Entzücken der späteren Jugend bildete, in die Hände der Germanenjugend gelegt worden sein, aber bald ersetzten sie ernstere, für den späteren Beruf wichtige Leibesübungen, wenigstens bei den Knaben, während die Mädchen Spinnen,

---

[1] Baptizare. In Böhmen bespritzt die Hebamme den kleinen Heiden mit Weihwasser, begießt seinen ganzen Leib kalt und die Mutter schlägt mit der Handfläche seinen Rücken, damit er fest werde; Meyer Volkskunde 104.

[2] Nahrung mittelst des Schwertes gereicht s. Sol. 22; schon auf der Trajansäule sind barbarische Wickelkinder dargestellt.

[3] Vielleicht wurde das Kind auch mit Amuletten, Mamletten versehen, die Wiege mit einem Drudenfuß, Meyer 104.

[4] Bei den Nordgermanen besteht die Anschauung, im Namen lebe ein Verstorbenes wieder auf; den Namen eines lebenden Familiengliedes zu nehmen, passe sich nicht.

[5] Der galt nach einem nordischen Sprichwort als der Ärmere, der die Kinder anderer zu erziehen hatte.

[6] Man denke an Ingeborg und Frithiof bei Hilding (Frithjofsage von Tegner).

Weben, Nähen lernten. Doch nahmen auch Mädchen an Leibesübungen
Teil; denn die Erziehung der Geschlechter lief nicht weit auseinander und
noch heute vermischen sich bei den Reigen und Laufspielen Knaben und
Mädchen, früher auch bei Wurf- und Kampfspielen[1]. Am Stein- und
Speerwurf und Schwerthieb nahmen lehrend, vorübend auch die Alten Teil,
oder sie sahen wenigstens zu, ermunternd und anfeuernd. Im Steinwurf
übten sich noch reife Männer. Im Norden lagen vor den Häusern der
Häuptlinge und Vornehmen mächtige Steine, · an denen die Gäste ihre
Kunst erprobten.

　　Allgemeinerer Teilnahme als lockende Schauspiele erfreuten sich die
Schwertertänze nackter Jünglinge, die uns auch bei den Kelten begegnen[2],
Roßkünste, Buhurte und Roßkämpfe, Tjoste, wobei sie mit Pferden aufeinander rannten, Fackeltänze und Feuerlauf mit Rotfeuern, Spiele, wie sie
sich an alle Festlichkeiten, auch an Leichenfeier anschlossen. Ihre Pferde,
Falken und Hunde mußte die Jugend selbst zu behandeln im Stande sein,
ja auch verstehen, sich Waffen zu verschaffen, die Spitze des Holzspießes
im Feuer zu härten, den Bogen zu spannen, einen Schild zu flechten,
Pfeilspitzen zu hämmern und Schwerter zu schleifen. Daher faßt die Edda
zusammen, es sei Sache der Vornehmen, Hengste zu zähmen, Hunde zu
hetzen, Pfeile zu schleifen und den Eschenschaft zu Lanzen zu schälen.

　　Körperliche Kraft und Waffentüchtigkeit, die den Sohn auf der Höhe
des Vaters hob und ihn ebenbürtig machte, blieb immer die Hauptsache,
wogegen die geistige Ausbildung zurückstand. Im Wesentlichen lernten
durch den Umgang die Kinder die Sagen und Sprichwörter des Volkes,
worin sich die Weisheit des Volkes niederzuschlagen pflegt, die noch heute
das Leben des einfachen Mannes neben der christlichen Predigt bestimmt;
sie übten wohl auch den Gesang und das eine oder andere Instrument,
Pfeife, Horn, Harfe[3].

　　Die waffenfähigen Männer standen sich gleich und daher fühlten sich
noch bei Lebzeiten des Vaters die Söhne als Mitbesitzer des Stammgutes;
die Kinder rückten allmählich in die Stelle der Ältern ein, ohne Erbantritt,
ohne Testierung nach dem Grundsatz: „Der Tote erbt den Lebendigen"; es
war weniger ein Erbe, als eine Fortsetzung „denn Gut bleibt bei· dem

---

　　[1] Aus den Laufspielen entwickelte sich das Fang-, Hasch- und Räuberspiel. Mit
den Wurfspielen (vgl. Sen. ep. 36) hängen die Ballspiele, Hurnausspiele zusammen;
mit den Kampfspielen der Hosenlupf, das Hufen, Stieren, das Schlagen mit dem
Schlagring; vgl. keltische Spiele bei D'Arbois Literátur 5, 109, 124.

　　[2] Liv. 38, 17; 10, 16; Tac. G. 24; Sid. 5, 246.

　　[3] Aus dem 5. bis 8. Jahrhundert stammt wohl die Fibel, die ein alamanischer
Totenbaum bei Oberflacht im Heuberg umschloß.

Blut, woher es gekommen[1]." Das Haus und den Hof besaßen sie möglichst lange gemeinsam, wohnten zusammen, nur daß sie die Fahrhabe teilten, zumal wenn Töchter fortgingen. So erhielt der Sohn das Heergerät, der kriegstüchtigste Sohn das Streitroß, die Töchter die Gerade, das weibliche Hausgeräte mit dem Bett, sofern sie nicht schon zuvor mit einer Abfindung ausgeschieden waren. Nach viel verbreitetem, lange nachwirkendem Brauche übergaben und verteilten die alterschwachen Eltern ihre Habe noch bei Lebzeiten[2].

4. Sippen.

Wenn die Kinder, wenigstens die Brüder auch nach ihrer Verhei= ratung beisammen sitzen blieben, entwickelte sich eine Hausgemeinschaft, wie sie bei Kelten und Slaven uns begegnet[3]. Im Allgemeinen aber liebten die Germanen in ihrem individualistischem Trieb die Sonderung und an Stelle der engeren Hausgemeinschaft trat die Sippe[4]. Das Erbrecht bevorzugte von frühe die Stammteilung statt der Kopfteilung und berechnete die Ver= wandtschaft nach Geschlechtern, Sippen, Parentelen, Knien. Während die Familie, beruhend auf der Munt des Vaters, die Kinder samt den Haus= genossen umfaßte, gehörten zur Sippe die Vaterverwandten, die Vater= magen, Speer= oder Schwertmagen, erst in zweiter Linie die Mutter=, Spindel= oder Kunkelmagen; denn die Schwestern gingen in andern Sippen= verbindungen auf, ohne doch wie in Rom allen Zusammenhang mit der alten Sippe zu verlieren[5]. Die Sippe bildete ein enggeschlossenes Ganze von überraschender Zähigkeit und Kraft, namentlich in Gefahr und Kampf, beruhend auf der Verehrung gemeinsamer Ahnen und Götter und auf ge= meinsamen Grundbesitz. Unter einem gemeinsamen Schildzeichen, einem Hantgemal, einer Fahne mit Adler=, Bären=, Eberzeichen, kämpften sie zu= sammen[6], unterstützten ihre Glieder, wenn Fremde sie angriffen, übernahmen

---

[1] Gignuntur heredes, non scribuntur, Symm. 1, 15 (9).

[2] Sie behielten sich demnach ein Nutzungsrecht vor, das Leibgeding, den Alten= teil, und damit war eine Sonderung der Nutzung schon gewissermaßen gegeben (Amira Germ. Recht in Pauls Grundriß II b S. 177). Eine andere Form war die Leihe von Gütern, die ebenfalls nicht ganz unbekannt war (S. 236).

[3] Als solche faßt Kowalewsky Wirtschaftsentwickelung I, 59 die cognationes Cäsars.

[4] Diese Erweiterung bestreitet Sommerlab, Wirtschaftliche Tätigkeit der Kirche I, 55. Ganz anders urteilte Seebohm Tribal customs in Anglosaxon law 1902.

[5] De terra mulla in muliere hereditas sagt die lex salica (62, 6); bei Wer= gelbzahlungen unterschied sich die Magsühne von der Familiensühne oder Erbsühne.

[6] Von Feldzeichen finden sich bei den Germanen mehr Spuren als bei den Kelten; ging doch das germanische Wort gundfano Kampf-Tuch und Band als gon= falone und bandiera ins Romanische über; Tac. Germ. 6, 7, 45; hist. 4, 22; Am-

die Fehden, die Eideshilfe und empfingen das Wergeld,
wenn sie sich nicht vom Verbrecher lossagten und ihn bann=
ten. Was sie empfingen oder erbten, das teilten sie nach
Sippen oder Parentelen, wobei die Enkel gegen die Söhne
zurückstanden.

    Aber trotz all diesen engen Beziehungen, trotz ihrer
sozialen Bedeutung als Keime einer gesellschaftlichen Orga=
nisation, einer Friedensordnung, entbrannten zwischen den
Sippen oft große Feindseligkeiten. Hochstrebende Männer
empfanden den engen Sippenzusammenhang als eine Fessel,
als eine Form der Knechtschaft, wenn sie es auch weniger
war als bei den Kelten und Slaven. Der Familie, dem
Geschlecht konnte niemand entgehen; der Einzelne mußte
ganz so denken, fühlen, wollen, wie der Führer, das Fa=
milien= und Geschlechtshaupt. Nun pflegten aber gerade

Drachenfeldzeichen
(Trajansäule).

innerhalb der Sippe sich die stärksten Antipathien zu entwickeln; der enge
Zusammenhang verschärfte die Gegensätze. So mehrten sich gerade unter
Verwandten die Fälle von Todfeindschaft; die wilden Natursöhne zogen
gerne das Messer gegen einander. Es ist ja bekannt, wie gegen Armin,
den Befreier Deutschlands, Bruder, Schwiegervater und Oheim aufstanden
und wie ihn die Verwandten in der Blüte der Jahre niedermetzelten.
Untreue zwischen Familiengliedern, zwischen Geschwistern, zwischen Frau
und Mann ist ein gewöhnliches Motiv der Dichtung, seltener Untreue
zwischen Kindern und Eltern. Entgegen dem Grundsatz, nur auf fremden
Gebiete zu rauben, scheuten sich die Germanen gelegentlich nicht, auch auf
dem Gebiete verwandter Stämme Raubzüge zu machen und sich grimmig
zu befehden; sie verkauften erbeutete Genossen und Verwandte und ihre
eigenen Kinder als Sklaven.

5. Unfreie.

    Unter den Sippegenossen entstanden große Ungleichheiten nach ihrem
Besitz, ihrer Stellung, ihrem Geschlecht und Alter. Ältere Geschlechtsfa=
milien, zumal wenn sie viele edle Mitglieder in ihrem Schoße getragen, ge=
nossen ein höheres Ansehen, als die jungen Abzweigungen und galten als
edler; bedeutet doch Adel so viel wie Geschlecht. Allein der Unterschied
bewegte sich in mäßigen Grenzen, die Sippen schlossen sich nicht ab, so lange
die Kultur und der Luxus nicht die Möglichkeit schuf, den Nebenmenschen

mian. 16, 12, 6. — Über das Hantgemal (cumbol =) woran sich die Heralbil
anschloß, s. S. 53; Holzmann, Germ. Altertümer 137, 164; Schrader R. L. 209.

auszubeuten. Die Germanen erniedrigten sich nicht so leicht, wie die Kelten, zu Abels- und Priesterknechten, weniger sogar noch als die Römer, mit denen sie sonst ihre kriegerischen Anlagen teilten. Rechtlich unterschieden sie sich nur in zwei Klassen, Freie und Unfreie.

Die Unfreien waren durch niedere Geburt und den Zwang zur Arbeit gekennzeichnet, die der Freie und Vornehme, der Jäger und Herdenbesitzer, der am Alten hing, verachtete. Meist stammten sie aus einem ganz andern Volke[1] und fielen durch ihren Typus auf: am deutlichsten unterscheidet die nordische Anschauung die Unfreien als schwarz, schmutzig, krummbeinig, krummrückig, während die Klasse der Freien als weiß von Farbe sich dar- stellt. „Schwach" heißt ursprünglich übelriechend. In einem ganz andern Lichte erscheinen die zahlreichen Sklavinnen, die als Nebenfrauen oder öffent- liche Dirnen eine gewisse Rolle spielten. Wie ihre uralten Bezeichnungen beweisen, stammten sie teils aus der finisch-turanischen Urbevölkerung, teils aus dem benachbarten Keltenvolke, vielleicht auch aus dem romanischen Süden. Umgekehrt begegnen uns aber auch bei andern Völkern (sogar bei den Finnen) germanische Mädchen in dieser Stellung[2].

Je einfacher die Lebensbedürfnisse sind, desto geringer ist die Zahl und die Last der Sklaven. Der Hirte braucht keine oder wenig Knechte; viel nötiger macht sie schon der Ackerbau, am nötigsten aber der kapita- listische Betrieb, woran die Germanen am entferntesten nicht dachten. Die entwürdigende Arbeit des römischen Hauses fiel fast ganz weg; und den Schenk und Truchseß, den Roßknecht oder Marschall, den Bäcker und Koch zu machen, brachte sogar Ehren, und zwar um so mehr, je höher der Herr stand. Die meisten Hausarbeiten, sagt Tacitus, besorgen Frauen und Kinder. Sogar mit den Herrenkindern wuchs das Kind Unfreier auf, „nicht durch

---

[1] Die Sklaven waren teils turanisch finnisch (s. oben S. 31, 71, 256) teils keltisch. Daher wurde der keltische Ausdruck für Knecht ambaht (ambactus) ins Deutsche aufgenommen (Amt kommt davon); auch Schalk und Geisel ist keltisch; Seiler, Ent- wicklung der Kultur I S. 13; Grimm, Gesch. d. deutsch. Sprache S. 94 hält ambaht für deutsch.

[2] Die Goten bezeichneten das entsprechende Wesen mit dem finnischen Ausdruck für Sklaverei kalkjo; das spätere lenne stammt vielleicht vom keltischen leanan. Die Nebenfrauen hießen Kebse, gotisch kibisa, angelsächsisch cibese Magd, von Grimm mit κύβη Hütte zusammengestellt. Im Angelsächsischen und Irischen erscheint das römi- sche meretrix umgebildet, im Niederdeutschen puta (S. 116 N. 4). Besser klang der spätere Titel friudila fridla. Ein anderer Ausdruck ist das keltische und mittellateinische gadalis (M. G. cap. l, 298 de disc. pal. 3); vielleicht verwandt mit Gades, vgl. Kulturgesch. der r. Kaiserzeit I, 520. — Nach Schrader R. L. 67 wären germanische Ausdrücke zu den Finnen, nach Thurneysen, Kelto-romani- sches 57 zu den Kelten gelangt (Hure, Trude).

rohere Erziehung unterschieden, und beide verkehrten zwischen demselben
Vieh, auf demselben Boden, bis das Alter den Freigeborenen absonderte
und Tapferkeit ihn kenntlich machte". Auch dann noch umgaben die Unfreien
beständig Herrn und Herrin und teilten wohl, wenn der Herr oder die
Herrin starb, ihren Tod als Ehre: so ließ Brunhilde nach Sigurds Tod
ihre Knechte und Mägde mit sich verbrennen.

An sich zwar übte der germanische Herr über die Knechte das gleiche
unbeschränkte Recht, wie der römische Herr über seine Sklaven und konnte
noch später sagen: „Er ist mein Eigen, ich mag ihn sieden oder braten."
Für den Schaden, den er anrichtet, haftete der Herr wie für den Schaden
seines Viehes. Trotzdem bedeutete ein germanischer Sklave ganz etwas
anderes als ein römischer. Selten, sagt Tacitus, peitschen sie ihn, züchtigen
ihn mit Ketten und Strafarbeiten und noch seltener töten sie ihn; höchstens erschlagen sie ihn im Zorn wie einen Feind, nicht aus Zucht und
Strenge mit kalter Überlegung. Die meisten Unfreien saßen auf abhän-
gigen Gütern oder in Werkstätten verhältnismäßig frei. Der Herr, sagt
Tacitus, legt dem Knecht ein Gewisses an Frucht oder Vieh oder Klei-
dungsstoffen, d. h. Geweben auf, wie einem Kolonen, und er ist soweit unterworfen. Wegen diesen Einnahmen suchten die freien Germanen eine möglichst große Zahl von Unfreien zu erwerben und zogen daher auf Eroberung aus, veranstalteten förmliche Menschenjagden. 13000 Gefangene
schleppten so einmal die Quaden fort und setzten sie an.

Solche angesetzte Unfreie erscheinen bei einigen Völkern in großer
Zahl als Liten, Lassen oder Aldien, denen zur Freiheit nur die Freizügig-
keit fehlte, so bei den Sachsen. Die Liten konnten Vermögen erwerben,
eine gültige Ehe schließen und wenn sie jemand schädigte, eine Fehde beginnen. Wurde ein Lite erschlagen, so übte seine Familie Blutrache oder
ließ sich durch ein Wergeld befriedigen.

Sehr nahe mit ihnen berührten sich die Mittelfreien, die Karle, die
Bauern des Nordens. Bei den Knechten, den Traelen, brennt nach nordischer
Sage das Feuer auf dem Fußboden und die Hütte ist offen, die Frau
backt schwere Kuchen (Laibe) in der Asche und siedet ein Kalb im Kessel.
Der Trael hat dunkle Hautfarbe, runzelige Hände, eingeschrumpfte Knöchel,
dicke Finger, einen gebogenen Rücken, lange Fersen und ein mürrisches
Gesicht[1]. Er dreht Bast zu Seilen, muß Brennholz tragen, Torf graben,
Schweine und Ziegen hüten, düngen und zäunen. Trael nimmt zur Frau
das zugewanderte Mädchen, Thy, die Magd mit eingedrückter Nase. Die
Söhne dieses Paares führen Namen wie Schmutzig, Närrisch, Schmerkopf,

---

[1] Von Trael kommt das französische drôle.

Krummbuckel, die Töchter Schlange, Krummnase, Frech und ähnliche. Da= gegen hat der Karl einen gepußten Bart, das Haar über die Stirne be= schnitten, die enge Jacke mit einer Schnalle am Halse geschlossen. Sein Beruf gebietet ihm, Ochsen zu zähmen und zu pflügen, Häuser zu zimmern und Ackergeräte zu verfertigen. Seine Frau, Snör, die Hurtige, trägt einen Rock von Ziegenfellen und ein Schlüsselgehänge.

Von größtem Werte wäre es, wenn es gelänge, die Zahl der Freien und Unfreien gegenseitig festzustellen, da ihr Verhältnis auf die ganze Entwickelung der gesellschaftlichen Zustände ein Licht würfe, aber zu einer klaren Anschauung wird man hier nicht gelangen. Früher nahm man überwiegende Freiheit an, was jedenfalls nur einem romantischen Traum entsprang, der ebenso verschwinden wird, wie all die phantastischen Vor= stellungen vom germanischen Urparadies. Allerdings unternahmen die großen Eroberungen Freie; denn Krieg zu führen, gebührte nur Freien und Vornehmen, während die Unfreien und Knechte ruhig zu Hause blieben und weiter arbeiteten. Nachdem weggegangene Vandalen schon lange Jahre in Afrika saßen, schickten ihnen die zurückgebliebenen Volksgenossen, freie und unfreie, Botschaft, ob sie noch einen Anspruch erheben auf das zurückgelassene Land[1]. Aber gerade von den Vandalen wissen wir, daß sie auch Unfreie mit in den Krieg nahmen, weil die Freien nicht ausreichten, nachdem sie dieselben frei erklärt hatten nach römischen Beispiele. So auch die Goten und die Langobarden, die zum Zeichen der Freilassung einen Pfeil in die Luft schossen; zweimal erwähnt die Auszugssage diesen Vorgang, so wichtig schien er zu sein[2]. Zogen doch auf der Wanderung ganze Volksstämme mit Weib und Kind, Knechten, Mägden und Vieh mit, nur erhielten die früher Unfreien bei der Besiedelung nicht die gleichen Rechte wie die Freien; ein Berufskriegerstand, ein Adel, hob sich deutlich ab, wenn er auch die übrige Bevölkerung nicht so tief niederdrückte, wie bei den Kelten und Slaven. Im Allgemeinen bewährten sich die Ger= manen doch als freiheitsliebender, individualistischer als jene. Menschen= kraft schätzten und schonten sie mehr als die Slaven und verfielen nicht in die fratzenhaften Anschauungen und in drückende Gespensterfurcht der Kelten und Slaven, nicht in die Gräuel der Menschenopfer, der Opfer= schlächterei. Wenn zur Zeit des Theodosius ein Römer die Vorfahren der Urzeit rühmt, daß sie selbst Hand an die Arbeit gelegt haben, so schöpfte er wohl die Anschauung von den Germanen, da kein alter Schrift=

---

[1] Proc. b. Vand. 1, 22. S. S. 207.
[2] Paul. Diac. h. L. 1, 13, 17; Proc. b. Pers. 2, 25; Got. 4, 26; b. Vand. 1, 5, 8; vgl. Nachträge S. 302; Jnama=Sternegg in Pauls Grundriß III, 11.

steller hiefür ausreichenden Stoff bot[1]. Nur darf man diese Vorstellung nicht allzuweit ausdehnen. Daß die Freien in Massen sich zur Feldar= beiten bequemten, widerspricht der Erfahrung aller Zeiten. Wenn es ir= gendwie geht, beschränkt sich der Freie auf die Leitung der Wirtschaft[2].

6. Gäste.

Auf der Stufe der Unfreien stand der Gast, den keine Sippe, kein Recht schützte. Doch wirkten viele gesellige Gründe, eine religiöse Scheu, mildernd ein. Der Gast stellte die weite Ferne in der Mitte des häus= lichen Kreises dar. Einem Fremden das Haus zu verweigern, galt als Frevel, wie noch die karolingischen Kapitularien betonen. Hatte man einen Gast aufgenommen, so führte man ihn an den Herd und bereitete ihm ein Bad. Drei Tage dauerte in der Regel der gastliche Aufenthalt und beim Scheiden erhielt der Gast als Unterpfand der Freundschaft das Gastge= schenk, Ringe, Gürtel, Messer. Oft ging mit der Bewirtung alles darauf, und wenn alles verzehrt war, ging der Wirt mit dem Gaste in das nächste Haus ohne Einladung und beide fanden freundliche Aufnahme. Ganz uneigennützig freilich war die Gastfreundschaft nicht, da man Gegen= geschenke erwartete[3], und der Leidenschaft, Eifersucht und Feindschaft gegenüber bewährte sich nicht immer die edle Sitte. Der Langobarde Alboin war, obwohl er den Bruder des Gepiden Turisind erschlagen hatte, an den Hof des Vaters des Erschlagenen, des Gepidenkönigs, gekommen, und hatte Gastfreundschaft gefunden. Turisind konnte sich aber nicht meistern, fing Streit an und höhnte über die Langobarden, sie tragen weiße Tücher (Hosen) um die Beine, wie weißbeinige Stuten. Da er= widerte Alboin: „Geh du mir aufs Asfeld, da siehst du noch an deines Bruders Gebein wie die Stuten ausschlagen." Rede flog auf Gegenrede, der Streit wurde hitziger, und man hätte zu den Waffen gegriffen, wenn nicht der König dazwischen gerufen hätte: „Heilig ist das Gastrecht."

---

[1] Von den Kuriern und andern Patriziern schreibt nämlich Pacatus: Sed illos quidem angusta res familiaris addicebat labori, ut, quibus ipsis suburbani horti praecepsque Ianiculum et jugera artata pomerio vomere essent aut ligone versanda (Panegyr. Theod. Aug. 9) d. h. die Arbeit blieb ihnen selbst, da sie niemand hatten, den sie einstellen konnten, ihre vorstädtischen Gärten, steil am Janiculus, und ihre durch das Pomoerium eingeengten Hufen mit Pflug und Karst zu wenden.

[2] Man denke an die nordischen Bauern! Max Weber geht hier neuestens ent= schieden zu weit (Jahrb. f. Nationalökonomie 83 B. 459); ähnlich Zeitschr. für deutsch. Altert. 1892 S. 112.

[3] Nach einem altnordischen Spruche war niemand so gastfrei, so wenig auf Er= werb bedacht, daß er die Gegengaben verschmähte und Tacitus sagt abeunti . . . concedere moris et poscenti eadem facilitas.

XXI.

Germanisches Recht und Staat.

---

1. Hundertschaft.

In der Mitte stehend zwischen römischem Individualismus und keltisch-slavischem Kommunismus ließen sich die Germanen mehr beeinflussen, bestimmen, binden als die Römer, klebten aber nicht so an der Sippe, an der Scholle wie die Kelten und Slaven.

Als die Germanen in die Geschichte eintraten, hatten die Sippen längst aufgehört, die einzigen Gemeinschaftsformen zu sein und den Staat zu ersetzen. Sie bedeuteten lange nicht dasselbe, was bei den semitischen Nomaden und bei den seßhaften Kelten. Denn die Germanen waren keine bloßen Nomaden mehr, bei denen alles zusammenhalten muß, wenn auch nicht fest angesiedelt. Der Boden hatte sie beeinflußt und die Stammes-gliederung hatte sich zu territorialen Unterschieden erweitert in der Gestalt der Hundertschaften.

Die Hundertschaft, eine Weide- und Markgenossenschaft[1], rund aus 100, 120 Familien bestehend[2], verwandt mit der römischen Tribus, Cen-turie, besaß ein Gebiet von 3 und mehr Quadratmeilen, einen Gau, der wohl zu unterscheiden ist von den späteren großen Gauen[3]. Es handelt sich dabei ebenso sehr um eine bestimmte Zahl von Familien, die noch verwandtschaft-

---

[1] Markgenossenschaft im weiteren Sinn der Feldgemeinschaft. Die dänischen Harden umfaßten im Durchschnitte 5, die schwedischen 12 Quadratmeilen; Dahlmann, Gesch. Dänemarks I, 140; Meitzen I, 142, 149. Nach v. Amira bedeutet Hundertschaft überhaupt eine „Menge"; Pauls Grundriß II b, 105. Über die Hundertschaft als Vorstufe des Staates s. Heyck in N. Heidelberger Jahrb. 1893 S. 231.

[2] 120 ist das deutsche Hundert; Delbrück, der germanische Gau und Staat in d. preuß. Jahrb. 1895, B. 81, 471.

[3] Etwa 17000 Hektare (S. 210 und die Cäsarstelle S. 205¹. Bei den irischen Kelten besaßen 16 Familien nur 192 Hektare (S. 125). Der Name Gau bedeutet Kluft, Gruppe, oder eine Zusammenfassung mehrerer Auen; Au ist ein übersehbares Tal (Prinzinger, Altsalzburg S. 3).

lich zusammenhingen, als um ein bestimmtes Weidegebiet[1], um ein Gebiet, das ein Häuptling noch übersehen konnte. Trotz der demokratischen Grund-lage des Zusammenhaltes bedurfte man doch eines Häuptlings zur Regelung der Weideverhältnisse, der immer im gegebenen Fall einschritt, Recht sprach, in wichtigen Fragen aber an Sitte und Herkommen und an den Männer-rat gebunden war. Daher standen ihm hundert Mann im Gericht und Kampf zur Seite[2]. Der Gauvorstand, Häuptling, Hauptmann, Alder-mann erscheint später als Hunne, centenarius, hundafaths, wie Ulfilas, den Hauptmann des Evangeliums nennt, als thunginus bei den Franken.

Über die Hundertschaft hinaus verband keine Gemeinschaft größere Gruppen. Schon weil die Germanen lose und locker im Lande saßen, weil ein Mittelpunkt fehlte, wie er als Keim den alten Staaten von Sparta, Athen und Rom gedient hatte, konnte ein enger Zusammenschluß nicht gedeihen. Lose saßen die Germanen nicht nur, weil der Boden und die Wirtschaft des Hirtenlebens und das Hirtenzelt es verlangt, son-dern weil es im Charakter der Germanen lag, sich abzuschließen[3].

„Mein Haus ist meine Burg" oder wie das deutsche Wort heißt: „Jeder ist Meister in seinem Haus"[4]; dieser Spruch kennzeichnet den ger-manischen Charakter. Während in dem alten Staate, bei Griechen und Römern der Einzelne im Ganzen aufging und zu Grunde ging, wenn er sich nicht fügte, vertraute der Germane auf seine eigene Faust und fürchtete ebenso das enge Zusammenwohnen der Sippen, wie das städtische Leben. Schon Tacitus und noch später, aus karolingischer Zeit, berichtet Widukind, daß die Germanen sich fürchteten, in Städten wie in Käfigen gefangen zu werden[5].

---

[1] Die verschiedenen Gesichtspunkte, die den Begriff der Hundertschaft bildeten, drücken sich in der Unentschiedenheit der Römer aus, wenn sie dieselben bezeichnen sollen, wie gentes, cognationes.

[2] Centeni, Germ. 12. Im Völkerkampf marschierte wohl der Hunne an der Spitze seiner Schar, ähnlich wie der römische centurio. Nach Rochholz Deutscher Glaube II, 5 erinnern die zehntausend Martyrer 18. März, die zehntausend Ritter 22. Juni, die elftausend Jungfrauen 21. Okt. an die drei Aldinge, worauf sich 10000 Mann versammelten (?).

[3] Darauf möchte Jhering, Vorgeschichte der Indoeuropäer 137 die ganze Isolierung zurückführen.

[4] Unicuique civium domus sua sit pro munitione, heißt es im Stadtrecht von Enns (Gaupp Stadtrechte II, 211). Unbefugte Einbrecher durften getötet werden und umgekehrt Asylsuchende nicht verfolgt werden, Lex Bai. 10, 3 (156), M. G. LL. III, 420; Grimm, Rechtsaltertümer 891.

[5] Den Unabhängigkeitssinn der Niederländer hat ihre zerstreute Siedelung ohne Zweifel gefördert.

2. Gefolgſchaft.

Die eigentümliche Scheu vor dem Stadtleben, die Kehrſeite des Freiheits- und Unabhängigkeitsgefühles der Germanen verhinderte eine mächtige politiſche Entwicklung. Doch vertrug ſich das Freiheitsgefühl wohl mit einem ſtarken Geſelligkeitstrieb, wohl mit einem ſtarken Solidaritätsge- fühl, mit der Treue und Anhänglichkeit, ja förderte ſie noch. Nicht wie bei den Römern bildete die Einzelperſönlichkeit den Ausgangspunkt der Macht- bildung, ſondern die Geſamtheit[1], aber dieſe Geſamtheit war eine kleine, erſtreckte ſich urſprünglich nicht über das Geſchlecht und über die Gefolg- ſchaft hinaus und der Anſchluß ſollte möglich freiwillig geſchehen. Wilde Naturkinder überhaupt begeiſtern ſich nicht für einen Begriff, für eine Idee, ſondern ſie kämpfen für Menſchen, die ſie lieb haben. Noch heute gehen die Deutſchen ſehr leicht und raſch in fremden Staatsweſen und Völkerſchaften auf und umgekehrt laſſen ſie auch Fremde zu Ehrenſtellen und Ämter zu, was ſie eben befähigte, das Römerreich umzugeſtalten.

In kleinen Kreiſen erſchien alſo den Germanen der Staat und dämmerte die Idee des Vaterlandes auf, erſt allmählich entwickelte ſich aus dem fruchtbaren Keim ein mächtiges Gebilde; zunächſt war es wohl der Kampf, der Kriegszug, Beutezug, der zur Unterordnung unter Führer oder Häuptlinge nötigte[2] — auch die unbändigſten Völker pflegen, ſolange der Kampf dauert, Befehle zu vollziehen. Dazu kam das Friedensbedürfnis, die Sehnſucht nach einer Rechtsordnung, einer Friedensordnung umfaſſender Art.

Die kleinſte Gemeinſchaft entbehrt nicht der Führer. Schon in der kleinſten Gemeinde, in jedem Turn- und Geſangverein finden ſich einzelne, die durch ihre Klugheit und Energie die Leitung an ſich reißen, und die Maſſe hat immer das Bedürfnis, ſich unterzuordnen[3]. Auf dieſe Weiſe fiel auch bei den Germanen, wenn es auch nicht ohne Parteiungen abging, hervorragenden Männern die Führerſchaft in größeren und kleineren Be- zirken zu; dabei entſchied nicht nur die perſönliche Kraft und Klugheit,

---

[1] Gierke, Das deutſche Genoſſenſchaftsrecht II, 26. In der Anhänglichkeit der Deutſchen an Dynaſtien zeigt ſich das noch heute, beſonders 1848 hat ſie ſich bewährt.

[2] Duces — principes, Herzöge, Fürſten, Tac. G. 7, 12.

[3] Wie es dabei zugeht, kann uns jede kleine Gemeinde zeigen. Bei der Wahl von Ortsvorſtehern ſtehen ſich meiſtens zwei Parteien gegenüber, jede durch Verwandt- ſchaft, wirtſchaftliche Verhältniſſe, manchmal auch durch politiſche Anſchauungen ver- bunden. Dieſe Parteien ſind ſehr zäh und überdauern viele Wahlen. Wenn eine Partei ſiegt, iſt die andere nicht überwunden, ein ſchärferer oder ſchwächerer Gegenſatz dauert fort. — Vielfach ſtehen ſich Großbauern und Kleinbauern (Söldner) gegenüber, womit ſich gewöhnlich der Familiengegenſatz verbindet; denn die Bauernklaſſen heiraten womöglich nur untereinander.

sondern von höherem Wert war eine edle Herkunft aus einem Häuptlings-
stamme.

Die Führerrolle entwickelte sich aus der Stellung des Familienhauptes,
des Sippenältesten. Wie dieser über kleinere Verbände, waltete der Princeps
über größere als Schutzherr und Führer und vollzog priesterliche Aufgaben
gleich dem Familienvater als Ewart[1]. Aber Häuptling und Gefolgsherr
fiel nicht zusammen und Gefolgsleute schlossen sich nicht notwendig an an-
erkannte Obrigkeiten an[2], sondern an erprobte Recken nach freier Wahl und
sie festigten ihren Bund durch Blutbrüderschaft und Hausgenossenschaft[3].

Eine natürliche Verwandtschaft nachzubilden, traten die Freunde zusammen, öffneten eine Ader am Arme, ließen ihr Blut in eine Grube
zusammenlaufen und vermischten es, sich die Hände reichend: wie das Blut
sich mischte, so sollten ihre Herzen sich einen, „denn Freundesblut wallt und
wenn es nur ein Tropfen ist". Da man nur in der Verwandtschaft eine
natürliche Form der Verbindung erblickte, betrachteten sich die Verbünde-
ten als Familie, ordneten sich einem Führer als Vater unter und bildeten
eine Schwurgenossenschaft oder Gilde[4]. Noch später bezeichneten die Ausdrücke Blutbrüder, Milchbrüder, Herzbrüder eng verbundene Freunde[5].
Ein tüchtiger Mann nahm andere gewissermaßen an Sohnesstatt an, nahm
sie in seinen Trost (trust) als ihr Brotherr (hlaford Lorb), ihr Senior,
ihr Aldermann, ihr Ältester, verwendete sie als Leibwache, als Speerträger,
Schildträger und Berater[6].

Von des Führers Freigebigkeit erwarteten die Genossen das kampf-
mutige Roß, die blutige und siegreiche Frame, das Heergewedde; Schmäuse
und reichliche, wenn auch schmucklose Bewirtungen vertraten die Stelle des
Soldes[7]. Die erwählten Mannen saßen mit ihm auf einer Bank, der
verdienteste neben ihm, während die jüngeren Genossen bedienten oder hinter

---

1 Schröder, Rechtsgeschichte S. 24.

2 Es handelt sich um die principes, Germ. 13; nach Waitz und anderen handelt
es sich um Gaufürsten, s. dagegen Wießner Ztsch. f. G. 1894 (12) S. 312; Wieters-
heim, Gesch. der Völkerwanderung I, 60.

3 Amicus von der Wurzel amare erinnert an ama Heim; griechisch 'Hetairia;
ähnlich das slavische bratstvo.

4 Convivium; vgl. Amira in Pauls Grundriß 3, 166.

5 Grimm, Gesch. der deutschen Sprache 136.

6 Die Genossen hießen Gesinde, Brotesser (hlafaeta), der Herr Laibgeber = hlaford
Lorb, Tischgenossen (beodgeneatas), Herdgenossen heordgeneatas, Brötlinge (sindmanni
vgl. buccellarii) Antrustionen; Grimm, Rechtsaltert. 318; Maurer Fronhöfe I,
148; Seed, Pauly-Wissowa R. E. III, 935.

7 Bei ihrem Tode fielen die Geschenke und die Hälfte des Nachlasses an die
Herrn zurück.

ben Helben standen. Starb ber Herr, so gingen seine Mannen mit ihm in ben Tod ober übernahmen bie Blutrache.

Je höher ber Herr war, besto angesehener ber Dienstmann und je größer bas Gefolge, besto angesehener ber Führer. Je größer seine Tüchtigkeit und sein Reichtum, besto größer sein Gefolge und je größer bas Gefolge, um so leichter konnte er hoffen, sein Volk und bie benachbarten Stämme für sich zu gewinnen. Gar oft ehrten frembe Stämme hervorragende Führer burch Ehrengeschenke. Die Macht ber Führer ruhte ganz auf bemokratischer Grundlage, auf freiwilliger Unterordnung ber Volksgenossen, auf Vertrauen und Wahl.

Doch verdichteten sich allmählich, wie es scheint, bie Verhältnisse zu erblichen, zu Zwangsordnungen, bie Gefolgschaft ging in ben Bund, bas kräftige Wort bes Führers, ber Bann, in bas Recht, bie Freiwilligkeit in ben Zwang über, obwohl noch Wulfilas bas griechische Wort für Solbaten mit Gefolgsmann wiebergab[1].

3. Größere Verbände.

Außerordentliche Bebürfnisse, Kriegszüge, Wanberungen, mörberische Fehben nötigten zu größeren Verbänden, zum Zusammenschluß und zur Unterordnung und Wahl; Zweikampf und Los entschied, wem man folgen sollte. Nur im Kriege gehorchen bie Germanen Führern, schreibt ein alter Schriftsteller; sonst halten sie sich für gleich[2]. Entweber verständigten sich bie Häuptlinge, bie Weisen, wie sie ja auch untereinander heirateten, ober ein Geschlecht ragte besonbers hervor, konnte auf längere ober kürzere Zeit bie Führerschaft an sich reißen und andere Häuptlingsfamilien in seine Treue, sein Gefolge aufnehmen[3]. So überragten bie Hundertschaften Tausenbschaften, bie Gaue Lanbschaften, civitates mit Völkern. Das Volk, Thiot, Diot z. B. fränkische Diot, Diet stand unter einem Thiodan ober einem Kuni, Geschlecht. Mit Truhtin, Gefolgsmann hängt bie altnorbische und altbeutsche Bezeichnung für bas Volk Drott, Trut zusammen.

Außer ber Not wirkte bas Rechtsbebürfnis und bie Religion gemeinschaftbilbend. Friebe, Recht herrscht an sich nur zwischen ben Sippengenossen[4]. Sippe und Friebe bebeutet beinahe gleich viel; wer ber Sippe

---

[1] Drauhtinon; drauhtinassus Kriegsbienst.

[2] Jtaque domi pares esse gaudent, in proelium euntes omnem praebent obedientiam regi, M. G. ss. 7, 377.

[3] Vgl. über bie proceres, rectores (centenarii) in ber Einleitung ber lex salica; bazu Lib. I, 549 (Julian); Ammian. 17, 10; Jul. or. 2, ep. ad. Athen. Das angesehenste Geschlecht in bieser Art war bas Merowingische.

[4] Das gothische sibja heißt Verwanbtschaft und Friebe; vgl. Lobe in H. Meyers beutschem Volkstum 197.

angehört, ist Freund (geliebt) und frei, beides heißt frija; die Sippenge=
nossen sind die Freunde, die Helden[1]. Entstand zwischen verschiedenen
Sippen oder den Gliedern verschiedener Sippen ein Streit, so herrschte
Krieg, Fehde zwischen den Sippen. Solche Fehden hörten nun nie auf,
ließen nirgends Ordnung und Sicherheit gedeihen, und um diesem Zustand
ein Ende zu machen, schlossen sich Stämme zusammen zu größeren Frie=
densordnungen, die ihrerseits notwendig der Religion bedurften, da die
schwersten öffentlichen Verbrechen als Göttersünden und die Strafe als
Göttersühne galt[2].

Hinrichtungsszene von der Markaurelsäule: Der König der Quaden mit kurzem Leibrock,
Hosen und herabwallenden Mantel steht links und befiehlt die Hinrichtung ungehorsamer
Volksgenossen, die einen Vertrag mit den Römern gebrochen hatten. Die Germanen tragen
das Wams und lange Hosen, was dafür spricht, daß die Kurzhose später aufkam (s. S. 197,
267, 277).

Ohnehin wies die Religion, wie die Sprache und Sitte die Stämme
auf einander an, indem sie dieselben von anderen Völkern unterschied.
Manche, vielleicht die ältesten Völkernamen haben religiöse Bedeutung, nämlich

---

[1] Im Baierischen und Schwäbischen bedeutet heute noch „Freund" einen Ver=
wandten.
[2] Plin. 4, (14), 28; Beda h. e. 5, 10; M. G. 3, 424 (Widuk. 1, 14); Holz=
mann 162.

die Namen Ingwäonen, Istwäonen, Hermionen[1]. Ein natürlicher Trieb führte größere Mengen zum Kultus zusammen, bewirkte, daß an feierlichen Opfern sich möglichst viele beteiligten, zumal wenn ein bedeutender Mann als Priester, Ewart, waltete. Wer als König voranstehen wollte, mußte zugleich Volkspriester sein[2].

So wirkten ideale und reale Bedürfnisse zusammen, um größere Führer, eine Art Königtum zu schaffen, dem eine bindende Macht zufiel[3]. Manche Völker benannten ihre Nachbarn geradezu nach Königen[4], obwohl das einheimische Königtum doch nicht zu allzu großer Bedeutung gelangte und immer Organ des Volkswillens blieb[5].

4. Volksversammlung.

Wie die Häuptlinge, konnten auch die Könige die Volksversammlungen nicht entbehren und umgehen, diese Organe der Selbstverwaltung, auf denen das Schwergewicht ruhte[6]. Verschiedene Versammlungen, die auf lichten Höhen und unter dem Schatten heiliger Eichen und Linden am Malstein, auf Tingstätten stattfanden, ergänzten sich, Mark= und Hundertschafts=, Gau= und Volksversammlungen. Die einen wiederholten sich alle vierzehn Tage[7], die andern alle Halbjahre als Ting bei Gras und Ting bei Stroh oder dreimal im Jahre nach dem Wechsel der Jahreszeiten, woraus sich das Sprüchwort bildete: „Alle guten Dinge sind drei", d. h. gute Dinge

---

[1] Die Sueben nannten sich Ziuvaren, Ziumänner, M. B. 7, 375. Augsburg hieß Ciesburg. Die nordischen Götter Taara und Kilegunda beziehen sich auf den Gauverband.

[2] Tac. Germ. 7, 10. Wenn geistliche und weltliche Macht vereinigt war, so fiel der Anlaß zu Konflikten weg. Bei den Kelten hatten die Druiden die oberste Entscheidung (Holtzmann, Altertümer 185).

[3] So zwar, daß die Könige später die Ernennung jener Beamten in die Hand bekamen, die zuvor auf dem Vertrauen und der Wahl des Volkes beruhten, die Ernennung der Grafen, Richter (judices) Schöffen u. s. f.

[4] Brunner, D. Rechtsgesch. I, 121.

[5] Reges habent ex genere antiquo, quorum tamen vis pendet in populi sententia, M. G. ss. 7, 377. Daß die Germanen die Kelten im Staatswesen lange nicht überragten, beweist schon der Umstand, daß beiden hieher gehörige Ausdrücke gemein waren, wie Reich und König reiks, rix, rex, Amt ambaht, Bann, Schalk, scalc = Krieger, Eid (irisch oeth), Geisel, Erbe (arpe, orphanus), Dorf treb, tref, turba, tribus, Land, Leihe, Wert, frei, Magen (gotisch mag und irisch mug Knecht ist wohl verwandt) D' Arbois Rev. h. d. droit 14, 705.

[6] Auf der Insel Man erinnert daran der Tynwald-hill, der Tynwald court, bei den Nordgermanen der Tingwall, so heißt heute noch auf Sylt z. B. die Gemein=beversammlung.

[7] Nach Voll= und Neumond, man denkt dabei unwillkürlich an den Sonntagsgottesdienst, zumal wenn man bedenkt, daß später jede Hundertschaft eine Kirche und einen Pfarrer hatte.

im Sinne von echten Dingen, allgemeinen Gerichtstagen. Bei dem Mangel
einer genauen Zeitrechnung hielten sich die Germanen an den Lauf der
Gestirne, und so geschah es, daß die Teilnehmer unregelmäßig eintrafen,
der eine früher, der andere später. Bis alles beisammen war, zechten und
prügelten sie sich tapfer.

Da religiöse, militärische und politische Aufgaben in einander liefen
— und Festtag, Gerichtstag, Militärtag, ja auch Markttag sich berührten —
bietet die Versammlung ein unbestimmtes Bild. Ob es einen auswärtigen
Gegner zu bekämpfen galt oder einen Friedensbrecher, machte in den Vor=
stellungen der Germanen wenig Unterschied. Daher hing der Heerbann und
Gerichtsbann, der Heerdienst und der Gerichtsdienst, die Heereseinteilung
mit der Gerichtseinteilung in der Hundertschaft aufs engste zusammen[1].
Auch zum Gerichtsdienst brauchte man Waffen und wer Waffen trug und
kämpfte, nahm auch Teil am Gericht und umgekehrt[2]. Deshalb hießen im
Nordischen die Krieger bezeichnend Tingmannalit oder Hauskarle, d. h.
Gefolgsleute.

An den religiösen Charakter des Tinges erinnert es, daß der Vor=
sitzende als Ewart, als Priester, das Ting hegte, den Platz umfriedigte,
Lust gebot und Unlust, Unruhe verbot, den Tingfrieden schirmte, der zugleich
als Marktfriede wirkte[3]. Ebenso umhegten die Priester das Schlachtfeld[4].

Wer etwas Gutes zu sagen wußte, konnte auf Gehör und Beifall
rechnen, dann klirrten die Waffen, während unbeliebten Reden dumpfes
Murren nachklang. Unter den Massen der Teilnehmer ragten immer
Führer hervor — daraus entwickelte sich ein Ausschuß der Weisen, der
Esagen, Urteiler, deren Versammlung im Nordischen Witenagemot im Un=
terschied von Folkmot hieß, oder der Schöffen im Unterschied von dem
Umstand[5].

Den Gegenstand der Beratung lieferten gemeinsame Angelegenheiten,

---

[1] Nihil autem neque publicae neque privatae rei nisi armati agunt
(Germ. 13; L. Sal. 47, 1); ähnlich die Kelten Athen. 4, 13 nach Posidonius; dem Tacitus entging es, daß auch die Römer einst zu den Komitien bewaffnet erschienen.

[2] Lamprecht, D. Wl. I, 1493.

[3] Ulfilas übersetzte das griechische Wort für Markt agora mit mathla von ma-
hal, Mal, Dingstätte.

[4] In Schwedisch hasla mit Haselstauden umstecken; daher heißen viele Sh'acht-
felder Hasle.

[5] Daß nicht das ganze Volk, nicht die Volksversammlung selbst Recht sprach,
betont besonders Fustel de Coulanges Problèmes 1885 S. 362; gegenüber der
herrschenden Anschauung läßt er sogar den Vorsitzenden stärker hervortreten als den
Beirat, denn Tacitus sage principes jura reddunt, vgl. dagegen die Querolusstelle
S. 139 (N. 3).

je nach dem des Landes, Volkes oder des Gaues und der Mark: Friedensstörungen, Grenzstreitigkeiten, Fehden in weiterem oder engerem Umfang,
auf großen Versammlungen Heerzüge, Friedensschlüsse, Wehrhaftmachung
von Genossen, Königswahl und Huldigung, bei kleinen Versammlungen
Mark- und Familienordnungen.

5. Friedensordnung.

Um Streitigkeiten zwischen Einzelnen bekümmerte sich die Genossenschaft nicht, sondern nur um öffentliche Friedensstörungen, um Verrat,
Schurkerei, Götterschändung. Von einer umfassenden Ordnung hatten die
Germanen keinen Begriff, verstanden nur negativ das Fernsein des
Streites, faßten das Recht nicht als das Rechte, was jedem gebührt, sondern als den Frieden, die Ruhe vom Streite, unterschieden nicht zwischen
Sippenfriede, Gau- und Volksfriede, so wenig als zwischen innerem und
äußerem Kriege, zwischen innerer und äußerer Friedensstörung, zwischen
innerem und äußerem Feind, und bekämpften beide bewaffnet.

Entstand ein Streit zwischen Gliedern verschiedener Sippen, so setzte
sich die Sippe für ihren Genossen ein, wenn er nicht offenbar im Unrecht
war und sie ihn preisgab[1]. So entstand die Sippenfehde, der Sip-
penhaß[2], die Todfeindschaft, in erster Linie um Totschlag, Ehebruch, Frauen-
raub, Frauenschändung und wohl auch Brandstiftung und Raub. Wer
solche Taten beging, verwirkte den Frieden und erst wenn er erschlagen,
womöglich auf frischer Tat, seine Seele als Sühnopfer dahingegeben war,
ruhte die Rache. Auf offenem Felde mußte die Rache vollzogen, der
Leichnam auf den Kreuzweg geschleppt und die totbringende Waffe auf ihn
gelegt oder das Haupt des Erschlagenen an einen Pfahl gesteckt und
der Leichnam auf einer Bahre ausgestellt werden. Nicht zufrieden mit
dem Leben, trachtete die beleidigte Sippe auch nach der Habe, besonders
nach dem Viehe des Totfeindes[3]. Setzte sich seine Sippe für ihn ein,
dann entbrannte erst recht der Krieg.

Um die endlosen Nachstellungen zu hindern, verstanden sich indessen
die Sippen wohl frühe zu Abmachungen, nur durfte die beleidigte Sippe
nicht in Unterhandlungen eintreten, und je mächtiger ein Stamm sich
fühlte, desto weniger verstand er sich zu Unterhandlungen. Anders
eine schwächere Sippe, die sich befriedigen ließ, wenn man ihr wo nicht
den Übeltäter selbst, so doch sein Eigentum auslieferte, sein Wergeld be-

---

[1] In England erhielt sich die Verantwortlichkeit als frankpledge der Gemeinden.
[2] Fehan = hassen.
[3] Die Todesstrafe mit Konfiskation geht also auf den Naturzustand zurück, die
spätere Todesstrafe ist nur eine Milderung.

zahlte, wozu nach Tacitus besonders Pferde und Rinder dienten. An sich
brachte diese Abfindung so wenig Schande als der Frauenkauf und Frauen=
verkauf; denn der Begriff des Geldes war noch nicht abgeblaßt, hatte
etwas Lebensvolles in sich! und bestand in Naturalien. Aber stolze Ge=
schlechter wiesen den Gedanken doch von sich und mancher Mann mochte
denken, wie jener Nordmann: „Ich will meinen Sohn nicht im Geldbeutel
tragen."|

Inzwischen bemühten sich mehr und mehr die größeren Verbände,
die sich bildeten, Hundertschaften, Stämme, Völker um den Frieden. Bei
ihren Zusammenkünften, sagt Tacitus, bemühen sie sich, die Feinde zu
versöhnen[1]. Zur Zeit des Augustus ließen die Germanen allerdings nicht
ganz in ehrlicher Absicht dem Varus sagen, sie hätten von den Römern
gelernt, ihre Streitigkeiten friedlich, nicht mehr wie früher, durch Waffen
zu entscheiden. Dabei handelt es sich nicht um einen Verzicht auf Selbst=
hilfe und Fehde[2], die sich noch bis tief ins Mittelalter hinein erhielt,
sondern um ihre Regelung. Die Genossenschaft stellte Bedingungen für
die Fehde fest oder suchte, was noch besser, die Fehde in ihrer Mitte sich
entwickeln zu lassen. Wer die Bedingungen des Volkes übertrat, brach
den Volksfrieden und verfiel als Ächter, friedloser Wolf der Volksrache.
Ob die Privatfehde oder das öffentliche Verfahren gewählt wurde, hing
bloß von dem Willen und der Überlegung des Klägers ab. Er mußte es
sich überlegen, ob in der Volksversammlung, wo er die Klage vorbrachte,
mehr Freunde oder Feinde von ihm saßen, ob er auf dem einen oder
andern Weg rascher zum Ziele kam.

5. Gericht.

Das ursprüngliche Gerichtsverfahren glich einem unter öffentlicher
Kontrolle stehenden gemilderten Fehdegang, einem Streit mit Angriff und
Gegenwehr (sacha)[3], den die Parteien führten. Eine Partei suchte die
andere zu überwinden, sei es im Zweikampfe, sei es durch Eideshilfe und
Beweis. Mit langweiligen Beweisen plagte sich der Germane nicht gerne,
er berief sich am liebsten auf Götterhilfe.

Wie alle Indogermanen glaubten die Germanen, daß die Götter sich
in Zeichen offenbaren, namentlich im Kampf, dem höchsten Gottesurteil,

---

[1] De reconciliandis invicem inimicis ... in conviviis consultant, Germ. 22.

[2] Man denke an die Pfändungen, den Arrest, das Einlager. Im späteren
Mittelalter entstanden gegen das Fehderecht Landfriedensverbände. Solche Verbände
erweckten erst die Idee einer Rechtsordnung, eines Vertragsverhältnisses (ewa, urlac).
Vgl. Huberti, Friede und Recht in der d. Z. f. G. 1891 V, 1 ff.

[3] Schröder, Rechtsgesch. 82; Amira, Grundriß des germ. Rechts 161, in Pauls
Grundriß der germ. Philol. II 2. Aufl. 190.

überzeugt von der heiligen göttlichen
Bedeutung der physischen Kraft[1]. Solche
Zeichen suchten sie im Lose[2] und Eide,
der vor allem als Zaubermittel in Betracht kam. Da konnte sich der Beklagte
durch den Reinigungseid rechtfertigen
oder der Kläger suchte ihn mit seinem
Eide zu überwinden und beide riefen
ihre Sippen zu Hilfe, die beschworen,
daß der Eid des Beklagten oder Klägers rein und nicht mein sei. Da es
von der Zahl und dem Gewichte der
Eideshelfer abhing, wer siegte, erscheint
auch die Eideshilfe als eine Art Kampfhilfe und der Beweis als eine Art
Eideshilfe, wofür die Gemeinschaft die
Regel gab, während die eigentliche Handlung außerhalb des streng förmlichen
Gerichtsverfahrens fiel, ähnlich wie die
Befriedigung des Klägers durch Hinrichtung oder Wergeldsühne. Durch
das Wergeld erkaufte der Übeltäter nicht
nur Frieden vom Beleidigten, sondern
durch ein besonderes Wergeld auch den
Volksfrieden[3].

Je stärker sich ein öffentliches Leben, ein Gemeinschaftsbewußtsein entwickelte, desto empfindlicher kehrte es
sich gegen alle öffentlichen Friedensstörungen, gegen jede Mißachtung der
Gesamtheit und Gottheit, gegen Ge-
setzesübertreter, Feiglinge, Überläufer,
Verräter an den Göttern, in denen sich

Dammendorfer Moorleiche eines Germanen; stammt etwa aus dem vierten Jahrhundert n. Chr. (S. S. 150 R. 4).

die Gesamtheit selbst wiederfand. Verletzer von Heiligtümern, Zauberer,
alle, die Neidingswerke oder Schurkenwerke verbrachten, verfielen der

---

[1] Τις ἱερή. Deum adesse bellantibus credunt; Germ. 7.
[2] Germ. 10.
[3] Fredus; bei den Franken betrug das Friedensgeld ein Drittel des Wergeldes.

Friedlosigkeit, ja auch alle, die die Gottheit mit unheilbaren oder ekel=
haften Krankheiten, mit Altersschwäche oder Wahnsinn schlug, endlich die
sich mit unnatürlichen Lastern befleckten[1].

Solche zu töten, galt als gutes Werk, als Götteropfer und stand an
sich jedem frei. Daher töteten sich ruhmlose Krieger selbst[2]; in der Regel
aber geschah es öffentlich mit Priesterhilfe manchmal von gesamter Hand,
damit niemand die Rache treffe. Nachdem sie durch Gottesurteil den
Götterwillen erforscht, ob das Opfer den Göttern genehm sei, vollzogen
die Todesstrafe Priester oder Leute mit priesterlichem Charakter[3], die
Gesetzessprecher, Gesetzwarte, und zwar indem sie den Verurteilten ihre
Rücken zerbrachen, sie verbrannten, in einen Sumpf stürzten, ins Meer
warfen[4], an einen Baum henkten, daß das Antlitz nach Mitternacht schaute,
oder den heiligen Wagen der Gottheit oder ein Schiff über sie fahren
ließen. Der Friedlose war gelöst von aller Gemeinschaft, verdammt, ver=
flucht als Wolf, Würger oder Waldgänger, er konnte sich nur vom Raube
nähren wie der Wolf[5].

---

[1] Es handelt sich um den Ausdruck corpore infames, die wie die ignavi und
imbelles im Kote versenkt wurden, (Germ. 12), Leute mit unnatürlichen Lastern oder
vielleicht richtiger schwer Kranke.

[2] Multique superstites bellorum infamiam laqueo finierunt.

[3] Das Gewerbe wurde erst im Mittelalter unehrlich; ähnlich waren später die
Sajonen zugleich Büttel und Richter. Noch heute haben die bayerischen Bauern vor
dem Büttel, dem Gerichtsdiener, einen gewaltigen Respekt (Stieler, Kulturbilder aus
Bayern 172).

[4] Daher erklären sich die alten Moorleichen; Mestorf Moorleichen, Globus
1900 (78) 308.

[5] Der Wolf galt als Räuber und ein Räuber als Wolf bei vielen indoger=
manischen Völkern. Nach Servius ad Aen. 11, 785 erging an die Hispiner die
Weisung, ut lupos innitarentur i. e. rapto viverent. Ein Wolf führte nach lango=
bardischen Sagen flüchtige Männer (Paulus hist. Lang. 4, 37, 39). Eine Wölfin
säugte den Räuber Romulus.

XXII.
Religion der Germanen.

1. Götter.

Ihren freien Sinn verleugneten die Germanen auch nicht gegenüber den Göttern. Mit freiem hellem Sinn schauten sie in die Natur, traten den Göttern gegenüber, frei von der knechtischen Dämonenfurcht, dem Fetischismus tiefer stehender Naturvölker[1], teilten aber insofern ihre Neigung zum Düstern, daß mehr das Trübe als Helle und Anmutende ihre Seele beschäftigte, die wilde Tier- und Pflanzenwelt, der ewige Nebel, Sturm und Schnee sie anzog. Die dunkle, steife, starre Tanne, die knorrige Stärke der Eiche, der gewaltig geheimnisvolle Baumschlag der Buche und Linde, die wehmütige mit den Blättern säuselnde Linde und alle mächtigen Waldbäume, in deren Rauschen sie ihre Götter und göttliche Nähe empfanden, am meisten aber das Nahen des Sturmes erregte das Gemüt des Germanen.

Der Götterhimmel der Germanen zeigt ein nebelartiges, zerflossenes Bild ohne feste bestimmte Gestalten, ähnlich wie der der Kelten. Die Welt wimmelte von kleineren Erdgöttern, Geistern und Gespenstern, aber darüber ragen doch deutlich gewisse Hauptgötter, Himmelsgötter, die auf hohen Bergen und in Wolken thronen, hinaus, und im Hintergrund ruht, dunkel geahnt, die heilige Macht eines Allvaters. Sogar über Weltentstehung und Weltvergehung grübelte der Geist. Der Götterhimmel stellt deutlich eine Auslese, eine Aristokratie von Helden dar, die sich unter Umständen dem Szepter eines Königs beugen. Unverkennbar spiegeln sich die sozialen Verhältnisse und das Leben des Volkes in seinem Himmel. Wie das Alltagsleben der Vornehmen wechselte zwischen Metzeleien und Tafelgenuß, so geht es im Totenreich, in der Walhol zu. Den Tag über schlägt man sich

---

[1] Wenn Agathias (1, 7) behauptet die Alamannen verehren die Furcht, den Schrecken, die Ate, so steht seine Ansicht ganz vereinzelt da. Was man des weitern über ihren Baum- und Felsenkultus sagt, paßt mehr für die Kelten.

Wunden und abends schließen sie sich wieder und dann trinkt man den
himmlischen Met, schwelgt in Biergelagen, ißt Ochsen= und Eberfleisch,
ergötzt sich am Brettspiel, pflegt der Liebe, befragt das Los. Wie Vornehme
wandeln die Götter mit Gefolgsleuten dahin, reiten, fahren auf einem
Bock= oder Pferdegespann durch die Lüfte, über dem Wasser und auf dem
Lande und wenn sie ausfahren, bebt die Erde. Dem allgemeinen Men=
schenlos, dem Tod, der den Besten und Schönsten nicht schont, entgehen
sie aber nicht und das Verhängnis bricht auch über sie herein und versenkt
ihre Herrlichkeit in das Nichts.

Den obersten Thron beanspruchte der lichte Himmelsvater Ziu, Tiuz,
der griechische Zeus, der römische Diupater, Jupiter. In volkstümlicher
Bezeichnung erscheint er in Süddeutschland unmittelbar als Vater, Atta,
Tatta, Aette, Tette [1], aber auch als Ziu, Zeis. Die Sueben, das Volk
der Ziuvaren, die Männer des Ziu, nannten den ersten Wochentag nach
den der Sonne und dem Mond geweihten Tagen Ziustag, Zeistag, die
Baiern hießen ihn Erchtag nach einem Sondernamen des Ziu. Er, Heru,
Irmen, erhalten in Eresburg, Cherusker, Irmensul, sind nur besondere Be=
nennungen des obersten Gottes, des Kriegsgottes, Erzgottes, Schwert=
gottes, ebenso der Name des Schwertgottes der Sachsen, der Sachsnot,
ferner der Tyr, Freyr der Nordgermanen. Die Friesen hießen ihn Ting=
gott; indem ihn die Römer als Mars bezeichneten, sprachen sie von einem
Mars Tingsus. Unter dem Mars Halamardus dem männermordenden
einer rheinischen Inschrift verbirgt sich wohl ein Ziu.

Mit Ziu berührt sich enge Wodan und Donar wie mit Jupiter
Janus und Quirinus als Abzweigung des Himmelsgottes, Wodan der Wü=
tende als Windgott, Donar als Gewittergott. In gewaltigen Stürmen
erblickte das Volk bis in die jüngste Zeit herein das Rauschen des Wodan=
heeres, des wütenden Heeres. Als Windgott, zugleich Totengott führt Wodan
in seinem Heer die Seelen mit sich. Von Martin, der an seine Stelle trat,
sagte das Rechtsprichwort, er halte den Schlüssel zu jeder Seele auf dem
Pfad zum letzten Urteile; daher konnten die Römer ihn wohl mit Merkur
verwechseln. Auf ihn oder auf Mimer bezieht sich der Gott der Dunkelheit
deus Requalivahanus römischer Inschriften (von requa Finsternis und liwa
leben). Während in alter Zeit nicht alle Stämme den Wodan verehrten

---

[1] In meiner nächsten Nähe weist ein Dittelbach und Attenbühl, uralte Opfer=
stätten, auf ihn hin. Außerdem gehören hieher Tettelheim, Tettenhausen, Attenhofen,
Tettelsau, vielleicht sogar Ottingen, das aus Anlaß der Hohenaltheimer Synode
Atdingen genannt wird. Die Baiern verehrten eine Atinne (Ebigna, Edinga, Aniena)
als Helferin in aller Not. Allerdings ist auch der Personenname Tetto, Abo uralt.

und die Süddeutschen den dritten Wochentag statt Wodanstag einfach Mitt=
woch nannten[1], verdrängte allmählich Wodan den Ziu als Himmels= und
Kriegsgott. Er erscheint dann als einäugig, denn die Sonne ist das Auge
Gottes. Den Kriegsgott Walvater umkreisen die Tiere des Schlachtfeldes,
die Raben und Wölfe, und Pferdeopfer brachten ihm eine köstliche Sätti=
gung, während Ziu sich am Leibe erschlagener Gefangener erlabte. Aus
dem sechsten Jahrhundert stammt der Spruch einer Spange, die in der
Nähe von Augsburg, der ehemaligen Ziusburg, gefunden wurde: „Mit
teurem Lohne lohnt Wodan Treue"[2].

In Wodans Gefolge leuchteten die Schlachtmädchen, die Walküren,
Sturmgöttinnen und Schicksalsfrauen, die Dienerinnen der Helden Walhallas.
Mit Helm und Schild in fester Brünne, mit funkensprühenden Speeren,
von zuckenden Blitzen umspielt, reiten sie auf ihren Wolkenrossen dahin durch
die Lüfte; schütteln sich die Rosse, so fällt von den Mähnen fruchtbarer Tau
in die Täler und Hagel ins hohe Gehölz[3].

Der allverehrte Gewittergott Donar mit rotglühendem Bart, im
Norden Tor, Taare, Wetterer genannt[4], führt als Waffe den Donnerkeil,
den versteinerten Blitzstrahl und den von selbst zurückfliegenden Steinhammer.
Die Hände gedeckt mit Eisenhandschuhen, fährt er mit polterndem Wagen
über das Himmelsgewölbe, Tiere mit roter Farbe um sich geschart. Die
Römer nannten ihn Herkules und römische Inschriften sprechen von einem
Herkules Barbatus, Magusanus dem Vermögenden, Saxanus dem Fels=
gott[5]. Römische Forscher urteilten zutreffend, die Germanen verehren
Mars=Ziu, Merkur=Wodan und Herkules=Donar[6], eine Rangordnung,
die freilich nicht alle Germanen eingehalten zu haben scheinen, da einzelne
Stämme den Tag des Donar an die Spitze der Woche stellten[7]. Ver=
wandte Züge mit Donar trägt Phol, Pfol, Balder, der starke glänzende
Frühlingsgott, der in der volkstümlichen Gestalt Siegfrieds weiter lebt.
Im Merseburger Zaubersegen reiten Phol, Balder und Wodan zu Holze
und die Göttinnen Sintgunt, Sunna, Freja, Volla besprechen das verrenkte

---

[1] Mogk in Pauls Grundriß III S. 329.
[2] An Wodan erinnert der Odenwald, Bodensee, das Wodanstal.
[3] Golther S. 322.
[4] In dieser Form erhalten bei den Esten; Wiedemann, Leben der Esten 438.
[5] Letzterer ist wohl rein römisch; Zsch. f. deutsches Altertum 1891, 388 ff. Bei=
träge 15, 561.
[6] So Tacitus (9). Dagegen spricht Cäsar von Sol, Luna, Vulcanus (7, 21).
[7] Caesarius M. P. l. 39, 2240. Die Aufeinanderfolge des Zeistag, des Wodan-
und Donnerstag beweist an sich freilich nicht allzuviel, da sie zunächst bloß Übertra=
gungen der römisch=griechischen Wochennamen des Ares=, Hermes=, Zeustages sind.

Pferd Balders[1]. Wie es schien, vermochte es nur Wodan, der sich all=
mählich über die andern Götter emporschwang. An die Sage erinnern
noch heute die Herrgottstritte auf Bergfelsen und die Steinopfer gegen
Fußverrenkungen[2].

Neben die Himmelsgöt=
ter treten als erdentsproßte
Gebilde Göttinnen, so neben
Ziu = Freyr = Wodan Freja
oder Frija, Frena, im nordi=
schen Frigg[3], die Liebesgöttin,
von der der Tag der Venus
den Namen Freitag erhielt,
und ihre Schwester Volla und
Holda, die Todesgöttin, die mit
dem wütenden Heer durch die
Luft zieht, wie Diana, Hero=
dias die Hexe. Mit der Diana
berührt sich wieder Berchta,
die Erdgöttin Nerthus, Hlu=
dana (Hulbana), Tamfana und
Isa, Eisen, bei Tacitus direkt
Isis genannt, und auf der an=
dern Seite die Mondgöttin;
beide fließen in der mythologi=
schen Phantasie meist ineinan=
der; besonders undeutlich sind
aber die Vorstellungen bei den
Germanen. Zwar berichtet im
siebenten Jahrhundert der hl.

Ein auf der batavischen Insel Walcheren aufgefundener
Altar mit der Inschrift: „Der Göttin Nehalennia hat
Dacinus, der Sohn des Liffio, sein Gelübde gern und
schuldigermaßen eingelöst".

Eligius, daß die Franken Sonne und Mond als Herrn und Frau — ab=
weichend von andern Völkern, die jenen als Mann, diese als Frau faßten

---

[1] In die heutige Sprache übersetzt würde der Mythus etwa lauten: Der Gott
des Zwielichtes und sein Vater, der Tagesgott, reiten auf lichten Rossen am Morgen=
himmel empor. Balder kann nicht weiter reiten, er versinkt, d. h. die Morgenröte
verschwindet. Sintgunt, sein Gefährte, kann nicht helfen, ebensowenig Sunna, die auf=
steigende Sonne, Volla, die sinkende Sonne und Freja, die Abendröte.

[2] Vgl. über den Rosenstein Blätter d. schwäb. Albvereins 1902 S. 207.

[3] Frena = Verena. Eine unschöne Nebenform von Freja, Frigg, stellt der Gott
Fricko dar, wie ihn Abam von Bremen schildert. Tertius est Fricco, pacem voluptatem=
que largiens mortalibus, cuius etiam simulacrum fingunt ingenti priapo; si nuptiae
celebrandae sunt, sacrificia offerunt Fricconi. Verwandt ist der nordische Gefion.

— verehren, und im Merseburger Zauberspruch treten Sunna und Sintgunt
als Schwestern auf. Wenn aber der erste und zweite Wochentag der Sonne
und dem Mond geweiht wurden, so wirkten römische Beispiele ein. Die
Angelsachsen verehrten eine Kampfgöttin Rede, der zu Ehren der März
Redmonat hieß. Auf römisch-germanischem Boden begegnen uns seltsame
Namen von Göttinnen und Matronen, die uns ganz keltisch anmuten, vor
allem die batavische Schiffsgöttin Nehalennia (wohl abzuleiten von nahe
und linnan, nachgeben) die gewährende; ferner die verheerende Hariasa, die
heerglänzende Harimela, die kriegerische Vihana, die Dea Sanbraubiga (das
Wort ist zusammengesetzt aus wahr und glücklich), die Dea Vagbaverguftis,
die Wirkerin (verguftis) belebender Kraft. Als germanisch werden sodann
erklärt die Matronennamen Afliä die mehrenden, Vatviä die wässernden,
Saitchamä die zauberabwehrenden, schon weil sie auch in der Form Aflim
Vatvim, Saitchamim vorkommen, endlich die Beinamen Alaterviä die all-
kräftigen, Aufaniä die emporbringenden, sogar die Suleviä (S. 160)[1].

Wie bei allen Völkern regten die Götter und die ihnen zugeschrie-
benen Naturvorgänge, die Gewitter, die Folge der Jahreszeiten, die Phantasie
an, sie in Geschichten zu verwickeln und diese immer weiter auszuspinnen,
so daß von dem ursprünglichem Sinne kaum mehr eine Spur zu erkennen
ist, wie in der Siegfried- und Dietrichsage. Da das Christentum die
mythologische Entwicklung mitten durchbrach, hat sich die Mythologie viel
stärker vermenschlicht als bei den Alten, die Göttersagen wurden verdrängt
durch die Heroensagen, die Phantasie warf sich auf die großen Helden
oder auf die Tierwelt, sie mit menschlichen Gefühlen beseelend.

Die ganze Natur belebte die Phantasie und zwar um so mehr, je
schwächer eine einheitliche Vorstellung von Gott sich durchsetzte. So galten
auch die Tiere als verwandelte Menschen, vielleicht daß der indische Seelen-
wanderungsglaube noch nachwirkte; sie standen im Dienste der Gottheit als
deren Begleiter oder Symbole, Gefäße. Obenan stand als König der Tiere,
als Muster der Stärke und Klugheit der deutsche Bär[2], der Alte, das
Väterchen, der Großvater, dessen Blut die Helden tranken, um seine Stärke
einzusaugen. Dem Tage vorauf wandelt nach germanischer Anschauung
der Bär und bringt das Morgenlicht; im Abendrot aber schleicht der
Fuchs, so deutete man Himmelserscheinungen, ganz anders als die Griechen
mit ihrer lebhaften Phantasie. Die Pferde versinnbildeten das Licht und
den Regen. Die Anschauung, daß Tiere menschlich empfinden, spielte sogar

---

[1] Suleviä = Gelegenheitschaffende. Andere Namen sind Baduhenna, Haiva,
Garmangabis. Zeitsch. f. deutsch. Altert. 1891, 315, 388 ff.

[2] Der Heldenname Artur hängt damit zusammen (artos, arktos) s. S. 163.

in das Recht herein und ließ die Tiere für ihre Taten haften. Wie eine
Waffe durch Schuld sich verunreinigte, so noch mehr ein Tier und nur sein
Opfertod sühnte die Schuld.

Lebhafter Phantasie erschien alles in der Natur als beseelt, und so
wimmelte es von Naturgeistern, deren Zahl die Gespenster Gestorbener,
die Gestalten verwandelter Menschen unendlich vermehrte. Solche Seelen
und Geister schreckten als Gespenster, als Maren, als Unholde und Hexen,
als Schratten die Wanderer, als Alben die Träumer und wüteten als Wer-
wölfe und Berserker; mildere Geister umschwebten den Menschen als Schutzgeister, die Nornen, die Wurd, die Walküren, die Idisi, die Schwanen-
jungfrauen. Elben, Wichte, Kobolde, Zwerge und Riesen bevölkerten die
weiten Räume der Erde, die Elben, schöne lichte Gestalten, die Elbinnen voll
strahlender Schönheit, deren unwiderstehlicher Gesang Jünglinge in die
Berge lockte. Sie vertauschten Kinder gegen Wechselbälge und ihre Zauber-
mäntel und Zauberhüte, Nebelkappen, Tarnkappen, Grauröcke, Hellkleider
machten sie unsichtbar. Als Todesengel flogen sie durch die Luft und erzeugten Krankheiten, Fieber und Pest. Baum-, Wald-, Korn- und Feuer-
geister, die Hilfe oder Spott über den Menschen brachten, Korngeister,
Feldgeister, namentlich der Bilwis, Bilmer[1], der Roggenwolf, der Korn-
hund, der Haberbock, wallten segnend oder zerstörend über Acker und Wiesen.

Auf den Bergen hausten die Zwerge, Riesen, Bergriesen, große Bau-
meister, die große Felsen hinaufgeschleppt haben, in der Höhe Windriesen,
im Tal Wasserriesen, Wasserjungfrauen, Nixen, Melusinen, Meermännchen,
Meerweibchen. Man unterschied wohltätige und feindliche Wasserriesen,
den freundlichen Ägir, den Meerbeherrscher, den weisen Mimer, wovon
Mimigärnefort, Münster, seinen Namen hat, und die schlimmen Drachen,
den Grendel, die Mitgartschlange und den Wolf Fenrir. In Höhlen und
Klüften wohnten endlich die Joten, Thursen, Finnen, in denen wohl sagenhafte Urbewohner fortleben[2]. Im Norden bedeutete Finngerd, Finnenwerk
geradezu Zauberei. Die Drachen der Tiefe und die Wassergeister bewachen
das gleißende Gold, an dem das Sinnen und Trachten der Menschen
hängt, das Gold vom Himmelsgold; denn von oben stammen die Wasser-
und Goldschätze der Erde. Wem die Geister wohlwollen, dem helfen sie
als freundliche Kobolde und Zwerge, wen sie aber hassen, den vernichten sie.

---

[1] Bil von Balo, Unhold. Ähnliche Bedeutung hat der römische Dorngott
(Spinensis).

[2] Namentlich in Nordfriesland ist der Name Finn für den Zwergkönig gebräuchlich (Globus 1898, 73. S. 147)., s. oben S. 235. In der Bedeutung von Feind ging
das Wort später als fian ins Irische über. Zahlreiche skandinavische Ortsnamen der
Bronzezeit endigen auf vin.

2. Götterverehrung, Opfer und Priester.

Ihrer Naturvergötterung entsprach die Naturverehrung, die Anbetung der Götter in der Natur, in heiligen Bäumen, Gewässern, auf hohen Bergen und in dunkeln Wäldern. Besonders mächtige Bäume setzten Zeichen, Figuren, nahestehende Opfersteine, angeheftete Opferköpfe wenigstens später mit Göttern in Beziehung. Hieher gehört die mächtige Donareiche in Hessen, die Boni- fatius antraf, die Irminsul in Westfalen, ein mächtiger Baumstamm mit rohen Schnitzereien, die Karl der Große zerstörte, der Weltenbaum, die Weltsäule[1]. Den Gott Tor selbst stellte ein Stamm oder Balken, ein Tragbalken mit Schnitzereien dar, worauf der volkstümliche Ausdruck Ansbaum, Asenbaum hinweist[2]. Heilige Bezirke, durch Zäune, Gräben, Wälle geschlossen, ganze Haine mit Holztempeln, wie einen die Semnonen besaßen, den man nur gefesselt betreten durfte, dienten der Götterver- ehrung, nahmen aber auch Volksversammlungen auf; der Opferstein war zugleich Malstein, Tingstein. Als heiligen Bezirk umgrenzten Priester das Schlachtfeld.

Vor dem Kampf wie vor der Beratung und anderern wichtigen Ent- schlüssen erforschten die Germanen den Götterwillen aus Gottesurteilen, überzeugt wie andere Völker, daß die Götter durch Zeichen ihren Willen offenbaren; sie achteten besonders auf Feuer und Wasser, auf Los, Zwei- kampf und Eideszauber. Der Eid hing so wesentlich mit dem Gottesurteil zusammen, daß er entweder als abgekürztes Gottesurteil oder die Gottes- urteile als ein erweiterter, verstärkter Eid gefaßt werden können. Daß die Frauen aus den Bewegungen des Wassers weissagten[3], daß die Rhein- bewohner, wenn sie die Achtheit ihrer Neugeborner prüfen wollten, sie auf Schilden auf den Fluß legen und die Frucht eines Ehebruches erkennen, wenn es das Wasser verschlang, berichten uns alte Zeugen[4]. Auch die Reinheit der Jungfrauen soll auf dem Wasser erprobt worden sein[5]. Vor der Schlacht befragten sie das Schicksal aus dem rinnenden Blut von

---

[1] Ähnlich die Esche Yggdrasil, der Weltenbaum, wovon die Nordgermanen glaubten, er trage die ganze Welt. Truncum quoque ligni non parvae magnitu- dinis in altum erectum sub divo colebant, patria sum lingua Irminsul appellantes, quod latine dicitur universalis columna, quasi sustinens omnia (Rudolphus Fuldensis).

[2] Wodan heißt auch Answalt, Asenwald, Oswold (Rochholz II, 133). Im Jahre 622 warf der hl. Walaricus einen stips diversis imaginibus figuratus um; Boll Ap. 1, 21. Eine Götterfamilie in Erz s. Panzer Bairische Sagen 2, 33.

[3] Plut. Caes. 19.; Clem. strom 1, 15.

[4] Jul. ep. 16; or. 2: Eust. de emend. via monast. 178.

[5] Eumathios (Eust. Macrembolita) De Ismene 8, 7 (script. erotici 2, 241).

Tieren und Menschen, aus dem Wiehern der Rosse, aus dem Schlachtge=
schrei, dem Barbit, aus dem Speerwurf, der zugleich als Kriegserklärung
galt und einem Probekampf[1]. Mit ihrem Kampfgeschrei den Willen der
Götter erzwingend, zogen sie in die Schlacht, und wenn sie siegten, er=
freuten sie die Kriegsgenien durch Menschenopfer.

Unter den Opfern, der vornehmsten Form der Götterverehrung, muß
man unterscheiden die privaten, vom Hausvater ohne besondere Zeremonien
in Milch, Blumen, Früchten, Hühnern und dgl. dargebracht[2], und die
großen, öffentlichen, bei Volksversammlungen, an den Hauptfesten, an Ge=
burten, Hochzeiten und Beerdigungen gefeiert. Obenan steht hier das Men=
schenopfer, das sich bei allen germanischen Stämmen, besonders häufig und
grausam im Norden findet[3]. Wenn die Nordgermanen ein Schiff vom
Stapel ließen, feiten sie es dadurch, daß sie es über den Leib eines Men=
schen gehen und von seinem Blute röten ließen. Gefühle, Rücksichten,
Menschlichkeit hielt die Germanen nicht ab von Grausamkeiten, da sie weit
entfernt waren von Sentimentalität; haben sie doch alles Schwächliche
getötet und Christen gemartert. Jedes kriegerische Volk liebt das Blut=
vergießen. Doch zogen sie im Allgemeinen Tieropfer, besonders Pferdeopfer
vor, schlossen nur das Ungeziefer aus und beschränkten sich auf die Ziefer,
die Zaubertiere. An ein großes Schlachten ging es im Herbst, in der
großen Festzeit, die den Germanen ersetzte, was den Römern ihr blutiges
Spiel bot, wo sie die überzähligen Tiere töteten, die sie mangels der Stall=
fütterung nicht überwintern konnten, besonders auch Schweine. Daher
spielen die Schweine unter dem den Göttern heiligen Backwerk eine große
Rolle, im Norden der Julgalt und Julgris[4], in Baiern das Losbett, eine
Kuchenart, die an das nordische Veohbed d. h. den Altar erinnert[5].

Den Opfern, Menschen und Tieren, schnitt der Opferer über einem
Kessel oder einer Vertiefung die Kehle durch, fing das Blut auf, besprengte
damit das Volk, die Götterbilder und Opfersteine, weihte dann den Göttern
den Kopf, sowie andere unbrauchbare Teile des Tieres, die Eingeweide,

---

[1] Germ. 10; Strabo 7, 2; vgl. Herod. 3, 85; 1, 189; Just. 1, 10.

[2] Vielleicht erinnern an Hühneropfer die zahlreichen Hühnerberge Süddeutschlands. Dem keltischen Hauptgott waren Hühner heilig (S. 94, 157, 166).

[3] Tac. ann. 1, 61; 13, 57; Jorn. Get. 5; Proc. b. g. 2, 25; Sid. Ap. ep.
8, 6 f. Grimm R. A. 691. Karl der Große erließ wahrscheinlich 785 das Verbot:
Si quis hominem diabulo sacrificaverit, et in hostiam more paganorum dae-
monibus obtulerit, morte moriatur. Wie Löher und andere angesichts dieser Stellen
an Menschenopfern der Germanen noch zweifeln wollen, bleibt ein Rätsel.

[4] Aus zwei Julgalten ist der Gullwagen zusammengesetzt.

[5] Los = Schweinemutter; Panzer, Bairische Sagen 2, 491.

Nordisches Menschenopfer. Szene von dem Silberkessel von Gundestrup (s. S. 221).
In der oberen Reihe tragen die Reiter Helme, die nach keltischer Art mit Rädern, Hörnern,
Ebern, Vögeln verziert sind. Die Fußgänger entbehren, ausgenommen ihren Führer, des
Helmes und tragen lange Speere und große Schilde, genau wie die Kelten. Eine symbolische
Pflanze trennt die beiden Reihen. Das Horn der drei Bläser im Hintergrund kann ebensowohl
der keltische Karnix als die nordische Lure sein, jene lange gewundene Trompete, von der
mehrere Exemplare das Kopenhagener Museum besitzt. Die Art des Menschenopfers (Hinein-
stürzen des Opfers in ein Gefäß) beweist nicht notwendig germanischen Ursprung. Jedenfalls
liegen keltisch-orientalische Einflüsse vor oder ist an keltisierte Germanen zu denken.

die Haut, das Knochengerüst. Die Köpfe wurden vielfach an heilige Bäume
und an die Giebel der Häuser geheftet, das Fleisch der Tiere aber zum
Opfermahl bereitet und in Kesseln, die über dem Feuer hingen, gesotten.
Durch die Berührung mit den Göttern erhielt nach weitverbreitetem Glauben
jedes Stück, auch die Brühe, heilige Kraft und brachte den Teilnehmern
Segen. An das Mahl schloß sich der Trunk, die Göttermine, Spiel, Tanz
und Gesang, darunter der Schwerttanz mit Umzügen an.

Bei feierlichen Umzügen, wie sie auf die Jahresfeste fielen, wurden
die Symbole der Götter, die Lanze Wodans, der Steinhammer des Donar,
das Schwert des Ziu oder Götterbilder, Götterpuppen und die den Göttern
heiligen Tiere herumgeführt, der Wolf und Rabe Wodans, an ihrer Stelle
auch Fuchs und Krähe, der Bär und der Ziegenbock Donars, der Eber und
Stier des Freir. Vermummt liefen Jünglinge und Jungfrauen mit, die
einen Gott oder eine Göttin darstellen mußten, oder die Teilnehmer zogen
zu Ehren der Götter Tierfelle an und benahmen sich dieser Maske entsprechend. Bei den Griechen, die zuerst die Götteranschauungen vermensch-
lichten, erhoben sich diese Maskeraden zu einer höheren künstlerischen Bedeutung; die Menschen spielten die Rollen von Göttern und Heroen, woraus
die Tragödie entstand. Einen wichtigen Bestandteil der Götterfeier bildete die Entzündung
des Feuers, des Notfeuers, die als Mittel gegen Viehkrankheiten sich öfters

wiederholte. Nachdem alle Feuer im Dorfe ausgelöscht waren, zog die Gemeinde nach Sonnenuntergang zum erlesenen Platz und hier erzeugten unter feierlichem Schweigen die Jünglinge durch Reibung trockener Hölzer das Feuer, zündeten den Holzstoß an, auf dem die Köpfe der geschlachteten Opfertiere lagen. Was über das Feuer ging oder sprang, seien es Tiere oder Menschen, was auch nur mit Asche besprengt war, wie die Felder, oder was den Rauch einzog, blieb vor Unsegen, vor dem Fluche bewahrt. Das bedeutendste Feuerfest fiel zu Beginn des Frühjahrs, wo die Jüng= linge mit Fackeln, Schellen und Peitschen herumliefen, um die bösen Geister aus den Äckern zu vertreiben und brennende Scheiben oder Räder in das Feld trieben [1]. Gegen die Unholde der Luft hielten die Germanen auch Pfeil= und Steinwürfe für wirksam (S. 59, 169, 229).

Zu ihren Opfern und Umzügen bedurften die Germanen weniger der Priesterhilfe als andere Indogermanen, da sie für priesterliches Wesen wenig Geschmack besaßen. Zur Zeit Cäsars scheinen Priester ganz gefehlt, unter keltischem Einfluß sich aber verbreitet zu haben, so daß Tacitus Priester anführt und zwar Priester, deren Rechte deutlich darauf hinweisen, daß sie nur eine Abzweigung des Königtums, also Gehilfen oder Vertreter des Königs darstellten [2]; keine Priester mit ausschließlichem Berufe, sondern zu= gleich Richter, Sänger, Schriftgelehrte, die man daher Ewarte, Esage, Rechtswarte und Rechtsverkündiger, auch Guden oder Goden nach einem Wort, das mit Gott zusammenhängt, nannte; die gotischen Priester hießen Gehutete [3], weil sie mit einer Kopfbedeckung opferten.

Da die alten Germanen bei den Frauen einen tieferen religiösen Sinn entdeckten als die Männer durchschnittlich besaßen, ließen sie sich und die Götter von ihnen als Priesterinnen gerne bedienen und sie als Zaube= rinnen schalten. Im Norden zogen die Priesterinnen oder Zauberinnen in phantastischen Aufzügen im Lande umher. Da man guten und bösen Zauber unterschied [4], ehrte man nicht alle gleich und hegte Scheu vor der Unholdin, Nachtfahrerin, ja, verfolgte Zauberer und Zauberinnen als Wettermacher und Hexen. Haben doch schon die alten Sachsen manche verbrannt und mußte Karl der Große ein Verbot gegen das Verbrennen erlassen [5].

---

[1] S. S. 158. Bei Eligius wird das Bezaubern der Flur, Versuche, Tiere durch hohle Stämme oder Erdlöcher zu treiben, erwähnt.

[2] Daher mag es kommen, daß das deutsche König in slavischen Sprachen in die Bedeutung Pfarrer überging (Schrader R. L. 642).

[3] Pileati; Jorn. Get. 5.

[4] Der gute Zauber hieß im nordischen galdr, der böse seidr daher Saitchamâ (S. 255). Weinhold Frauen 1, 55.

[5] Cap. Pader. M. G. LL. 1, 49.

3. Jahresfeste.

Der Kampf böser und guter Geister beschäftigt um so mehr die Phantasie des Volkes, je stärker es in der Naturreligion steckt, je heftiger in der Natur die Kämpfe verschiedener Gewalten toben. Der Kampf des Winters und Sommers bot den Hauptstoff für die mythenbildende Phantasie, nicht am wenigsten im Norden, wo die Wintermacht so stark sich aufdrängt. Daher stellten die Germanen den Winter voran, wie sie für die Tagesordnung die Nacht dem Tag vorauf gehen ließen[1]. Den Winter leitet der wilde Jäger, der Schimmelreiter ein, der noch in späterer Zeit Wode heißt, sonst aber durch St. Martin oder Junker Märte ersetzt wird. Nach einem baierischen Sprüchwort mußte St. Martin noch ein Heu für sein Rößlein finden. Ihm zulieb ließen die Bauern den „Oswald" d. h. drei Ähren stehen.

Dann geht es an ein Schlachten und Blutvergießen von Roß und Rind, Schwein und Gans, was dem November die angelsächsische Bezeichnung Blutmonat eintrug[2]. Mit der Schlachtfreude verband sich Hochzeitsfreude: auf den Winter rüsteten sich die Brautpaare zur Einkehr, dann folgte die lange, bange Winternacht, deren Tiefstand die Zwölfnächte ausmachten, die das Mondjahr zum Sonnenjahr ergänzten und nach späterer Rechnung zwischen Weihnachten und dem Zwölften, dem obersten Tag fielen, die Julzeit des Nordens. Daß in dieser Zeit die Geister ihr Unwesen ganz besonders treiben, glaubten die Germanen wie die Kelten, Griechen und Römer und daher stimmen die Gebräuche so genau überein, daß man unwillkürlich an Entlehnung denkt[3]. Mancher Gebrauch drang wohl aus dem Süden nach dem Norden, aber lange nicht alle, wie man neuerdings wohl annimmt[4]. Uralt ist jedenfalls das englische Pflugfest mit Schwertertanz, das auf den Beginn der Jahresarbeit, die Erdöffnung hinweist[5].

---

[1] Ebenso die Isländer noch in späterer Zeit, Bilfinger Zeitrechnung der alten Germanen 2, 29.

[2] Beda De ratione temp. 13.

[3] So das Anzünden des Lichtes, die Verwendung von Baumgrün, das Anklopfen, Lärmmachen, die Maskeraden und Tänze, besonders aber das Mahl zu Jahresbeginn, an Weihnachten oder am Achten; daher die Gestalt der Abundia Satia. Julbackwerke sind der Julkus (Kuh) Julkalf, Julgalt und Julgris (Schwein) reichen weit zurück; Globus 1897 (72); 373. Der Gullwagen (S. 60) besteht aus zwei gekreuzten Julgalten und diese gleichen Doppelvoluten. Jul bedeutet wohl dunkel (S. 59 N. 2).

[4] Zu weit geht Tille, Yule and Christmas, wenn er überhaupt Sonnenwendfeiern den Germanen abspricht (der hl. Eligius eifert gegen die Sonnenwendfeier an St. Johannes und Allerheiligen), ebenso Bilfinger, Das germ. Julfest 44 ff.

[5] Ploughmonday nach Epiphanie. Die alte Hexe im Zug erklärt Bilfinger aus der vetula der Römer.

Nach harter Winternacht brach mit dem Frühjahr der zweite Teil des Jahres an. Unter religiösen Gebräuchen trieb man den Rest der Herden aus und begann das Feld zu bestellen und feierte das Erwachen der Natur am Osterfest, am Fest der Göttin Freja = Ostara, von dem die Angelsachsen den ganzen Monat April Ostermonat, den Eostremonat, nannten. Wie auf die Mitte des Winters das Julfest, so fiel wohl auf die Mitte des Sommers die Sonnenwende, das Mitsommerfest, das spätere Johannesfest mit Herdenweihe, Notfeuer, Volksversammlung. Dann ging es mit der Götterherrlichkeit abwärts und der strahlende Sonnen- oder Frühlingsgott Balder, Höður, Siegfried erlag der Hinterlist feindlicher Kräfte.

Dänisches Goldhorn, dessen Darstellung nicht ganz klar ist; nach der Deutung von Worsaae ist Helheim, die Unterwelt, dargestellt. In der obersten Zone steht in der Mitte Odin mit Speer in der einen, einen Ring (Draupnir) und Szepter in der andern Hand. Von seinem Haupte gehen zwei Hörner aus und um dieselben steht dreimal sein heiliges Zeichen, der dreizackige Stern. Zur Linken Odins stehen zwei Einherier und rechts zwei Wölfe, ferner Hirsche und Ziegen, dann folgt der Gott Freyr mit Sichel und Szepter. In der zweiten Zone stellt die breiköpfige Figur Odin, Tor und Freyr dar, sie trägt einen kleinen Hammer als Gewitterzeichen. Daneben eine Ähre und ein Bock. Die lange Schlange mit dem Apfel im Mund bedeutet Loki, ebenso der Fisch, auf den ein Adler einhaut. Die Hindin mit einem Kalb, die ein Bogenschütze tötet, ist Balder, der von der Hand des blinden Höður fiel. Indessen bestreiten andere Forscher diese Deutung und denken an orientalische Einflüsse. Jedenfalls ist die Darstellung nicht urgermanisch.

Noch weniger allgemein verbreitet als das Mitwinterfest scheint das Mitsommerfest gewesen zu sein, so daß sein Dasein wohl geleugnet werden konnte. Denn sonst müßte schon in der Vorzeit das Jahr in vier Teile zerfallen sein, nicht bloß in zwei oder höchstens drei Teile, wobei der Herbst ganz wegfiel.

Da der Winter vier Monate dauerte, zerlegte man das übrige Jahr ebenfalls in Viermonatszeiten und erhielt neben dem zweiteiligen ein dreiteiliges Jahr mit Frühsommer und Spätsommer, welch' letzteren später Michael und Martin, d. h. ursprünglich Donar und Woban beherrschte. Die drei Hauptfeste der Frühjahrs-, Sonnen- und Herbstwende feierte das ganze Volk mit Volksversammlungen oder Altingen. Die großen Volksfeste erheiterten Feuerläufe, Fackeltänze, Roßkünste

und der Minnetrunk[1], während kleinere Feste nur die Gemeinden be=
rührten, so die Monats= und Vierzehnnachtzeiten fortnights, die der Mond=
umlauf ergab. Diese Unterabteilungen erleichterten den Anschluß an das
babylonisch=römische Jahr[2]. In den kleinen Zwischenräumen fanden Gau=
versammlungen, Gaugerichte mit Opfern statt.

4. Die Toten.

Der Tod hat an sich für die Naturmenschen nichts besonders er=
schreckliches; ihn fesseln nicht tausend Fäden an das Leben, wie den Kul=
turmenschen, er hat keine großen Zwecke verfolgt, keine großen Werke
organisiert, die aufzugeben schwer fällt. Bei seinem engen Gesichtskreis,
dem begrenzten Denken, sieht der Naturmensch dem Tode kaltblütig entgegen.
Der Tod steht ihm immer vor seinen Augen, da ihm die vielen Kämpfe,
die große Unsicherheit des Lebens ihn auf Schritt und Tritt nahe bringen,
und er wagt daher das Leben ohne viel Bedenken, um so mehr, als ihm
das Fortleben gleichsam greifbar vor die Seele tritt. Der Geist des Ver=
storbenen in der Form eines Hauches, als kleines Vögelchen dem Körper
entwichen[3], lebt fort, sei es als speisebedürftiger Schatten, im Wind mit
Woban dahinfahrend oder den Körper umschwebend, als Schutz= oder
Quälgeist. Daher ging die Totenverehrung in den Totenzauber über[4],
obwohl Leichenraub und Leichenschändung als Neidingswerk unter harter
Strafe stand[5]. Besonders in der Nacht treiben nach altem Glauben die
Geister ihr Spiel an Kreuzwegen; wenn das wütende Heer erscheint, muß
man Kreuzwege meiden. Nur die Seele des im Kampf Gefallenen galt als
kräftig genug, im Jenseits ein ächtes Weiterleben zu führen, die Seelen
der Schwächlinge fuhren mit den Frauen zur Hel als wesenlose Schatten.[6]
Allerdings verwischten sich leicht die Unterschiede zwischen der Walhol, dem
Helheim und dem Wingolf.

Dem Tode folgte rasch die Beisetzung, nachdem die nötigen Vorbe=
reitungen getroffen waren, unter Gebräuchen, wie sie auch bei andern
Völkern sich finden. So wusch man wohl die Leiche, drückte ihr Augen

---

[1] Hincmar. Rem.; Migne P. l. 125, 777.

[2] Wochen kannte man nicht, obwohl sie in Irland schon vor Einführung des
Christentums bekannt waren (Bilfinger 35, 95).

[3] S. S. 59. Auch die Götter nehmen die Gestalt von Vögeln (oder Schlangen,
Fischen) an, so Odin und die Walküren; s. Globus 1901 (79) 384. Auch in Gestalt
von Schimmeln erschienen Götter und Geister; Ztsch. f. Ethnologie 1901, 66.

[4] Dadsisas (im indiculus superstitionum).

[5] Walaraupa von wala = Leichnam, vgl. Walstatt, Walhalle.

[6] Mogk in H. Pauls Grundriß III, 2. Aufl. 254. Mogk meint mit Spencer,
Gruppe, Rohde der Seelenglaube sei der Keim der Religion überhaupt.

und Lippen zu, trug fie, da fie als unrein galt, nicht zur gewöhnlichen
Türe hinaus und beftattete oder verbrannte fie. Nach der nordifchen
Sage wurden Baldur und Nanna, Sigurd und Brunhilde verbrannt, nach
Tacitus befonders Reiche mit koftbaren Hölzern; war doch das Verbrennen
koftfpieliger als das Begraben. Das Verbrennen kam mehr und mehr ab,
in demfelben Maße als fich der Ackerbau und fefte Befiedelung ausdehnte.
Im Norden erhielt fich die Verbrennung länger als im Süden, und ent-
deckt man daher heute zahlreiche Afchenurnen von Steinen umfchichtet, von
Platten oder Pfählen umfchloffen, in norddeutfchen Gebieten mit Beigaben
der Latènezeit.

Grab aus der Latènezeit in Wefthavelland mit gewölbartiger Steinfetzung. Innerhalb der Steine ftehen eine große Urne, deren Umriffe durch die eingezeichneten Linien
gekennzeichnet find, zwei kleine einhenklige Krüge mit Schrägftrichen am Bauche und
eine Taffe; über alle vier Urnen ift ein großes konifches Gefäß geftürzt (Voß-Stimming).

Im Glauben, daß die Toten im Jenfeits das Leben fortfetzen, das
fie hienieden geführt, fei es verklärt oder verdüftert, ftattete man fie reichlich
aus mit Speife und Schmuck, Waffen und Werkzeugen; eine Sitte, die im
Totenteil des fpäteren Rechts und in dem Seelgeräte der chriftlichen Zeit
fortlebt. Urnen und Vafen, Krüge und Schüffeln nahmen Speife und Trank
auf. Mit Trinkgefäßen fparte man nicht, da man vorausfetzte, die Toten
werde es im Jenfeits wie im Diesfeits mehr nach Trank als nach Speife
gelüften. Schuhe und wohl auch ein Wanderftab durfte nicht fehlen, damit
fie den Weg ins Jenfeits beffer finden, ebenfowenig Münzen, damit fie fich

drüben das Nötige kaufen[1]. Sogar Schiffe und Wagen, zur Fahrt ins Jenseits berechnet, umschloffen manchen Grabhügel[2]. Den freien Mann rüstete man aus, als ob er in die Schlacht zöge, und die Frau, als ob sie ihr Familienleben wiederhole, legte jenem Schwert und Messer, Schild, Lanze, Bogen und Pfeil ins Grab — darin unterscheiden sich die Germanen deutlich von den Römern, bei denen auch Krieger keine Waffen mitbekamen, da sie Staatseigentum waren — endlich beglückte man sie mit Ringen und Spangen, Kamm und Rasiermesser, die Frau mit reichem Geschmeide. Niedrige Leute bekamen ihre Meißel, Angeln und anderes Gerät, womit sie ihren Lebensunterhalt verschafften, als ob sie desselben jenseits bedürften, Frauen bekamen zur Unterhaltung des himmlischen Haushaltes Kessel, Becken, Schüsseln, ferner Spindeln, Nadeln, Scheeren u. s. w. mit.

Endlich mußten mit Vornehmen Lieblingstiere, ja Frau und Freunde, Knechte und Mägde ins Grab ziehen, damit sie die Gesellschaft und Gefolgschaft auf den jenseitigen Weidetriften, Tingstätten und Schlachtfeldern nicht entbehren[3]. Noch in späterer Zeit erinnert daran das Verlangen der merowingischen Königin Austregild, es müsse jemand mit ihr sterben, worauf ihr Gatte Guntchramm ihre zwei Ärzte töten ließ[4]. In Flandern mußte noch im neunzehnten Jahrhundert die Witwe sich auf den Sarg ihres Mannes setzen und sich so zum Kirchhof fahren lassen, ein unzweifelhafter Hinweis auf ihre frühere Pflicht, sich mit ihm beerdigen zu laffen[5].

War die Leiche ins Grab gelegt, daß sie nach Norden oder Osten schauen konnte, den großen Bären oder die aufgehende Sonne im Gesichte, so folgte Umzug und Umritt und darauf das Totenmahl, wobei die Teilnehmer die Minne des Toten tranken und Klaggesänge anstimmten. Zu diesem Totenmahl wurden Pferde, Rinder, Schweine und gezähmte Vögel des Verstorbenen als eine Art Totenopfer über dem Grabe geschlachtet. Die Trinkbecher stießen die Zecher heftig an, daß sie zerbrachen und der Trank als Libation auf das Grab floß, weshalb man jetzt in den Gräbern unter die Tierknochen viele Tonscherben gemischt findet. Über die Leichen schick-

---

[1] So bei den Alamannengräbern am Lupfen in Württemberg (Kgr. Württemberg 1882 I, 189). In Steiermark war es noch in neuester Zeit Sitte, Schuhe mitzugeben. Rosegger, Als ich jung noch war, Leipzig 1895 S. 209; Rochholz II, 189.

[2] S. S. 173. Wagen fanden sich z. B. in Peccatel (Schwerin); Schiffe besonders im Norden.

[3] In einem jüngst aufgedeckten Hünengrab bei Sebbin in der Mark Brandenburg lag neben dem Häuptling eine Frau von 25 Jahren und ein junges Mädchen nebst Waffen und Urnen.

[4] Greg. Tur. 5, 35.

[5] Plönnies Reiseerinnerungen aus Belgien 274.

teten die Germanen größere oder kleinere Hügel, je nachdem der Mann im Leben hervorgeragt hatte, größere Hügel über Helden [1], Hünen- oder Heidengräber, Buck oder Bühel vom Volke genannt. Kleinere Grabhügel, Flachgräber, später Reihengräber in den heute oft Schelmenäcker oder

Leichenschuh aus einem ala- mannischen Totenbaume bei Oberflacht. Reich ver- zierte Holzplatte mit stark verzierter Spitze. Am an- deren Ende ragt ein Zapfen hervor, der auf eine unbe- kannte Verwendung hin- weist.

Schelmenhalden genannten Geländen [2] umschlossen den gemeinen Mann. Dann bepflanzten die Teil- nehmer das Grab mit dem heiligen Dornenstrauch und umzogen es mit einem Hag. Darauf gruben, heißt es im Beowulflied, und häuften die Helden einen Hügel am Berghange, hoch und breit, den Wogendurchseglern weithin sichtbar, und zimmerten fertig in zehn Tagen des Schlachthelden Grabmal und vergruben im Hügel den ganzen Hort, Gold und Gestein. Am längsten hielten die Sachsen an der alten nationalen Art fest, sie schichten noch im neunten Jahrhundert größere oder kleinere Hügel über ihre Leichen.

---

[1] Ammian 16, 2, 12.
[2] Schelm bedeutet Leiche oder Aas.

XXIII.

Germanisches Kriegswesen.

Tapferkeit und Mannesmut schätzten die Germanen über alles hoch und erzogen zu ihr vor allem die Jugend, erstrebten sie mit aller Kraft des Leibes und der Seele. Teilten sie dieses Streben auch mit andern Völkern, so bedeutete ihnen die Tapferkeit doch mehr als zwecklose Kraft, mehr als blindes Dareinschlagen, mehr als bloße Kunstfertigkeit, wie bei den Kelten; sie bildet vielmehr ein wesentliches Er= fordernis jeden freien Mannes, ohne die er sein Recht nicht behaupten und also nicht unabhängig sein konnte. Das gilt von Mann zu Mann wie von Volk zu Volk. Für ein Volk war der Krieg ein Kampf ums Recht, um die Freiheit, ums Dasein. Abwehrend und angreifend wollten die Völker, die Germanen im Kampfe ihr Daseinsrecht behaupten, und hätten sie ihre Kraft nicht bewahrt und be= währt, so wären sie eine Beute der Römer gewor= den, wie die Kelten. Mag man über die Sittlich= keit, die sittliche Höhe der Germanen verschieden denken, das eine Verdienst kann ihnen niemand be= streiten, daß es ihrer Tapferkeit gelang, die Römer abzuwehren und der römischen Eroberungsgier eine Grenze zu setzen, worin eben ihr weltgeschichtlicher Beruf lag.

Germane mit kurzer Hose schlägt einen Gegner mit einer Keile nieder und deckt sich mit einem runden Schil= be (Trajansäule).

Ihre Tap= ferkeit allein hätte freilich nicht ausgereicht, wenn nicht andere Umstände dazu mitgewirkt hätten, ihr waldiges, schwer zugängliches Gebiet und ihre überlegene Zahl, die ihre Wurzel in ihrer Fruchtbarkeit und Keuschheit, eben auch einer Voraussetzung der Tapferkeit, hatte.

Aus der überlegenen Zahl der Germanen erklären die Römer immer ihre Niederlagen, obwohl dieser Grund nicht so ganz offen liegt. Nach Mutmaßungen hätte ihre Volkszahl nach den einen Forschern zur Zeit des

Tacitus 12—25 Millionen Menschen betragen, nach einer andern Schätzung aber nur 2 Millionen und 60000 Krieger und diese geringe Schätzung hat manche Wahrscheinlichkeit für sich[1]. Die Germanen saßen ja sehr zerstreut, lange nicht so dicht wie auch nur zur karolingischen Zeit. Aber was wichtiger ist, dank ihrer natürlichen Fruchtbarkeit glichen sich Menschenverluste rasch aus.

Als sie die ersten Zusammenstöße mit den Römern zu bestehen hatten, kämpften sie aller Kriegskünste bar mit der Leidenschaft, dem Ungestüm, aber auch der Unvorsichtigkeit aller Naturkinder, als Hirten und Jäger gegenüber gewandten Stadtsoldaten. Ohne den Feind verständigt zu haben durch Übersendung eines Pfeiles, durch Feuerzeichen, traten sie in kein Gefecht ein, bestimmten zuvor Ort und Zeit, hegten die Walstatt wie eine Tingstätte und liefen in den Kampf, mit ihren Waffen an die Schilde den Takt schlagend oder unter grauenerregendem Geheul oder Gesang, den sie in ihre Schilde (Barde) hineinbrüllten. Die Bardite erhöhten noch das Furchterregende ihrer Erscheinung mit ihren wallenden Haaren. Nun zeichnete sie vor dem Feinde wohl eine größere Beweglichkeit und Kühnheit aus, ähnlich wie nachmals die Araber und Türken vor den schwergerüsteten Griechen. Da sie sich nach Verwandtschaften zusammen ordneten, hielten sie auch kräftig im Kampf zusammen.

Dolch mit Stahlklinge und Broncegriff. Besonders merkwürdig ist der Griff mit seinen beiden durch eine Kugel getrennten Hörnerpaaren. Auf der dachförmig gebildeten Klinge ist Sonne und Mond dargestellt. Unten hängt ein Rest von der Eisenscheide. (Kastel bei Mainz).

Dolch, wohl römischer Herkunft mit einer vierkantigen Spitze und starkem Griffbeschläg. Ganz ähnlich ist der germanische Skramasax.

Nachdem Schleuderer und Bogenschützen den Kampf eröffnet hatten, setzten sie mit Hunden und Rossen vor und die Reiter sprangen im Gefecht, wie Cäsar berichtet, von ihren Pferden, die gewohnt ruhig stehen zu verharren zurückblieben, kämpften zu Fuß und wenn sie es für zweckmäßig hielten, zogen sie sich wieder zurück. Oder zu den Reitern traten Fußgänger, zu jedem Reiter ein Parabat, und diese Truppen vor den Keilreihen der Fußgänger leisteten, wie ein Alter sagt, Bewunderungswürdiges.

Als Angriffswaffe verwendeten sie Streitäxte, Steinmeißel und Streit-

---

[1] Es gab nämlich 60 Völkerschaften mit ungefähr je 100 Gauen oder Hundertschaften, letztere wieder je mit 100, 120, nach andern mit 1000 Kriegern (s. S. 206 Note). Vgl. Delbrück der urgermanische Gau und Staat in den Preuß. Jahrb. 1895 B. 81, 472, 489.

hämmer. Waffen und Werkzeuge hatten sich noch nicht strenge geschieden und so verwerteten die Germanen die Äxte, Meißel und Hämmer des täglichen Gebrauches auch zum Kampfe; sie verstanden freilich diese Streitmeißel und Spieße trefflich zu führen, zum Wurf und Stoß zu gebrauchen; Jägervölker verstehen noch heute damit europäische Truppen zu bedrängen. Am meisten fürchteten die Römer ihre siegreiche blutige, mörderische Framea, den schweren Ger, der 60 bis 150 Schritte weit flog, vielleicht eine Art Randspeer mit einem Celt oder Palstab, eine Picke, keine Lanze, höchstens vergleichbar der Saufeder, die man zur Eberjagd verwandte[1]. Wenn sie nicht mehrere Gere zu verschießen hatten oder mittelst Schleudern zurückzogen, mußten die Kämpfer dem Ger nacheilen und sich seiner bemächtigen. Daher warnt der norwegische Königsspiegel, den Speer nicht so bald los zu lassen; bei dem Landgefecht sei ein Speer besser als zwei Schwerter. Ohne Zweifel verstanden die Germanen so gut wie die Kelten Speere so zu werfen, daß sie wieder zurückprallten; trug doch der ursprünglich keltische Bumerang, die Cateia, den Ehrentitel der teutonische. Ausdrücklich wird von den nordischen Streithämmern, den Torshämmern erzählt, daß sie von Kundigen geworfen, immer wieder in ihre Hand zurückkehren. Mit den Streitbeilen wußten vorzüglich die Franken umzugehen — daher nannte man sie Franzisken.

Weniger Übung besaßen die Germanen im Gebrauch des Schwertes, und es verdanken die Römer viel Siege ihrer Schwertgewandtheit. Während aber die Römer sich auf ihre zweischneidigen Kurzschwerter beschränkten, hatten die Germanen alle möglichen Formen im Gebrauch, lange, kurze, ein- und zweischneidige. Das älteste Schwert, ein größeres Messer aus Stein, daher Sahs[2] oder auch Skramasax, Wundmesser genannt und erhalten in unserem Waidmesser oder Hirschfänger, befand sich in der Hand fast eines jeden Kriegers, während Vornehme über ein zweischneidiges Langschwert verfügten, das wohl auch Sahs oder Spatha hieß[3] und zwar stammt Spatha von einem Worte, wovon auch Spatel kommt. Erst im Mittelalter erweiterte es sich zu dem langen Ritterschwert mit Parierstange, zu dem Epee. In der Urzeit haben sich zuerst einzelne Stämme mit dem Schwerte vertrauter gemacht und erhielten deshalb von ihren Nach-

---

[1] Wie wir oben S. 213 hörten, haben erst die Germanen den Spaten, die Schar ausgebildet. Zuerst hat diese Anschauung Jähns, Entwickelungsgeschichte der alten Trutzwaffen S. 171 vertreten, wohl mit Recht; vgl. Isidor 18, 6.
[2] Sahs hängt zusammen mit saxum Stein; scrama = Schramme.
[3] Vgl. Isidor. orgines 18, 7; Jähns, Entwickelung der alten Trutzwaffen S. 24.

barn Ehrentitel, wie Suardonen vom Schwert, dem schwirrenden, Sachsen von Sahs, Cherusker von Heru[1].

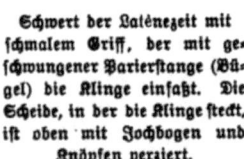

Schwert der L=ntenezeit mit schmalem Griff, der mit ge= schwungener Parierstange (Bü= gel) die Klinge einfaßt. Die Scheide, in der die Klinge steckt, ist oben mit Jochbogen und Knöpfen verziert.

Lanzenspitze der jüngeren Latènezeit (Fohrde, West= havelland).

Germanische Spatha mit schar= fer Spitze, kurzer gerader Pa= rierstange und kräftigem Knauf. In der Mitte der Klinge läuft eine Blutrinne.

Mit der Verbreitung des Schwertes und der Schwertübung stieg auch die Achtung vor dieser Waffe, sie wurde zum Symbol des Schwert= gottes, des Richters und des waffengewaltigen Mannes erhoben, so daß Ziu sich aus einem Speergotte zu einem Schwertgott verwandelte, zum Sachs= not oder geradezu zu Heru, und die Mannesverwandten Schwertmagen zum Unterschied von den Kunkelmagen genannt wurden. Auf das heilig ver= ehrte Schwert schwur der Germane und in der Schlacht ließen sich die Könige von den Sachsen das heilige Schwert vorantragen, eine Sitte, die

---

[1] Heru steht etymologisch in Zusammenhang mit Ares und aes. Ziu wird in der Tat wie Mars mit dem Eisen verbunden (Jähns Kriegswesen 1, 14).

sich in chriftlicher Zeit erhielt. Jedes Schwert hatte seinen eigenen Klang,
seine eigene Geschichte und Kraft und manches Schwert forderte nach der
Sage jeden Tag ein Menschenleben.

Der Erfolg im Kampf hängt nicht
nur von der Tapferkeit und Ausrüstung des
Einzelnen ab, sondern eben so sehr von der
Zusammenordnnng und der Gliederung der
Massen[1]. Obwohl viel weniger gewandt
und geschult als die Römer, haben sich die
Germanen doch dank ihrer natürlichen Gliederung in Hundertschaften als feste Ein-
heiten gefühlt und sich dem Befehle ihrer
Hunnen, Aldermänner gefügt. Sie stellten
sich im Kampfe tiefer auf als die Römer,
in tiefen Kolonnen, Gevierthaufen, da sie
geschützt durch begleitende Reiterei das
Hauptgewicht auf den Anprall legten. Bei
solcher Stellung konnten sie sich rasch durch
unebenes Gelände bewegen und brauchten in

Germanische Schleuderer in einem Walde
(durch einen Baum angedeutet) stürmen
den Vordergliedern nur wenige, wohl ge- einem Flusse zu. Sie tragen lange
rüstete Kämpfer, während bei den Römern Hosen und lange Mäntel (Markaurel-
die reichliche Ausrüstung mit Schutz- und säule).

Trutzwaffen eine breitere Frontstellung gestattete. Ein solcher Haufen mochte

Eiserne gerade Schmalaxt.

Germanischer Schild-
buckel, charakteristisch
für die Laténezeit.

Geschwungene Schmalaxt.
Franziska.

Doppelaxt aus Stein.

etwa 2000 Mann, 40 Mann breit und tief gestellt, umfassen[2], und solche Kolonnen mochten
wie in der Schlacht des Ariovist, die Cäsar
beschreibt, sieben neben einander kämpfen[3]. Da
sich im Kampfe leicht die hintern Glieder vorschoben, entstand der Eindruck

---

[1] Delbrück Kriegskunst 2, 43.

[2] Da der Gliederabstand stärker zu sein pflegt als der Rottenabstand, entsteht
auch bei gleicher Tiefe und Breite der Eindruck größerer Tiefe; Delbrück 2, 48.

[3] Delbrück 2, 50.

eines Keiles, Cuneus, oder wie es andere Schriftsteller nennen, eines Delta,
eines Eberkopfes, Schweinskopfes [1]. Nach ziemlich übereinstimmenden
Nachrichten hätten sich die Germanen gleich von Anfang an so aufgestellt,
daß auf einen oder zwei Mann an der Spitze vier, acht folgten, wie
noch später bei den Nordgermanen. Allein diese Aufstellung ließe sich nur
begreifen, wenn in den Vordergliedern entsprechend stärkere Reiterdeckungen
die Seiten geschützt hatten. Eine geometrisch genaue Zuspitzung des Zuges
widerspricht allen Erfahrungen und nichts hindert an einen Keil als Kopf
mit stumpfem Ende zu denken [2].

Ohne Zweifel haben sich die Germanen nach den Bedürfnissen ge=
richtet, wie sie auch bald die römische Schlachtordnung annahmen. Auf
die Künste der Taktik verließen sie sich weniger als auf die persönliche
Tapferkeit und den persönlichen Zusammenhang. Daher haben sie gerade
auf Gebieten, die der römischen Taktik die meisten Schwierigkeiten entgegen=
setzten, die größten Erfolge errungen. Mehr und mehr sahen sie sich nach
Deckung um, schützten sich einzeln durch mächtige Schilde [3] und entlehnten
von den Kelten Brünne und Harnisch, hielten, wenn Pfeilregen sie be=
drohten, ihre Langschilde über ihre Häupter und bildeten eine Schildburg,
ähnlich der römischen Schildkröte. Im Rücken des Heeres gewährte die
Wagenburg eine Deckung, wo sich Weiber und Kinder befanden. Denn
an diesen Volkskriegen nahmen ganze Familien mit Hab und Gut, Weib,
Kindern und Heerden Teil. Von dem Vieh, das die Cimbern mit sich
führten, lebten sie. Und so war es noch bis in die karolingische Zeit.
Daraus erklärt sich die hohe Bedeutung, die noch im achten Jahrhundert
auf dem Trosse liegt.

Gegen überlegene Feinde, die sie nicht in offener Feldschlacht be=
stehen mochten, zogen sich die Germanen in waldige, sumpfige oder hohe
Orte mit ihrer ganzen Habe zurück und sicherten diese Lagerstätten wie
andere Völker durch Verhaue, Erdaufwürfe, Wälle, Gruben. In flachen
Gegenden schütteten manche Völker und Stämme künstliche Hügel auf,
Burgställe, Burstel, Motten [4], so besonders die Slaven, um bei ihren

---

[1] Amm. 17, 13; Agath. II, 8; Saxo Gramm. I, 52 (Holder 32); Veget. 3, 19.
[2] Vgl. über eine nordische Analogie Allg. Ztg. 1902 Beil. 159.
[3] Tac. a. 2, 14; der altdeutsche Name für Schild ist linta, lind (Lindenholz),
Brünne und Harnisch ist keltisch.
[4] Aus diesen Hügelburgen châteaux à motte lassen viele die mittelalterlichen
Burgen hervorgehen, was aber nicht richtig zu sein scheint. Diese von Essenwein auf=
gestellte und auch vom Verf. in seiner Kulturgeschichte d. M. A. 1894 I, 263 vertretene
Anschauung wird entschieden bekämpft von Cohausen S. 28, von Piper 126 ff. Eine
Abbildung bieten die Teppiche von Bayeux.

Wasser= und Sumpfburgen eine Unterlage für den Turm zu gewinnen. Noch mehr als die Slaven legten die Kelten zumal unter römischem Ein= fluß Wert auf gute Befestigung und ihre natürlichen Wehren nötigten auch den Römern Bewunderung ab, so daß sie den Begriff der keltisch= germanischen Burg in ihre Sprache auf= nahmen[1]. Schon frühe rückten die Ger= manen in ehemals keltische Befestigungen ein; denn die Namen der germanischen Festungsstädte Aliso, Mattium (Arbalo) sind keltisch[2]. Gegen gut befestigte Gren= zen unternahmen die Germanen nichts, warteten bis Kriegswirren im fernen Osten die Truppen abzogen und machten dann Einfälle, die Rom manchmal duldete, wie man die Pest erleidet. Langsam haben wohl auch die Germanen den Kelten und

Bronceplatte von Öland (Schweden) mit zwei Kriegern. Sie tragen Eber= helme und saufederähnliche Framen.

Römern einiges nachgemacht[3], aber noch zur Zeit der Völkerwanderung wollten sie nicht viel von Festungen wissen und besetzten daher überall zuerst das flache Land und erst ziemlich spät die Städte.

---

[1] Burgus leiten manche vom griechischen pyrgos ab.

[2] Ausdrücklich bezeugt dies Julian ad Athen. Auch Segodunum Burgsinn (Würzburg) Devona Dewangen oder Bamberg (f. S. 69) Locoritum Lohr und andere Städte der Karte des Ptolomäus gehören hieher. Dagegen ist Idisiaviso germanisch = Wiese der Idisi (S. 250), ebenso Asciburgum (Asberg).

[3] Man denke an den Schlackenwall bei der Martinskirche an der Ilm; Ztsch. f. Ethnologie 1895 S. 571.

274

XXIV.
Die Römer in den Rhein- und Donauländern.

1. Zehntland.

Von zwei Seiten aus brangen die Römer nach dem heutigen Deutschland vor, von Westen, wo Gallien, und von Süden, wo Illyrikum den
Stützpunkt ihrer Herrschaft bildete, vermochten aber die Rhein- und Donau-
gegend nicht zu überschreiten, obwohl sie alle Kraft aufboten, sich weiter
auszudehnen und gierig nach neuem unverbrauchtem Land und unver-
brauchter Menschenkraft strebten, nachdem sich das Reich erschöpfte. Aber
um so zäher leisteten die Germanen Widerstand, da sie wohl wußten, was
sie zu gewärtigen hatten. Proben römischer Rohheit und Grausamkeit
hatten sie genug an sich selbst[1] und an den Friesen erlebt, die der römische
Druck dazu zwang, zuerst ihr Vieh, dann ihre Äcker, zuletzt ihre Frauen
und Kinder zu verkaufen[2]. Selbst ein Konstantin legte sich Germanen
gegenüber keine Schranken auf[3].

Die Rhein- und Donaulande konnten die Germanen den Römern
wohl überlassen, da sie eigentlich kein rein germanisches, sondern keltisches
oder rätisches Gebiet waren. So saßen in Südwestdeutschland die Helvetier, Vindelicier, Boier. Nachdem die Helvetier sich vor Cäsar in die
Alpen zurückgezogen, nannten die Römer die Schwarzwaldgegend die
Wüste, Einöde der Helvetier,[4] das spätere Schwaben und Baiern aber Boierheim, Böheim, Bohemia[5]. Auf die Kelten weisen die heute noch erhaltenen

---

[1] Non possums tantum P. C. loqui quantum fecimus. Per quadraginta
millia Germanorum vicos incendimus, greges abduximus, captivos abstraximus.
armatos occidimus; v. Maximini 112.

[2] Tac. a. 4, 72; hist. 4, 15.

[3] Caesi igitur innumerabiles, capti plurimi. Quidquid fuit pecoris captum,
aut trucidatum est. Vici omnes igne consumpti. Puberes, quorum nec perfidia
erat apta militiae, nec ferocia servituti, saevientes bestias multitudine sua fati-
garunt. Eumenes Panegyric. Constantin. 12.

[4] Eremus Helvetiorum. Vgl. Hürbin, Schweizer Geschichte S. 16.

[5] S. S. 69. Der Name klingt germanisch; später ging er auf Böhmen über. Ohne

Fluß-, Berg- und Waldnamen, zum Teil auch Ortsnamen hin. Keltisch
ist der Name der Donau, des Lech, des Inn, wie des Rheines, der Mosel,
der Schelde, Maas, Waal, Saar, Nahe, Main[1], Leine und Lahn, keltisch
der Name Perkunnia, Herkynia, der Name des deutschen Mittelgebirges[2],
der am Schwarzwald hängen blieb, und das verwandte Virgunia, Virn-
grund, das Gebiet des fränkischen Nadelwaldes, das der Limes ausschloß;
keltisch sind ferner die Namen Taunus, Vogesen, Sudeten, keltisch Alb und
Alp, germanisch dagegen Elbe, Havel, Spree, Moldau, Saale, Weser, Fulda,
vielleicht auch die Oder[3]. In Böhmen erinnert die Isar und Eger an
keltische Urbewohner (Boier). Tief nach Deutschland erstreckten die Kelten
ihre Wohnsitze. Die vielen Namen mit Walach, Wale, Walch, die sich im
Hessischen, Thüringischen und Altsächsischen finden, dürfen nicht auf die Römer,
sondern müssen auf die Kelten bezogen werden. Vermutlich ist Eisenach
noch ein keltischer Name. Allerdings hatten sich auch die Germanen nach
Westen vorgeschoben, weshalb die Rheinlande Germanien hießen, allein die
Bevölkerung war mindestens sehr gemischt und unter dem Ausdruck Germanen konnte ebensowohl keltisierte wie reine Germanen verstanden werden.

Daß den Römern die Unterwerfung der Germanen nicht gelang,
schloß schwere Gefahren ein. Ihre Herrschaft in den Donau- und Rheinlanden stand auf schwachen Füßen, zumal in dem Winkel zwischen Rhein
und Donau, der eine Ausfallpforte der Germanen bildete[4]. Trotz der
Unsicherheit haben sich auch hier die Römer häuslich eingerichtet, aber das
Land wurde doch viel weniger von der Kultur durchdrungen als die entfernteren Rhein- und Donaugegenden. Die römischen Niederlassungen in Rottweil, Rottenburg, Kannstatt, Öhringen[5] kommen natürlich nicht in Betracht
gegenüber von Straßburg, Mainz, Köln, Trier, Augsburg; höchstens ist

Zweifel stammt er von den Germanen, die das Land ihrer Nachbarn Bojer nach ihnen
benannten. Die Bojer saßen jenseits des Limes, wenn Tac. Germ. 28 richtig von
Möller interpretiert wird (3. f. deutsch. Altertum 38, 22). Contzen, Wanderungen der
Kelten 45; Cuno, Vorgeschichte Roms I, 202; Riese, Ztsch. f. d. Altert. (1898) 42,152

[1] Der Name Main, Mönus, erinnert an meo gehen, Mosa Maas an muscus
Moos, die Jagst an iactus, Agira Eger an agi, Laber heißt die geschwätzige; Ruhr
erinnert an rumor (vgl. Murr), Rhein, Regen an reo fließen; Rednitz und Rezat
verwandt mit rito, ret laufen.

[2] Das Erzgebirge heißt M. G. I, 308 Fergunna.

[3] Elbe heute noch im nordischen Elf viel verwendet, ist verwandt mit keltisch
Alba, Aube. Weser und Werra kommt von Visurgis, Visura; Weichsel = Vistula von
quisl Zweig. Oder ist wohl slavisiert. Fulda bedeutet Land.

[4] über den limes s. Kulturgesch. der r. Kaiserzeit II, 536.

[5] Die man erkennen will in den Arae. Flaviae, Sumelocenna, Clarenna der
Peutinger Tafel und vicus Aurelii.

auszunehmen Sumlocenna, das heutige Rottenburg. Sonst überwog der Ackerbau mit Großgrundbesitz. Das Land hatten die Römer an keltische und
italienische Bauern angewiesen, die nach alter Sitte von ihm als Staats-
land einen Zehnten entrichten mußte; sie begnügten sich wegen des un-
sicheren Besitzes auch bei den Kelten mit einem Zehnten; die Besiedler
waren keine Kolonen, keine Pächter, sondern Besitzer. Daher erhielt die
ehemalige Wüste der Helvetier den Namen Zehntland. In den wenigen
Städten, die uns begegnen, fällt uns der regelmäßige Bestand von Jüng-
lingsvereinen auf, denen wohl militärischer oder polizeilicher Schutz oblag[1].
Trotz aller Unsicherheit entwickelten die Römer bald ihr gewohntes Leben[2]
und bauten Villen und Bäder, selbst in kleinen Niederlassungen[3]. Die
Spuren ihres Daseins, Denkmäler und Inschriften traten zahlreich zu Tage
und es ist selten ein Gau und eine Stadt, die nicht Sammlungen römischer
Kultur besäße. Am blühendsten entwickelte sich die Lagerstadt Sumlocenna
und stattete sich mit Theatern, Wasserleitungen und allen Mitteln der Kultur
aus[4]. Ursprünglich eine keltische Niederlassung, wurde sie zum Vorort einer
kaiserlichen Domäne[5] mit einem eigenen Gemeinderat und Vorständen[6],
was sonst bei Domänen ungewöhnlich ist, und erhielt später Municipal-
rechte[7].

2. Rhein- und Donauländer.

Alle römischen Niederlassungen im Zehntland dienten mehr oder
weniger militärischen Zwecken und selbst am Rhein überwogen bei dem gefährdeten Besitze der Gebiete die militärischen Niederlassungen[8]. Am Rhein

---

[1] So in Rottenburg, Öhringen, Neuenstadt; Haug und Sixt, Römische Inschriften
118, 290, 324; Demoulin Musée belge I, 119.

[2] Im Odenwald fand man Mithrassteine, einen Jüngling, wie er einen Stier
tötet; bei Rottweil das berühmte Orpheusmosaik. Trotzdem ist es zu viel gesagt,
daß das Neckartal denselben Anblick wie das Moseltal oder gar das Rheintal bot
(Kaufmann, Deutsche Gesch. I, 78.) Die Römer liebten es, überall Inschriften anzu-
bringen, zumal auf Grabmälern. Wenn einmal unsere papierene Kultur untergeht,
wird es in 2000 Jahren nicht so leicht sein, sie wieder zu rekonstruieren wie die römische.

[3] Miller, Reste römischer Zeit in Oberschwaben.

[4] Vgl. Jaumann, Colonia Sumelocenna 1840.

[5] Saltus Sumelocennensis.

[6] Ordo — magistri, Schulten, Bonner Jahrbücher 103, 35.

[7] Herzog, Bonner Jahrbücher 103, 100.

[8] Straßburg, zuerst nur eine Zwischenstation, beherbergte später eine Legion;
das Jülkastell lag zwischen St. Stephan und dem Münster, beides noch umschließend.
In Obergermanien standen im ersten Jahrhundert nach Christus Leg. V. Alaud. XIV.
Gem. — später II. Aug. XIII. Gem. XIV. Gem. XVI — IV. Maced. XIII. Gem. XXI.
XXII. Prim. — IV. Maced. XXI. XXII. Prim. — I. Adjutr. VIII. Aug. XI. Claud.
XIV. Gem. — I. Adjutr. VIII. Aug. XI. Claud XXII. Prim.

haben daher sich viel weniger keltische Reste und Erinnerungen des Lebens erhalten, als etwa an der Mosel; die Legionen hatten dort italischen Charakter. Die Hauptorte waren Standquartiere, so auch am Rhein; Mainz war das Hauptquartier von Obergermanien und Sitz des Legaten. Eine vortreffliche Brücke verband Mainz mit dem schon durch den Namen gekennzeichneten Castell: mächtige Steinpfeiler ruhten auf Pfahlrosten[1], die Pfähle sind mit römischen Ziffern versehen, Bleigüsse und ein wuchtiger Eichenschlägel tragen Legionsnamen, die ein Licht auf die Geschichte der Brücke werfen[2]. Bei den Alamanneneinfällen aufgegeben, wurde sie unter Diokletian wieder hergestellt und dann wieder dem Verfall überlassen.

Grabstein des Dalmatiers Andes von der claudianischen Ala. Der als Reiter dargestellte Tote sprengt über einen Germanen dahin, den sein Haarschopf, Spitzbart und eng anliegende Hose deutlich kennzeichnet. Die Hosen reichen vom Gürtel bis über die Waden. In der rechten Hand hält er ein gekrümmtes Kurzschwert. Dem Reiter folgt ein Speerträger.

Kleinere Brücken verbanden Köln und Deutz und eine ging bei Heidelberg über den Neckar, wie die Reste von Pfahlrosten beweisen[3]. Dagegen fehlte bei Koblenz ein Brückenbau bis ins vierte Jahrhundert, wo erst eine Brücke entstand[4]. Damals wurde die Kölner Brücke massiv umgebaut, die Mainzer repariert. Selbst eine Schiffswerfte befand sich in Mainz, die unter der Aufsicht eines Hafenaufsehers und unter einem Schiffsgeräteverwalter stand. Zur Erleichterung des Anlaufens der Schiffe wurde das Ufer entsprechend gebaut und Quaianlagen geschaffen.

Reges Leben bewegte sich auf dem Rheinstrome und auf der ihn begleitenden uralten Straße. Mit Trier, der Hauptstadt Nordgalliens, ver-

---

[1] Hübner, Röm. Herrschaft in Westeuropa S. 130.

[2] Es war ähnlich wie bei den venetianischen Palästen. Jeder Rost stellte ein 12 Meter langes, 7 Meter breites Rechteck dar; 7 Reihen von Pfählen aus Eichenholz mit Eisenschuhen wurden eingerammt und oben mit Querschwellen belegt. Um die Pfahlroste ging eine Spundwand; zwischen den Pfählen lagen Bruchsteine; alles, um große Festigkeit zu erzielen. Darüber erheben sich die Steinpfeiler; F. Schneider nahm eine Holzbrücke an, Korrespondenzblatt des Gesamtvereins f. d. Altert. 1881 Nr. 10 bis 12; dagegen Grimm, der Brückenkopf des Kastells Mainz 1872 S. 79; Velke in der Zsch. d. Mainzer Altertumsvereins III, 589.

[3] Bonner Jahrb. 1895, 98 B. 141; 64, 33. Westd. Zeitsch. 5, 238. Hübner vergleicht die Kölner der Mainzer Brücke, was aber nach Hettner ebenda 244 unrichtig ist.

[4] Bonner Jahrb. 42, 60; s. Tafel 1.

banden Köln[1] und Mainz prächtige Straßen und bereicherten die Kultur
dieser Städte, zumal von Mainz, die uns erhaltenen Denkmale lebhaft vor
Augen führen. Neben Denkmälern von Soldaten, Soldatenfrauen, Gla-
biatoren[2] finden sich auch Denkmäler von Sklavenkindern, von Händlern
und Gewerbetreibenden. Da war z. B. ein Freigelassener Vescius, seines
Zeichens ein Metzger, der seinen Grabstein mit einem Ochsenkopf und
Schlachtgeräten verzieren ließ; da ist ein Denkmal, worauf Sklaven Frucht-
säcke tragen, Getreide in der Wanne schwingen, das gereinigte auf die
Schultern nehmen, es schroten und mahlen; sei es, daß der Stein einem
Müller oder Getreidehändler gilt. Auf den Obst- und Weinbau weisen
andere Denkmäler hin: Knaben und Mädchen mit hochgehaltener Traube
tanzend, Schiffe voll Weinfässer und stroheingeflochtener Weinkrüge. Was
Ausonius von der Mosel singt, gilt auch vom Rhein: „Arbeitsfröhliches
Volk und rastlos emsige Pflanzer tummeln sich bald auf Berganhöhen,
bald an dem Abhang in mutwilligem Lärm wetteifernd; dort der Wanderer,
wallend am Rand des Gestades, und hier hingleitend der Schiffsmann,
singend den säumigen Winzern ein Schmählied; ihnen entgegen hallt der
Fels und der bebende Wald und die wogende Strömung". Auf Bildwerken
sehen wir bärtige Männer Schiffe rudern und bei der Arbeit stehen, sie
frikeln und sitzen nicht, wie es noch heute gebräuchlich ist. „Wie schön", sagt
Ausonius, „wenn um die Wette vom Ruderschlag beflügelt Kahn an Kahn
sich jagt; der hält sich mitten in dem Bette, der streift mit seinem Bord
am Ufer an; es löst und knüpft sich immer neu die Kette und alles rührt
sich auf der glatten Bahn". An den Flüssen drehen sich schon Wassermühlen[3]; merkwürdiger Weise haben die Germanen sehr lange gebraucht,
bis sie dieselben zu benützen verstanden. „Auf dem offenen Flusse tummeln
sich muntere Schwimmer, während andere Warmbäder vorziehen, aus denen
Vulkan Dampfwolken emporwälzt; man könnte meinen, in Bajá zu sein,
nur geht es anständiger her".

　　Je weiter es nach Gallien zugeht, desto größer ist die Kultur; überall
stehen herrliche Villen, die einen hoch auf einem Felsen, die andern auf
einem Ufervorsprung, die eine in einer Einbiegung, die andere auf einem

---

[1] Arae Ubiorum ursprünglich genannt entsprechend den arae Flaviae im
Zehntland (Bergk Topographie 137). Bei Köln erregt besonders die Wasserleitung
unsere Aufmerksamkeit, die weither in unterirdischen Kanälen Wasser führte; Maassen,
Annalen d. hist. Ver. f. den Niederrhein 37, 117. Über die Trierer Leitung von der Eifel,
Bonner Jahrb. 31, 174. Über die Rottenburger Wasserleitung Jaumann, Neuere Alter-
tümer 11.

[2] Meier, Westd. Ztschr. 1, 153.

[3] Mosella 362. Wassermühlen werden schon beschrieben von Vitruv 10, 10.

breiten Hügel. Die in der Tiefe haben hochragende Türme mit weitem
Ausblick. Atrien und marmorschimmernde Säulenhallen öffnen ,sich auf
grünende Wiesen. Noch im Mittelalter erinnerte man sich in den Rheinlanden mit Stolz an die römische Zeit und kannte wohl den römischen
Ursprung der Städte Köln, Mainz, Worms, Metz, wie aus dem Annolied
hervorgeht.

Bis tief nach Norddeutschland hinein erstreckte sich römischer Einfluß, was nicht nur die vielen römischen Münzen und Waren beweisen,
die dahin drangen, sondern viele Wege und Brücken. Wenn es Karl dem
Großen gelang, die Sachsen zu unterwerfen, so verdankte er es zum großen
Teil den römischen Straßen, die die Römer angelegt und an deren Er-
bauung die Germanen sie weniger gehindert hatten als an der Anlage von
Festungen[1]. Von den vielen Moorbrücken dürfte wohl die Mehrzahl
römisch sein.

Hinter den Rheinlanden blieben die Donauländer, d. h. Rätien und
Norikum in der Kultur zurück[2]. Als ein Hauptsitz römischer Bildung entwickelte sich hier das schon von Tiberius und Drusus gegründete Augsburg,
die Augusta der Vindelicier, an zweiter Stelle Regensburg. Augsburg
genoß die Rechte eines Manicipiums und hatte als solches an seiner Spitze
ein Viermännerkollegium zur Rechtsprechung und Polizeiverwaltung, quatuorviri iuri dicundo — quatuorviri aediles. Der Stand der Libertinen
hatte ein eigenes Organ in den Augustalen, die den Kaiserkult pflegten.
Dazu kam die kaiserliche Verwaltung, besonders Militär- und Finanzbeamte[3].

Daneben erhielten sich aber noch lange Zeit Hand-, Esels-, Roßmühlen (Köhne Das Recht
der Mühlen S. 7 ff.) Um 536 kamen Schiffmühlen auf.

[1] Dünzelmann, Jahrb. f. Philol. 20. Supplementband S. 84.

[2] Für Rätien mußte gewöhnlich eine Anzahl Alen (4, 3) und Cohorten (11, 13),
ungefähr 9000 Mann zu Fuß, 3000 zu Pferd genügen (limitanei, riparienses);
dazu kam in der letzten Zeit eine Legion. Die Legionen und Auxilien wechselten; auf
bairischem Boden begegnen uns neben der leg. I. adjutrix, II. Italica, VIII. aug. primi-
genia, neben der 3., 4., 5., 7., 8., 11., 18., 20. Legion folgende alae: I. Hispan. Auri-
ana, I. Flavia, I. Fl. Gemelliana, I. Fl. Raetorum, I. Fl. Singularium, I. Sing. Civ.
Rom, I. Sing. pia fid. C. R., I. Aug. Thracum, II. Valeria Singul., III. Lucii
Gemelliana. Unter den Cohorten mögen genannt werden die verschieben bezifferten
cohortes Breucorum, Raetorum, Sequanorum, Aquitanorum, Batavorum, Bracarum,
Britannorum, Thracum, Vindelicorum, Lusitanorum; Ohlenschlager, Römische Truppen 96, Franziß, Baiern zur Römerzeit 32.

[3] Ein praepositus verwaltete die Kasse (thesaurus). An die alten Zirkusspiele
erinnert der Perlach. Das Forum mit Prätorium und Basilika lag am Domplatz; in
der Nähe stand eine Säule mit dem Stadtzeichen (Zirbelkiefernfrucht). Bei St. Ulrich
lag der Friedhof.

Wie wir sogleich hören werden, gab es ein blühendes Gewerbe und Handel[1]. Zu Regensburg begegnet uns sogar ein Augenarzt und kam eine Menge Glasspiegeln mit Bleibelag zu Tag[2]. Andere wichtige Orte waren Kempten, Bregenz, Epfach[3], Günzburg[4].

Stärkere Wurzeln als in Rätien schlug das Römertum in Norikum, im heutigen Österreich, gewissermassen einem Vorland Italiens, mit vielen blühenden Städten wie Salzburg, Lorch und Wien, genauer Petronell, d. h. Carnuntum, ferner Passau (Bojodurum), Seckau, Ips, Klagenfurt, Linz, Cilli[5], Laibach. Die Römer brauchten wenige Städte zu gründen, sie standen alle schon zuvor, wie die vorrömischen Namen beweisen; ebenso reichte die ganze Landeskultur, der Bergbau in die alte Zeit zurück. Viel rascher als am Rheine schlossen sich die Bewohner, Illyrier, Räter dem römischen Wesen auf und nahmen schon im ersten Jahrhundert römische Namen an. Daraus erklären sich die vielen Familiennamen, Julius, Claudius, Flavius u. a.[6]. Auch Dalmatien mit seinen vielen Flüssen und Häfen entfaltete sich unter der Gunst der Umstände zu großer Bedeutung[7]. Die spätere große Provinz Illyrikum umschloß Norikum mit Rätien, Dalmatien, Pannonien, das heutige Ungarn, und Dacien d. h. Rumänien[8].

3. Wirtschaftsleben.

In all diesen Gebieten ließen die Römer die Urbewohner, die Kelten ruhig bei ihrer Arbeit und auf ihrem Boden sitzen[9], da sie so am meisten

---

[1] Zahlreiche Funde wurden im Ries gemacht. — Dieser Gau hat den Namen Rhätien auf sich gezogen, wie etwa das alte Meißen den Namen Sachsen. Die Ausgrabungen sind meist in Maihingen gesammelt; besonders bemerkenswert ist ein Broncesiegelstock mit der Aufschrift: Minerva vale (Spruch eines jungen Mannes, der den Musen Valet sagt).

[2] Walderdorff, Regensburg S. 15; drf., Römerbauten am Königsberg, Verhdl. b. hist. V. von Regensburg 1899.

[3] Aus Epfach, Abudiacum stammt Claudius Patronius Clementianus, der vom gewöhnlichen Soldaten zum Flottenkommandanten, zum Prokurator, Nachfolger des Pontius Pilatus aufstieg; Arnold, Allg. Ztg. 1900 B. 296.

[4] Bei Günzburg an anderen Orten führten Brücken über die Donau, Franziß 124, 128.

[5] Celeia (Jung, Römer 68, 82).

[6] Zillner, Noriker 11; Planta, Das alte Rätien 1872.

[7] Über den Österreich treffenden Teil der limes transdubianus handeln Groller und Bormann, D. r. Limes; deutsche Geschichtbl. 1, 196; Bancsa, Gesch. Ober- und Niederösterreichs I, 48.

[8] Über die Unterwerfung Illyriens handelt Zippel, Römische Herrschaft in Illyrien, Leipzig 1877.

[9] Seit Zeuß, die Deutschen und die Nachbarstämme S. 228 galten die Räter, Vindelicier, Noriker als Kelten. Dagegen wies Steub ihren Zusammenhang mit den

gewannen. Zunächst waren es Erzeugnisse niederer Wirtschaft, der Wald=, Alm= und Viehwirtschaft, was die Römer sich bieten ließen: Harz, Pech, Kienholz, sogar gewöhnliche Holzstämme — aus rätischem Lärchenholz wurde schon unter Augustus eine Brücke gebaut — ferner Pelze, Häute, Wachs, Käse, Honig, Gänse, Rüben, Pferde und Sklaven, besonders aber Bernstein[1]. Allerdings wurde auch mit Frucht gehandelt; daher begegnet uns am Inn ein römischer Proviantmeister[2], aber das Getreide wird wohl kaum in den Alpenländern selbst gebaut, vielmehr vom Süden eingeführt worden sein, wie ja auch am Rhein die Lagerhäuser sogar britisches Getreide aufnahmen. Stärker war schon der Getreidebau in Pannonien, wo fünf Bonitätsklassen und Großbesitzer mit Hörigen genannt werden[3].

Am meisten förderten die Römer den schon von den Kelten be= gonnenen Bergbau, dehnten ihn weiter aus und gruben nach Salz und Metallen[4]. Die Grubenerzeugnisse wurden gleich an Ort und Stelle ver= arbeitet, so das norische Erz durch Eisenarbeiter, die eine eigene Zunft unter dem Schutze des Gottes Belenus umschloß, deren Rüstungen und Schwerter als die besten der Welt galten. In Pannonien verarbeiteten Staatsfabriken Gold und Silber und in Sirmium überwachten gebildete Techniker (Philosophen) die Steinmetzarbeiter. Als Gegengabe boten die Römer Öl und Wein, vor allem aber Erzeugnisse ihrer entwickelten In= dustrie, Gewebe, Bronce=, Glas=, Ton=, Gold= und Silberwaren an; in Augs= burg treffen wir Purpur= und Kleiderhändler, Händler mit Kreide=, Gips= und Erzfiguren, mit Delikatessen[5]. Ein Hauptstapelplatz für Ein= und Aus= fuhr war Aquileja. Alle Flüsse und Seen, den Bodensee, den Plattensee und die Donau befuhren die Händler, darunter viele Orientalen, und sie benützten fleißig die Straßen, die zahlreich die Länder durchschnitten, ge= schützt durch Kastelle, die wohl direkt dem Handel zu lieb erbaut waren[6].

Etruskern nach. Eine Anzahl rätischer Namen erhielt sich durch die römische und germanische Eroberung hindurch, z. B. Glurus, Flaims, Ragaz. Dagegen verwirft Prin= zinger vollständig diese Deutung, nach ihm waren die Räter, Noriker und Vindelicier keine Kelten, sondern Germanen (Keltenfrage 1880).

[1] Plin. 16, 74; 11, 14.

[2] Frumentarius.

[3] Getreidelieferungen aus Skythien erwähnt C. J. L. 14, 3608; Jos. b. Jud. 2, 16.

[4] Um 47 nötigte ein Feldherr Curtius seine Soldaten zur Anlage eines Erz= werkes im heutigen Hessen Tac. an. 11, 20; die Gegend liegt an der untern Lahn, nicht bei Wiesbaden, nach Dahm, Bonner Jahrb. 1897, 107.

[5] Negotiatores artis vestiariae, linteariae, negotiatores artis cretariae et flaturariae, porcarius; eine cella enthält liquamen ex scombris.

[6] Burgus, cui nomen Commercium, qua causa et factus est, C. J. L. 3, 3653; Veg. 4, 10.

Doch muß man sich hüten, in der herkömmlichen Art alle alten Türme auf die Römer zurückzuführen. Viel berechtigter ist es, bei gut gebauten Straßen mit Steinunterbau an sie zu denken, namentlich bei Straßen, an denen langgestreckte Dörfer (Straßendörfer) und Orte mit der Endung „ingen" liegen. Auch in Skandinavien reichen die Orte auf — ingen und — leben in die älteste Zeit zurück.

Der starke Verkehr beschäftigte viele Menschen, und so ist es leicht begreiflich, daß nicht nur Händler und Schiffer Vereine bildeten, son= dern auch Flößer, Fuhrleute, Sänftenträger, Holzhändler und Weber[1]. Den Handel überwachte ein eigener Handelsbeamter[2]; er ließ die Zölle durch seine Untergebenen erheben. Der Handelsverkehr beschränkte sich nicht nur auf die Provinz, auf das Reich, sondern überschritt die Grenzen und regte die Germanen an, deren älteste Handelswörter, wie kaufen und mangen, auf römischen Einfluß zurückgehen. Allerdings wechselten die Beziehungen zu den außerhalb der Grenzen wohnenden Germanen sehr stark. Bald ging der Handelsverkehr, kaum durch einen Zoll etwas belästigt, frei hin und her. Die Hermunduren erschienen schon im ersten Jahrhundert des Handels wegen in Augsburg und die Germanen gewöhnten sich an die Luxus= waren. Bald wurde die Grenze ganz oder zum Teil gesperrt, so für manche Ausfuhrwaren, für Gold, Salz, Öl, Getreide, um die Germanen zu be= lästigen, gewissermaßen auszuhungern; dann wieder durften sie den Boden des Reiches an gewissen Orten, bei Tag nach Ablieferung der Waffen durch ein militärisches Geleite beengt, betreten, das sie bezahlen mußten[3]. Im Allgemeinen mußten die Römer froh sein, wenn die Germanen nur friedlichen Handel trieben[4].

---

[1] Nautae, utricularii, lecticarii, negotiatores, dendrophori, centonarii, Jung, Röm. Landschaften 390.

[2] Comes commerciorum per Illyricum.

[3] Jung, 408; Westd. Zeitschr. 5, 315.

[4] Der Limes schloß nicht ab, sondern förderte eher den Handel; Nestle, Funde antiker Münzen in Württemberg 1893.

XXV.
Vordringen der Germanen.

Unaufhörlich drängten die Germanen vorwärts, teils einzeln, teils in Massen, und so erklärt es sich, daß die Grenzlande schon germanischen Anstrich zeigten, bevor die große Wanderung begann. Die Belgier waren stark mit Germanen vermischt, die Bataver fast reine Germanen, die Tungern wurden zuerst Germanen genannt und dieser Name auf andere übertragen[1]. Auch die Nervier, Trevirer, Ubier, Usipeter, Nemeter, Mattiaker waren wohl Germanen, weshalb die Römer auch die Rheinlande Germanien nannten und sie in Ober- und Niedergermanien einteilten. Aus der Not machten die Römer allmählich eine Tugend und benützten die Germanen als Hilfskräfte, sei es, daß sie sie als Hilfstruppen einstellten, so weit es ging, sei es in ihren schwach bevölkerten Gebieten als Grenzwächter ansiedelten. Solche Ansiedelungen oder vielmehr Verpflanzungen waren schon früher in den orientalischen Reichen üblich und im Mittelalter betrieben sie die byzantinischen Kaiser, bereits hart bedrängt von allen Seiten; es war aber hier mehr ein Notbehelf als ein Machtmittel kräftiger Verwaltung. Schon unter Augustus hatten sich Barbaren im Reiche niedergelassen. Von den Ubiern wissen wir, daß sie sich gerne auf das linke Rheinufer verpflanzen ließen, damit sie von den Bedrückungen der Sueven frei seien; sie nannten sich mit Stolz Agrippinische Bürger[2]. Sugambrer und Sueven ließen sich in Gallien, Daker, die Vorfahren der heutigen Rumänen oder Walachen, in Thrakien nieder. Seitdem wiederholte sich dieser Vorgang, bis unter Mark Aurel ganze Scharen wie die Quaden und Markomannen einströmten und die veröbeten Gebiete, zumal in den Rhein- und Donauländern besetzten. Zwar unterwarf sie der Kaiser, aber er beließ sie in ihren Wohnsitzen als Läten[3].

1 Zu Tac. G. 2 Kossinna, Beiträge z. G. b. dtsch. Sprache 20, 267, 274 ff.
2 Tac. h. 4, 28.
3 Dio 71, 11; 72, 3; v. Marc. 22, 24; Claud. 9; Prob. 15, 18; Herod. 6, 7; Zos. 1, 46. 68, 71; Amm. 19, 11; 28, 2; Eut. 9, 25.

Daraus erklärt es sich, daß uns in Rätien eine große Zahl germanischer Namen auf Töpferstempeln begegnen, so die auch im Mittelalter üblichen Namen Atto, Ammo, Burbo, Callo, Fauvo, Waffo, Webbo [1].

Knieender Germane, Sueve, gekennzeichnet durch den Haarknoten (S. 198), bittet um Schonung in einem Kampf mit den Römern. Die Broncedarstellung stammt von einem Pferdeschmuck (Cabinet des Antiquités de la Biblioth. Nationale de Paris).

Die Stellung der germanischen Ansied= ler, der Läten, war teilweise ähnlich der der deutschen Liten und teilweise der der römischen Kolonen. Es ist zwar zweifelhaft ob der Ausdruck laetus mit Liten etwas zu schaffen hat, viel eher könnte man ihn daraus erklären, daß die Kriegsgefangenen sich darüber freuten — laetus = freudig — statt der Knechtschaft Land zu empfangen. Ihre Güter waren eine Art Benefizien; nur unterschieden sich diese Benefizien von den späteren, den Lehen, darin, daß ihnen die persönliche Beziehung, das persönliche Treu= verhältnis fehlte [2] — sie mußten bei Todes= fällen nicht erneuert werden wie Lehen — und daß sie nicht öffentlichen Charakter hatten. Die Läten mußten Zinse zahlen, waren schollenpflichtig, sonst aber frei, obwohl sie kein volles römisches Bürgerrecht genossen [3]. Verband sich ein Mädchen aus ihren Reihen mit einem freien Manne,

---

[1] Franziß 405.

[2] Der Treueid, den Augustin anführt (Ducange s. v. beneficium) ist wohl unecht.

[3] Guérard, Polyptique d' Irminon 1844 I, 505.

fo blieben die Kinder mit ihrer Mutter an die Scholle gefeſſelt. Große Scharen verwandelten ſich in friedliche Bauern und verſorgten das Reich mit Getreibe, wie die Römer ſtaunend bemerkten[1]. Aber viele blieben unruhig, ertrugen nur ſehr widerwillig den Zwang römiſcher Geſetze und Zinſe und waren nicht laeti[2]. Nachdem die Zügel der römiſchen Herrſchaft erſchlafften, rührten und regten ſie ſich ungebulbig und ſie mögen den Hauptanſtoß gegeben haben zu jenen Unruhen, die das Bauernvolk Galliens und Aſiens erregten und zu fortwährenden Aufſtänden trieben.

Ein bunkler Drang nach lichterer Kultur, Schatzfreube und Schönheits= ſinn, ein unwiderſtehlicher Trieb nach dem Süden, eine Sehnſucht nach dem Hesperibengarten Europas, bemächtigte ſich der Germanen. Durch beine Gnabe, o Kaiſer, rebete einmal ein Germane, ſah ich die Götter, von benen ich früher nichts hörte, keinen glücklicheren Tag habe ich gewünſcht und erfahren[3]. Wie es von den Barbaren zu erwarten war, reizte ſie vor Allem das glänzende Gold und der ſchimmernde Marmor, der Flitter ber Kultur. Schatz= und Gelbgier wurde ihre Leidenſchaft, beſonders frühe bei den Sueven[4].

Die Schatzfreube der Germanen war der ſchwache Punkt, an dem ſie die Römer faſſen konnten. Sie öffneten das Herz der römiſchen Kultur, aber auch der römiſchen Falſchheit und Genußſucht. Der Luxus zerſtörte manche kräftige Barbarennatur. Wenn der Verführung ein ganzer Stamm der Vandalen erlagen, die urſprünglich ſo ſtrenge in der Zucht waren, ſo hat das vorher ſchon ſeine Beiſpiele gehabt; man darf ſich nur an manchen Kaiſer aus barbariſchem Stamme erinnern, ben die Tapferkeit hervorge= hoben, der aber auf ſteiler Höhe zwiſchen Wolluſt und Grauſamkeit hin und her taumelte und ein trauriges Andenken hinterließ. Die römiſche Verführung übte ihre Rückwirkung bis nach Deutſchland, wo nicht ſchon im zweiten, ſo boch im vierten und fünften Jahrhundert. Abſichtlich wurde noch von den Römern die Untreue und Zuchtloſigkeit der Germanen gefördert; ſie ſtifteten gerne Unfrieden unter ihnen, ſowohl unter den Ger=

---

[1] Arat ergo nunc mihi Chamavus et Frisius, et ille vagus ille depraedator exercitio squalidus operatur — cultor barbarus laxat annonam; Eumen. Paneg. Constantio 9. — Omnes iam barbari vobis arant, vobis serunt et contra interiores gentes militant, v. Prob. 15.

[2] Zumpt, Rhein. Muf. 1845, 13, hält Laeti für einen beutſchen Stammnamen.

[3] Sed ego beneficio ac permissu tuo, Caesar, quos ante audiebam hodie vidi deos; nec feliciorem ullum vitae meae aut optavi aut sensi diem. Vell. Paterc. II, 107.

[4] Cherusci equos, Suevi aurum et argentum, Sicambri captivos elegerant, Florus 4, 12.

manen, die in ihren Diensten, als unter jenen, die als Feinde jenseits der
Grenze standen[1]; es war dort ähnlich, wie sie gerne unter den Sklaven
Streit erregten, um sie besser beherrschen zu können nach dem Grundsatze:
„Teil und Herrsche." Dazu kam die Verführung des römischen Luxus.
Wenn Luxus und Einfachheit sich begegnen, ist es nur zu natürlich, daß
ersterer siegt. Wer in die Umschlingung römischen Lebens geriet, verlor
im Luxus, der ihn umgab, bald allen Halt. Weit geringer wirkte er auf
die Germanen in ihrer Heimat, in ihrer Volksgemeinschaft. Aber frei
blieben sie auch hier nicht von aller Verderbnis. Sie zu verderben, legten
es die Römer eigens an. Die Geld= und Schatzgier und die Trunksucht
der Germanen waren Schwächen, an denen sie leicht zu umgarnen waren[2].
Diesen Schwächen boten sie mit raffinierter Bosheit Nahrung, Genüsse
aller Art. Vor allem stellten sie das blinkende Gold in Aussicht, die
Germanen ihrer Absicht dienstbar zu machen. Aber schnell genug kehrten
die Germanen diese gefährliche Kunde gegen ihre Meister und zwangen
sie zu Abgaben. Germanische Stämme drohten mit Krieg, um Geld zu
erpressen; Alexander Severus zog Unterhandlungen langwierigen Kämpfen
vor, weil er wußte, daß den geldgierigen Deutschen der Friede immer feil
war. Um Geld verkauften die Germanen Frauen und Mädchen und um
Geld ließen sie sich zum Verrate verleiten.

Diese Gewöhnung hatte die übelsten Folgen. Bald übten die Ger=
manen gegeneinander Untreue und Falschheit, die sonst ihrem Charakter
widerstrebte. Nur so können wir es verstehen, daß die Heruler durch die
Bosheit einer langobardischen Königstochter zu Falle kamen. Wie die
sagenhafte Urgeschichte berichtet, lockte nämlich Rumetrud den Bruder des
Herulerkönigs Rodulf in ihr Haus zu einem Trunke Weins, spottete
über ihn, denn er war klein und unansehnlich von Gestalt. Da er aber
ihren Hohn zurückgab, stellte ihm Rumetrud rachbürstig nach dem Leben.
Sie hieß ihn sich vor einen Teppichvorhang setzen, der eine Fensteröffnung
deckte; durch das Fenster ermordete ihn ihr Diener.

---

[1] Super sexaginta millia, triumphiert Tacitus, non armis telisque romanis,
sed, quod magnificentius est, oblectationi oculisque ceciderunt. Maneat, quaeso
duretque gentibus, si non amor nostri, at certe odium sui: quando urgentibus
imperii fatis nihil jam praestare fortuna majus potest quam hostium discordiam!
Germ. 33.

[2] Si indulseris ebrietati suggerendo quantum concupiscunt, haud minus
facile vitiis quam armis vincentur, Germ. 23.

XXVI.
Griechisch-römische Einflüsse bei den Ostgermanen.

Schon nach der Mitte des zweiten Jahrhunderts drängten die Mar=
komannen aus der großen Familie der Goten vorwärts und bedrohten das
Reich fünfzehn Jahre lang, ohne freilich siegreich einzubringen. Die Be=
wegung der Markomannen hatte wohl eine große Wanderung der Goten
verursacht, die ursprünglich an der
Ostsee saßen, wo sie im Unterschied
von andern Germanen nach Tacitus
ein starkes Königtum besaßen. Als
Abteilungen des Volkes galten die
Heruler, Rugier, die Vandalen, die
Gepiden, Skiren und Taifalen. Ge=
gen sie hatten die Römer vom Anfang
des dritten Jahrhunderts an zu kämp=
fen, besonders aber um die Mitte
des Jahrhunderts, als die Perser
vom Osten her zogen und Thronprä=
tendenten die Reichsgewalt schwächten,
da auch nach Gallien Germanen vor=
drängten.

Tongefäß mit Köpfen und Dreiköpfen nordi=
schen Charakters. Das Gefäß, aufbewahrt im
Medaillenkabinet in Paris, stammt nach So=
phus Müller aus Skandinavien.

Solange die Goten in der Nähe der Finnen und Slaven in Nord=
osteuropa saßen, waren sie fast ausschließlich Hirten und Viehzüchter.
Darauf deutet die Bezeichnung Mauringaland hin, die die Gegend zwischen
Weichsel und Elbe erhielt; es ist das Grasland im sumpfigen Wasser;
in Worten wie Mauring, Morungen hat sich der Name erhalten[1]. Durch
die Berührung mit den Römern, Oströmern lernten die benachbarten

---

[1] An das lateinische cornu erinnert das car im Namen Karpathen, Karwendel.

Weſtgoten manche Fortſchritte im Ackerbau, der ihnen ja nicht ganz un=
bekannt war, und im Handwerk. Nur darf man den Fortſchritt nicht
allzuhoch anſchlagen; ſelbſt als Wulfila die Bibel überſetzte, überwog noch
die Viehzucht, wie noch lange bei den ſtammverwandten oder wenigſtens
benachbarten Walachen, den Blakoi, d. h. den Kuhhirten. Doch trieben
die Goten bald einen anſehnlichen Vieh= und Getreidehandel ins römiſche
Reich[1]. Zu unſerm Unterhalt, ſagt Probus, wird Vieh geweidet und alle
römiſchen Scheunen ſind voll germaniſchen Getreides. Den Markomannen
legte ſchon Kommodus Kornlieferungen auf. Der Wieſenbau mag ſich ver=
breitet haben, wenigſtens entdecken wir bei den Oſtgermanen eine Spur.
Alarich iſt bekannt mit dem Mähen; dichteres Gras, ſagt er, iſt beſſer zu
mähen als dünn ſtehendes. Ähnliches gilt auch von den Weſtgermanen,
ſoweit ſie Nachbarn des Reichs waren.

		Ihre Kleidung beſtand aus einem engen Leder= oder Fellrock und
Mantel; aber nur Reiche trugen den Mantel, denn ihr Hauptgott hieß
der Mantelträger[2]. Das Haar wallte frei herab und machte den Römern

Szene vom Silberkeſſel von Gundeſtrup. Der Gott mit dem Hirſchgeweih erinnert'an den
keltiſchen Cernunnos (S. 164). Steenſtrup denkt an die Selbſtaufopferung Buddhas.

großen Eindruck. Haus und Burg wurde gezimmert, hieß daher das
Scheitene, meiſt aber das Umgürtete, Umzäunte und ruhte auf Schwellen
und vielleicht bei Reichen ſchon auf Eckſteinen, weshalb außen eine Treppe
emporführte. Die Türe oder Flügeltüre, die ins Haus führte, beſtand
häufig aus Flechtwerk und hieß daher Hürde[3]. Vermutlich beſtanden ſie
aus zwei Flügeln über einander, ſo daß die Untertüre, wenn die obere

---

[1] Zosimus 5, 50; v. Probi 15.

[2] Hackelbernd.

[3] Razna, altnorbiſch raun; angelſächſiſch iſt roesn Bretterbecke, Getäfert.

Hälfte zurückgeschlagen war, wie eine Fensterbrüstung benützt werden konnte[1]. Während in den ältesten Häusern das Licht nur durch die Türe oder Dach=lucke hereinkam, kannten die Goten schon Fenster und nannten sie Augen=türen gleich den griechischen Schauen. Von dem keltischen Dach unterscheidet sich das germanische durch seine größere Steilheit; doch scheint es bei den Oftgermanen noch ziemlich flach verlaufen zu sein, denn es ruhte, wenn es einen schweren Belag bildete, auf Säulen und sprang wahrscheinlich über die Wände hinaus, so daß ein Umgang entstand. Dachkammern, durch Hängeböden gebildet, scheinen ebensowenig gefehlt zu haben, wie Vor=tennen, Riegen, wenigstens in besseren Häusern.

Vorbauten waren vermutlich den nordöstlichen Völkern, Finnen, Slaven und Goten gemeinsam. Ursprünglich mochte der Vorraum dazu gedient haben, einen Schutz zu bieten für die nach au=ßen offene Türe oder das offene Fen=ster[2]; in den bessern Häusern entwik=kelte er sich zu einer Vorhalle, ähnlich der griechischen. Die Vorhalle oder den Umgang bezeichneten die Goten mit ei=nem Wort, das noch heute in vielen Gegenden Süddeutschlands die Vorhallen der Kirchen bezeichnet, nämlich mit ubiz=wa, Obsen, Open. Am meisten ausge=bildet erscheint noch heute die Vorhalle im nordgermanischen Hause. Über der Vorhalle prangte wohl nach germani=

Szene von dem Kessel von Gundestrup. Ein Gott, von dem nur der Kopf und die Arme sichtbar sind, hält in der Linken ein Rad. Eine danebenstehende Kriegergestalt mit Hörnerhelm, ähnlich den Reitern S. 259 (95) sucht das Rad zu drehen, es handelt sich offenbar um eine Sonnengottheit. Un=ten schließt sich ein Greif und eine Schlange mit Widderkopf an. Letztere ist ein den Kelten geläufiges Symbol (S. 166).

scher Sitte irgend ein Hauszeichen, Hirschgeweih, Pferdekopf u. dgl., wie es uns der Beowulf schildert, und in dem Vorraum stand eine Bank, auf die sich der Fremdling setzte, bis ihn der Hausherr hereinrief.

Unter griechisch=römischen Einflüssen hatten sich die vornehmen Häuser der Goten, wie wir aus der Ansiedelung des Attila wissen, weit hinaus entwickelt über die einfachen Verhältnisse eines rohen Naturvolkes. Die Balken griffen kräftig ineinander. Das Brettergerüst der Häuser schmückten

---

[1] Er muß mir unten durch, sagt ein deutsches Sprichwort von dem, den man demütigen wollte. Schlug man vor einem unangenehmen Besucher die Obertüre zu, so sprach man, die Türe einem vor den Kopf stoßen.
[2] Nach Bezzenberger, Altpreuß. Mtsschrift 23, 61 entstand aus der Verbindung der Vorhalle, Flur= und Mahlstube das Haus.

Schnitzereien und in wohlgefälligen Bogen wölbte sich die Halle. Die längliche breite Halle betrat man nicht von der Giebel-, sondern von der Langseite, so im gotischen Hause des Attila, und der erste Blick fiel auf den Ehrensitz[1]; dann schlossen sich rechts und links an der schön vertäfelten Wand zwei Reihen von Bänken an. Einige Stufen führten zu einem herrlichen Thronsitz und noch einige zu einem üppigen Lager, das bunte Vorhänge verschleierten. In anderen Häusern, wie in der angelsächsischen Halle des Beowulf fehlten eigene Schlafstellen[2]; die Betten, d. h. einfache Unterlagen, wurden hinter die Tische der Hallen gelegt und die Rüstung eines jeden Helden lag auf deren Rückbank.

Reiche Besitzer hatten wohl schon heizbare Kammern, Stuben einge-richtet und nach römischen Mustern massiv aus weit hergeholten Steinen gebaut; denn durch die Germanen kam das Wort Stube zu den Italienern[3]; der ursprüngliche Sinn des Wortes — vom stioban — deutet auf das stiebende Wasser hin, das auf glühende Steine gegossen wurde. Endlich umgaben Scheuern, Ställe, Bansts[4], Düngerstätten, Dreschtennen[5], wie Wulfila andeutet, das Haus.

In dem ringförmigen, stark umzäunten Lager des Attila lag hinter dem Torgebäude eine Torhalle, in deren Oberstock die rechte Hand Attilas, Onegis, wohnte, und rechts und links davon ein Bade- und Fremdenhaus; ringsum schlossen sich die Zelte des Heeres an und in der Mitte erhob sich auf einem erhöhten Hügel die Königshalle, wovor die Gerichtsstätte sich ausdehnte, ähnlich wie im römischen Lager vor dem Prätorium. Kleinere Gebäude, Frauenhäuser, Keller und Küche umgaben die schon oben beschriebene Halle; ein Wall schied den Königshof von dem Lager-kreis und die ganze Ansiedelung schloß ein schön verzierter Zaunring ein.

Die Goten verehrten alle die Götter, die wir schon früher kennen lernten, und feierten heidnische Feste, darunter besonders das Weihnachts-fest zu Ehren des Julgottes. Das Weihnachtsspiel, das sie dabei auf-führten, wurde noch später am byzantinischen Hof gefeiert. Es war ein Tanzspiel; die Spieler trugen Tierfelle, hielten in der linken Hand einen Schild, in der rechten einen Stab, womit sie im Takt an den Schild schlugen (S. 268). Dreimal schlossen sie sich zum Kreise und trennten sich

---

[1] In Tiefhäusern lag der Ehrensitz im Hintergrund der Schmalseite.
[2] Henning, Deutsches Haus 160.
[3] Auch zu den Slaven ging das Wort über, Heyne, Deutsches Wohnungswesen 45.
[4] Banst, erhalten im mitteldeutschen Banse. Das altmodische Haus hat Korn-läden für Kornscheuern; Heyne 44.
[5] Maihstus, gathrask.

wieder und sangen das Tanzlied: „Freue dich der schönen Vereinigungen (Gilden[1]), freuet euch der Tage der schönen Zeit im Wettstreit, heia! indem ihr zur rechten Stunde tanzend jubelt und mit rechter Liebe aufmerkt. Siehe, gerettet, o Glück! ist der Gott, der Gott, heia! Am festlichen Tage, wohlan, juble in unendlichen Freudenrufen, Jubel lässest du hören, wohlan, Jubel lässest du hören, wohlan! Du, o Jul, schön vom ersten Tage an, sollst siegen, Jul o Gott, o Glück! Eber, Eber[2], kehre du nun in vollzähliger Schar zurück, wohlan! So komme zu uns, vom Tode erstanden[3]."

---

[1] Viciniae, Opfergenossenschaften.

[2] Juleber, Sonneneber, der Eber war eine Verkörperung des Gottes.

[3] Beiträge zur Geschichte der deutschen Sprache 20, 223; Kögel, Gesch. der deutschen Literatur 1894 I S. 36.

XXVII.
Römischer Einfluß bei den Westgermanen.

Römischen Einflüssen stand Sinn und Herz der Germanen offen. Standen sie auch fortwährend im Krieg mit ihnen, so hinderte dies nicht, daß sie sehr viel von ihnen lernten, und lagen ihre Sitze auch weit entfernt von den Römern, so trieb sie eine merkwürdige Sehnsucht nach dem Süden. Rugier und Goten, Vandalen und Langobarden, die weit im Osten und Norden saßen, wanderten frühe ins römische Reich. Die Süd= und West= germanen hatten fortwährend zu kämpfen mit den Römern, sie trugen die Last der Berührung und mußten viele Opfer bringen; dafür ernteten sie auch die Früchte und wurden die Träger der deutschen Kultur bis tief in die Neuzeit herein. Der Schwerpunkt des deutschen Reiches lag immer am Rhein und an der Donau; der Gesichtskreis dehnte sich immer nach Süden aus. Nun lernten sie von ihren römischen Nachbarn und römischen Sklaven einen besseren Ackerbau und Fortschritt im Gewerbe, allen voran die Alamannen. Theoderich freute sich 496, daß feldbaukundige Alamannen in sein Reich kamen.

Unter dem Andrang der Römer haben sich die Westgermanen zusammengeschlossen und waren in ihrer Wirtschaft zu intensiveren Betrieben übergegangen. Zur Zeit Cäsars fand das Heer auf germanischem Gebiete kaum das nötige Korn und in den Tagen des Augustus bestand der einzige Tribut, den man den Germanen auferlegen konnte, in Ochsenhäuten[1]. Schon im vierten Jahrhundert hatten die Alamannen begonnen, nach römischer Art zu bauen, d. h. sie verwendeten schon mehr Steine für ihre Riegelbauten und hatten frühere Städte der Kelten besetzt[2]. Die nahe verwandten Hermunduren trieben, wie schon erwähnt wurde, Handel mit den Römern[3].

---

[1] Diese Ochsenhäute wurden nach Zehnheiten decuriae geliefert und daher ging der Ausdruck Decher ins Deutsche über, der noch heute im Lederhandel gebräuchlich ist.
[2] Vgl. Tac. a. 4, 72 und S. 288; Ammian 17, 1; Jul. ad Ath.
[3] Tac. Germ. 41.

Wie viel die Germanen von den Römern lernten, beweisen die vielen Ausdrücke des Garten= und Weinbaues, der Geflügelzucht, des Steinbaues, des Kriegshandwerkes, des Handels, die in deutsche Sprache übergingen. Zum größten Teil geschah dies erst später in der Völkerwanderung und durch die Klöster, aber ein großer Teil wurde schon vom dritten bis im sechsten Jahrhundert in die deutsche Sprache aufgenommen. Man erkennt diese Ausdrücke daran, daß sie die Lautverschiebung noch nicht mitgemacht haben und daß sie den Deutschen und Angelsachsen gemein sind[1]. Hieher gehört z. B. das Wort Kaiser, Straße strata, Pfahl palus, Drache — das von den Parthern entlehnte Feldzeichen der Römer — Pfeil von pilum, Kamp von campus, Zoll teloneum, Zehnten, das schon erwähnte Decher von decuriæ[2]. Umgekehrt eigneten sich auch Römer germanische Ausdrücke an, so labarum verwandt mit Lappen, was Vegetius gebraucht.

Silberne Spangenfibel mit Vergoldung und niellierten Ornamenten von Nordendorf (Schwaben).

Der römische Handel brachte eine Reihe von Ausdrücken, die Münze (moneta), das Pfund (pondo), das Kupfer (cuprum, cyprium), den Sack, die Arche arca, der Schrein scrinium, den Korb corbis, die Kiste cista, endlich kommt auch das Wort kaufen aus dem lateinischen cauponari[3]. Den Hauptgegenstand des Handels bildete der Wein; mit dem Wein kamen auch die Weingefäße nach Deutschland, der Lägel von lagena, der Sechter von sextarius. Die Römer mischten den Wein und davon empfingen die Germanen den Ausdruck miscere. Der mäßige Mann machte auf die Germanen den meisten Eindruck, sie nannten ihn wie die Römer sobrius, sauber, das die Bedeutung von rein erhielt. Andere Ausdrücke des Gartenbaues, des

Zierscheibe.

---

[1] Seiler, Entwickelung der deutschen Kultur im Spiegel des Lehnwortes I, 3 Ausdrücke wie Forkel (furcula) aren Aret (aratrum), Platz (placenta) dürfte erst einer späteren Zeit angehören, nicht wie Bonner Jahrb. 14, 123 meinen, schon jetzt entlehnt sein.

[2] Andere Ausdrücke S. 195 N. 1. Auch Pfühl, Pulben, Kissen, Zieche (theca) gehört hieher.

[3] Man hat diese Ableitung schon bestritten, da caupo, verwandt mit κάπηλος, Höker, eine verächtliche Bedeutung hatte und die Kaufleute sich diesen Namen nicht gerne gefallen ließen. Allein eine ähnliche Bewandtnis hat es mit mango, einem Kaufmann, der mit künstlichen Mitteln die Ware aufputzt, davon mangonari und althochdeutsch mangari, mittelhochd. mangian, mangäre, Schrader zur Handelsgeschichte S. 90.

treten uns später entgegen, nachdem die Kirche die Arbeit der Römer fort=
setzte. Viel nachhaltiger als die römische Nachbarschaft wirkte die langsame
Kulturarbeit der Mönche. Die Mehrzahl jener Dinge und Namen, die
römischen Ursprung verraten, wurden durch die Klöster verbreitet. So
wenig die Germanen im vierten Jahrhundert von Thron und Krone, von
Kanzel, Messe und Priester sprachen, ebenso fremd blieben der deutschen
Sprache die Ausdrücke: Rose und Lilie, Kalk und Mörtel, Pacht und
Zins. Was Wulfilas Bibelübersetzung aus dem Griechischen und Lateini=
schen übernahm, blieb ohne weitere Folgen.

Damit soll aber nicht geleugnet werden, daß die Germanen mancherlei
damals schon lernten, was sie ungezwungen ihrer Wirtschafts= und Lebens=
art einfügten. Auffallend ist eine gewisse Beeinflussung des Kunstgewerbes,
richtiger gesprochen, eine Vermischung römischer, keltischer und germanischer
Einflüsse im Kunstgewerbe dieser Zeit. Man kann die Sache verschieden
erklären: es ist möglich, daß römische Goldschmiede und Bildhauer in den
nördlichen Provinzen einheimische Gesellen hatten, die sich zu Meistern
emporarbeiteten, und damit würde die durch Töpferstempel bewiesene Tat=
sache stimmen, daß Germanen sich selbständig mit der Töpferei also wohl
auch mit anderen Künsten abgaben; es könnte aber auch eine bloße Anpas=
sung an den Geschmack der Kelten und Germanen stattgefunden haben.
Die altüberlieferten Zierformen der Kelten und Germanen, Punkte, Linien,
Bänder, Bogen, Spiralen, Zickzack gestalten sich durch Vermischung, Ver=
flechtung, Vergitterung, Verklammerung zu phantastischen Gebilden, die
nun in die Töpferei wie in die Korbflechterei, in die Holzschnitzerei, in die
Gold= und Silberarbeit eindrangen und sich mit römischen Elementen ver=
banden. Auch auf römischem Boden zeigen die Schmuckgeräte nordische
Ornamente, Bänder, Verschlingungen und dazu treten Tiermotive, Wald=
menschen, Jagdbarstellungen.

Echte Germanen haben kaum solche Bildwerke verfertigt und ins
innere Deutschland drang die Kunst nicht ein. Man hört wohl von Götzen=
bildern, die die Missionäre zerstörten, aber diese waren kunstlos genug und
waren, so weit sie auf uns kamen, alle sehr roh geschnitzt.

Einigen Einfluß verrät endlich die germanische Religion. Die Römer
nannten Woban Merkur, Donar Herkules, Ziu Mars, Holde Diana.
Mars, Herkules, Merkur erscheinen häufig auf Inschriften und zwar so,
daß deutlich der germanische Charakter durchschimmert[1]. Merkur wird ein=

---

[1] S. S. 253, 255. Schwer zu erklären ist Mercurius Hanno (Bonner Jahrb.
1873 S. 172). Hercules Saxo und Saxanus ist wohl rein römisch.

mal Wanderer genannt, genau wie Woban im Norden hieß[1]. Vielleicht erhielt vom Merkur Woban seine Wünschelrute, Wunschgerte, d. h. den Caduceus, das Zeichen des Reichtums. Namentlich im Nordischen erschien er als Farmatyr, als Herr der Schiffsfrachten und als Gangabr, Wanderer, als Gott der Wanderer. Wenn der Germane die römischen Darstellungen des Giganten bezwingenden Jupiters sah, dachte er an den Kampf Wobans mit Elben und Riesen[2]. Der römische Apoll drang verstümmelt als Phol zu den Germanen oder bestimmte wenigstens dessen Gestalt. Die Freja erhielt Züge von Venus und Juno. Der Reiz der Freja beruht auf dem Halsband, wie der der Venus auf ihrem Halsschmuck und Gürtel. Freja fährt auf einem Katzen= oder Tigergespanne nach dem Vorbilde des Tigergespannes orientalischer Gottheiten. Freja ist untreu wie Venus und buhlt mit allen Göttern.

Fahrender Jupiter. Die Pferde gehen über einen Giganten hinweg. Der Gigant hält mit der linken Hand den Huf eines Pferdes; seine Haare sind stark gewellt und die Beine endigen in Schlangen. Gefunden bei Besigheim.

Die Erdgöttin erhebt sich zur Beschützerin des Ackerbaues wie Ceres; eine nordische Zaubersage lautet: „Heil dir, Erde, Mutter der Menschen, sei du wachsend in Gottes Umarmung mit Nahrung erfüllt zum Nutzen der Menschen." Tag und Nacht erscheint in der nordischen Sage personifiziert gleich Helios und Nyr, die Unterwelt, die Hel gleich Hades. Wer von Hels Äpfel genoß, muß nach nordischer Ansicht bei ihr bleiben, ähnlich wie Proserpina nach dem Genuß der Granatäpfel der Unterwelt verfiel. Den unterirdischen Fährmann Charon mögen die Germanen kennen gelernt haben, da sie nach römischer Sitte den Toten Geld mitgaben, damit diese die Überfahrt bezahlen können; ein Brauch, der sich im Mittelalter erhielt, nur daß man die Sache anders erklärte, als ob man den Toten den hinterlassenen Schatz abkaufen wollte. Toten, hieß es, lege man Geld in den Mund, so kommen sie, wenn sie einen Schatz verborgen haben, nicht wieder. Unter römischem Einfluß wurde die Zahl der Göttinnen vermehrt. Ähnlich wie die alte Mythologie drei Parzen, so führt die nordische Mythologie drei Nornen auf Urdr, Verdandi, Skuld, d. h. Vergangenheit,

[1] Viator.
[2] Hettner, Westd. Zeitschr. IV, 380.

Gegenwart und Zukunft, die die Fäden des Lebens spinnen. In Süd=
deutschland verbreiteten sie sich als Einbet, Warbet und Wilbet und nahmen
Heiligenschein an [1]. Einbeta bedeutet Bitte, Warbeta wahre Bitte, Wille=
beta Willebitte. Verwandt mit' den Parzen sind die Mütter, mütterliche
Schutzgeister, in deren Verehrung sich die Kelten und Germanen mit den
Römern teilten.

Schon hier lag vielleicht eine umgekehrte Beeinflussung von Seiten
der Germanen vor. Unter dem römischen Merkur und Herkules verbarg
sich nicht nur ein Esus und Taranos, sondern manchmal wohl auch ein
Wodan und Donar. Der sich auch im römischen Reich verbreitende Hexen=
glaube geht auf keltische und germanische Vorstellungen zurück, auf die nacht=
fahrende Holla und Frau Hilde, mögen die Namen Diana, Abundia,
Bensocia, Herodias auch nichts davon verraten [2]. Endlich haben die Ver=
mummungen und Zaubergebräuche von Neujahr und Fastnacht, die uns
bei den Römern begegnen, nordischen Charakter.

Durch die Berührung mit den Römern erhielt die formlose Gottes=
verehrung der Germanen reichere Formen; es wurden Götterbilder geschaffen,
Kapellen und Tempel gebaut und die Umzüge und Aufzüge reicher gestaltet.
Zu den uralten Abzeichen der Götter traten Bild und Weihestein; bald
begegnen uns Bilder aus Mehl, Wachs, Tuchstoff, endlich aus Holz und
Erz. Der Gotenkönig Athanarich ließ eine Bildsäule auf einen Wagen

Goldhorn von Mögeltondern. Menschen und Schlangen kämpfen mit einander.
Der Kampf gilt dem Sieg des Guten über das Böse.

---

[1] Ein ähnliches Dreigestirn ist Walburg, Verena, Gertrud; Kunegund, Mechtund,
Wibrand s. Panzer, Bairische Sagen 1, 379; 2, 118; Weinhold, deutsche Frauen 39.

[2] Als ein Sammelnamen für nachtfahrende Geister ist Holda behandelt in den
Beiträgen z. G. d. deutschen Sprache 18, 150.

herumführen, mit dem Befehl, die Leute sollten davor niederfallen und opfern. Wer dies nicht tat, wurde dem Gotte geopfert. Die Franken zur Zeit Chlodowechs verehrten Götter von Stein, Holz und Metall. Columban fand 612 zu Bregenz drei vergoldete Erzbilder, die das Volk anbetete. Auch Bonifatius traf verschiedene Götterbilder. Am meisten verehrten die Nordgermanen Bilder und machten keinen Unterschied zwischen Göttern und Götzen d. h. Götterbildern, genannt skurgodhs von dem lateinischen Wort sculptura. Eben im Norden begegnen uns später Göttertempel, die eine auffallende Ähnlichkeit mit christlichen Tempeln aufweisen.

Die Götterbilder wurden endlich bei den festlichen Umzügen mitge- tragen oder mitgefahren, wobei sich römische und germanische Gebräuche berührten, wie die Scheu vor Kreuzwegen. Noch im fünften Jahrhundert hielten im Nontal bei Trient am 28. Mai die römischen Ackerbürger ihren Umzug, genannt Ambarvalien. Da kamen die Bauern und Hirten von den Bergen herab. In Festgewänden, das Haupt bekränzt, begleiteten sie das Bild des Saatengottes mit den zum Opfer bestimmten Tieren durch die Fluren unter Liedergesang und Hörnerschall. Bei dem Saturntempel, außerhalb des Ortes, wurden die Tiere geschlachtet und verbrannt.

XXVIII.
Völkerbildung der Germanen.

Unter dem Drucke der Römer verließen die Germanen ihre lose Gliederung und Siedelung, schlossen sich zu kräftigeren Gruppen zusammen und begannen ihre allzu extensive Wirtschaft aufzugeben. An sich widerstrebten die Germanen einem Zusammenschluß so gut wie die Kelten, und ohne einen Unterschied zu machen, behauptet Aristoteles allgemein, die Abendländer haben wohl mehr Freiheit bewahrt als die Orientalen, seien aber alle zuchtloser und haben keine Reiche zu gründen vermocht[1].

Ein Volk verdrängte das andere; am bekanntesten ist es, wie rücksichtslos die Langobarden mit den Herulern aufräumten. Eine Langobardin Rumetrud hatte, wie wir oben (286) hörten, die Heruler durch Verletzung des Gastrechtes so gereizt, daß sie einen Entscheidungskampf aufnehmen mußten. Der Herulerkönig hielt sich seines Sieges so sicher, daß er, während sich die Stämme in den Kampf stürzten, sich selbst ruhig dem Brettspiel überließ: ein Diener mußte in der Nähe auf einen Baum steigen und den Verlauf der Schlacht melden. Der König drohte ihm, wenn er ihm von der Flucht der Seinigen melde, habe er sein Leben verwirkt — eine sonderbare Art, die Wahrheit zu erfahren. In der Tat wagte der Diener nichts von dem ungünstigen Verlaufe der Schlacht zu sagen, als bis die Scharen sich heranwälzten. Der König fiel, ohne einen Schwertstreich getan zu haben. Die fliehenden Heruler sahen in der Ferne ein blaublühendes Flachsfeld[2], hielten es für ein Gewässer an und stürzten sich in dasselbe; so konnten sie von den Verfolgern getötet werden.

Die Germanen schlossen mit fremden Völkern, den Avaren, Alanen, Jazygen ebenso gerne Bündnisse, wie mit stammverwandten Völkern[3], be-

---

[1] Pol. 2, 6.
[2] Beweis für den Flachsbau (s. S. 217). Cannabis ist germanisch (s. S. 104).
[3] So schlossen sich einmal die Sueven, Sugambrer und Cherusker zusammen und entwarfen einen Verteilungsplan der Beute, der für sie charakteristisch ist. S. 285 N. 4.

handelten die Knechte und Liten aus germanischem Stamme nicht anders als die aus fremden Völkern.[1] Ohne Zwang und Not von Seite der Römer hätten die Germanen in dem nämlichen staatlosen Zustande fortgedämmert, wie die Kelten und Slaven; sie wären ebenso wie diese unterdrückt worden. Ihrem natürlichen Drange überlassen, hätten sie ähnliche Zustände geschaffen, wie sie in England zur Zeit der Angelsachsen bestanden: es hätte eine Unzahl kleiner Stäätchen gegeben, eine Reihe von Stammeskönigen, deren Uneinigkeit die Überflutung durch die Dänen und Normanen ermöglichte.

Einen der ersten Versuche, ein Königtum zu schaffen, machte Marobobuus unter den Markomannen in Böhmen, an der Grenze zwischen Ost- und Westgermanien.[2] Sein Versuch stand ganz deutlich unter dem Einfluß römischer Vorbilder; auf das Heer legte er das Hauptgewicht, er suchte die Kultur und den Handel zu beleben, wie nachmals Theoderich. Sein Versuch war freilich verfrüht; er fand keinen Anhang und wurde abgesetzt. Es war kein Königtum im späteren Sinne, ein Königtum mit festem Landbesitz. Die Beziehungen zum König waren persönliche, keine realrechtliche. So lange das Grundeigentum nicht entwickelt war, gab es keine Landkönige, sondern Volkskönige.[3]

Statt der alten Stämme begegnen uns jedoch mehr und mehr Völker (Volk heißt im Gotischen das Verbundene). An Stelle der Sueben des Cäsar und den Grenzgermanen, der Markomannen, die größtenteils nach Böhmen gezogen waren, erschienen jetzt die Alamannen.[4] Die Alamannen bildeten einen Völkerverein, eine Gemeinschaft, die Gemeinschaft aller Männer, vereint mit Usipetern, Tenkterern, Sueben, Jutungen. Der Kern des Volkes behielt den Suebennamen. Schon seit des Kaisers

---

[1] Heyck, Hist. Ztsch. 85, 69 ff.

[2] Der König von Frankreich hieß sich bis ins 16. Jahrhundert hinein rex Francorum, in England hieß sich Johann I. „König von England" Maine Early history 75.

[3] Nach Baumann, Forschungen zur schwäbischen Geschichte 1898 S. 520 sind die Alamannen die Mannen des Tempels der Semnonen, die Tacitus erwähnt; alah = Tempel.

[4] Der Name Sueben ist eigentlich ein Kulturnamen, stammt von swaeb, schläfrig; suepjan schlafen, ähnlich Gepiden von gepanta faul, vgl. blinde Hessen (Ztsch. f. dtsch. Altertum 1888 S. 409). Andere denken an suvaepos mit schönem Haarbusch. Sueben werden verschiedene Völker genannt, die Hermionen, Semnonen, Langobarden u. a. Kossinna, Westd. Zeitschr. 1890, 199; 1891, 104; Riese ebenda 1890, 335, Rh. Mus. 44, 356 (nach ihm waren die Hessen den Sueben dienstpflichtig und zählt Tacitus mit Unrecht die Markomannen und Quaden zu den Sueben).

Probus Zeiten besaßen sie das Dekumatenland, das früher Alamannien hieß[1]. Eine kriegsgefangene Alamannin, die uns in dem Besitz des Ausonius um 300 begegnet, stammt von den Quellen der Donau, sie wurde ausdrücklich als Germanin und Suebin bezeichnet, was auch ihre blauen Augen und ihr gelbes Haar bewies.

Nördlich von den Alamannen hatten sich die Chatten oder Hessen (die Bleichen), Amsiwaren, Sugambrer, einige kleine Stämme, Chamaven, Chattuarier, Chauken (die Hohen) und ein Teil der Brukterer in dem Bunde der Franken, der Kühnen[2] vereinigt und saßen im mittleren Westdeutschland. Im Norden bildeten die Sachsen einen ähnlichen Völkerbund und umschlossen die Stämme der Angriwarier, der Engern, der Cherusker, der Falen (Ost-, Westfalen), sie saßen nicht im heutigen Sachsen, sondern in den Gebieten von Braunschweig und Hannover. Ihr Name stammt von dem Kurzschwert, dem Sahs, den sie trugen.

Alamannen, Franken und Sachsen sind die germanischen Hauptstämme in Westdeutschland; östlich daran reihen sich Thüringer und Baiern. Die Thüringer umfassen Hermunduren, Angeln und Warnen. Die Bajuvaren, d. h. die Bewohner des Landes Baja sind ihrem Kern nach Markomannen, Quaden und Sueben, vermischt mit thüringischen (Warnen), keltischen (Boiern) und romanischen Bestandteilen[3].

Während so die Westgermanen sich zu großen Völkergruppen zusammenschlossen und sich umbildeten, blieben die Ostgermanen in ihrer alten Verfassung. Die Burgunder, Vandalen, Goten, Langobarden behielten von ihrem Auftreten an bis zu ihrem Verschwinden ihre Namen bei. Ja ihre Namen haben sich trotz des Untergangs der Völker in Provinzialnamen bis heute noch erhalten; man denke an Burgund in Frankreich, die Lombardei in Italien, Andalusien, Vandalusien und Katalonien-Gotalanien in Spanien. Leider gingen die Ostgermanen dem Deutschtum von Anfang an verloren, sie waren zu sehr romanisiert.

Eine deutsche Volkseinheit im Großen lag natürlich in weiter Ferne. Von einem Nationalbewußtsein war noch keine Spur vorhanden. Ein dunkles Bewußtsein, daß sie zusammengehören, mochte sie wohl erfüllen; ihre nahe verwandte, wenn nicht ganz gleiche Sprache und ähnliche Sitte

---

[1] Agath. 1, 6. Trotz seiner verächtlichen Bedeutung behielten die Alamannen den Schwabennamen als Ehrennamen bei, während fast nur das Ausland den Namen Alemannen bewahrte: „Wir heißen uns Schwaben, sagt ein Reichenauer Abt im 9. Jahrhundert, die anderen nennen uns Alemannen."

[2] Frankus heißt nicht frei (Kurth Rev. d. quest. hist. 1895 I, 357).

[3] Zu Varen vgl. Amsivaren (Emsländer).

wies sie auf einander hin und so konnten sie sich von den Kelten ebenso unterscheiden, wie von den Römern. Einen gemeinsamen Namen gaben sie sich allerdings selbst nicht, sondern vielmehr die Kelten und Römer, die sie die Echten oder die Nachbarn oder Schreimänner, Rufer im Streit oder die Waldler d. h. Germanen nannten. Der Name deutsch, d. h. volkstümlich von thiudisc (thiod Volk) kam erst im achten Jahrhundert auf. Es waren vor allem die Westgermanen, unter deren Weisen das Be= wußtsein der Zusammengehörigkeit genährt wurde; sie leiteten sich von einem gemeinsamen Stammvater, dem Gotte Tuisto ab: ähnlich wie die Gallier in Dis ihren Urvater verehrten (156). Tuisto hatte nach der Sage drei Enkel, Ingo, Isto, Hermino. Diese sind die Stammväter der Ing= väonen, d. h. der Friesen und Sachsen, ferner der Istväonen, d. h. der Franken, endlich der Hermionen, d. h. der Chatten, Hermunduren und Sueben. Indessen ist die Überlieferung nicht ganz gleichförmig und der Glaube nicht allgemein verbreitet[1]. Es bedurfte eines langen Kampfes, bis sie einsahen, wie sie aufeinander angewiesen waren. Nicht am wenigsten ist es das Verdienst der römischen Kirche, daß ihnen ihre Zusammenge= hörigkeit aufdämmerte.

---

[1] Celebrant carminibus antiquis Tuistonem Deum terra editum et filium Mannum origenem gentis conditoresque — Manno tres filios assegnant, e quorum nominibus proximi Oceano Ingaevones, medii Hermiones, cetcri Istaevones vo= centur, G. 2. Über Tuisto s. S. 156. Ingävonen sind nach Müllenhoff die Vor= nehmen, Istävonen die Edlen, Hermionen die Starken.

Nachträge und Berichtigungen.

S. 3 Z. 5 wären die Thursen beizufügen vgl. S. 256 Z. 7 v. u.

S. 3 Albrecht, Zur ältesten Geschichte des Handels 1903 weist nach, daß die Basken und die indischen Drawida zusammenhängen.

S. 15 Heibe bedeutet ursprünglich soviel wie Weide (S. 204).

S. 16 Man denke an die vielen Tell in Mesopotamien.

S. 16 N. 6 vgl. S. 192 N. 1.

S. 22 Z. 5 v. o. Herod. 4, 26; Amm. 27, 4.

S. 22 Mit dem einfachen Bedecken der auf der Erde liegenden Leiche hängt es zusammen, daß bei großen und kleinen Grabhügeln die Leiche oft über der Bodenfläche liegt.

S. 31 Daß die Haustiere von Osten kommen, weist nach Keller, Naturgeschichte der Haustiere 1905 S. 24.

S. 33 Vgl. Martiny, Kirne und Girbe (S. 199 N. 3).

S. 44 u. 83. Vgl. S. 200 Z. 1 und Heyne Nahrungswesen. Die wichtigste Voraussetzung war die Erfindung des Backofens. Das durch den Hefel nicht gehobene Brot hieß berbes (niederes) Brot. Als Hefe wurde nicht nur der Bodensatz vom Bier, sondern auch von Wein verwendet.

S. 47 Bemerkenswert ist, daß skandinavische Orte, die auf vin endigen, also mit den Finnen zusammenhängen (S. 256 N. 2), schon der Broncezeit angehören, wie die Heimorte, während die Orte auf ,ingen' und ,leben' in die Steinzeit hineinreichen (S. 282).

S. 58 und Bild S. 54. Den Fisch und die Taube (S. 83 N. 8) und den Granatapfel weihten die Syrier wegen ihrer Fruchtbarkeit der Astarte und Derketo.

S. 59 Vgl. S. 229, 260. Die Geister wurden auch durch Pfeile, Nadeln, (daher pinnwells in Wales) Nägel (S. 169) als Symbole des Blitzes (S. 156) ferner durch Sporne u. dgl. bekämpft. Damit hängt es zusammen, daß die Germanen Sklaven mit Pfeil- und Spornwürfen freiließen S. 237; vgl. Emil Goldmann Beiträge zur Geschichte der germanischen Freilassung durch Wehrhaftmachung. Berlin 1904.

S. 79 Zu viriae vgl. S. 180 N. 3.

S. 81 Von tocca stammt das französische toque, vgl. Thurmeysen Keltoromanisches 81.

S. 83 S. oben die Bemerkung zu S. 44.

S. 85 Vgl. die Eigennamen Mandubracios b. i. derjenige der Malz erzeugt, um Bier hervorzubringen.

S. 87 Z. 1 v. u. Der Wurfspeer giavelotto, javelot heißt eigentlich der Gegabelte, eine Art Zweizack.

S. 87 N. 2 vgl. gagliardo.

S. 95 Da die fetten Schweine der Kelten durch das Stehen und Fahren nach Mittel-
italien litten und abmagerten, lud man sie vielfach auf Wagen, vgl. Cato
orig. 2 fr. 11. (S. 113).

S. 100 Das candetum war nach Rev. celt. 1903 S. 317 ein Quadrat 150 römische
Fuß breit und lang; denn die Gallier hatten längere Maße, daher betrug
ihr Fuß 1¹/₂ römische Fuß, die leuga 1¹/₂ römische Meilen.

S. 101 Furche, porca keltisch rica (raggio, raie) ist eines Stammes.

S. 103 Vgl. über marcus = Trester Holder 2, 423.

S. 106 Der abgebildete Deichselwagen stammt aus Schlesien. Ztsch. f. Ethnologie
1873 Bhbl. S. 200.

S. 132, 139, 140 Die Brehon Laws sind erschienen in Ancient Laws of Ireland,
Dublin IV. 1879; der Senchus Mor ebenda III. Band.

S. 166 Zu Tarvos s. vicus Ambitarvius (Westb. Ztsch. 1900 S. 58) und Dejotarus
S. 177 N. 5.

S. 238 Selbst im Mittelalter dauerte eine gewisse Rechtlosigkeit fort; ich meine damit
weniger die Ausschließung der Fremden vom Verkehr und ihre Überwachung,
als vielmehr das Wildfangrecht, das jus albinagii, Grundruhe und Standrecht.

S. 255 Vgl. Schlieben, Adolf, Die Pferde im Altertum 1867; J. v. Regelein, das
Pferd im arischen Altertum. Königsberg 1903.

S. 274 Vgl. Fried. Koepp, Die Römer in Deutschland. Bielefeld 1905; Franz
Cramer, Rheinische Ortsnamen. Düsseldorf 1905.

An Druckfehlern sind namentlich zu verbessern:

S. 33 muß es beim Bild heißen Felsbild; S. 67 N. 2 Gobineau; S. 83
Z. 22 v. o. keinen; S. 85 Z. 11 Komma statt Strichpunkt; S. 86 Z. 2 eines;
S. 94 Z. 14 Den Hahn; S. 106 sollte das Notenzeichen 2 hinter Bennä (Z. 11)
stehen; S. 127 Z. 2 Indfine; S. 168 N. 1 Dannan; S. 177 Dejotarus s. S. 166;
S. 188 N. 3 Graffunder.